Die Ausstellung wurde ermöglicht durch die großzügige Hilfe der Stiftung Rheinland-Pfalz für Kultur (Mainz) sowie der Kulturstiftung der Länder (Berlin).

Stiftung Rheinland-Pfalz für Kultur

Gefördert von der KulturStiftung der Länder aus Mitteln des Bundesministeriums des Innern

Ausstellung

Konzeption: Hans-Jürgen Kotzur

Wissenschaftliche Vorbereitung und Beratung: Helmut Hinkel, Andreas Jung, Heike Lehrbach, Franz Staab, Scholastika Steinle OSB und Barbara Stühlmeyer

Auswahl der Exponate: Andreas Jung, Hans-Jürgen Kotzur

Ausstellungsgestaltung und -architektur: Hans-Jürgen Kotzur

Organisation, Leihverkehr, Übersetzungen, Öffentlichkeitsarbeit: Ines Koring

Bild- und Schriftfries: Ines Koring unter Mitwirkung von Winfried Wilhelmy und Gertrud P. Fels

Einbauten, Beleuchtung und technische Ausführung: Dieter Schäfer und Wolfgang Weber

Schreinerarbeiten: Paul Engelmann

Modellbauten: Gerhard Roese in Verbindung mit Hans-Jürgen Kotzur, Günther Stanzl und Dethard von Winterfeld

Restauratorische Betreuung: Dieter Schäfer

Verwaltung, Abrechnung, Buchhaltung: Winfried Wilhelmy, Mechthild Reinelt und Maria Theresia Bielefeldt

Ausstellungskatalog

Redaktion: Winfried Wilhelmy unter Mitwirkung von Gertrud P. Fels

Fotoarbeiten für Ausstellung und Katalog: Alberto Luisa, Margit Hankel und Wolfgang Weber

Die Deutsche Bibliothek – CIP-Einheitsaufnahme

Hildegard von Bingen : (1098–1179) / hrsg. von Hans-Jürgen Kotzur. Bearb. von Winfried Wilhelmy und Ines Koring. – Mainz : von Zabern, 1998
ISBN 3-8053-2445-6 (Museumsausg.)
ISBN 3-8053-2398-0

XII, 352 Seiten mit 225 Farb- und 27 Schwarzweißabbildungen

Umschlag vorne: Hildegard von Bingen, Bronze von Karl-Heinz Oswald, Detail aus Abb. 32

Umschlag hinten: Hildegard als Komponistin, Glasfenster von Francis W. Dixon, Bingen, Rochuskapelle

Frontispiz: Hildegard von Bingen, Detail aus Kat. Nr. 69.5

ISBN 3-8053-2398-0
ISBN 3-8053-2445-6 (Museumsausgabe)
Gestaltung: Lothar Bache, Verlag Philipp von Zabern
Satz: Typo-Service Mainz
Lithos: Scancomp, Wiesbaden
Papier: Papierfabrik Scheufelen, Lenningen
Gesamtherstellung: Verlag Philipp von Zabern, Mainz am Rhein
Printed in Germany by Kunze & Partner, Mainz
Printed on fade resistant and archival quality paper (PH 7 neutral) · tcf

Danksagung

Der Fürsprache seiner Exzellenz Bischof Dr. Dr. Karl Lehmann, Mainz, sowie der ehrwürdigen Äbtissin Edeltraud Forster OSB, Abtei St. Hildegard, Rüdesheim-Eibingen, verdankt die Ausstellung wertvolle Leihgaben aus kirchlichem Besitz im In- und Ausland. Nachdrücklich sei auch der Stiftung Rheinland-Pfalz für Kultur, insbesondere deren Geschäftsführer, Detlof Graf von Borries, gedankt, die durch ihren finanziellen Beitrag die Realisierung dieser Ausstellung erst ermöglicht hat. Gleiches gilt für die Kulturstiftung der Länder – hier danken wir insbesondere deren Leiter, Dr. Klaus Maurice –, die uns die Herausgabe des üppig illustrierten Ausstellungskataloges finanzierte. Um die Ausleihe des Lucca-Codex hat sich Herr Prof. Dr. Friedrich Wilhelm von Hase große Verdienste erworben; seinem diplomatischen Geschick ist es zu verdanken, daß diese prunkvolle Handschrift erstmals für eine Ausstellung außerhalb Italiens zur Verfügung gestellt wurde.
Großer Dank gilt selbstverständlich gleichfalls den großen Museen und Bibliotheken Europas, die uns in großzügiger Bereitschaft ihre kostbaren Leihgaben zur Verfügung stellten. Dadurch war es erst möglich, den universalen Kontext, in dem Hildegard lebte und dachte, angemessen zu visualisieren. Nicht weniger Dank schulden wir den zahlreichen rheinhessischen Leihgebern, insbesondere den vielen Pfarreien, die sich für die Dauer der Ausstellung von ihren Hildegardskulpturen und -gemälden oder von ihren Kirchenfenstern mit Hildegarddarstellungen getrennt haben. Daneben danken wir allen Autorinnen und Autoren des Ausstellungskataloges, die durch ihr Fachwissen sowie die zuverlässige Lieferung ihrer Beiträge zum Gelingen dieser Publikation beigetragen haben.
Weiterhin gewährten beim Zustandekommen der Ausstellung »Hildegard von Bingen 1098–1179« folgende Institutionen und Privatpersonen Hilfe und Unterstützung:

Kuratorium des Bischöflichen Dom- und Diözesanmuseums Mainz
Vorsitzender Weihbischof Wolfgang Rolly

Landesamt für Denkmalpflege Rheinland-Pfalz
Direktor Prof. Dr. Wolfgang Brönner

Ministerium für Kultur, Jugend, Familie und Frauen
Dr. Rose Götte

Naturhistorisches Museum Mainz
Direktor Dr. Franz-Otto Neuffer
Dr. Herbert Frankenhäuser

Römisch-Germanisches Zentralmuseum Mainz
Generaldirektor Dr. Konrad Weidemann

Scivias-Stiftung
Vorsitzender Freiherr Hans-Lothar von Racknitz
Scholastika Steinle OSB

Stadt Bingen
Oberbürgermeisterin Birgit Collin-Langen
Bürgermeisterin Brigitte Giesbert

Stadt Mainz
Oberbürgermeister Jens Beutel
Kulturdezernent Peter Krawietz

Dr. Wolfgang Dobras, Mainz
Eugen Duell, Geisenheim
Dr. Ingrid Faust, Bingen
Generalvikar Dr. Werner Guballa, Mainz
Dr. Helmut Hinkel, Mainz
Andreas Jung, Osnabrück
Dr. Josef Krasenbrink, Bingen
Dr. Werner Lauter, Rüdesheim-Eibingen
Generalvikar a.D. Martin Luley, Mainz
Dr. Rita Otto, München
Philippa Rath OSB, Rüdesheim-Eibingen
Prof. Dr. Franz Staab, Landau

Grußwort

Es waren Visionen, aus denen Hildegard von Bingen ihre Kraft zum schöpferischen Denken und Handeln gewann. In ihrer Schau sah sie Bilder von Gott, Mensch und Kosmos, die sie zum Komponieren, Malen und Schreiben, aber auch zur Gründung von Klöstern und zum energischen Mahnen gegen kirchliche Verwahrlosung drängten. Folgerichtig und von besonderer Bedeutung ist es daher, neben die vielen Worte, die in diesem Jubiläumsjahr zum 900. Geburtstag zu Ehren der großen Mystikerin und Prophetin geschrieben und gesprochen werden, auch Bilder und Töne zu stellen. Sie führen uns sehend und hörend hinein in Vielfalt und Bilderreichtum der Welt der Heiligen Hildegard, aber auch allgemeiner in die Bildwelt des Mittelalters, in der sie gelebt hat und aus der heraus sie verstanden werden muß.

Vieles aus dem Leben und Werk Hildegards von Bingen mutet heute erstaunlich modern an und fasziniert gerade deswegen viele, selbst Kirche und Glauben fernstehende Menschen: ihre Rede von der »Harmonie und Symphonie der Schöpfung«, die in einer Zeit ökologischer Krise neues Gewicht bekommt, ihr Wissen über die heilende Wirkung von Pflanzen, Speisen und Steinen, ihre ganzheitliche Sicht von Mensch und Kosmos. Der zeitliche Abstand von fast einem Jahrtausend scheint, wenn wir Hildegard zu solchen Themen der Gegenwart hören, mühelos übersprungen werden zu können. Die Attraktivität der Heiligen Hildegard verdankt sich ein gutes Stück dieser Aktualität, und es ist sicher – trotz mancher oberflächlicher Vermarktung – gut, daß es diese Anknüpfungspunkte im Heute gibt.

Aber es lohnt sich auch, dem Leben und Werk dieser großen Frau des Mittelalters einmal auf eigene Weise gerecht zu werden, indem wir uns Hildegard von Bingen nicht nur mit unseren eigenen, heutigen Fragen und Themen nähern, sondern sie in ihrem Kontext, mit Zeit und Ort ihres Lebens und Wirkens in den Blick nehmen. Manches an historischer Distanz und Fremdheit kommt dadurch wieder deutlicher zum Vorschein. In unserer verschriftlichten, vielfach entsymbolisierten Zeit entschlüsselt sich uns manche faszinierende bildliche Darstellung eines mittelalterlichen Codex nicht so leicht, und auch die Bedeutung von Bildern allgemein in einer Welt, in der Schrift Seltenheitswert hatte, läßt sich von uns wahrscheinlich kaum richtig erfassen. Insignien, Büsten und Briefe mittelalterlicher Päpste und Kaiser können uns eine politische und kirchliche Situation vor Augen führen, die fremd auf uns wirkt und doch auf Hildegard entscheidenden Einfluß hatte. Und auch Modelle einer hochmittelalterlichen Klosteranlage, Textilien, Skulpturen oder Geschirr dieser Zeit geben einen Eindruck vom alltäglichen Leben in einem Benediktinerinnenkloster des Hochmittelalters, wie wir es uns nur schwer in seinen oft mühsamen Details vorstellen können.

Wenn wir in die sinnlichen Eindrücke, in Gegenstände, Bilder, Musik dieser so fremdartigen wie faszinierenden Zeit eintauchen, gewinnen wir nicht nur ein differenzierteres, auch authentischeres Bild der Heiligen im Kontext des 12. Jahrhunderts. Wir können uns von diesen mittelalterlichen Exponaten und insbesondere von den symbolreichen Darstellungen der Heiligen Hildegard auch berühren lassen in einer Art und Weise, die vielleicht der Intention dieser Frau besonders entsprechen würde: indem wir den Erfahrungen des göttlichen Geheimnisses nachspüren, die sich in diesen Bildern Bahn brechen, und indem wir aus den Visionen, die uns aus dieser fernen Zeit geschenkt sind, auch heute Kraft zum Denken und Handeln im Licht des Glaubens schöpfen.

Ich wünsche allen Besucherinnen und Besuchern der Ausstellung in diesem Sinne bereichernde und anregende Stunden in dieser Schau zu Leben und Werk der Heiligen Hildegard.

Karl Lehmann
Bischof von Mainz

Grußwort

Im Bestand des rheinland-pfälzischen Landeshauptarchivs Koblenz befindet sich eine Pergamenturkunde aus dem Jahre 1232. Es handelt sich um das Konzept eines Berichtes des Mainzer Dompropstes Gerbod und zweier weiterer Mainzer Kanoniker an Papst Gregor IX., der fünf Jahre zuvor von den Nonnen des Klosters Rupertsberg gebeten worden war, das Leben ihrer Klostergründerin, der Hl. Hildegard, ihr Werk, ihre Schriften und die Wunder an ihrem Grab in Rupertsberg prüfen zu lassen mit dem Ziel ihrer Heiligsprechung. 1237 wurde der Informativprozeß noch einmal aufgenommen. Die Untersuchung verlief schließlich im Sande, da nicht nur Rom, sondern wohl auch die Mainzer Ortskirche kein gesteigertes Interesse an der Erhebung Hildegards zur Ehre der Altäre hatte.

Hildegard war eine starke Frau, »eine sehr männliche, herrscherliche Persönlichkeit« (Friedrich Heer), die den Mächtigen in Regnum und Sacerdotium ins Gewissen redete, die im Konflikt mit dem Mainzer Erzbischof die Forderungen ihres persönlichen Gewissens über das Kirchengesetz stellte. In ihren Endzeitvisionen sah sie den Sturz des Kaisertums und der Papstkirche, und durch das in ihren mystischen Visionen artikulierte ganz individuelle Verhältnis zu Gott stellte sie die Notwendigkeit des Priesters als Vermittler zwischen Gott und Mensch in Frage. Eine solche Frau heiligzusprechen hätte natürlich auch der ohnehin schon kraftvollen religiösen Frauenbewegung des 13. Jahrhunderts zusätzlichen Auftrieb gegeben, Rupertsberg hätte möglicherweise den traditionellen Wallfahrtsorten den Rang abgelaufen.

Allein im begrenzten Raum der linksrheinischen Teile der Bistümer Worms und Mainz, also in Rheinhessen, der Nordpfalz und dem Naheraum, hatten sich im Zeitalter Hildegards und dem folgenden Saeculum die Frauenklöster nach einem bekannten Wort von Jakob von Vitry »wie die Sterne am Himmel vermehrt«. Ihre Zahl war zwar nicht »bis ins unendliche« gestiegen, aber betrug immerhin weit über dreißig Konvente, die sich allerdings nicht dem ursprünglichen Benediktinerorden, sondern den neuen Reformbewegungen anschlossen. Von allen diesen Klöstern mit so typischen, den Einfluß der Mystik verratenden Namen wie Engelthal und Rosental, Mariakron, Marienmünster und Marienborn, Paradies und Liebenau, Kirschgarten, Himmelgarten und Himmelskron ist oft nicht ein Stein geblieben. Die Zeitläufe sind über diese Epoche der Kirchengeschichte hinweggegangen und haben kaum eine Erinnerung bei den Nachfahren hinterlassen.

Wir können uns auch deshalb nur schwer ein Bild von der Bedeutung der monastischen Frauenbewegung für das Kultur- und Geistesleben des ausgehenden hohen Mittelalters machen, weil nicht nur die Bauten verschwunden sind, sondern auch authentische Zeugnisse dieser Frauen fehlen, die über die Regelungen rein ökonomischer Fragen hinausgehen. Wir wissen nur wenig von den Frauen, die sich für das Klosterleben entschieden, und nehmen an, daß sie in ihren Konventen als selbstbewußte und intelligente, fromme und tüchtige Frauen agierten, da sie nicht bloße »Versorgungsfälle« waren.

Die Situation auf dem Rupertsberg ist, was die baulichen Überreste betrifft, nicht viel besser als an anderen ehemaligen Klosterstandorten. Das angeblich vom Mittelalter so begeisterte 19. Jahrhundert hat hier gründlich aufgeräumt. Aber wir haben das Werk Hildegards von Bingen, ihre Schriften und Briefe, die sicherlich von einer einzigartigen Frau zeugen, die aber auch vor dem Hintergrund ihrer vielen namenlosen Schwestern im Geiste zu sehen sind.

Die Ausstellung im Bischöflichen Dom- und Diözesanmuseum Mainz versucht uns die Welt, in der Hildegard und ihre Zeitgenossinnen lebten, nahezubringen in Handschriften ihrer Werke, in authentischen Überresten, in Kunstwerken und in Modellen, die das Verschwundene wieder sichtbar werden lassen. Sie ist ein wichtiger Beitrag für ein besseres Verständnis der Geschichte unseres Landes. Die Stiftung Rheinland-Pfalz für Kultur hat deshalb gerne dem Antrag aus dem Bischöflichen Dom- und Diözesanmuseum Mainz unter der Leitung von Herrn Direktor Dr. Hans-Jürgen Kotzur stattgegeben und das Projekt mit einer hohen Summe unterstützt.

Dr. Rose Götte
Ministerium für Kultur, Jugend, Familie und Frauen
Vorsitzende des Kuratoriums
der Stiftung Rheinland-Pfalz für Kultur

Vorwort

Bis in ihr 49. Jahr lebte Hildegard von Bingen in der stillen Abgeschiedenheit ihrer Klause auf dem Disibodenberg. Man wird auf sie aufmerksam, als der Papst 1147 die Glaubwürdigkeit ihrer Visionen anerkennt, ihre Fähigkeit zur Schau, die sie nach eigenen Worten von Kind an besitzt. Von höchster kirchlicher Stelle autorisiert, beginnt Hildegard, neben Bernhard von Clairvaux, allmählich zur moralischen Instanz einer ganzen Epoche zu werden. Sie gründet ihre Autorität auf die göttliche Stimme, die durch sie, »die Posaune Gottes«, spricht zu Päpsten und Kaisern, zu Bischöfen und Grafen, zu Äbten und Äbtissinnen, zu Mitschwestern und Mitbrüdern. Wer würde, wer kann es wagen, sich jener mächtigsten Stimme zu widersetzen? Hildegard nimmt regen Anteil am politischen Geschehen, sie mischt sich ein und versucht sich durchzusetzen: beim Primat von Papst und Klerus und gegen den auf seine Macht bedachten Kaiser; für Konvente des Adels und gegen Reformorden, die das Ständewesen nivellieren; für das Reich Gottes, aber auch für das Wohl des Reiches. Sie lehnt erfolgreich die Einsetzung eines weltlichen Vogtes über das von ihr geleitete Kloster Rupertsberg ab und unterstellt es allein der Obhut des Mainzer Erzbischofs – ein ungewöhnlicher Vorgang. Sie läßt ihre Mitschwestern in langen, weißen Seidengewändern mit offenen Haaren und goldenen Kronen vor den Altar treten – ein liturgisch bedenkliches und von Zeitgenossen scharf kritisiertes Novum. Neben Liedern komponiert sie ein geistliches Singspiel, das in ihren Klöstern aufgeführt wird. Sie analysiert, neugierig forschend, gleichermaßen Revierverhalten und Brutpflege der heimischen Tierwelt wie die Sexualität von Mann und Frau.

Die Fähigkeiten und Interessen dieser Klosterfrau sind außerordentlich; beispiellos aber auch ihr Durchsetzungswille und ihre Konfliktbereitschaft gegenüber den Mächtigen des Reiches. Allen Widrigkeiten setzt sie ihren eigenen Widerstand entgegen, und selten argumentiert sie dabei sachlich; vielmehr beruft sie sich zumeist auf den göttlichen Willen, in dessen Auftrag sie handelt.

Abb. 1 Karl-Heinz Oswald, Hildegard von Bingen, 1998

Die Jubiläumsausstellung zum 900. Geburtstag Hildegards versucht, dieses ungewöhnliche Leben anschaulich zu machen. Sie schöpft dabei aus den reichlich fließenden schriftlichen Quellen, sowohl aus den Werken Hildegards als auch aus ihrer Vita. So ist es nur folgerichtig, wenn zwei Räume allein ihrer Visionswelt gewidmet sind und Handschriften und Urkunden eine zentrale Stellung bei der Präsentation einnehmen. Schrift und Bild, diese für Hildegard existentiellen Kommunikationsformen, haben den Textfries angeregt, der, von Abbildungen ergänzt, sich als kontinuierliches Band durch die ganze Ausstellung zieht.

Im Gegensatz zu den vielen schriftlichen Zeugnissen haben sich kaum Objekte erhalten, die mit ihr in einem direkten Zusammenhang stehen, wenn man vom »Hildegard-Kamm« oder dem »Hildegard-Gebetbuch« absieht, die beide jedoch nur fiktiv mit ihrer Person in Verbindung gebracht werden und deshalb aus einer seriösen Aufarbeitung des Themas ausscheiden müssen. Ihre Klöster sind heute Ruinen, und die einstigen Reichtümer der Konvente sind verloren oder unbekannt verstreut.

Für eine Ausstellung ist dies zunächst keine günstige Situation. Bei der Planung haben wir deshalb versucht, diesen Mangel als Chance zu begreifen und in sein Gegenteil zu verkehren. Hildegard selbst hat uns das leichtgemacht. Auf der einen Seite steht das aufregende und oft unorthodoxe Leben einer der außergewöhnlichsten Frauen des Mittelalters, auf der anderen Seite ihr thematisch so überaus vielseitiges und heute noch immer aktuelles Werk. Hildegards Leben, dem der erste große Teilbereich der Ausstellung gewidmet ist, wurde geprägt von der Landschaft, in der sie aufwuchs und wirkte. Äbtissin, Klostergründerin, Predigerin und Mahnerin sind weitere wichtige Inhalte ihres Lebens. Ihr Werk der theologischen und musikalischen Schriften, der Natur- und Heilkunde wurzelt in ihrer – von Hildegard selbst stets demütig verneinten – tiefen Bildung. Leben und Werk sind abhängig von ihrem Status als Ordensfrau: das benediktinische Klosterleben prägte ihren Tages- und Jahresablauf; zugleich bot es ihr als Frau die Möglichkeit, am Wissen der Zeit teilzuhaben, das nur in Klöstern zu finden war.

Hildegard selbst hat ihr Leben lang an ihrem »Image« gearbeitet, so erfolgreich, daß aus ihr eine der Autoritäten der Epoche wurde. Sie war eine Meisterin der positiven Selbstdarstellung; nach ihrem Tod geriet sie deshalb rasch in Vergessenheit. Bereits im 13. Jahrhundert wird ihr Werk kaum mehr rezipiert; ihre naturwissenschaftlichen Erkenntnisse bleiben ebenso unbeachtet wie das theologisch-kosmologische Visionswerk, das in der Zeit der Scholastik nicht mehr zu fesseln vermag. Erst im beginnenden Humanismus werden ihre Arbeiten, vor allem durch Trithemius von Sponheim, wieder entdeckt; Hildegards Name taucht in lokalen, im 19. und beginnenden 20. Jahrhundert auch in überregionalen Heiligenkalendern auf. Und doch erfolgt die endgültige Anerkennung ihrer Verehrung erst am 21. Februar 1940, als die römische Ritenkongregation die Feier ihres Festtags in Deutschland erlaubt. Heute genießt Hildegard weltweit Verehrung, Reliquien finden sich in den Niederlanden, in den Vereinigten Staaten, in Japan und auf den Philippinen. Das ausgehende 20. Jahrhundert vereinnahmt sie mehr und mehr; dabei greift sich jede Interessengruppe jeweils »die« Hildegard heraus, die gerade »paßt«: die Ärztin, die sie als Heilkundige nicht war, die Mystikerin, als die man sie, das passive Medium, nicht bezeichnen sollte. Ebenso unpräzise wie fiktiv sind die ihr zugewiesenen Rollen als Autorin von Rezepten, als Köchin oder esoterische Gesundheitsratgeberin. Beliebig werden Zitate aus ihren Texten herausgerissen und für die jeweilige Argumentationskette mißbraucht; ihre einzelnen Schriften werden nicht in der notwendigen Vollständigkeit und das gesamte Werk noch seltener gelesen. Ohne den vielgebrauchten und oft mißbrauchten Begriff des »Ganzheitlichen« weiter strapazieren zu wollen: Um Hildegard verstehen zu können, ist die Kenntnis ihres ganzen Schrifttums unerläßlich, so heterogen es auf den ersten Blick auch scheint. Jedoch ist jedes ihrer Bücher bewundernswert klar und logisch aufgebaut; die einzelnen Visionsschriften ergeben in ihrer Gesamtheit ein homogenes, vom Göttlichen belebtes Weltbild, das vor dem Anbruch eines neuen Zeitalters – des scholastischen – das frühmittelalterliche Wissen von Gott und Welt noch einmal zusammenfaßt. Ihre übrigen Werke basieren auf diesen Visionsschriften, ergänzen, illustrieren und interpretieren sie, ohne den gemeinsamen Grundton jemals zu verlassen.

Auch wenn ein Dom- und Diözesanmuseum gewöhnlich Exponate im herkömmlichen Sinne zeigt, gehen wir bei dieser Ausstellung einen anderen Weg und lassen vor allem die Autorin selbst zu Wort kommen. So ist Hildegard von Bingen am unmittelbarsten zu verstehen: als eine begabte, geradlinige, aber auch kontroverse Frau am Beginn dieses Jahrtausends, welche – alle Chancen nutzend – weit über die Möglichkeiten und Grenzen ihrer Zeit hinausging.

Dr. Hans-Jürgen Kotzur
Direktor des Bischöflichen Dom- und Diözesanmuseums

Inhaltsverzeichnis

Autoren

Dr. Wolfgang Dobras, Mainz	(W. D.)
Dr. Gertrud P. Fels, Mainz	(G. F.)
Stefan Fischbach, Mainz	(S. F.)
Franz Gutmann, Stohren	(F. G.)
Dr. Joachim Glatz, Mainz	(J. G.)
Dr. Alois Haidinger, Klosterneuburg	(A. H.)
Dr. Gabriel Hefele, Limburg	(G. H.)
Dr. Helmut Hinkel, Mainz	(H. H.)
Helge-Horst Hagen, Frankfurt	(H. H. H.)
Dr. Karl Heidecker, Bingen	(K. H.)
Dr. Elsje Janssen, Brüssel	(E. J.)
cand. phil. Antje Kohnle, Heidelberg	(A. K.)
Dr. Gottfried Kliesch, Mainz	(G. K.)
Dr. Hans-Jürgen Kotzur, Mainz	(H. J. K.)
Ines Koring, M. A., Mainz	(I. K.)
Dr. Ingrid Krüger, Bonn	(I. Kr.)
Dr. Werner Lauter, Rüdesheim-Eibingen	(W. L.)
Prof. Dr. Christina Meckelnborg, Berlin	(C. M.)
Dr. Rita Otto, München	(R. O.)
Gerhard Roese, Darmstadt	(G. R.)
cand. phil. Mechthild Reinelt, Mainz	(M. R.)
Dr. Beate Schmid, Mainz	(B. S.)
Dr. Barbara Stühlmeyer, Hof	(B. St.)
Dr. Günther Stanzl, Mainz	(G. S.)
Dr. Regula Schorta, Riggisberg	(R. S.)
Scholastika Steinle OSB, Eibingen	(S. S.)
Prof. Dr. Dethard von Winterfeld, Mainz	(D. v. W.)
Dr. Winfried Wilhelmy, Mainz	(W. W.)
cand. phil. Wolfgang Weber, Mainz	(W. Web.)

Hildegard von Bingen
Leben

Hildegard von Bingen 1098–1179

Ines Koring

1098–1106: Kindheit in Bermersheim

»Wenn die Geburt unmittelbar bevorsteht, wird das Gefäß, in das das Kind eingeschlossen ist, zerrissen (...) Die Seele des Kindes (...) spürt während dieses Austrittes die Kraft der Ewigkeit, die sie gesandt hat, und sie freut sich unterdessen. Nachdem aber das Kind ausgetreten ist, schickt es sofort einen klagenden Schrei aus, weil es die Finsternis der Welt spürt«[1].

Hildegard wird 1098 geboren. Der genaue Tag ist nicht bekannt. In ihrem Geburtsjahr ist Urban II. oberster Herrscher der Christenheit. Heinrich IV., aus dem Hause der Salier, herrscht über das Heilige Römische Reich. Kaiser und Papst (Abb. 2) kämpfen um die Investitur, die Einsetzung von Bischöfen und Äbten, und damit zugleich um die politische Macht im Abendland. Ein Kreuzfahrerheer erobert Jerusalem, Ketzer durchstreifen weite Teile Europas, Priesterehe und Simonie sind Zeichen für den moralischen Verfall des Klerus. Zur gleichen Zeit bricht mit der Entstehung neuer reformierter Orden eine Blütezeit der Frömmigkeit an.

Abseits dieser Ereignisse beginnt Hildegard ihren Lebensweg in einer bäuerlich-ländlichen Umgebung als Sproß einer angesehenen, begüterten Familie. Sie ist das zehnte und wohl jüngste Kind der Adeligen Hildebert und Mechthild von Bermersheim. Ihre Familie, das edelfreie Geschlecht von Bermersheim, gehört dem fränkischen Hochadel an. Urkunden und Güterverzeichnisse bezeugen umfangreichen Grundbesitz in der Umgebung. Obgleich Bermersheim als Geburtsort Hildegards heute wieder in Frage gestellt wird[2], darf als sicher angenommen werden, daß Hildegard die ersten acht Lebensjahre auf dem Herrenhof der Eltern verbringt. Sie wächst dort mit ihren Geschwistern auf. Sieben der neun sind namentlich aus Urkunden bekannt[3]. Drutwin, der älteste Sohn, übernimmt das elterliche Gut[4]. Die Brüder Hugo und Rorich gehören dem geistlichen Stand an. Hugo bekleidet in Mainz das Amt des Domkantors. Als einer der drei höchsten Würdenträger im Bistum fungiert er gleichzeitig als Erzieher an der Domschule. Viele seiner Schüler, so auch Radulf von Zähringen, der spätere Bischof von Lüttich, steigen auf zu bedeutenden Positionen im Reich. Zu Hugo hat Hildegard auch im Alter

Abb. 2 Kaiser und Papst, 12. Jh., Cambridge, The Parker Library, Corpus Christi College Ms. 373

noch engen Kontakt; nach 1175 übernimmt er zeitweilig die Seelsorge in ihrem Kloster[5]. Ihr Bruder Rorich tritt als Kanonikus in das Kloster Tholey an der Saar ein. Er ist in das älteste Totenbuch des Klosters Rupertsberg eingetragen. Von Hildegards Schwestern, Irmengard, Odilia und Jutta, ist außer den Namen, die in Schenkungsurkunden belegt sind, nichts Näheres überliefert. Eine andere Schwester, Clementia, wird zu einem nicht bekannten Zeitpunkt Nonne in dem von Hildegard gegründeten Kloster auf dem Rupertsberg. Somit führen vier der zehn Kinder ein geistliches Leben, erhalten eine geistige Bildung.

Ansehen und Einfluß der Familie prägen die Lebenswege der Kinder. Die illustre Herkunft ist Voraussetzung für Hildegards Lebensgeschichte, die verwurzelt ist in den sozialen Gegebenheiten und den ständisch-hierarchisch gegliederten Strukturen ihrer Umwelt. Auffällig ist, daß zahlreiche Verwandte und Bekannte der Familie hohe geistliche und weltliche Ämter bekleiden. Hildegards Neffe Arnold, von 1169 bis 1184 Erzbischof von Trier, ist einer der höchsten Kirchenfürsten des Reiches. Sein Bruder Wezelin wird Propst von St. Andreas in Köln. Die Erhebung in derartige Führungspositionen bestätigt die Bedeutung der Familie. Hildegard nutzt ihre verwandtschaftlichen Verbindungen zu den Einflußreichen in Reich und Kirche. Sie bleibt sich zeitlebens ihrer Herkunft und ihres hochadeligen Standes bewußt.

Hauptquelle für die Biographie Hildegards ist die zeitgenössische Lebensbeschreibung, die *»Vita Sanctae Hildegardis«*. Diese in drei Bücher gegliederte Beschreibung in Form einer Heiligenlegende wird bereits zu Lebzeiten Hildegards begonnen und Mitte der achtziger Jahre des 12. Jahrhunderts vollendet. Sie liefert zahlreiche Hinweise auf Ereignisse im Leben Hildegards, dient aber primär der Darstellung von Hildegards Prophetentum und ihrer Heiligkeit. Der Disibodenberger Mönch Gottfried, von 1174 bis 1176 Propst des Klosters Rupertsberg und Hildegards Sekretär, verfaßt das erste Buch (Abb. 3). Er skizziert Hildegards Lebensweg von ihrer Geburt bis zur Übersiedlung auf den Rupertsberg und würdigt ihre visionäre Begabung: *»Als Heinrich IV. König im römischen Reich war, lebte im diesseitigen Gallien eine Jungfrau, erlaucht durch den Adel des Geschlechtes wie ihrer Heiligkeit. Ihr Name war Hildegard. Der Vater hieß Hildebert, die Mutter Mechthild. Obwohl sie in die Sorgen der Welt verwickelt und mit äußeren Gütern reich gesegnet waren, erwiesen sie sich doch nicht undankbar gegen die Gaben ihres Schöpfers und weihten ihre Tochter dem Dienste Gottes. Denn schon in jungen Jahren zeigte sie eine frühe Unberührtheit, mit der sie allen fleischlichen Gelüsten fremd zu sein schien.«*[6]

Abb. 3 Vita, 1. Buch, 1. Kapitel, »Riesencodex«, um 1180/90, Wiesbaden, Hessische Landesbibliothek, Hs. 2

Nach seinem und Hildegards Tod erhält der Mönch Dietrich von Echternach (Magister Theodoricus) den Auftrag, die Vita fertigzustellen. Unter Verwendung autobiographischer Aufzeichnungen Hildegards und gesammelter Materialien ihres Sekretärs Wibert von Gembloux[7] schildert er im zweiten Buch die Visionen Hildegards, im dritten die von ihr gewirkten Wunder. Beide Biographen berichten, daß Hildegard von Geburt an schwächlich und ständig von Krankheiten geplagt war: *»Viele äußere Dinge erfuhr ich nicht wegen der häufigen Erkrankungen, an denen ich von der Muttermilch an bis jetzt gelitten habe, die meinen Leib schwächten, so daß meine Kräfte nachließen«*[8].

Bereits als Kind hat sie eine außergewöhnliche Wahrnehmungsgabe an sich entdeckt, die sie selbst *»visio«* (Schau) nennt. Dieser Zustand beinhaltet ungewöhnliche, manchmal schmerzhafte Wahrnehmungen, die das Kind verunsichern und ängstigen: *»In meinem dritten Lebensjahr sah ich ein so großes Licht, daß meine Seele erbebte, doch wegen meiner Kindheit konnte ich mich nicht darüber äußern«*[9].
Ohne das Bewußtsein zu verlieren, ist das Mädchen fähig, Dinge zu sehen, die nicht sichtbar sind, beispielsweise die Form und Fellzeichnung eines noch ungeborenen Kalbes[10]. In ihren Briefen und in den autobiographischen Aufzeichnungen berichtet Hildegard mehrfach von diesen frühkindlich-übernatürlichen Erlebnissen, die sie ihrer Umwelt allerdings meist verschweigt. Hildegard behält diese Wahrnehmungsgabe während ihres ganzen Lebens.

1106–1136: Lehrjahre und Reifezeit auf dem Disibodenberg

Im Sommer 1106 stirbt Kaiser Heinrich IV. Sein Sohn, Heinrich V. (1106–1125), der den Vater gefangengenommen und monatelang auf Burg Klopp in Bingen festgehalten hatte, folgt auf den Thron. Auch er besteht auf seinem Investiturrecht. Während seiner neunzehnjährigen Herrschaft schwelt der Investiturstreit in unterschiedlicher Heftigkeit. Erst nach langwierigen Verhandlungen zeichnet sich eine Einigung zwischen weltlicher und geistlicher Macht ab. Im Wormser Konkordat vom 23. September 1122 vereinbaren Kaiser Heinrich V. und Papst Calixtus II. die Trennung der geistlichen und weltlichen Seite der Investitur (s. Kat. Nr. 43).
Das Jahr von Hildegards Einzug auf dem Disibodenberg ist umstritten. In der Regel folgt man dem Bericht der Vita: *»Im Alter von acht Jahren ließ sie sich auf dem Berg des hl. Disibod einschließen, um mit Christus begraben zu werden (...)«*[11] – so Gottfried im ersten Buch der Vita. Im zweiten schreibt Dietrich: *»In meinem achten Lebensjahr wurde ich Gott für das geistliche Leben dargebracht«*[12].

Abb. 4 Übergabe Hildegards an die Magistra Jutta, Bernhard Kraus, 1911/12, Bingen-Dietersheim, St. Gordianus und Epimachus

Demnach beschließen im Jahre 1106 Hildebert und Mechthild von Bermersheim, ihr zehntes Kind – gleichsam als Zehnten – Gott zu weihen. Ein günstiger Umstand erleichtert ihnen diese Entscheidung. Jutta von Sponheim, Tochter des begüterten Grafen Stephan von Sponheim, mit der Familie von Bermersheim bekannt oder sogar verwandt, hat sich kurz zuvor für ein Leben in völliger Abgeschiedenheit entschieden und will in eine dem Mönchskloster auf dem Disibodenberg angebaute Frauenklause einziehen[13]. Das entsprechende Umfeld für die religiöse Erziehung ihrer jüngsten Tochter ist gefunden: die Eltern geben das achtjährige Mädchen in die Obhut der sechs Jahre älteren Jutta von Sponheim (Abb. 4). Am 1. November 1106 erfolgt der feierliche Einzug von Jutta, Hildegard und einer dritten Gefährtin in diese Klause[14].

Im Gegensatz zu dieser Schilderung der Hildegard-Vita überliefert die 1137 verfaßte und 1992 veröffentlichte Jutta-Vita[15] ausschließlich das Datum 1112 für den gemeinsamen Einzug der drei Frauen in diese Klause. Tatsache ist, daß die Klosteranlage Disibodenberg erst 1108 neu besiedelt wird. Aus diesem Grund erscheint es plausibel, daß auch Jutta und Hildegard erst nach 1108, vielleicht auch erst 1112 in die Klause einziehen. Um frühzeitig auf ein geistliches Leben vorbereitet zu werden, mag es durchaus sein, daß Hildegard bereits 1106 in die Obhut Juttas gegeben wird. Wo sich Hildegard und Jutta in der Zeit von 1106–1112 aufhalten, ist auch durch diese neuesten Forschungsergebnisse nicht zweifelsfrei zu klären[16].

Wenngleich die Jahreszahl unklar bleibt, stimmen die Quellen bei der Angabe des genauen Tages überein: der feierliche Einzug der drei Frauen in die Klause auf dem Disibodenberg ereignet sich am 1. November, an Allerheiligen. Eine angemessene Mitgift, die Hildegards Eltern an das angrenzende Benediktinerkloster entrichten[17], sichert die zukünftige Versorgung ihrer Tochter. Die von den Eltern getroffene Entscheidung entsprach der zeitgemäßen Gepflogenheit, schon früh den Lebensweg eines Kindes zu bestimmen. Hildegard hatte sicherlich kein Mitspracherecht. Ob ihre schwache körperliche Konstitution, ihre außergewöhnlichen geistigen Fähigkeiten oder aber religiöse Motive im Vordergrund standen, ist nicht bekannt.

Noch im Jahr ihres Eintritts legen die drei Frauen die monastischen Gelübde ab und werden Benediktinerinnen. Aus der Hand des Bischofs Otto von Bamberg empfangen sie den Ordensschleier[18]. Hildegard, nunmehr vierzehn Jahre alt, entscheidet sich bewußt für ein klösterliches Leben. Die gemeinsame Einschließung in

Abb. 5 Übergabe der Regel durch Benedikt an eine Nonne, 12. Jh., Berlin, Staatsbibliothek Preußischer Kulturbesitz, Ms. theol. lat. qu. 199

die Klause und die Profeß erregen Aufsehen und große Anteilnahme von seiten des Konvents, aber auch der Bevölkerung des Umkreises. Über den tatsächlichen Akt des Einschließens, die Ausstattung und den Standort der Frauenklause ist nichts überliefert.

Seit Hildegards Weggang aus dem Elternhaus ist Jutta mit der geistigen und religiösen Erziehung ihrer jungen Gefährtin betraut. Spätestens mit dem Eintritt in die Klause wird Hildegard nach der Benediktinischen Regel für das klösterliche Leben herangebildet (Abb. 5). Der mehrfach in der Vita genannte Disibodenberger Mönch Volmar unterstützt die Meisterin Jutta bei der Unterweisung in das vielschichtige Bildungsgut benediktinischer Tradition.

Hildegard lernt lesen und schreiben. In lateinischer Sprache übt sie die Psalmen und den Gesang des täglichen Stundengebetes ein. Bibel und Psalter sind die

Abb. 6 Allegorie auf die drei Stände der Frau, Einzelblatt aus einem sog. »Jungfrauenspiegel«, um 1200, Bonn, Landesmuseum

Lehrbücher, sind Grundlage ihrer lateinischen Bildung. Entsprechend der Frauenbildung ihrer Zeit erhält Hildegard allerdings keine formale Unterweisung in den Sieben Freien Künsten, den »septem artes liberales«: Grammatik, Dialektik und Rhetorik sowie Arithmetik, Geometrie, Astronomie und Musik. Deshalb bezeichnet sie sich selbst als »*indocta*«, als ungelehrt. Aus ihrem eigenen literarischen Werk geht jedoch hervor, daß sie umfangreiche Kenntnisse der Hl. Schrift, der Texte der Kirchenväter und der weltlichen Wissenschaften erworben hat. Den Zugang zu diesem Wissen verdankt Hildegard ausschließlich ihrem Leben in der Klostergemeinschaft.

Aus den beiden Jahrzehnten nach der Profeß existieren keine nennenswerten Aufzeichnungen über Hildegards Leben. Ansatzweise berichtet die Vita über den tugendhaften Lebenswandel der jungen Nonne, die trotz häufiger schwerer Erkrankung zum Vorbild ihrer Mitschwestern heranreift. Zweifelsfrei ist ihr Alltag geprägt durch den Lebensrhythmus der Benediktiner mit seinem Wechsel von Gebet und Arbeit, Studium und geistlicher Lesung, gemeinschaftlichem Leben und Einsamkeit. Der Tagesablauf ist gegliedert in acht Stunden Schlaf, drei bis vier Stunden Gebet, vier Stunden Studium sowie acht Stunden manueller Arbeit. Sieben Mal am Tag versammeln sich die Schwestern zum gemeinsamen Stundengebet. Das regelmäßige Hören und Lesen der Hl. Schrift, der Hymnen, Psalmen sowie der Ordensregel und der Liturgie sind Grundlage ihres Denkens und Handelns. Später sind diese Kenntnisse auch Basis ihrer Schriften.

In dieser Zeit des Heranwachsens und Reifens erlebt Hildegard in der Abgeschiedenheit der Klause ihre inneren Schauungen. Diese konzentrierte Lebensweise, aber auch der beengte Lebensraum sind dafür verantwortlich, daß Hildegard ihre außergewöhnlichen Wahrnehmungen vor ihren Mitschwestern nicht verbergen kann. Jutta, die Meisterin der Klause, soll auch den Mönch Volmar in Hildegards »Geheimnis« eingeweiht haben, berichtet die Vita. Über die menschliche Beziehung zwischen Jutta, der Lehrerin, und Hildegard, der Schülerin, ist wenig bekannt. Hildegard schreibt über Jutta: *»Dieser Frau schenkte Gott sozusagen Ströme von Gnaden, so daß sie ihrem Leib durch Wachen, Fasten und andere gute Werke keine Ruhe gewährte, bis sie ihr irdisches Leben durch ein gutes Ende beschloß«*[19].

Als Jutta von Sponheim am 22. Dezember 1136 stirbt, beginnt für Hildegard ein neuer Lebensabschnitt. Die nunmehr Achtunddreißigjährige wird von ihren Mitschwestern zur neuen Meisterin gewählt. Ihre Wahl mag Beweis sein für die hohe soziale Stellung der Familie von Bermersheim, aber auch für Hildegards spirituelle Reife und ihre wachsende Fähigkeit zu führen. Von nun an ist Hildegard mit der geistlichen Erziehung ihrer Mitschwestern ebenso betraut wie mit deren Unterweisung in weltlichen Dingen. Der Ruf der neuen Meisterin dringt nach außen: immer mehr adlige Jungfrauen ersuchen um Einlaß in die Klause (Abb. 6); die Frauengemeinschaft am Disibodenberg wächst[20].

1141: Der prophetische Auftrag

Das eigentlich prägende und zukunftsbestimmende Ereignis, welches das Leben der Meisterin vom Disibodenberg tiefgreifend verändern wird, geschieht fünf Jahre später, 1141. Hildegard erhält nach eigenen Aussagen von Gott den Auftrag, ihre Visionen schriftlich festzuhalten. Im Vorwort zu ihrem Erstlingswerk »*Scivias*« schildert sie dieses Erlebnis: »*Es geschah im Jahre 1141 nach der Menschwerdung des Gottessohnes Jesus Christus, als ich 42 Jahre und 7 Monate alt war. Aus dem offenen Himmel fuhr blitzend ein feuriges Licht hernieder. Es durchdrang mein Gehirn und setzte mein Herz und die ganze Brust wie eine Flamme in Brand; es verbrannte nicht, war aber heiß, wie die Sonne den Gegendstand erwärmt, auf den ihre Strahlen fallen.*« Eine Stimme vom Himmel fordert sie mit den Worten »*Sage und schreibe, was du siehst und hörst!*« wiederholt auf, das Erfahrene öffentlich mitzuteilen. Hildegard empfängt ihre »*Gesichte*« weder im Schlaf noch in Ekstase, noch ist sie durch strenges Fasten und Züchtigung in einen Zustand geistiger Verwirrung entrückt: »*Die Gesichte aber, die ich sah, empfing ich nicht im Traum, nicht im Schlaf oder in Geistesverwirrung, nicht durch die leiblichen Augen oder die äußeren menschlichen Ohren, auch nicht an abgelegenen Orten, sondern ich erhielt sie in wachem Zustand, bei klarem Verstand, durch die Augen und Ohren des inneren Menschen, an zugänglichen Orten, wie Gott es wollte*«[21].

Aus Angst vor der eigenen Unfähigkeit, aber auch aus Angst vor dem Gerede der Menschen reagiert Hildegard befangen. Sie zögert, diesen Auftrag auszuführen, wird krank und bettlägerig. Erst die wiederholten Aufforderungen zu schreiben überzeugen sie schließlich, diese Herausforderung anzunehmen. Die getroffene Entscheidung wirkt sich unmittelbar auf ihr Wohlbefinden aus; sie wird gesund! Mit dem Griffel beginnt Hildegard auf kleinen Wachstafeln mit der Abfassung ihrer ersten großen Visionsschrift, dem »*Liber Scivias*« (Abb. 7). Der Disibodenberger Mönch Volmar, der von 1141 bis zu seinem Tod 1173 Hildegard als Berater, Sekretär und »*symmysta*«, als »*Mitwisser der Geheimnisse*«, zur Seite steht, unterstützt sie bei der Formulierung ihrer lateinischen Texte und beim Übertragen der Schriften auf Pergament. Die erste Miniatur der mit 35 Bildern illuminierten Rupertsberger Scivias-Handschrift (Kat. Nr. 65) zeigt ihn sitzend am Eingang vor ihrer Zelle. Still und demütig wartet er, während Hildegard, mit allen fünf Sinnen vom Feuer des lebendigen Lichtes überstrahlt, ihre Visionen auf Wachstafeln ritzt. Als zusätzliche Gehilfin und Sekretärin fungiert die gebildete Nonne, Richardis von Stade, zu der Hildegard ein besonders inniges Verhältnis hat. Richardis ist zusammen mit Hildegard und Volmar in der ersten Miniatur des sog. Lucca-Codex abgebildet (Abb. 10).

Zehn Jahre – von 1141 bis 1151 – schreibt Hildegard an

Abb. 7 Die Seherin, Rupertsberger Scivias, um 1165 (Kopie 20. Jh.), Eibingen, Abtei St. Hildegard

ihrer ersten theologisch-kosmologischen Visionsschrift, die in mehreren Abschriften erhalten ist[22]. Der Titel »*Scivias*«, »*Wisse die Wege*«, ist eine Abkürzung von »Scivias Domini«, »Wisse die Wege des Herrn«. Diese Glaubenslehre, die sich mit den drei Hauptpunkten der Heilsgeschichte – Schöpfung, Erlösung, Ende der Zeiten – befaßt, orientiert sich an der Dogmatik der Zeit. Hildegard entfaltet in einer Bild-Welt ein geschlossenes Welt-Bild, in dem Mensch und Kosmos untrennbar mit Gott verknüpft sind. Das Werk, das in drei Teile (Partes) gegliedert ist, stellt in 26 Visionen, die wiederum in Kapitel unterteilt sind, das ganze Schöpfungs- und Erlösungswerk dar: im Aufbau eines gewaltigen Gebäudes vollzieht sich

XXVI

Wie sant Bernhard die heyli-
ge iungfraw sant Hildegard vff sant Ruprechts berg
heymsücht/vnd sie tröst in iren anfechtungen/vnd jr be
uilt/die götlichen gesicht zü offenbaren.

VNd zü der heyligen iungk-
frawē Hildegard sprach er/mein allerliebste to
chter du sölt nit förchten die verachtung d' vnwissenden
mēschē so du got hast zu einē schirmer/dañ sölch gespöt
vnd verachtūg zerget wie das gestip/aber die warheyt

Abb. 8 Hildegard und Bernhard von Clairvaux, Jacob Köbel, 1524, Eibingen, Abtei St. Hildegard

die Schöpfung der Welt und des Menschen gefolgt vom Werk der Erlösung durch Christus und seine Kirche bis zur Vollendung am Jüngsten Tag.
Detailliert und sprachgewaltig schildert Hildegard jede Vision in ihren Einzelheiten. Das entstandene Bild wird von Gott erläutert und nach kosmischen und geistig-religiösen Sachverhalten gedeutet. Moralische Verhaltensregeln rufen zur Umkehr auf und zeigen den Weg zur Erlösung.
In den Jahren seit den ersten Lichterscheinungen im Kindesalter haben sich Hildegards Wahrnehmungen zu immer mächtigeren Bildvisionen entwickelt. In diese Bilder fließt all das ein, was Hildegard während ihrer regelmäßigen Gebets- und Meditationszeiten und ihrer intensiven Beschäftigung mit der Hl. Schrift in ihrem Unterbewußtsein gespeichert und verinnerlicht hat[23].

1141–1147: Kirchliche Anerkennung des prophetischen Auftrages

Die Mönche vom Disibodenberg müssen von der Abfassung des Scivias gewußt haben, denn Volmars Unterstützung bei der Niederschrift von Hildegards Schauungen setzt das Einverständnis des Klosterabtes voraus. Trotz dieser Unterstützung ihrer Mitbrüder, mit dem Werk fortzufahren, wird Hildegard in den ersten Jahren der Abfassung des Scivias wiederholt von Zweifeln hinsichtlich ihrer Sendung geplagt. Darum wendet sie sich 1146/47 in einem Brief an den einflußreichen Abt Bernhard von Clairvaux (1091–1153)[24]. Sie schildert ihre Unsicherheit, hofft aber auf Bestätigung ihrer Sehergabe und ihres prophetischen Auftrages. Das Antwortschreiben des Abtes von Clairvaux ist respektvoll, aber kurz und mahnend gehalten. Bernhard beglückwünscht Hildegard zu ihrer Sehergabe, löst aber nicht ihre Zweifel (Abb. 8). Mit ihrem Brief an Bernhard von Clairvaux wagt Hildegard den ersten Schritt an die Öffentlichkeit. Der nächste Schritt erfolgt bereits ein Jahr später.
Unter dem Vorsitz des Zisterzienserpapstes Eugen III. (1145–1153) versammeln sich auf der Trierer Synode von 1147/48 Geistliche aus allen Teilen Europas. Auch Bernhard von Clairvaux nimmt an der Synode teil. Auf Bitten des Disibodenberger Abtes Kuno informiert der Mainzer Erzbischof Heinrich I. die Anwesenden über Hildegard und ihre Visionen. Daraufhin entsendet Papst Eugen III. eine Untersuchungskommission auf den Disibodenberg, um Hildegards Sehergabe zu prüfen. Als die Kommission mit positiven Ergebnissen zurückkehrt, liest Papst Eugen III. aus den bereits fertiggestellten Teilen des Scivias vor. Nun ergreift Bernard von Clairvaux das Wort und bezieht öffentlich Stellung für Hildegard. Er *»forderte unter dem Beifall aller den Papst auf, er möge nicht dulden, daß ein solch hellstrahlendes Licht von Schweigen überdeckt würde; er solle vielmehr eine solche Begnadung, die der Herr in seiner Zeit offenbaren wolle, durch seine Autorität bestätigen«*[25].
Papst Eugen III. ermutigt Hildegard in einem Brief zur Fortsetzung ihres Werkes auf und bestätigt damit ihre Sehergabe[26]. Der göttliche Ursprung von Hildegards visionärer Begabung ist von höchster Stelle anerkannt und beglaubigt worden; die Seherin wird zur Prophetin.

Die päpstliche Legitimation kann nicht hoch genug eingeschätzt werden. Einerseits befreit sie Hildegard von ihren Selbstzweifeln, bestärkt sie zur Fortsetzung und Vollendung ihrer Werke und erlaubt ihr, das Wort Gottes öffentlich kund zu tun. Andererseits schützt sie Hildegard gegen den Vorwurf der Häresie. Die Anerkennung durch Papst und Synode verändert das Leben der Benediktinerin nachhaltig. Hildegard wird zu einer Person öffentlichen Interesses.

Von Hildegards Ruhm und Ehre mag auch der Disibodenberger Mönchskonvent profitiert haben. Bereits kurze Zeit nach Abschluß der Synode würdigt Papst Eugen III. den Ort, an dem Hildegard zur Seherin heranwuchs, mit einer am 18. Februar 1148 ausgestellten Schutzurkunde[27]. Ein stetiger Strom Ratsuchender pilgert von nun an zum Disibodenberg. Dies sichert den Mönchen eine kontinuierliche Einnahmequelle. Auch die Frauenklause erhält Zuwachs von begüterten Aspirantinnen adliger Herkunft.

1147–1158: Selbständigkeit

Um die Zeit der Synode faßt Hildegard den Entschluß, gemeinsam mit ihren Schwestern das Disibodenberger Kloster zu verlassen. Es gibt sicherlich mehrere Beweggründe, diese Abtrennung des Frauenkonvents vom Mönchskloster zu vollziehen. Der nicht mehr ausreichende Lebensraum für die stetig angewachsene Frauengemeinschaft, aber auch das Streben nach Unabhängigkeit dürften dabei im Vordergrund gestanden haben. Hildegard plant ein eigenes, unabhängiges Kloster auf dem Rupertsberg, einem unbesiedelten Hügel an der Mündung der Nahe in den Rhein bei Bingen, etwa 30 km entfernt vom Disibodenberg. An dieser Stelle wohnte im frühen Mittelalter der Hl. Rupertus[28]. Dieser Platz sei, so berichtet die Vita, Hildegard in einer Schau gezeigt worden. Allein schon aus geographischen Gesichtspunkten ist dieser Ort eine gute Wahl. Hier treffen die wichtigsten Wasser- und Landwege aufeinander, die die Bischofsstädte Köln, Mainz und Trier verbinden. Außerdem liegt der Rupertsberg ganz in der Nähe der damaligen Zentren weltlicher und geistlicher Macht[29].

Der Wunsch nach einem eigenständigen Kloster wird von den Disibodenberger Mönchen aufs heftigste zurückgewiesen. In einer autobiographischen Passage berichtet Hildegard über diesen schmerzlichen Vorgang: *»Als aber mein Abt und die Brüder sowie das Volk jener Gegend von diesem Ortswechsel und seiner Bedeutung erfuhren – daß wir von fruchtbaren Feldern und Weinbergen und einer lieblichen Gegend weg in ein wasserloses Gebiet ziehen wollten –, wunderten sie sich sehr. Damit dies nicht zustande komme, verschworen sie sich, uns Widerstand entgegenzusetzen«*[30].

XXI
der dar zů ried/ward er bald wid'gesunt/welcher gnaden er dañ nachmalß ingedenck blib/vnd was ein trewer mithelffer zu dem closter das man für die schwestern bauwet vff sant Ruprechts berg. Er reüttet auß die weingärten mit eygen henden/vnd halff den platz zubereyten dohin man das closter solt bawen.

Wie sanct Hildegard das closter vff sant Ruprechts berg bawt/die baum vnd weingärten außreüten ließ/vnd sie dobey in irem bett kranck lag.

F iii

Abb. 9 Bau des Klosters Rupertsberg, Jacob Köbel, 1524, Eibingen, Abtei St. Hildegard

Kuno, der Abt vom Disibodenberg, dessen Befehlsgewalt die Benediktinerinnen in der Klause unterstellt sind, ist nicht bereit, die Frau, die der Papst gerade als Prophetin anerkannt hat, ziehen zu lassen. Er will weder auf den neugewonnenen Ruhm Hildegards und die damit verbundenen Spenden und Schenkungen der Pilger und Ratsuchenden noch auf die Einkünfte aus der Mitgift der Nonnen verzichten. Auch die Schwestern zögern, ihre wohlbehütete und gutsituierte Gemeinschaft auf dem Disibodenberg zu verlassen, um ein neues, vorerst entbehrungsreiches Leben in der Wildnis auf dem Rupertsberg zu führen. An der Durchsetzung ihrer Idee gehindert, erkrankt Hildegard schwer. Über Auslöser und Symptome dieser Krankheit, von der Hildegard bei großen Entscheidungen und widrigen Umständen zeitlebens befallen wird, berichtet die Vita ausführlich: »*Die Füße versagten vollständig ihren Dienst, und sie konnte überhaupt nicht mehr von ihrem Bett, in dem sie wie ein Felsblock lag, bewegt werden. (...) An dieser Krankheit litt sie nicht nur damals, sondern immer, wenn sie aus weiblicher Furcht zögerte oder zweifelte, den Auftrag des göttlichen Willens auszuführen, erfuhr sie dieses sichere Zeichen an sich*«[31].

Während Hildegard paralysiert im Bett liegt, setzt sich die einflußreiche Markgräfin von Stade[32], die Mutter ihrer Mitschwester Richardis, beim Mainzer Erzbischof Heinrich I. persönlich für die Neugründung auf dem Rupertsberg ein. Sie ist erfolgreich; der Mainzer Erzbischof befürwortet die Neugründung und unterstützt sie durch Schenkungen. Nun muß sich auch Abt Kuno Hildegards Wünschen beugen. Er deutet ihre völlige Bewegungslosigkeit nicht länger als menschliches Leiden, sondern als »Weisung Gottes«. Gottesfürchtig stimmt er der Umsiedlung zu.

Dank der finanziellen Unterstützung weltlicher Gönner kann Hildegard das Gelände auf dem Rupertsberg kaufen und mit ersten Rodungs- und Bauarbeiten beginnen (Abb. 9). Zwischen 1147–1151 erfolgt die Umsiedlung. Mit etwa zwanzig Mitschwestern verläßt Hildegard die gewohnte Umgebung auf dem Disibodenberg und zieht unter dem Jubel der Bevölkerung in ihre neue Heimat. Sie selbst beschreibt ihren ersten Eindruck: »*Ich nahm nun mit zwanzig adeligen Nonnen, die von reichen Eltern abstammten, an dieser Stätte meinen Aufenthalt. Dort fanden wir keinerlei Wohnungen noch Bewohner (...). So große Widerwärtigkeiten, Trübsal und Arbeitslast überfielen mich (...). Es fehlte uns, soweit man es uns nicht durch Gottes Gnade als Almosen schenkte, am Lebensnotwendigsten (...). So schüttelten (...) die Menschen über mich den Kopf und sprachen: ›Was nützt es, daß adelige und reiche Nonnen von dem Ort, wo es ihnen an nichts gefehlt hat, wegziehen zu dieser Stätte solchen Mangels?‹*«[33].

Die ersten Jahre sind von Armut und Entbehrung geprägt. Es kommt zu Konflikten und Auseinandersetzungen. Einige Nonnen verlassen den Konvent. Inmitten dieser turbulenten Gründungszeit beendet Hildegard ihren Scivias[34]. Kurz darauf wird auch der Bau der Klosterkirche vollendet. Eine Urkunde des Mainzer Erzbischofs Heinrich vom 1. Mai 1152 dokumentiert die Weihe der Kirche[35].

In dieser äußerst schwierigen Zeit bieten die Vorfälle um die Nonne Richardis (Abb. 10) einen seltenen Einblick in die Gefühlswelt Hildegards. 1151 wird Richardis von Stade, ihre Sekretärin, Mitschwester und enge Vertraute, auf Betreiben des Erzbischofs Hartwig von Bremen, Richardis' Bruder, zur Äbtissin von Stift Bassum bei Bremen gewählt. Sie nimmt die Wahl gegen Hildegards Willen an und verläßt den Rupertsberg. Im Kampf um die Rückkehr der innig geliebten Mitschwester entfacht Hildegard einen regen Briefwechsel. Sie richtet mahnende, aber auch beschwörende Worte an die Erzbischöfe von Mainz und Bremen, an Richardis Mutter, die Markgräfin von Stade, an Richardis selbst und sogar an Papst Eugen III. (Kat. Nr. 47). Als der Mainzer Erzbischof Heinrich I., bislang Förderer und Fürsprecher Hildegards, im Fall Richardis nicht auf ihrer Seite steht, äußert sie in ihrem Brief an ihn den Vorwurf der Simonie (Ämterkauf): »*Der durchsichtige Quell, der nicht trügerisch ist, sondern gerecht, spricht: Die Gründe, die für die Erhebung jener Nonne vorgebracht werden, haben bei Gott kein Gewicht (...). Der Geist Gottes spricht in seinem Eifer: O Hirten, klagt und trauert in dieser Zeit, denn ihr wißt nicht, was ihr tut, wenn ihr die in Gott begründeten Ämter um Geldbesitz an die Torheit schlechter Menschen, die Gott nicht fürchten, verschleudert.*«

Alleingelassen in einer kargen, harschen Umgebung, fühlt sich Hildegard von ihrem Zögling betrogen und verlassen. In ihrer Verzweiflung schreibt sie an deren Mutter, die Markgräfin von Stade: »*Ich beschwöre und ermahne dich: bringe meine Seele nicht derart in Aufruhr, daß du meinen Augen bittere Tränen entlockst und mein Herz mit grausamen Wunden verletzest wegen meiner vielgeliebten Töchter Richardis und Adelheid*[36] *(...). Denn die Äbtissinnenwürde, die du* (für sie, Anm. d. Verf.) *begehrst, ist sicher, sicher, ja sicher nicht von Gott, noch ist sie zum Heil ihrer Seelen.*« An den Bruder der Richardis, den Erzbischof von Bremen, appelliert Hildegard: »*Darum bitte ich, der du (...) auf dem Bischofsstuhle sitzest, und beschwöre dich (...): Sende meine geliebte Tochter zu mir zurück*«.

Als auch ein Schreiben an Papst Eugen III. keine Änderung bringt[37], wendet sich Hildegard nun an Richardis selbst und schreibt einen bewegenden, schmerzerfüllten Brief: »*Höre, Tochter, mich, deine Mutter, die ›im Geiste‹ zu dir spricht: Schmerz steigt in mir auf. Der Schmerz tötet das große Vertrauen und die Tröstung, die ich in einem Menschen besaß. Von nun ab möchte ich sagen: Besser ist es, auf den Herrn zu hoffen, als auf Fürsten seine Hoffnung zu setzen. (...) Der Mensch, der so auf Gott schaut, richtet wie ein*

Adler sein Auge auf die Sonne. Und darum soll man nicht sein Augenmerk auf einen hochgestellten Menschen richten, der wie die Blume verwelkt. Hierin habe ich gefehlt aus Liebe zu einem edlen Menschen. (...) Nun sage ich wiederum: Weh mir Mutter, weh mir Tochter! Warum hast du mich wie eine Waise zurückgelassen? Ich habe den Adel deiner Sitten geliebt, deine Weisheit und deine Keuschheit, deine Seele und dein ganzes Leben (...)«[38].

Hildegard erkennt, daß sie ihre Mitschwester Richardis endgültig verloren hat, und bereut ihre selbstsüchtige Haltung. Sie verlangt Richardis nicht mehr zurück. Die Geschichte nimmt einen tragischen Verlauf. Auch Richardis bereut ihr Verhalten; doch kurz nachdem sie die Erlaubnis zur Rückkehr auf den Rupertsberg erhält, stirbt sie im Jahr 1152.

Hildegard bleibt nicht viel Zeit, um über den Verlust ihrer geliebten Mitschwester zu trauern. Denn auch nach der Übersiedlung auf den Rupertsberg weigern sich die Disibodenberger Mönche, die beim Eintritt der Nonnen in die Klause gemachten Schenkungen und die Erträge aus diesen Besitzungen an die Schwestern auszuhändigen. Als die Mönche dann auch noch Volmar, Hildegards Sekretär und Propst, der Nonnengemeinschaft entziehen wollen, reitet Hildegard zum Disibodenberg. Über ihre Auseinandersetzung mit dem Disbodenberger Abt und seinen Mönchen berichtet sie in einem Brief an ihre Schwesterngemeinschaft: *»Das hellstrahlende Licht spricht: Du sollst Vater über den Propst* (Volmar, Anm. d. Verf.) *und das Seelenheil der geheimnisvollen Pflanzstätte meiner Töchter sein. Die ihnen gemachten Schenkungen gehören weder dir noch deinen Brüdern. Hingegen soll eure Stätte ihnen Zuflucht sein. Wollt ihr aber in eurem Widerstand verharren und gegen uns mit den Zähnen knirschen, so werdet ihr den Amalekitern gleichen und dem Antiochus, von dem geschrieben steht, daß er den Tempel des Herrn beraubt hätte. Haben einige von euch in ihrer Würdigkeit gesprochen: ›Wir wollen ihren Besitz verringern‹, so spreche ICH, DER ICH BIN: ›Ihr seid die schlimmsten Räuber! Wenn ihr aber versuchen solltet, den Hirten der geistlichen Heilkunst* (Propst Volmar, Anm. d. Verf.) *den Nonnen zu entziehen, dann sage ich euch ferner: Ihr seid den Söhnen Belials gleich und habt die Gerechtigkeit Gottes nicht vor Augen. Deshalb wird Gottes Strafgericht euch vernichten!‹«*[39].

Kurz nach dieser Begegnung stirbt Abt Kuno (1155). Die weiteren Verhandlungen zur Klärung der güterrechtlichen und geistlichen Beziehungen zwischen den Klöstern führt Hildegard mit seinem Nachfolger, Abt Helenger. In den folgenden Jahren erkämpft Hildegard nicht nur die Herausgabe der Güter[40], sondern auch die vollständige Unabhängigkeit ihres Konvents vom Disibodenberg. Zwei Urkunden des Mainzer Erzbischofs Arnold vom 22. Mai 1158 (Kat. Nr. 31 bzw. 32) legen die Rechtsstellung des neuen Klosters fest und bestätigen dem Konvent alle seine Besitzungen. Den Nonnen wird freie Äbtissinnenwahl und freie Wahl des vom Disibodenberg zu stellenden Propstes zugesichert. Auch gegen die Einsetzung eines weltlichen Vogtes wehrt sich Hildegard erfolgreich, *»denn es sollte nicht so scheinen, als ließe sie mit einem Vogt aus dem Laienstand den Wolf in den Schafstall ein«*[41]. Ihr Kloster ist allein der Schutzherrschaft des Mainzer Erzbischofs unterstellt (s. Kat. Nr. 34).

Abb. 10 Hildegard, Volmar und Richardis (Detail), Liber Divinorum Operum, um 1220/30, Lucca, Biblioteca Statale, Cod. 1942

Zur dauerhaften Sicherung der Rechtsgrundlagen beschafft Hildegard ihrem neuen Kloster während der kommenden Jahre zusätzlich kaiserlichen Schutz (Kat. Nr. 33)[42]. In der Urkunde, die Kaiser Friedrich I. auf Bitten Hildegards 1163 ausstellt[43], bestätigt der Herrscher alle Rechtsprivilegien, die bereits in der Urkunde von 1158 aufgeführt wurden, sichert der Abtei den kaiserlichen Schutz zu und befreit das Kloster von jeder Reichsabgabe.

Die Armut, unter der das Rupertsberger Kloster in den ersten Jahren zu leiden hatte, weicht einem stetig wachsenden Wohlstand. Der Zuwachs an Besitz resultiert einerseits aus Schenkungen und Vermächtnissen, anderseits aus Landbesitz und Gütern, die jede Nonne bei ihrem Eintritt an den Konvent überträgt. 1177, mehr als ein Vierteljahrhundert nach der Gründung des Rupertsberger Klosters, berichtet Wibert von Gembloux über das Kloster: »*Dieses Kloster ist nicht etwa von einem Kaiser oder Bischof, einem Mächtigen oder Reichen dieser Erde, sondern von einer armen, zugezogenen, schwachen Frau gegründet worden. Innerhalb kurzer Zeit, seit siebenundzwanzig Jahren, hat es sich sowohl dem monastischen Geist wie auch dem äußeren Aufbau nach hoch entwickelt, so daß es durch nicht prunkvolle, wohl aber stattliche und geräumige Gebäude (...) in allem wohl bestellt ist (...).*« Auch zum Leben im Kloster auf dem Rupertsberg äußert er sich ausführlich: »*Ein wunderbarer Wettstreit der Tugenden wird hier sichtbar. Die Mutter umfängt ihre Töchter mit solcher Liebe, und die Töchter unterwerfen sich der Mutter mit solcher Ehrfurcht, daß man kaum unterscheiden kann, ob in diesem Eifer die Mutter die Töchter oder die Töchter die Mutter übertreffen. Diese gottgeweihten Dienerinnen ehren in einmütiger Gesinnung Gott durch ihre Hingabe, sich selbst durch ihre Zucht, sich gegenseitig durch Ehrerbietung und Gehorsam mit solchem Eifer, daß in ihnen durch die Hilfe Christi wahrhaftig der Sieg des schwachen Geschlechtes über sich selbst, über die Welt und über den Teufel zum herzerfreuenden Schauspiel geworden ist*«[44].

Diese überaus positive, beinah euphorische Schilderung der äußeren und inneren Gegebenheiten von Kloster und Klostergemeinschaft teilen wohl nicht alle. In einem bislang wenig beachteten Brief an Hildegard wagt es Tengswich von Andernach[45], Meisterin eines Kanonissinnenstiftes in Andernach, bestimmte Strukturen der Gemeinschaft auf dem Rupertsberg zu kritisieren: »*Auch von einem sonst nicht üblichen Brauch bei euch drang etwas an unser Ohr: daß nämlich eure Nonnen an Festtagen beim Psalmengesang mit herabwallendem Haar im Chor stehen und als Schmuck leuchtendweiße Kleider tragen, deren Saum den Boden berührt. Auf dem Haupt haben sie goldgewirkte Kränze, in die auf beiden Seiten und hinten Kreuze und über der Stirn ein Bild des Lammes harmonisch eingeflochten sind. Auch sollen die Finger der Schwestern mit goldenen Ringen geschmückt sein. Dies alles, obgleich der erste Völker-Hirte der Kirche solches verbietet, da er mahnt und sagt: ›Die Frauen sollen sich sittsam halten, nicht mit Haargeflecht und Gold und Perlen oder mit kostbarem Gewand sich schmücken‹. Außerdem – und das scheint uns nicht weniger merkwürdig – gewährt Ihr nur Frauen aus angesehenem und adeligem Geschlecht den Eintritt in eure Gemeinschaft. Nichtadeligen und weniger Bemittelten hingegen verweigert Ihr fast durchweg die Aufnahme in eure Gesellschaft*«[46].

Meisterin Tengswich möchte wissen, mit welcher Befugnis die Rupertsberger Äbtissin diese Bräuche in ihrem Kloster eingeführt hat. Hildegards Antwortschreiben fällt schroff aus. Sie verteidigt das Adelsprivileg und erklärt, daß auch Gott dem Volk auf Erden Unterschiede gesetzt habe: »*Welcher Mensch sammelt seine ganze Herde in einem einzigen Stall, Ochsen, Esel, Böcke, ohne daß sie auseinanderlaufen? Darum soll man auch hier den Unterschied wahren, damit nicht die, die aus verschiedenen Volksschichten kommen, wenn sie zu einer Herde zusammengeschlossen würden, in stolzer Überheblichkeit, beschämt über die Stammesunterschiede, auseinandergesprengt werden*«[47]. Selbstsicher begründet sie den Brauch der Rupertsberger Nonnen, sich an Festtagen mit Seide und Gold zu schmücken (Abb. 11) mit der besonderen Stellung der geweihten Jungfrau: »*Für die Jungfrau besteht nicht die Vorschrift, die Schönheit ihres Haares zu bedecken, sondern aus eigenem freien Willen verhüllt sie in tiefster Demut ihr Haupt*«[48].

Der Briefwechsel mit Tengswich ist in die Anfangsjahre der Abtei auf dem Rupertsberg zu datieren, eine Zeit, in der die Lebensbedingungen dort besonders entbehrungsreich sind. Trotzdem ist es keine Stätte der Askese und Selbstkasteiung. Im Gegenteil, die Nonnen versammeln sich in der Kirche zum täglichen Stundengebet und singen dort die Lieder, die Hildegard für das Offizium und die Messe komponiert hat[49].

Der erste Nachweis für Hildegards musikalische Produktivität stammt aus dem Jahr 1148[50]. Spätestens ab diesem Zeitpunkt bis zu ihrem Tod beschäftigt sie sich mit Gesängen, deren Basis in der hochmittelalterlichen Gregorianik liegt (Abb. 12). Hildegards Kompositionen sprengen deren traditionelle Form durch größere Intervalle, reichere Melismatik und vor allem motivische Variationsbreite. Ihre Texte richten sich an Gott, Christus und den Hl. Geist, an Maria und die Engel, an die Patriarchen und Propheten, an Heilige und Märtyrer. Ihr bedeutendstes Werk ist das geistliche Singspiel »*Ordo Virtutum*« (Spiel der Kräfte), das den ewigen Kampf zwischen Gut und Böse thematisiert. In verkürzter Form ist es bereits in der letzten Vision des Scivias enthalten. Die Erweiterung und Vertonung der Texte steht möglicherweise in direktem Zusammenhang mit dem Umzug auf

Abb. 11 Der Brunnen des Lebens (Detail), Liber Divinorum Operum, um 1220/30, Lucca, Biblioteca Statale, Cod. 1942

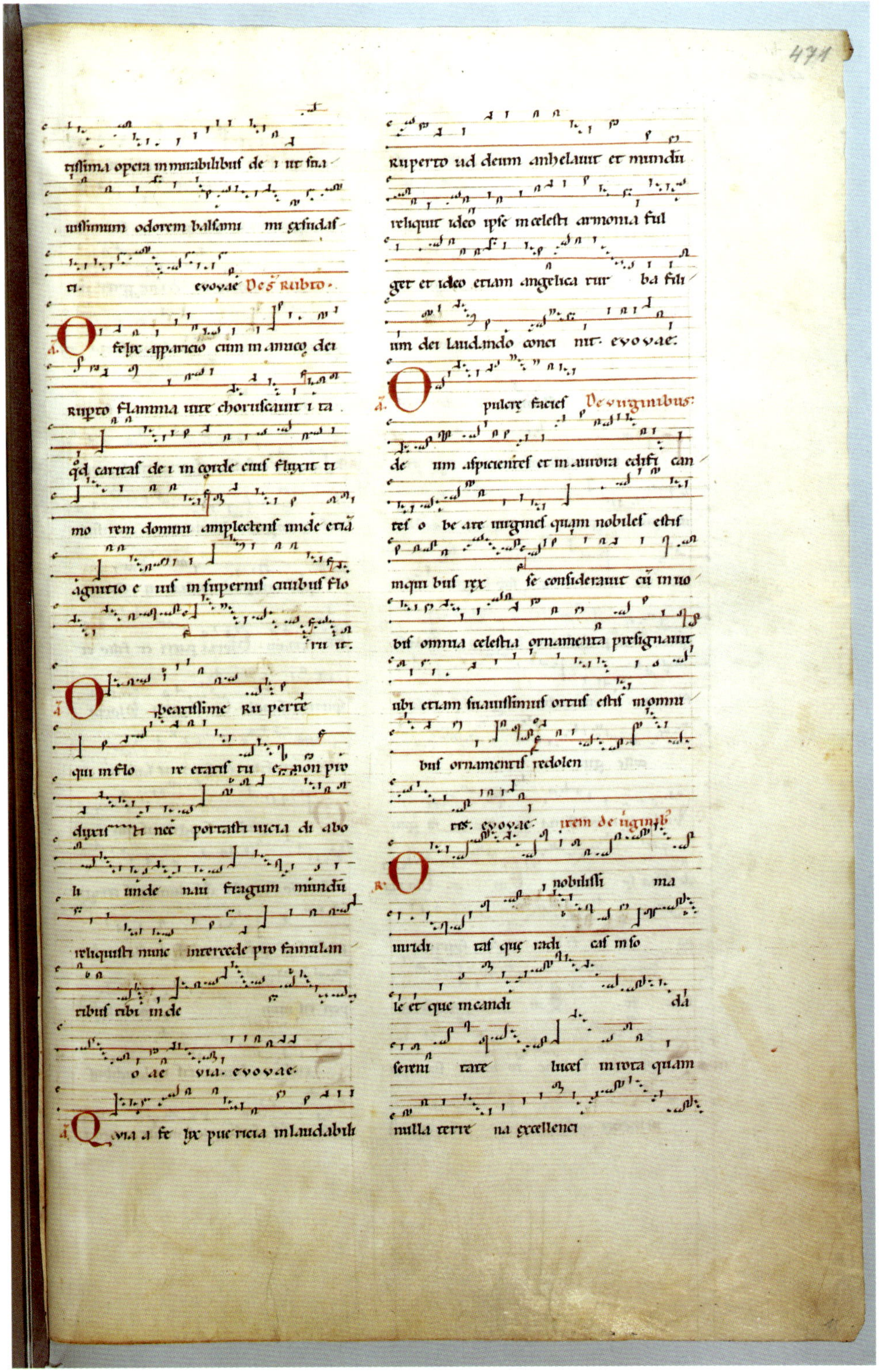

Abb. 12 O felix apparicio, »Riesencodex«, um 1180/90, Wiesbaden, Hessische Landesbibliothek, Hs. 2

den Rupertsberg. In der neuen Abtei gelangt das Singspiel zur Uraufführung. Die Kirche ist Bühne; die gesungenen Rollen werden von den Nonnen übernommen. Neben dem inneren Aufbau ihres Kloster und der juristischen Absicherung ihrer Gründung arbeitet Hildegard in den fünfziger Jahren auch an der Abfassung ihrer natur- und heilkundlichen Schriften. Natur- und Heilkunde, *»Physica«* und *»Causae et curae«*, erhalten erst lange nach Hildegards Tod diese heute gebräuchlichen Titel. Die ursprüngliche Niederschrift, die sie zwischen 1151 und 1158 verfaßt, ist unbekannt. Keine der erhaltenen Handschriften der beiden Werke ist zu Hildegards Lebzeiten entstanden. Die Textredaktion der Naturkunde ist bis heute nicht im Detail geklärt; die Heilkunde, die nur durch eine einzige Handschrift aus der Zeit um 1300 überliefert ist, wird in ihrer Echtheit sogar angezweifelt. Dennoch erfreuen sich die beiden Werke einer großen Popularität. Unter dem ansprechenden Titel »Hildegardmedizin« vermarktet seit Jahren eine ganze Industrie die angeblich von Hildegard empfohlenen Heilmethoden. Die *»Physica«*, Hildegards Naturkunde, gliedern sich in neun Bücher. Darin beschreibt sie die Schutz- und Heilkräfte von Pflanzen, Tieren, Metallen, Edelsteinen und Elementen. Ihre Kenntnisse bezieht sie aus eigener Beobachtung der einheimischen Tier- und Pflanzenwelt, aber auch aus antiken und frühmittelalterlichen Schriften. Bestimmte Quellen sind nicht nachzuweisen, jedoch läßt sich Vergleichbares bei Plinius, Isidor von Sevilla, bei Galen und Soranus finden. *»Causae et Curae«*, Hildegards Heilkunde, befassen sich mit dem Wohlbefinden sowie den verschiedenen Unpäßlichkeiten und Krankheiten des menschlichen Körpers. Sie forscht nach den Ursachen der verschiedenen Krankheiten sowie nach Mitteln, die Heilung bringen. Hildegards Natur- und Heilkunde wurzelt in einem ganzheitlichen Weltbild; die Schriften stehen nicht neben, sondern innerhalb ihrer visionären Kosmologie.

Zu den Eigentümlichkeiten ihrer so vielfältig ausgerichteten schöpferischer Tätigkeit gehören die von Hildegard erfundene sog. »unbekannte Sprache«, die *»lingua ignota«*, und eine eigene, »geheime Schrift«, die *»litterae ignotae«*. In einem Brief an Papst Anastasius IV. (1153–1154) schreibt Hildegard darüber: *»Er aber (...) hat jetzt ein kleines Zelt berührt, damit es Wunder schaue, ungekannte Buchstaben bilde und eine unbekannte Sprache erklingen läßt«*[51]. Diese nie gehörte Sprache, von der hier die Rede ist, gibt auch heute noch Rätsel auf. Verwendung und Nutzen dieser Kommunikationsformen können bislang nur ansatzweise gedeutet werden. Auffällig ist, daß ein Drittel des überlieferten Gesamtvokabulars auf den medizinisch-botanischen Bereich entfällt:

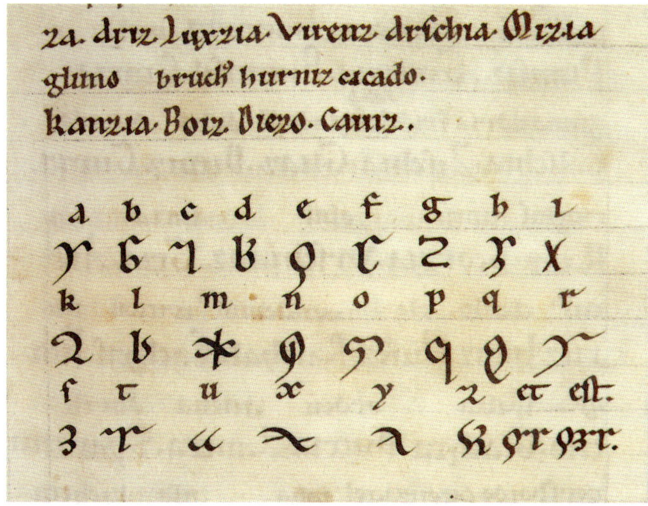

Abb. 13 Litterae Ignotae (Geheimschrift), »Riesencodex«, um 1180/90, Wiesbaden, Hessische Landesbibliothek, Hs. 2

Hildegards Geheimsprache	Lateinisch	Deutsch
Muzimia	*nuzmuscata*	*Muskatnuß*
Malskir	*dens*	*Zahn*

Drei Handschriften überliefern ca. 1000 Wörter der lingua ignota. Es handelt sich ausschließlich um Substantive. Neben den Begriffen in der geheimen Sprache sind auch die entsprechenden Übersetzungen ins Lateinische und Mittelhochdeutsche verzeichnet. Nur selten lehnen sich Klang und Bildung ihrer Wortschöpfungen an diese beiden Sprachen an. So stammt der Begriff für »rechte Hand«, bei Hildegard *»beniszia«* genannt, wahrscheinlich von dem lateinischen *»benedicere«* (segnen, üblicherweise mit der Rechten).

Auch die Ableitung von Hildegards *»düveliz«*, des Teufels, aus deutschem Stamm (niederdeutsch: düwel) bleibt erkennbar. Worte wie *»Korzinthio«* für Prophetin oder *»Livionz«* für den Heiland hingegen lassen sich kaum ableiten. Für »Nicht-Eingeweihte« ist es unmöglich, mit diesen fremd klingenden, undeutbaren Wörtern Gespräche zu führen.

Der Wiesbadener Riesenkodex überliefert Hildegards geheime Schrift, die *»litterae ignotae«*. Für alle Buchstaben des Alphabets verwendet Hildegard ein eigenes, neues Zeichen (Abb. 13). Auf folio 464v der Handschrift befindet sich eine Konkordanz beider Systeme: über jedem Buchstaben der geheimen Schrift ist die lateinische Umschrift vermerkt. Solange der eigentliche Zweck der geheimen Sprache und Schrift nur vermutet werden kann, bleibt das Feld für Spekulationen weit geöffnet.

1158– 1173: Jahre der Konsolidierung und Selbstentfaltung

Die Anfangsschwierigkeiten nach der Übersiedlung auf den Rupertsberg sind überstanden: Die ökonomische und rechtliche Absicherung der Neugründung ist urkundlich festgelegt, die Streitigkeiten mit den Disibodenberger Mönchen sind bereinigt, die Spannungen innerhalb der Frauengemeinschaft überwunden, der Innenausbau des Klosters und die Errichtung der notwendigen Nebengebäude ist beendet. Das Kloster blüht auf. Neben den erzielten Erfolgen hat Hildegard in diesen Jahren auch die Schwächen der Menschen kennengelernt und menschliche Enttäuschung erfahren. Innerhalb der eigenen Schwesternschaft, aber auch im Rahmen ihrer Rolle als Äbtissin und Prophetin wird Hildegard mit den unterschiedlichsten Charakteren und Ausschweifungen aller Art konfrontiert: Streitsucht, Hochmut, Mißgunst, Habsucht, Unglaube, Vergnügungssucht und vieles mehr. Diese Erlebnisse spiegeln sich wider in ihrer zweiten großen Visionsschrift, dem *»Liber Vitae Meritorum«*, dem »Buch der Lebensverdienste«, an dem sie von 1158 bis 1163 arbeitet. Sieben Jahre nach Vollendung des Scivias beginnt sie mit der Niederschrift dieses Buches; sie ist sechzig Jahre alt: *»Ob man sich wohl auch nur einen Menschen auf der Welt denken könnte, der nicht das Wissen um Gut und Böse hätte? Keinen einzigen! Mit seinem Wissen um Gut und Böse besitzt der Mensch die Gottesliebe und die Gottesfurcht. Mit beiden Fähigkeiten nehme er den Pflug in die Hand und lasse seinen Acker fruchtbar werden. Er gehe allem Unkraut aus dem Weg und rotte es aus, und er werde nicht lässig bei solcher Arbeit«*[52].

Der *»Liber Vitae Meritorum«* beschäftigt sich in Form von Wechselgesprächen mit dem Widerstreit zwischen Tugenden und Lastern. Im Zentrum steht die Auseinandersetzung des gläubigen Menschen mit Gut und Böse und seine daraus resultierende Verantwortlichkeit für die christlich-sittliche Weltordnung. In einem lebhaften Szenario mit oft drastischen Zügen beschreibt Hildegard die dunklen und abstoßenden Formen des Bösen, die in direkten Dialog mit den ihnen entgegengesetzten Gotteskräften treten. In bunter Reihenfolge erscheinen jeweils 35 gegensätzliche Paarungen (Kat. Nr. 67). Die Gespräche sind dem wirklichen Leben abgelauscht; bezogen auf die Gegenwart besitzen Hildegards Aussagen eine unveränderte Aktualität. Auch dieses Werk, das man als eine Art Moral- oder Sittenlehre bezeichnen kann, trägt stark kosmische Züge. Die begangenen Sünden sind nicht nur eine Verfehlung des einzelnen gegen Gott, sondern sie gefährden und verletzen auch den Kosmos, mit dem der Mensch elementar verbunden ist. Als älteste Handschrift dieses Textes gilt der sogenannte »Codex Villarensis 9« (Kat. Nr. 67). Er wurde um 1170 in der Schreibstube des Rupertsberges verfaßt und den Mönchen der Zisterzienserabtei Villers in Brabant übersandt.

In der Vorrede ihres *»Liber Vitae Meritorum«* erwähnt Hildegard ausdrücklich, daß sie in den acht Jahren vor Beginn dieses zweiten großen Visionswerkes zahlreiche Briefe, Lieder, eine unbekannte Sprache sowie einige kleinere Werke niedergeschrieben habe. In diesen Briefen mit *»Antworten und Ermahnungen an zahlreiche Personen hohen und niederen Standes und mit einigen anderen Erklärungen«*[53] bezeugt Hildegard nicht nur ihre Kenntnisse, sondern auch ihr Interesse an den Konflikten innerhalb und außerhalb der Kirche. Nirgends deutlicher zeichnet sie ihr eigenes Bild. Die Bestätigung ihres Amtes als Prophetin durch Papst Eugen III. im Jahr 1147/48 macht Hildegard weit über die Grenzen ihrer rheinischen Heimat hinaus bekannt. Ihr Rat, ihre Meinung ist gesucht. Ein reger Briefwechsel mit weltlichen und geistlichen Herrschern, Äbten und Mönchen, Äbtissinnen und Nonnen, Adeligen und anderen Laien setzt ein. Der Kreis der Briefempfänger zeugt vom großen Ansehen Hildegards und macht ihren weitreichenden Einfluß sichtbar.

Mehr als 300 Hildegardbriefe sind uns in verschiedenen Handschriften überliefert. Die älteste und wichtigste ist der sog. »Zwiefaltener Briefcodex« (Kat. Nr. 47). Hildegards Briefe sind Zeugnisse ihres unermüdlichen persönlichen Engagements, ihrer wachsenden Selbstsicherheit und ihrer weitreichenden Einflußnahme. Allgemeinverständlich formuliert treten die zentralen Themen der Visionsschriften auch in ihrer Korrespondenz auf. Um geistigen Rat gebeten, richtet Hildegard ihre Briefe an den Bedürfnissen und Bitten der Empfänger aus, wobei sich Ratschläge und Antworten wiederholen und als Parallelen in anderen Briefen wieder auftauchen. Sie spricht Lob aus, häufig aber auch strengen Tadel. Auch zahlreiche Antwortschreiben sind überliefert. In den Hildegard-Briefen fehlt in der Regel die Jahresangabe, der Name des Ausstellungsortes und in vielen Fällen auch der Name des Adressaten. Neuere quellenkritische Untersuchungen haben erwiesen, daß wahrscheinlich die gesamte Korrespondenz bewußt einer stilistischen, aber auch einer weitreichenden inhaltlichen Umarbeitung unterzogen wurde. Hildegard selbst hat von dieser Aufbereitung ihrer Briefe gewußt und dies gebilligt. Zum Teil sind ihre Niederschriften erst nachträglich zu Briefen umgearbeitet worden; nicht selten wurden Briefe von Personen niederen Ranges mit dem Absender einer historisch wohlbekannten Persönlichkeit versehen. Ziel dieser Korrekturen war die Gewinnung eines möglichst großen und breitgefächerten Adressatenkreises bedeutender Persönlichkeiten aus Reich und Kirche, die sich Hildegards Rat und damit ihrer Autorität unterwarfen.

Besonderes Interesse weckt der Briefwechsel zwischen Hildegard und Kaiser Friedrich I. Barbarossa (Kat. Nr. 45 bzw. 46). Fünf erhaltene Briefe, vier von Hildegard, einer von Friedrich I., belegen den über einen längeren Zeitraum bestehenden Kontakt zwischen beiden. Anfänglich stehen sich Kaiser und Äbtissin positiv gegenüber. 1154 kommt es zu einer Begegnung in der Kaiserpfalz zu Ingelheim (Abb. 14). Konkret nachweisbar ist die 1163 auf dem Mainzer Hoftag ausgestellte Urkunde des Kaisers für das Rupertsberger Kloster (Kat. Nr. 33). Hierin bestätigt Barbarossa die 1158 bereits von kirchlicher Seite festgelegte unabhängige Rechtsstellung des Klosters und gewährt dem Konvent seinen persönlichen kaiserlichen Schutz. Als 1165 kaiserliche Soldaten den Rheingau verwüsten, wird das Rupertsberger Kloster verschont.

In späteren Briefen Hildegards an den Kaiser wird ein entschieden schärferer Ton deutlich. Die Äbtissin warnt den Herrscher vor törichtem Handeln und mahnt ihn eindringlich davor seine Befugnisse zu überschreiten: *»König, es ist dringend notwendig, daß du in deinen Handlungen vorsichtig bist.*

Abb. 14 Hildegard und Friedrich I. Barbarossa, Bernhard Kraus, 1911/12, Bingen-Dietersheim, St. Gordianus und Epimachus

Ich sehe nämlich in der geheimnisvollen Schau wie ein Kind einen unsinnig Lebenden vor den lebendigen Augen (Gottes, Anm. d. Verf.). *Noch hast du Zeit, über irdische Dinge zu herrschen. Gib acht, daß der höchste König dich nicht zu Boden streckt wegen der Blindheit deiner Augen, die nicht richtig sehen, wie du das Zepter zum richtigen Regieren in deiner Hand halten mußt. Darauf habe acht: Sei so, daß die Gnade Gottes nicht in dir erlischt!«*[54]

Ursache für dieses Schreiben, mit dem sich Hildegard in die politischen Ereignisse ihrer Zeit einmischt, ist sicherlich die veränderte, nun gegen den Papst gerichtete Politik Barbarossas[55], die Hildegard verurteilt. Ungeachtet der scharfen Kritik behält Barbarossa seinen politischen Kurs bei. 1168 erfolgt die Einsetzung des dritten »Kaiserpapstes«, Calixtus III.

Hildegards Ruf als Seherin verbreitet sich schnell. Von vielen Menschen um Rat und Hilfe gebeten, unternimmt die Äbtissin vom Rupertsberg zwischen Ende der fünfziger Jahre und Anfang der siebziger Jahre vier größere Predigtreisen[56]; sie reist zu anderen Klöstern und *»lehrte dort mit Worten, die Gott mir geboten hatte«*[57]. Die Vita nennt Städte wie Köln, Trier, Metz, Würzburg, Bamberg sowie andere Orte und Klöster, zu denen Hildegard gereist sein soll, um dort öffentlich vor Klerus und Volk zu predigen[58]. Im 19. Jahrhundert fügen Biographen die aufgezählten Orte zu einer Art Reiseroute zusammen und berichten von drei oder vier größeren Reisen Hildegards. Auf die erste Reise von Mainz nach Bamberg (1158–1161) folgt eine Reise über Trier bis nach Lothringen. Ein Jahr später beginnt die dritte Reise rheinabwärts mit Ziel Köln. Dort warnt Hildegard öffentlich vor der Irrlehre der Katharer. Auf ihrer vierten und letzten Reise (1170/1171) besucht sie unter anderem das Benediktinerkloster Zwiefalten. Ein reger Briefwechsel zwischen Hildegard und den schwäbischen Mönchen dokumentiert den über Jahre währenden Kontakt (s. Kat. Nr. 75); Hildegard avisiert ihren persönlichen Besuch; ob er je stattfand, bleibt offen[59]. Gerade die Predigtreisen unterstreichen, daß Hildegard schon zu Lebzeiten von allen Volksschichten verehrt und geachtet wird. Ihre Reisen belegen ihren weitreichenden Ruf und ihr großes Ansehen. Darstellungen der Hildegard-Predigten vor dem Volk sind zahlreich überliefert.

Dieses Bild der couragierten, alternden Nonne, die trotz geschwächter Gesundheit, trotz ihrer zeitraubenden Schreibarbeit und trotz der Gefahren und Strapazen großer Reisen die schützenden Mauern ihres Klosters verläßt und zu Fuß, zu Pferd oder mit dem Boot in fremde Städte und Klöster reist, um dort öffentlich in Kirchen und auf freien Plätzen vor Klerus und Volk zu predigen, hat sich bis heute in der gesamten Hildegard-Literatur erhalten. Die öffentliche Predigttätigkeit paßt zu Hildegard, scheint aber mehr einem Wunsch als der Wahrheit zu entsprechen. Außer der Vita existieren keine historischen Belege über derartige Predigtreisen.

Predigten, die als Briefe überliefert sind, bezeugen Hildegards Stellungnahme zu wesentlichen Problemen ihrer Zeit, aber nicht ihr öffentliches Auftreten. Im Brief an den Domdekan Philipp und den Klerus von Köln kritisiert Hildegard die Mißstände in der Kirche, tadelt die Geistlichen wegen ihrer Lauheit und ruft sie zur Pflicht der Wortverkündigung und zum guten Beispiel auf: *»Ihr seid Nacht, die Finsternis aushaucht, und wie ein Volk, das nicht arbeitet und aus Trägheit nicht im Lichte wandelt. (...) Die Macht Gottes wird eure von Bosheit hochgereckten Nacken niederzwingen und zunichte machen (...). Denn ihr erkennt weder Gott, noch fürchtet ihr den Menschen, noch verachtet ihr die Ungerechtigkeit so, daß ihr danach verlangtet, sie in euch zu vernichten. Ihr schaut ja nicht auf Gott und verlangt auch nicht, Ihn zu schauen. Ihr blickt vielmehr auf eure Werke und urteilt nach eurem Gefallen, indem ihr nach Belieben tut und laßt, was ihr wollt«*[60].

Im zweiten Teil des Briefes warnt Hildegard vor der Bedrohung der Kirche durch das Auftreten der Katharer: *»Weshalb haltet ihr solche Leute bei euch auf? Warum duldet ihr die unter euch, die die ganze Erde mit ihren schmutzigen Schändlichkeiten besudeln? Der Trunksucht sind sie ergeben und ausschweifend. Wenn ihr sie nicht ausweist, wird die ganze Kirche zugrunde gehen (...) Der Teufel ist bei diesen Leuten (...)«*[61].

Im Jahre 1165 gründet Hildegard einen zweiten Konvent. In Eibingen, oberhalb von Rüdesheim, übernimmt sie ein Kloster, das als Augustinerkloster 1148 von der Adeligen Marka gegründet, aber bereits siebzehn Jahre später von kaiserlichen Truppen verwüstet wurde. Hildegard läßt die Anlage wieder aufbauen. Geplant ist Raum für dreißig Nonnen. Es ist denkbar, daß sie und ihre Nachfolgerinnen in diesem Konvent auch Nichtadeligen oder weniger begüterten Frauen den Eintritt gewähren. Regelmäßig pendelt die Äbtissin zwischen Bingen und Eibingen. Als geistliche Mutter betreut sie bis zu ihrem Tod, 1179, beide Klöster. Das zweite Frauenkloster überdauert die berühmte Erstgründung auf dem Rupertsberg. Der Eibinger Konvent besteht bis ins 19. Jahrhundert, er wird im Rahmen der Säkularisation 1802 aufgehoben. Von 1900 bis 1904 entsteht oberhalb des alten Klosters Eibingen die neue Benediktinerinnen-Abtei St. Hildegard. Hier leben heute 60 Ordensfrauen. Angepaßt an Ort und Zeit richten sie sich, wie einst auch Hildegard, nach der Regel des Hl. Benedikt.

Die nunmehr Fünfundsechzigjährige beginnt ihr drittes Visionswerk, den »*Liber Divinorum Operum*«, der auch unter dem Titel »*Liber de Operatione Dei*« bekannt ist. Er entsteht in den Jahren 1165 bis 1174 in einer Zeit, in der Hildegard häufig von schweren Krankheiten befallen wird. Sie berichtet von der Entstehung ihrer letzten Visionsschrift: »*Es war im Jahr 1163 (...). Da erscholl eine Stimme vom Himmel und sprach zu mir: du Tochter vieler Mühsal (...) übermittle du zum Nutzen der Menschen (...) was du mit inneren Augen siehst und mit den inneren Ohren deiner Seele vernimmst (...). Ich (...) begann mit zitternder Hand zu schreiben (...) vertraute dabei auf das Zeugnis jenes Mannes, den ich, wie schon in meinen früheren Visionen (...) gesucht und auch gefunden hatte*«[62].

Der letzte Teil von Hildegards Visionstrilogie wird als ihre reifste schöpferische Leistung angesehen. In diesem monumentalen Werk, das drei Teile mit zehn Visionen umfaßt, entfaltet Hildegard eine kosmologisch orientierte Heilsgeschichte von der Genesis bis zur Apokalypse. Im Mittelpunkt dieser Schrift stehen Mensch und Welt. Hildegard erläutert zunächst den Ursprung des Lebens, der in der Liebe (Gottes) zu suchen ist; danach schildert sie die göttliche Weltordnung. Es folgt die Stellung des Menschen innerhalb dieser Ordnung sowie, anhand seiner Gliedmaßen, eine Beschreibung seiner Natur. Nach einer Darstellung der »Stätten der Läuterung« im Jenseits beschreibt Hildegard die Heilsgeschichte und das Wirken Gottes von den Zeiten der Propheten bis hin zur Wiederkehr Christi. In den hier geschilderten Endzeitvisionen sind deutliche Bezüge zum Scivias feststellbar.

Eine Abschrift des »*Liber Divinorum Operum*« aus dem 13. Jahrhundert enthält neben dem Text zehn Miniaturen, welche die zehn Visionen illustrieren. Diese Handschrift, der sog. »Lucca-Codex« (Kat. Nr. 69), die in Italien in der Biblioteca Statale di Lucca aufbewahrt wird, gilt als eine der prunkvollsten des Hochmittelalters.

1173–1179: Die letzten Auseinandersetzungen

Bevor der »*Liber Divinorum Operum*« fertiggestellt werden kann, stirbt Volmar. Sein Tod berührt die Äbtissin zutiefst: »*Da durchbohrte Traurigkeit mir Seele und Leib, weil ich, dieses Mannes beraubt, eine Waise war auf dieser Welt*«[63].

Der gelehrte Magister, Mönch vom Disibodenberg und Propst des Klosters Rupertsberg, begleitete Hildegards Lebensweg seit ihrem Eintritt in die Frauenklause. Er war ihr Lehrer, Beichtvater, Sekretär und Vertrauter. Nach seinem Tod ergeben sich erneut Schwierigkeiten mit den Disibodenberger Mönchen. Abt Helenger weigert sich, einen neuen von den Nonnen gewählten Propst zu entsenden, und widersetzt sich somit den 1158 getroffenen, urkundlich belegten Vereinbarungen. Erst das Eingreifen von Papst Alexander III., den Hildegard schriftlich um Hilfe bittet, erwirkt die Entsendung des Disibodenberger Mönchs Gottfried, der von 1174 bis zu seinem Tod Ende 1175 oder Anfang 1176 als Propst und Sekretär auf dem Rupertsberg arbeitet. In dieser Zeit verfaßt er das erste Buch der Vita. Nach seinem Ableben bleibt die erneute Forderung nach einem Seelsorger vergebens. Vorübergehend versehen Hildegards Bruder Hugo, Domkantor der Bischofsstadt, und ein Kanonikus von St. Stephan in Mainz dieses Amt.

Ab 1177 übernimmt Wibert von Gembloux die seelsorgerische Betreuung der Rupertsberger Nonnen und wird Hildegards letzter Sekretär. Bereits zwei Jahre zuvor initiierte er einen lebhaften Briefwechsel mit der von ihm hoch verehrten »*prophetissa teutonica*«. Er kennt ihre Schriften, die auch in der berühmten Benediktinerabtei von Gembloux mit Begeisterung aufgenommen werden, und wagt es in einem Brief an die Rupertsberger Äbtissin, Genaueres über ihre visionäre Begabung zu erfragen. Hildegards Antwortschreiben enthält die ausführlichste und klarste Beschreibung ihrer prophetischen Gabe: »*Ich sehe aber diese Dinge nicht mit den äußeren Augen und höre sie nicht mit den äußeren Ohren, auch nehme ich sie nicht mit den Gedanken meines Herzens wahr noch durch irgendwelche Vermittlung meiner fünf Sinne. Ich sehe sie vielmehr einzig in meiner Seele, mit offenen leiblichen Augen (...). Das Licht, das ich schaue, ist nicht an den Raum gebunden. Es ist viel, viel lichter als eine Wolke, die die Sonne in sich trägt. Weder Höhe noch Länge noch Breite vermag ich an ihm zu erkennen. Es wird mir als ›Schatten des Lebendigen Lichtes‹ bezeichnet (...). Alles, was in der Schau sehe und lerne, das behalte ich lange Zeit in meinem Gedächtnis (...). Ich sehe, höre und weiß gleichzeitig, und wie in einem Augenblick erlerne ich das, was ich weiß. Was ich aber nicht sehe, das weiß ich nicht (...). Und was ich schreibe, das schaue und höre ich in der Vision und setze keine anderen Worte als die, die ich höre (...). Die Worte in dieser Schau klingen nicht wie aus dem Menschenmund, sondern sie sind wie eine blitzende Flamme und wie in reinem Äther sich bewegende Wolke (...).*«[64].

1178 überschattet ein erbitterter Konflikt mit der mächtigen Mainzer Kirchenverwaltung das letzte Lebensjahr der Äbtissin. Hildegard läßt einen exkommunizierten, jedoch kurz vor dem Tod vom Kirchenbann befreiten Edelmann auf dem Klosterfriedhof beerdigen. Da die

Abb. 15 Erzbischof Christian von Buch (1165–1183), Mainz, Stadtarchiv

Wiederaufnahme des Adeligen in die Kirche nicht offiziell erfolgt sei, fordert das Mainzer Domkapitel sofortige Entfernung des Leichnams aus der geweihten Erde. Andernfalls werde das Interdikt, das Verbot der Feier des Gottesdienstes und des Empfanges der Heiligen Sakramente, über das Kloster verhängt. Hildegard verweigert die Exhumierung; sie ist überzeugt, daß der Adelige rechtmäßig begraben wurde, und unterwirft sich dem Interdikt. Allerdings kämpft sie mit aller Kraft um die Richtigstellung der Tatsachen als Beweis für ihr rechtmäßiges Handeln. Sie verfaßt ein langes Schreiben an die Mainzer Prälaten, schildert den Sachverhalt und ermahnt die Prälaten, sich nicht *»von Entrüstung und ungerechter Geisteserregung oder von Rachsucht lenken zu lassen«*[65].

Dieses persönlich nach Mainz überbrachte Schreiben erwirkt nur eine kurze Aufhebung des Interdiktes; als die Verbote erneut verhängt werden, wendet sich Hildegard an den in Rom weilenden Mainzer Erzbischof Christian von Buch (Abb. 15). Sie schildert ihm die Angelegenheit und begründet ihr Handeln: *»Milder Vater! Unsere Mainzer Prälaten hatten uns empfohlen, wir sollten die Leiche des jungen Mannes, der vor seinem Tode von dem Bann befreit und mit allen Sakramenten des christlichen Glaubens gestärkt (...) bei uns begraben worden war, von unserem Friedhof entfernen. Sonst hätten wir uns der Mysterienfeier zu enthalten. Darauf habe ich – wie immer – zum wahren Licht aufgeschaut. In ihm hat Gott mir befohlen: Die Leiche dürfe niemals mit meiner willentlichen Zustimmung entfernt werden; denn er selbst habe diesen Mann aus dem Schoße als einen, der für die Herrlichkeit der Erlösten bestimmt sei, aufgenommen. Das Gegenteil würde für uns die Finsternis einer großen Gefahr heraufbeschwören, weil es dem Willen der Wahrheit zuwider sei. Hätte die Furcht vor dem Allmächtigen Gott mich nicht daran gehindert, so hätte ich den Oberen demütig gehorcht«*[66].

In seinem Antwortschreiben an Hildegard ordnet der Erzbischof eine eingehende Untersuchung des Sachverhaltes mit Zeugenverhör an. Er stellt sich auf Hildegards Seite, weist sie aber zurecht. 1179 wird das Interdikt endgültig aufgehoben.

1179: Tod auf dem Rupertsberg

Wenige Monate nach dieser Auseinandersetzung stirbt Hildegard am 17. September 1179 in ihrem Kloster auf dem Rupertsberg. Sie ist 81 Jahre alt. Die Vita berichtet von einer Lichterscheinung in der Todesnacht: Zwei Bögen von verschiedenen Farben dehnen sich am Himmel nach den vier Weltgegenden aus. Dort wo die Bögen sich kreuzen, strahlt ein helles mondförmiges Licht, in dem ein großes und viele kleine rotschimmernde Kreuze allmählich sichtbar werden. Auch wunderbare Heilungen sollen geschehen sein: Kranke berühren den Leichnam und werden gesund. Die Vita berichtet, daß Hildegard *»an heiliger Stätte«* begraben wird. Weder die Lage des Grabes noch der Ort der Beisetzung sind erwähnt.

Hildegards Leichnam, der seit ihrem Tod an einem nicht bekannten Ort ruht, wird im 13. Jahrhundert in eine Gruft unterhalb des Altarraumes der Abteikirche des Klosters Rupertsberg umgebettet. In den Jahren 1489 und 1498 wird Hildegards Sarg geöffnet. Über den damaligen Zustand der sterblichen Überreste erfahren wir nichts. In der darauffolgenden Zeit bezeugen Verschenkungen einzelner Reliquienteile sowohl die Existenz der Gebeine als auch die anhaltende Verehrung Hildegards. Im Dreißigjährigen Krieg (1618–1648) gelangt ein Teil der Gebeine nach Köln, die restlichen Reliquien verbleiben auf dem Rupertsberg. Unversehrt überstehen sie dort die Zerstörung der Klosteranlage 1632. Aufzeichnungen aus dem Jahr 1660 bezeugen die

Abb. 16 Kopfreliquie der Hl. Hildegard in der Kirche zu Eibingen, 1928, Eibingen, Pfarr- und Wallfahrtskirche St. Hildegard

Überführung aller noch vorhandenen Gebeine Hildegards in das Eibinger Kloster. 1802 wird der Eibinger Konvent aufgehoben, die Nonnen müssen ihr Kloster verlassen. Hildegards Reliquien gelangen in die Obhut verschiedener Personen, einzelne Teile werden verschenkt, gelangen meist aber nach der Neukonsekrierung der ehemaligen Klosterkirche 1831 nach Eibingen zurück. Dort werden sie in der Zeit von 1852 bis 1857 im Auftrag des Limburger Ordinariats zum ersten Mal wissenschaftlich untersucht. Die Echtheit des gesamten Reliquienbestandes soll nachgewiesen werden. In Anwesenheit von Zeugen öffnen Pfarrer Ludwig Schneider

Abb. 17 Pfarrer Ludwig Schneider (1806–1864), 19. Jh., Privatbesitz

und ein Binger Arzt am 21. März 1852 den Sarg. Ein violettes Seidentuch bedeckt den Inhalt. Darunter befinden sich fast 60 Knochen, die einem weiblichen Körper zugeordnet werden können. Aus den Rückenwirbeln läßt sich die Wirbelsäule zusammensetzen. Auch der Schädel (Abb. 16), von einer Seidenhaube fast verdeckt, läßt sich an die Wirbelsäule anfügen. Eine separat gearbeitete Tasche der Kopfbedeckung enthält Teile des gelblichgrauen Haupthaares. Die Haube ist mit einem Pergamentstreifen, einer Cedula, versehen, die in gotischen Buchstaben die Aufschrift trägt: »*Caput sancte Hildegardis*«. Ferner findet die Kommission ein weiteres Beutelchen mit drei Haarlocken und ein schwarzbraunes Ordenskleid, das ein Zettel als der »hl. Hildegard Chorkapp« ausweist. Zwei mumifizierte Organe, Herz und Zunge Hildegards, sind jeweils in einem herz- und einem zungenförmigen Etui verpackt. 1857 erkennt der Limburger Bischof Peter Joseph Blüm die Echtheit der Gebeine an. Daraufhin beschriftet Pfarrer Schneider (Abb. 17) jeden Knochen mit der Aufschrift »*Os stae Hildegardis 1858*«. Durch die Approbation der»*ossa stae Hildegardis*« (Abb. 18) kommt es zu zahlreichen Reliquienschenkungen an Abteien und Pfarrämter in Deutschland, Holland und Österreich. Heute sind die Reliquienpartikel bis nach Japan, Neuguinea und den Bahama-Inseln verbreitet.

1 Hildegard, Heilkunde, S. 130.
2 Staab 1997.
3 Vgl. M. Schrader, Heimat und Sippe der deutschen Seherin Sankt Hildegard, Salzburg 1941.
4 In einer Sponheimer Urkunde von 1127 wird Drutwin nach seinem Vater als Zeuge genannt. Drutwin stirbt kinderlos. Er und seine Geschwister vermachen das gesamte Erbe nach und nach an Hildegards Abtei auf dem Rupertsberg. Später erlangt ihr Kloster auch noch die Ortsherrschaft über das Dorf Bermersheim.
5 Hugos Name und Amt sind in zwei Urkunden des Klosters Rupertsberg bezeugt.
6 Hildegard, Vita, S. 53.
7 Wibert von Gembloux hält sich von 1177 bis 1180 fast ständig auf dem Rupertsberg auf. Während der letzten zwei Jahre ihres Lebens ist er Hildegards Sekretär. Aufzeichnungen seiner Gespräche mit Hildegard überläßt er dem Echternacher Autor Gottfried.
8 Hildegard, Vita, S. 72.
9 Hildegard, Vita, S. 71.
10 Die Legende, Hildegard habe, als sie eine trächtige Kuh auf der Weide betrachtete, das Aussehen des noch ungeborenen Kalbes richtig vorhergesagt, fehlt in keiner Biographie.
11 Hildegard, Vita, S. 53.
12 Hildegard, Vita, S. 71.
13 Fälschlicherweise mutmaßt die ältere Literatur, Graf Stephan von Sponheim habe um 1106 diese Klause beim Benediktinerkloster auf dem Disbodenberg für seine Tochter errichten lassen. Da Juttas Vater bereits 1095 verstarb und die Klosteranlage erst 1108 neubesiedelt wurde, bleibt offen, wann und von wem der Bau der Klause in Auftrag gegeben wurde.
14 Das Klausnertum ist eine Form der Einsiedelei. Im Mittelalter wählen Frauen und Männer diese fast völlige Abgeschiedenheit und suchen so durch Gebet, Askese und Meditation die Nähe zu Gott. Hierfür wird in der Wildnis oder in der Nähe einer Kirche ein besonderer Bau errichtet, eine Klause (lat. *claudere* = schließen). Die Klausnerin läßt sich in die Klause einschließen, in der Regel auf Lebenszeit. Unter Führung einer Meisterin können sich weitere Einsiedlerinnen an diesem Ort zusammenfinden. Feste Regeln für das Klausertum gibt es nicht. Befindet sich die Klause bei einer Kirche, kann die Inklusin optisch und akustisch am Gottesdienst teilnehmen.

Abb. 18 Reliquienschrein der Hl. Hildegard, 1929, Eibingen, Pfarr- und Wallfahrtskirche St. Hildegard

Hierfür gibt es ein eigenes Fenster; weitere Öffnungen ermöglichen den Einlaß von Sonnenlicht, den Empfang von Nahrung und den Kontakt mit der Außenwelt. Häufig ist ein kleiner Garten in die Klause einbezogen, dadurch ist der Klausnerin eine begrenzte körperliche Bewegung möglich. Da Klausnerinnen oft als Heilige verehrt werden, suchen zahlreiche Gläubige und Ratsuchende ihre Nähe.

15 Übersetzung der Jutta-Vita in Staab 1997, S. 69 ff.

16 Staab 1997, S. 64 ff.

17 Die Frauengemeinschaft auf dem Disibodenberg befindet sich in wirtschaftlicher Abhängigkeit von den Mönchen. Später sorgt dieser Umstand für Auseinandersetzungen zwischen Hildegard und den Mönchen.

18 Der Bamberger Bischof vertritt zu diesem Zeitpunkt den Mainzer Erzbischof Adalbert I. (1110–1137), der wegen seiner Papsttreue von Kaiser Heinrich V. auf Burg Trifels gefangengehalten wird.

19 Hildegard, Vita, S. 72.

20 Beim Eintritt in die Klause fällt die Mitgift, meist ein beträchtliches Vermögen, weiterhin dem Männerkloster zu. Der wachsende Wohlstand des Klosters äußert sich u. a. im Bau der großzügigen Kirche.

21 Alle drei Zitate Hildegard, Wisse die Wege, S. 5 f.

22 Insgesamt zehn Scivias-Handschriften sind überliefert. Die bekannteste, der mit 35 Miniaturen aufwendig geschmückte Rupertsberger-Codex, der um 1165 unter Aufsicht Hildegards in der Schreibstube des Klosters angefertigt wurde, ist seit 1945 verschollen. Eine originalgetreue Kopie der Handschrift wurde in den Jahren 1927–33 von den Nonnen der Abtei St. Hildegard in Eibingen angefertigt.

23 Siehe auch den Beitrag zur »Visio« in diesem Katalog.

24 Dieser Brief ist das älteste überlieferte Schreiben Hildegards von Bingen. Eine persönliche Begegnung zwischen Abt und Nonne hat nie stattgefunden.

25 Hildegard, Vita, S. 57.

26 Dieses Schreiben ist nicht überliefert. Seine Existenz geht aus einem Brief hervor, den Hildegard an Papst Eugen III. richtet.

27 Das Original dieser am 18. Februar 1148 von Papst Eugen III. ausgestellten Schutzurkunde für das Disibodenberger Mönchskloster ist nur noch in Abschrift erhalten.

28 Alles, was über Rupertus bekannt ist, stammt aus der um 1160 von Hildegard verfaßten »*Vita Sancti Ruperti*«. Durch Vita und Gesänge belebt Hildegard die Rupertus-Verehrung, vgl. W. Lauter, Rupert von Bingen, in: Biographisch-Bibliographisches Kirchenlexikon, Bd. 8, Herzberg: Bautz 1994, Sp. 1018–1021.

[29] Mainz als Sitz des Erzbischofs, Ingelheim als Sitz der Kaiserpfalz.
[30] Hildegard, Vita, S. 77.
[31] Hildegard, Vita, S. 59 bzw. 61.
[32] Über die Herkunft der Markgräfin von Stade, einer geborenen von Sponheim-Lavanttal, vgl. Hildegard, Briefwechsel, S. 93 ff.
[33] Hildegard, Vita, S. 78 f.
[34] Mönch Volmar fungiert auch auf dem Rupertsberg als Propst der Frauengemeinschaft; somit kann er Hildegard weiterhin als Sekretär und Ratgeber zur Seite stehen.
[35] Das Interesse des Mainzer Erzbischofs Heinrich an der Neugründung geht deutlich aus dieser Urkunde hervor. Um die wirtschaftlichen Anfangsschwierigkeiten zu erleichtern, schenkt er den Rupertsberger Nonnen einen Mühlenplatz am Binger Loch samt dem dazugehörigen Grundbesitz.
[36] Adelheid, eine Enkelin der Markgräfin von Stade, soll im Stift Gandersheim Äbtissin werden.
[37] Dieses Schreiben ist nicht erhalten. Überliefert ist der Brief Papst Eugens III. an Hildegard, der einzige erhaltene Papstbrief. Vgl. Kat. Nr. 47.
[38] Alle vier Zitate Hildegard, Briefwechsel, S. 95–100.
[39] Hildegard, Briefwechsel, S. 105.
[40] Vgl. Hildegard, Vita, S. 63. Um den Mönchen keinen Anlaß zu weiterer Klage zu geben, habe Hildegard ihnen einen großen Teil der Besitzungen und eine Geldsumme überlassen.
[41] Hildegard, Vita, S. 62.
[42] Urkunde Kaiser Friedrichs I. vom 18. 4. 1163, Urkunde Papst Lucius' III. vom 22. 11. 1184/85 (beide Landeshauptarchiv Koblenz).
[43] In dieser Urkunde wird Hildegard zum ersten und einzigen Mal als Äbtissin bezeichnet.
[44] Beide Zitate Hildegard, Briefwechsel, S. 232 f.
[45] Meisterin Tengswich lebt nach einer streng reformierten Ordensregel.
[46] Hildegard, Briefwechsel, S. 201.
[47] Hildegard, Briefwechsel, S. 203.
[48] Hildegard, Briefwechsel, S. 202.
[49] Hildegards 77 Lobgesänge und ihr Singspiel sind in mittelalterlicher Notenschrift (Neumen) in zwei Handschriften des 12. Jahrhunderts überliefert.
[50] Hildegard, Briefwechsel, S. 42 ff. Hildegards Briefwechsel mit Odo von Soissons, dem späteren Bischof von Tusculum, ist in die Zeit kurz nach der Synode von Trier einzuordnen. Odo bittet Hildegard um Stellungnahme zu einer theologischen Streitfrage und erwähnt in diesem Brief ihre Liedkompositionen.
[51] Hildegard, Briefwechsel, S. 40.
[52] Hildegard, Verantwortung, S. 118.
[53] Hildegard, Verantwortung, S. 27.
[54] Hildegard, Briefwechsel, S. 86.
[55] 1164 ernennt Barbarossa erneut einen Gegenpapst, Paschalis III. Bereits 1159 hatte Barbarossa Victor IV. als Gegenpapst aufstellen lassen und damit ein achtzehnjähriges Schisma herbeigeführt.
[56] C. Kerner, Alle Schönheit des Himmels. Die Lebensgeschichte der Hildegard von Bingen, 4. Aufl. Weinheim/Basel 1995, S. 129 ff.
[57] Hildegard, Vita, S. 86.
[58] Hildegard, Vita, S. 110 f. Da diese Aufzählung dem dritten Buch der Lebensbeschreibung entstammt, liegt die Vermutung nahe, daß auch hier die potentielle Heiligsprechung im Vordergrund stand, die durch Angabe derartiger Reisen begünstigt werden sollte.
[59] Hildegard, Briefwechsel, S. 128.
[60] Hildegard, Briefwechsel, S. 169 ff.
[61] Hildegard, Briefwechsel, S. 171.
[62] Hildegard, Welt und Mensch, S. 63.
[63] Überliefert im Nachwort am Ende des Liber Divinorum Operum im sogenannten Riesencodex der Hessischen Landesbibliothek Wiesbaden (Hs 2, f. 308r), abgedruckt in: Hildegard, Briefwechsel, S. 165.
[64] Hildegard, Briefwechsel, S. 227.
[65] Hildegard, Briefwechsel, S. 239.
[66] Hildegard, Briefwechsel, S. 241 ff.

Herkunft und Bildung

Abb. 19 Rheinhessische Landschaft

»Hildegardland« Rheinhessen

Als eine »Völkermühle« hat der Nackenheimer Schriftsteller und Dichter Carl Zuckmayer Rheinhessen bezeichnet. In der Tat war das Gebiet zwischen Mainz, Bingen, Alzey und Worms wegen seiner besonderen geographischen Lage immer ein Durchgangsland. Das warme Klima und die Fruchtbarkeit seiner Hügel und Täler lockten seit frühester Zeit Fremde in die Region. Auf die Kelten folgten die Römer, dann kamen die Franken. Während des salischen und staufischen Reiches gehörte das Gebiet zum Kernland kaiserlicher und kirchlicher Macht mit den Zentren Mainz und Worms.
Alle Zuwanderer befruchteten die kulturelle Entwicklung in hohem Maße, so daß die Region bereits im frühen Mittelalter zu hoher Blüte gelangte. Insbesondere die Agrarwirtschaft und die Architektur Rheinhessens profitierten von diesen Wanderungsbewegungen. Den Weinbau gibt es nachweislich seit römischer Zeit, die Existenz der meisten Weinbauorte ist seit karolingischer Zeit urkundlich belegt. Auch künstlerisch wurde die Region vielfältig beeinflußt. Einige rheinhessische Kirchenbauten – z. B. Worms, St. Paul, Guntersblum, Alsheim – besitzen auf ihren Türmen Kuppelabschlüsse in orientalisierenden Formen. Der Turm der Dittelsheimer Pfarrkirche (Abb. 20) aus der Zeit um 1200 gilt als der schönste und weitestentwickelte. Seine Bekrönung besteht aus vier durchfensterten Giebeln und einem ebenfalls allseitig durchfensterten kurzen Achteck mit sechzehnseitiger Faltkuppel. Offensichtlich dienten dem Architekten Dächer orientalischer Zentralbauten als Vorbild, die man von den Kreuzzügen her kannte.
Ebenso exotisch mutet die Architektur einiger rheinhessischer Wingertshäuschen an, vor allem der Typ des sog. »Trullo«, eines Rundbaues mit spitz zulaufendem Kuppelabschluß, dessen schönstes Beispiel nahe Flonheim zu finden ist. Aus Bruchsteinmauerwerk errichtet, vertritt dieses Haus den Kragkuppelbau als architektonische Urform, die sich seit ihrem ersten Auftreten im Neolithikum kaum veränderte. Vor allem im Süden Europas ist dieser Bautypus weit verbreitet und hat immer wieder zu Spekulationen über seine möglichen Urheber geführt. Sein Ursprung wird u. a. im italienischen Apulien vermutet, von wo er durch eingewanderte Steinmetze nach Rheinhessen gelangt sein könnte.
Sowohl die orientalisierenden Dachabschlüsse der oben genannten Kirchen als auch die »Trulli« legen beredtes Zeugnis ab für die Aufgeschlossenheit der rheinhessischen Bevölkerung, fremde kulturelle Einflüsse und neue Bauideen aufzunehmen und umzusetzen. H. J. K.

Abb. 20 Kirchturm in Dittelsheim, um 1200 ▷

Hildegards Herkunft

Nach den jüngsten Forschungen von Franz Staab ist der Geburtsort Hildegards nach wie vor umstritten. So kommt für ihn durchaus auch die Ortschaft Böckelheim in Betracht. Lediglich der Zusatz des Vaternamens Hildebert »von Bermersheim« läßt darauf schließen, daß die Familie aus dem Ort Bermersheim bei Alzey stammt und Hildegard zumindest einen Teil ihrer Kindheit dort auf dem elterlichen Gut verbracht haben wird.

Die Ortschaft Bermersheim zeigt heute einen überwiegend neuzeitlichen Baubestand. Aus der Zeit Hildegards haben sich keine Denkmäler erhalten. Selbst der Chor der Simultankirche – der sogen. Taufkirche Hildegards – ist nachweislich nach 1145, das Kirchenschiff sogar erst 1901 errichtet worden. Über den romanischen Vorgängerbau liegen keine gesicherten Erkenntnisse vor. Es ist zwar anzunehmen, daß er an gleicher Stelle stand und etwa gleiche Ausmaße hatte, aber weder Spolien noch sonstige Reste liefern dafür Beweise. Überhaupt gibt es in der näheren Umgebung nur wenige Relikte aus der Zeit vor 1150.

Auch vom ehemaligen Stammsitz des Geschlechtes der Edelfreien von Bermersheim sind keine Spuren mehr erhalten. Über Lage, Größe und Aussehen des Gutes kann man daher nur noch mutmaßen. Mittelalterliche Vergleichsbeispiele aus der Gegend fehlen gänzlich.

Grundsätzlich muß sich das Gut kaum von einem größeren Bauernhof unterschieden haben. Es wird, wie die Topographie wahrscheinlich macht, am Hang in der Nähe der heutigen Simultankirche gelegen haben. Eine Wehrmauer dürfte die Anlage umgeben haben, um deren Innenhof das etwas stattlichere Gebäude für die Herrschaft, die Stallungen, Scheunen sowie mehrere kleinere Behausungen für die Leibeigenen angeordnet waren. Möglicherweise besaß der Besitz auch einen Wohnturm, der im Falle eines Angriffs der Verteidigung dienen konnte, sicherlich aber ein steinernes Wohnhaus. Als Beispiel für ein solches Gebäude sei das sog. »Graue Haus« in Winkel im Rheingau genannt, das aufgrund dendrochronologischer Untersuchungen von Bauhölzern in die Zeit um 1075/78 datiert werden kann.

Die Außenmauern bestanden in der Regel aus einem zweischaligen Bruchsteinmauerwerk, das aus relativ kleinen Feldsteinen bzw. Findlingen errichtet wurde. Während die Außenseite meist steinsichtig blieb, war das Innere des Hauses mit Lehm verputzt und gekalkt. Zum Mauern wurde ein magerer Kalkmörtel verwendet. Der Ausbau, insbesondere die Deckenkonstruktion, erfolgte in Holzbauweise unter Verwendung von Lehm und Flechtwerk.

Diese Bauweise hat sich in Rheinhessen bis in jüngere Zeit erhalten. Noch im 19. Jahrhundert war der Feldstein das gängige Baumaterial. Die hier abgebildete Bruchsteinmauer einer Scheune (Abb. 21) im benachbarten Heimersheim kann einen ungefähren Eindruck vom Aussehen mittelalterlicher Gebäude vermitteln. Der Sturz und die Einfassung des Fensters sind in Eichenholz ausgeführt.

H. J. K.

Abb. 21 Altes rheinhessisches Mauerwerk ▷

1
Grabplatte mit reliefiertem Vortragekreuz

Mittelrheinisch, 12. Jahrhundert
Abguß
H.: 249 cm; B.: 77 cm; T.: 17 cm

Heimersheim, Pfarrkirche St. Mauritius und Gefährten

Im Zuge der jüngsten Renovierungsarbeiten in der Pfarrkirche St. Mauritius und Gefährten in Heimersheim wurde ein Schrank neben der gußeisernen Treppe zur Empore entfernt. Dahinter kam überraschend eine in die Wand eingelassene, reliefierte Steinplatte zutage, die in das späte 11. bzw. frühe 12. Jahrhundert zu datieren ist und somit in die Zeit der Hildegard von Bingen reicht. Bei dem Stein könnte es sich um einen Sarkophagdeckel handeln, wahrscheinlicher aber ist eine Grabplatte. Sie ist konisch geformt, hat einen glatten umlaufenden, erhabenen Randstreifen und zeigt im vertieften Blendfeld eine einfache Kreuzdarstellung in Form eines reliefierten Vortragekreuzes. Dieses Vortragekreuz sitzt auf einer hohen, schlanken Stange, die sich lediglich am unteren Ende ganz leicht verbreitert. Die vier Kreuzarme besitzen in Höhe und Länge das gleiche Maß. Auch in der Breite weichen sie kaum voneinander ab. Kreuz und Stab stehen im Verhältnis von etwas mehr als 1:3 zueinander.
Die Datierung der Grabplatte hat von drei – allerdings ungleich zu gewichtenden – Kriterien auszugehen: der Gesamtform, der Gestalt des Kreuzes sowie dessen Proportionsverhältnissen. Die konische Form solcher Grabplatten läßt sich nur bedingt zur Datierung heranziehen, da sie seit dem Frühmittelalter über mehrere Jahrhunderte hinweg tradiert wurde. Verstärkt wird sie allerdings für Bildplatten des 11. und vor allem des 12. Jahrhunderts verwendet. Als Beispiele wären hier die Grabplatte der Reinhildis in St. Kalixtus in Reinbeck (12. Jahrhundert) oder die Grabplatte des Bischofs Gottschalk von Diepholz († 1119) in der ehemaligen Benediktiner-Klosterkirche St. Clemens in Iburg zu nennen. Neben der konischen Form zeigen deren Platten auch den breiten Randstreifen, der hier allerdings zur Aufnahme von Inschriften dient[1]. Die Gestalt des Kreuzes hingegen verweist eindeutig auf das 11. oder 12. Jahrhundert. Während die Kreuze frühmittelalterlicher Grabplatten gedrungenere Formen haben und in der Regel an den Enden sich verbreiternde Arme besitzen[2], zeigen Kreuzesdarstellungen des Hochmittelalters ähnlich schlank proportionierte Vortragekreuze. Als Vergleichsbeispiel sei hier das vor 1065 zu datierende Verkündigungsrelief aus der Holztür von St. Maria im Kapitol in Köln genannt, in dem der Erzengel Gabriel ein ähnlich schlankes, ebenfalls ca. 1:3 proportioniertes Vortragekreuz mit sich führt, dessen Enden sich allerdings leicht verbreitern[3].
Die größten Gemeinsamkeiten bestehen jedoch zweifelsohne zu dem sog. »Hittostein« in der Krypta des Freisinger Domes. In dieser aufgrund der Bauzeit der Krypta in das 12. Jahrhundert zu datierenden Grabplatte, die man dem Freisinger Bischof Hitto zuordnet[4], findet sich ein ebenfalls mit vier gleich langen Armen und geraden Enden abschließendes Vortragekreuz, das auf einer schlanken, hohen und sich unten leicht verbreiternden Stange sitzt. Obwohl hier zwischen Kreuz und Stab ein kleiner Knauf zwischengeschaltet ist und ein Rundbogen als Überfang dient, kann kein Zweifel über die enge zeitliche Zusammengehörigkeit zwischen beiden Stücken bestehen, zumal auch die Proportionierung mit ca. 1:3 annähernd gleich ist. Als Vergleichsbeispiel in Rheinland-Pfalz sei eine Scheinkreuzplatte aus der Klosterkirche Marienstatt genannt, die traditionell als die Grabplatte der Stifterin Aleydis von Molsberg bezeichnet wird und damit in die erste Hälfte des 13. Jahrhunderts zu datieren wäre[5].

Über die Herkunft der Grabplatte wissen wir wenig. Einer Notiz in der Pfarrchronik von Heimersheim zufolge wurde der Stein am 8. Februar 1729 beim Aushub eines Grabes im Kirchenschiff vor den Chorstufen aufgedeckt und anschließend in die Wand an seinem jetzigen Standort eingelassen. Von einer Grabstätte wird nichts berichtet, so daß die Grabplatte möglicherweise nicht mehr in situ lag. Woher kommt nun dieses Stück? Die Heimersheimer Kirche wurde erst im späten 15. Jahrhundert erbaut. Also muß die Grabplatte entweder aus einem uns unbekannten Vorgängerbau oder einem anderen Bauwerk aus nächster Umgebung stammen. Daß sie bei Errichtung des neuen Kirchenschiffs nicht einfach als Füllmaterial des Fußbodens Verwendung fand, sondern offensichtlich behutsam vergraben wurde, zeigt ihr guter Erhaltungszustand. Vielleicht war noch die Erinnerung an die Person oder Familie wach, für deren Grabstätte sie einst geschaffen worden war. Soviel aber ist sicher: Heimersheim besitzt mit diesem Grabdenkmal eines der bedeutsamsten historischen Zeugnisse im gesamten rheinhessischen Gebiet. H. J. K.

Lit.: Unpubliziert.

1 A. Legner / A. und I. Hirmer, Romanische Kunst in Deutschland, Darmstadt 1996, Nr. 221 bzw. 222. Das 12. Jahrhundert kennt daneben aber auch Grabplatten mit gerade verlaufender Form, s. Nr. 234 bzw. 235.

2 Ausst.-Kat. »Vergessene Zeiten. Mittelalter im Ruhrgebiet«, Bd. I, Essen 1990, Nr. 4; U. Schmidt, Der Priesterstein in Mainz, in: Mainz und der Mittelrhein in der europäischen Kunstgeschichte. Studien für Wolfgang Fritz Volbach zu seinem 70. Geburtstag (Forschungen zur Kunstgeschichte und christlichen Archäologie 6), Mainz 1966, S. 141–164.

3 Legner 1996, Nr. 249.

4 G. Weber, Die Romanik in Oberbayern, Bindlach 1990, S. 281; die Inschrift der Platte geht allerdings auf das Jahr 1709 zurück.

5 F. K. Azzola, Die Scheibenkreuzplatte in der Klosterkirche Marienstatt, in: Nassauische Annalen 77, 1966, S. 338 mit Taf. XVIII.

2
Kruzifixus

Mittelrheinisch, letztes Drittel 11. Jahrhundert
Linde
H.: 135 cm; B.: 94 cm (gesamt)
H.: 88 cm; B.: 78 cm (Corpus)

Worms, St. Peter (Dom)

Aus der Zeit von Hildegards Geburt haben sich nur wenige rheinhessische Großkreuze erhalten. Neben dem bekannten Udenheimer Kruzifixus aus der Gotthardkapelle des Mainzer Domes (um 1075) wäre hier vor allem der hölzerne Kruzifixus aus dem Wormser Dom zu nennen, der im allgemeinen in das letzte Drittel des 11. Jahrhunderts datiert wird. Ob er aus dem Vorgängerbau des (heutigen) stauferzeitlichen Domes oder aus einem der zahlreichen ottonisch-salischen Klöster der Stadt Worms stammt, ist unbekannt. Seine rheinhessisch-mittelrheinische Herkunft ist jedoch unbestritten[1]. Grazil und dennoch hoheitsvoll neigt der Gekreuzigte sein Haupt nach links; sein Blick ist ernst und scheinbar unberührt von dem Leid, das der ausgemergelte Körper mit den zerbrechlich wirkenden Armen signalisiert. Sowohl Jesus, der Mensch im Leiden, als auch der über das Leid triumphierende Gott sind hier – in eins – dargestellt.

Abb. 22 Christus am Kreuz (Detail), Rupertsberger Scivias, um 1165 (Kopie 20. Jh.), Eibingen, Abtei St. Hildegard

In ihren Visionen wird Hildegard immer wieder der Gekreuzigte vor Augen geführt. Er erscheint ihr z. B. in ihrer sechsten Vision des zweiten Teils des Scivias ebenso wie in der achten Vision des dritten Teils derselben Schrift. Unter dem Titel »Das Opfer Christi und der Kirche« beschreibt Hildegard dort zunächst die Erscheinung der Personifikation der Kirche, der »Ecclesia«: *»Und danach sah ich, wie die erwähnte Frauengestalt – als der Sohn Gottes am Kreuz hing – wie ein heller Glanz unversehens aus dem ewigen Ratschluß hervorging. In göttlicher Kraft wurde sie ihm zugeführt, vom Blute, das hoch aufsprudelnd aus seiner Seite floß, überströmt«*[2].

Dann, als Hildegard die »Mitarbeit am Erlösungswerk« schaut, erscheint ihr unter den sieben Tugenden die Hoffnung: *»Die sechste aber trug eine blaßfarbene Tunika. Und vor ihr in der Luft erschien der Leidenspfahl des gekreuzigten Gottessohnes. Zu ihm erhob sie hingebungsvoll Augen und Hände«*[3].

Die Miniaturen des Rupertsberger Scivias (Kat. Nr. 65), die die oben zitierten Visionen illustrieren, zeigen den breiteren, robusten Typus (Abb. 22), der eher für Kruzifixe des späten 12. (und auch des 13.) Jahrhunderts, der Zeit also, in der der Rupertsberger Codex illuminiert wurde, typisch ist. Hildegards erste visuellen Eindrücke von Kruzifixen, die auch in ihre Visionen eingeflossen sein dürften, orientierten sich sicherlich eher an Kruzifixen der hier vorliegenden Art, die, wie die Seherin in den zitierten Passagen ausdrücklich vermerkt, gleichzeitig sowohl das Leiden als auch die Hoheit des Gekreuzigten ausdrücken. W. W.

Lit.: E. Hürkey, Das Bild des Gekreuzigten im Mittelalter, Worms 1983, Nr. 309a.

[1] Hürkey 1983, Nr. 309a.
[2] Hildegard, Wisse die Wege, S. 218.
[3] Hildegard, Wisse die Wege, S. 463.

3
Riesenbibel

Mittelrheinisch (Trier?), spätes 11. Jahrhundert
310 Pergamentseiten
H.: 48 cm; B.: 35 cm

Koblenz, Landeshauptarchiv

Von der Koblenzer Bibel des späten 11. Jahrhunderts ist nur der zweite Band mit dem Text des Alten Testamentes vom Buch Iob an und mit dem gesamten Neuen Testament erhalten. Der erste Teil der Bibel muß als verloren gelten. Die Handschrift vertritt den Typus der sogenannten Riesenbibel: Sie hat einen Umfang von 310 Blatt, die Höhe des Buchblocks beträgt ca. 48 cm, die Breite ca. 35 cm. Die Bibel ist von mindestens acht verschiedenen Schreibern in recht sorgfältiger karolingischer Minuskel geschrieben worden. Auch an der künstlerischen Ausstattung der Bibel waren verschiedene Personen beteiligt. Am Beginn der Bibelbücher und an einigen anderen wichtigen Textstellen finden sich insgesamt 50 Initialen, davon 47 Rankeninitialen des sog. Spaltleistentypus und drei Tierinitialen, die von mindestens fünf Buchmalern ausgeführt wurden und von ganz unterschiedlicher Qualität sind.

Bekannt ist die Koblenzer Riesenbibel jedoch vor allem wegen ihrer Federzeichnungen. Darunter befinden sich neben Randzeichnungen und halbseitigen Darstellungen auch zwei ganzseitige Miniaturen in hervorragender Qualität, eine Darstellung des Iob (folio 2r) und die hier abgebildete des Königs David. Sie zeigt den alttestamentarischen Herrscher in frontaler Haltung auf einem Thron, die Füße auf ein Suppedaneum gestützt. In der Linken hält er die Lyra, die er auf sein linkes Knie aufstützt. Mit der rechten Hand umfaßt er das Monochord, das auf seinem Schoß liegt. Die Bezeichnungen der beiden Instrumente sind zur Erläuterung hinzugefügt: »lyra« (darüber offenbar alternativ die Buchstaben »cyt«, die zu cythara zu ergänzen sind) und »monocordum«. Die Schrift rechts und links vom Kopf des David läßt sich zu drei hexametrischen Versen zusammenfügen: »David psalmografus in tactus spiritus almi / Christo psalterio psallebat et in monocordo / efera dulcisonis demulcens pectora verbis« (»Der Psalmist David, berührt von der Kraft des Heiligen Geistes, spielte für Christus auf dem Psalter und auf dem Monochord und besänftigte mit süßtönenden Worten die wilden Herzen«). Die Zeichnung ist in rotbrauner Feder ausgeführt und in den Farben Olivgrün, Hellblau, Gelb und Hellrot laviert.

Über Herkunft, Entstehungszeit und Geschichte der Koblenzer Bibel läßt sich aus der Handschrift selbst nur wenig entnehmen. Sie trägt lediglich einen Besitzervermerk aus der 2. Hälfte des 13. Jahrhunderts, der sie als Eigentum des Stifts St. Kastor in Koblenz ausweist. Daß sie jedoch auch schon viel früher, und zwar bereits zu Zeiten Hildegards, in dessen Besitz war, wird durch eine Schwesterhandschrift wahrscheinlich, die zweibändige Riesenbibel aus der Gräflich Schönbornschen Bibliothek in Pommersfelden[1]. Ein dem 12. Jahrhundert gehörender Schenkungsvermerk im ersten Band der Pommersfeldener Bibel besagt, daß diese unter dem Trierer Erzbischof Udo von Nellenburg (1066–1078) zur Regierungszeit Heinrichs IV. (1056–1106) von einem nicht nachweisbaren Hongerus, Kanonikus des Hl. Petrus, d.h. vielleicht des Trierer Doms, dem Stift St. Kastor in Koblenz übergeben wurde. Demnach muß die Pommersfeldener Bibel vor 1078 entstanden und zugleich spätestens in diesem Jahr nach St. Kastor gekommen sein. Die exakte Übereinstimmung des Textes der Koblenzer Bibel mit dem zweiten Band der Pommersfeldener Bibel und die Tatsache, daß der für die Federzeichnungen verantwortliche Künstler der Koblenzer Bibel mit dem Hauptmeister der Pommersfeldener Bibel identisch ist, legen als Entstehungszeit der Koblenzer Bibel ebenfalls die Jahre zwischen 1070 und 1080 nahe und machen es wahrscheinlich, daß auch sie sich schon in dieser Zeit in dem Koblenzer Stift St. Kastor befand. Einem bestimmten Skriptorium lassen sich die beiden Bibeln nicht zuordnen. Schrift und Buchschmuck deuten nur allgemein auf Westdeutschland, am ehesten auf den mittelrheinischen oder Trierer Raum.

Hildegard selbst bezeichnet sich in ihren Schriften immer wieder als »indocta«, als ungelehrt. Auch die Vita weist nachdrücklich darauf hin: *»Im Alter von acht Jahren ließ sie* (Hildegard, Anm. d. Verf.) *sich auf dem Berg des Hl. Disibod einschließen (...). Bei ihr war die fromme gottgeweihte Frau Jutta. Diese erzog sie sorgfältig im Gewande der Demut und Unschuld, unterwies sie einzig in den Gesängen Davids und lehrte sie das Singen der Psalmen. Außer dieser einfachen Kenntnis der Psalmen empfing sie von keinem Unterricht, weder im Lesen noch in der Musik«*.[2]

An anderer Stelle der Vita betont Hildegard ausdrücklich den göttlichen Ursprung all ihrer Kenntnisse: *»Als ich zweiundvierzig Jahre und sieben Monate alt war, sah ich ein überaus stark funkelndes, feuriges Licht aus dem geöffneten Himmel kommen. (...) Und plötzlich hatte ich die Einsicht in den Sinn und die Auslegung des Psalters, des Evangeliums und der anderen katholischen Schriften des Alten wie des Neuen Testamentes, nicht aber in die Bedeutung der Wort-*

Dauid psalmografus in tac tus spiritus almi
Xpo psalterio psallebat et in monocordo
Ifera dulcisonis demulcens pectora uerbis:,
david
cyt
Lyra
monocordu

gefüge und Silbentrennung; auch hatte ich keine Kenntnis von den Fällen und Zeiten«.[3]
Aus diesen Zeilen wird deutlich, daß Hildegard ein Unterricht in den »Sieben Freien Künsten« (s. auch Kat. Nr. 5), wie er für jede höhere Bildung unerläßlich war, fehlte.
Zudem ist das Bekenntnis des »Ungelehrtseins« ein für das Mittelalter gängiger Demutstopos, der die eigene Person zurücknimmt, um nicht der Sünde des Hochmutes schuldig zu werden. Hildegards unmittelbare Gottesnähe und das allein daraus resultierende gnadenreiche Geschenk des Wissen wird betont. Hier tritt der tendenzielle Zug der Vita, die auf die Heiligsprechung Hildegards hinarbeitet, deutlich zu tage. Statt dessen muß davon ausgegangen werden, daß Hildegard sehr wohl neben den Psalmen und den »Gesängen Davids« mit der Bibel vertraut war, und zwar sowohl durch eigenes Lesen als auch durch Memorieren der in der Liturgie verwandten Passagen sowie Gebete und andere Rezitationen im klösterlichen Umfeld. C. M. / W. W.

Lit.: C. Meckelnborg, Mittelalterliche Handschriften im Landeshauptarchiv Koblenz, Bd. I, Wiesbaden 1998, S. 92–98 (mit weiterer Lit.).

1 Doppelsignatur Hs. 333/334 (2776).
2 Hildegard, Vita, S. 53.
3 Hildegard, Vita, S. 54.

4
Psalter

Mittelrheinisch (Mainz?), 2. Hälfte des 12. Jahrhunderts
Pergament, 150 folio
H.: 26,2 cm; B.: 18,3 cm

Mainz, Bibliothek des Priesterseminares

Die Bezeichnung Psalter (lat.: psalterium) leitet sich vom griechischen Wort »πσαλμος« ab, das soviel bedeutet wie Gesang oder Loblied, daneben aber auch Saitenspiel meinen kann. Ein Psalter umfaßt die 150 Hymnen, Klage- und Loblieder zu Ehren Gottes, die Psalmen, die im Alten Testament verzeichnet sind. Ihre Autorschaft, die im Mittelalter auf König David selbst zurückgeführt wurde, ist nicht gesichert, reicht aber nachweislich bis in die Königszeit Israels zurück. Schon früh, bereits in altchristlicher Zeit, wurden die Psalmen in die Liturgie integriert. Dies erlaubten vor allem ihre christologischen Bezüge, denn viele Psalmen lassen sich im Hinblick auf das Kommen oder die Passion und Auferstehung des Messias deuten. Im Laufe des Mittelalters wurden die Psalmen fester Bestandteil des Stundengebetes. Der Ordensgründer Benedikt, dessen Regel auch Hildegard verpflichtet war, teilte den Psalter derart auf, daß pro Woche alle 150 Psalmen einmal rezitiert wurden. So entfielen auf die einzelnen Stundengebete, die acht Horen, ebenso eine entsprechende Anzahl von Psalmen wie auf die sieben Tage der Woche. So beginnt z. B. die erste Hore, die Matutin, von Sonntag bis Samstag mit den Psalmen 1, 26, 38, 52, 68, 80 oder 97[1].
Der hier vorgestellte Psalter gliedert sich in verschiedene, liturgisch wichtige Teile. Auf folio 1 bis 133v sind die Psalmen entsprechend ihrer Verwendung innerhalb des Stundengebetes notiert. Um den Grad der Nutzbarkeit des Psalters zu steigern, hat der Schreiber der Handschrift viele Psalmen mit Neumen, der mittelalterlichen Notennotierung, versehen. Auf die Psalmen folgt von folio 133r bis 135v die Heiligenlitanei, die von folio 135r bis 149v von den Invitatorien abgelöst wird. Folio 149r bzw. 150v nehmen die Hymnen ein. Zahlreiche Initialen (Abb. 23) zieren die Handschrift.
Eindeutige Hinweise auf die Provenienz des Psalters gibt der Heiligenkalender. Neben den überregional verehrten Aposteln, Evangelisten oder Kirchenvätern sind dort spezifisch Heilige der Mainzer Kirche aufgenommen. Unter den männlichen Heiligen fallen besonders die frühmittelalterlichen Mainzer Bischöfe Ferrutius, Aureus, Theonest oder Hilarius auf; hinzu kommen neben dem Mainzer Märtyrer Alban die Seligenstädter Heiligen Petrus und Marzellinus sowie der Hl. Justinus und der Hl. Goar. Bei den weiblichen Heiligen ist vor

et omnia que in eis sunt.
Tunc exultabunt omĩa ligna siluarũ afa
cie dñi quia uenit: quõ uenit iudicare trã.
Iudicabit orbem terre in equitate: et po
pulos in ueritate sua. Ps.
DOMINUS regnauit exultet
terra: letentur insule multe.
Nubes et caligo incircuitu eius:
iusticia et iudicium correctio sedis eius.
Ignis ante ipsum pcedet: et inflammabit
incircuitu inimicos eius.
Illuxerunt fulgura eius orbi terre: uidit
et commota ẽ terra.
Montes sicut cera fluxerunt afacie dñi:
afacie domini omnis terra.
Annunciauerunt celi iusticiam eius: et
uiderunt omnes populi gl̃iam eius.
Confundantur omnes qui adorant sculp
tilia: et qui gl̃iantur insimulacris suis.
Adorate eum omnes angeli eius: audiuit
et letata est syon.
Et exultauerunt filie iude: propter iudi
cia tua domine.

Quoniam tu dominus altissimus sup om
nem terram: nimis exaltat̃ es sup om̃s deos.
Qui diligitis dominũ odite malum: custo
dit dominus animas sanctorũ suorũ:
de manu peccatoris liberauit eos.
Lux orta est iusto: rectis corde leticia.
Letamini iusti in dño: et confitemini me
morie sanctitatis eius. LAUDES.
CANTATE dño can
ticum nouum: quia
mirabilia fecit.
Saluabit sibi dexterã
eius: et brachiũ scm eius.
Notum fecit dominus
salutare suum: incon
spectu gentiũ reuelauit iusticiam suam.
Recordatus est misericordie sue: et ueritati
Sabbato

allem die in Mainz besonders verehrte Hl. Bilhildis hervorzuheben. Nach Ausweis dieses Heiligenkalenders muß der Psalter für ein Kloster oder ein Stift am Mittelrhein, wahrscheinlich in Mainz, bestimmt gewesen sein. Dies dürfte das hochmittelalterliche Petersstift in Mainz gewesen sein: eine Eintragung auf dem Vorsatzblatt benennt die Bibliothek von St. Peter als Herkunftsort. Vielleicht wurde sie auch dort, sicherlich aber im mittelrheinischen Raum gearbeitet.

Bereits im frühen Kindesalter, spätestens mit Beginn ihres Eintritts in die Klause, wird Hildegard mit den Psalmen vertraut gewesen sein. Durch das ständige Memorieren innerhalb der Stundengebete und durch ihre Verwendung innerhalb der Liturgie der Messe, an der Hildegard auch von der Klause aus teilgenommen haben wird, dürften sich ihr die Psalmen unauslöschlich eingeprägt haben. Darüber hinaus legten sie sicherlich einen wichtigen Grundstock zum Erlernen der lateinischen Sprache sowie ein Fundament an theologischen Kenntnissen. Ob Hildegards Meisterin Jutta von Sponheim einen Psalter der hier vorliegenden Art besaß und innerhalb der Klause zum Unterricht ihrer Novizinnen verwendete, ist nicht auszuschließen, aber wenig wahrscheinlich, da illuminierte Handschriften dieser Art

Abb. 23 Initiale »Q«, Psalter, 2. Hälfte 12. Jh., Mainz, Bibliothek des Priesterseminares

überaus kostbar und deshalb höchst selten waren. Selbst wohlhabende Klöster des Hochmittelalters besaßen oft nur wenige Dutzend Bücher. Adeligen wie Jutta oder Hildegard dürfte der Erwerb einer solchen Handschrift allerdings finanziell nicht unmöglich gewesen sein. W. W.

Lit.: Unpubliziert.

[1] Die Zählung der Psalmen ist, bedingt durch die verschiedenen Fassungen der Bibel im Frühchristentum, nicht einheitlich: so ziehen z. B. Septuaginta und Vulgata die Psalmen 9 und 10 bzw. 114 und 115 zusammen, während 116 und 147 zerlegt werden.

5
Personifikation der Grammatik

Rhein-/maasländisch
Mitte 12. Jahrhundert
Kupferlegierung (Messing), gegossen
H.: 5,8 cm

Bonn, Rheinisches Landesmuseum

Die kleine Figur ist recht einfach und summarisch ausgeführt und zudem, als Bodenfund, erheblich verschliffen und abgerieben. Ihr moselländischer Fundort bei Gevenich im Kreis Cochem-Zell deutet auf eine Entstehung in der Rhein-Maas-Region hin; die blockhafte Geschlossenheit der Sitzfigur und andere stilistische Details – soweit noch erkennbar – legen eine Datierung um die Mitte des 12. Jahrhunderts nahe.

Von Bedeutung ist die Kleinbronze vor allem wegen ihrer ausgefallenen Ikonographie: Die Geißel in ihrer Rechten, deren Schnüre auf der Schulter schwach zu erkennen sind sowie das Buch im linken Arm weisen sie als Personifikation der Grammatik aus, eine der »septem artes liberales«, der Sieben Freien Künste. Die »artes liberales« repräsentieren enzyklopädisch das gesamte weltliche Wissen des Mittelalters. Sie umfaßten die höheren geistigen Tätigkeiten, die dem freien Mann zukommen, im Gegensatz zu den »artes mechanicae«, den für das Alltagsleben notwendigen (handwerklichen) Berufen. Als weltliches Wissen waren sie ihrerseits wiederum nur Hilfsmittel und Voraussetzung zum Verständnis der göttlichen Heilsbotschaft. Unter diesem Aspekt war ihr Erwerb auch für Hildegard von größter Bedeutung.

Die »artes liberales« wurden gegliedert in das sog. »Trivium«, die drei formalen Künste Grammatik, Rhetorik und Dialektik sowie in das »Quadrivium«, die vier mathematischen Künste Arithmetik, Geometrie, Musik und Astronomie. Die Grammatik war die Grundlage, die die Schüler zu lernen hatten, ehe sie sich die anderen Wissenschaften aneignen konnten. Nicht zuletzt deshalb wird ihre Personifikation durch die Attribute (Lehr-) Buch und – besonders sinnfällig – durch Rute bzw. Geißel als Zuchtmittel gekennzeichnet, ferner kommen des öfteren ein oder mehrere Schüler hinzu. Die Krone, die unsere kleine Figur trägt, gehört nicht zu den üblichen Attributen, wird aber der Grammatik aufgrund ihrer Bedeutung, wie sonst der übergeordneten Gestalt der Philosophie, gelegentlich zugestanden.

Die kleine Grammatik war sicherlich keine selbständige Kleinplastik, sondern zusammen mit den anderen Personifikationen der »artes liberales« Bestandteil eines größeren, nicht näher zu bestimmenden Zusammenhanges. Wegen ihrer Bedeutung als Basiswissenschaft ist sie eher denkbar als eine der kleinen sitzenden Tragefiguren, wie sie von vielen Leuchtern, Kreuzfüßen oder Kästchen bekannt sind, denn als Bekrönung. Es gibt aber keine Bruchstelle im Nacken oder im Rücken. Als Gerätefuß könnte sie also allenfalls – was sehr ungewöhnlich wäre – mit einer Art Zapfen in der Höhlung des Throns befestigt gewesen sein. I. Kr.

Lit.: F. Rademacher, Eine romanische Kleinbronze der Grammatik, in: Bonner Jahrbücher 159, 1959, S. 260–271; Ausst.-Kat. »Ornamenta Ecclesiae« 1985, Bd. I, Nr. A 14 (F. Niehoff).

6
Kelch aus dem Grab des Mainzer Erzbischofs Adalbert I. von Saarbrücken (1110–1137)

Mainz, 1137
Silber, getrieben
Kelch: H.: 7,5 cm; Dm.: 7,3 cm
Patene: Dm.: 8,7 cm

Mainz, Bischöfliches Dom- und Diözesanmuseum

Im Jahre 1850 öffnete auf Initiative des »Vereins für Nassauische Alterthumskunde und Geschichtsforschung« eine Kommission unter der Leitung von Domdekan Tobias Höfer das Grab vor dem Hauptaltar der Gotthardkapelle des Mainzer Domes. Unter einem früheren Kapellenboden mit Tonplättchen und darunterliegenden Steintrümmern tauchte das eigentliche Grabgewölbe aus Tuffstein auf, darunter Tannenholzbalken, die herabgestürzt und weitgehend vermodert waren. Das Grab war unberührt. Es fanden sich Reste eines silbernen Kelches und der dazugehörigen Patene, ein kleines Stück eines elfenbeinernen Bischofstabes, eine Bleiplatte mit

Abb. 24 Willigisportal (um 1000) mit eingraviertem Adalbert-Privileg (1135) im oberen Teil, Mainz, Dom

Inschrift sowie geringe Reste von Knochen und Seidenstoffen.

An Hand der Inschrift der Bleiplatte ließ sich der Tote eindeutig identifizieren. Es handelte sich um den Stifter der Gotthardkapelle, den Mainzer Erzbischof Adalbert I. von Saarbrücken (1110–1137). Da die Kapelle, wohl um 1130 begonnen, nachweislich erst am 30. 6. 1138 von dem Wormser Bischof Bugo von Ahorn (1116–1149) geweiht wurde, Adalbert aber bereits am 23. 6. 1137 starb, muß angenommen werden, daß er über ein Jahr in ungeweihter Erde bestattet lag. Ursache für diese ungewöhnliche Maßnahme dürften die schweren Brandschäden im Mainzer Dom gewesen sein, der deshalb wohl als Begräbnisstätte ausfiel und eine Bestattung in Adalberts Hofkapelle (»capella curtis nostrae in Moguncia«) notwendig machte.

Adalbert, Kanzler von Kaiser Heinrich V., besetzte auf dessen Wunsch hin den erzbischöflichen Stuhl von Mainz. Dennoch vergingen beinahe zwei Jahre, ehe er von Heinrich mit Ring und Stab investiert werden konnte (12. 4. 1111). Bereits ein Jahr später wandelte er sich von einem Befürworter der kaiserlichen Politik zu einem der schärfsten Gegner des Saliers. Als Inhaber der höchsten geistlichen Würde nördlich der Alpen und mächtiger weltlicher Herrscher konnte Adalbert an einem starken Kaiser, der die Rechte der geistlichen (aber auch weltlichen) Fürsten einschränken wollte, nicht gelegen sein. Hierdurch dürfte sein Wechsel zur antikaiserlichen Opposition unter der Führung von Lothar von Supplinburg begründet sein. Noch im Dezember 1112 ließ Heinrich V. den Erzbischof gefangennehmen und auf Burg Trifels inhaftieren. Erst ein Aufstand der Mainzer Bürger veranlaßte den Kaiser, Adalbert nach dreijähriger Haft 1115 wieder freizulassen. Erst jetzt, am 26. 12. 1115 konnte Adalbert zum Erzbischof geweiht werden. Eine seiner ersten Amtshandlungen bestand – vorgenommen zusammen mit seinem Kölner Kollegen – in der Exkommunikation des Kaisers!

Am Zustandekommen des Wormser Konkordates (1122) arbeitete Adalbert intensiv mit. Dabei vertrat er konsequent den kirchlichen Standpunkt. Die zum damaligen Zeitpunkt noch unbekannte, junge Hildegard im nahen Kloster auf dem Disibodenberg dürfte dies, sofern sie hiervon Kenntnis erhielt, begrüßt haben und mit ihrem Oberhirten zufrieden gewesen sein. Das große Freiheitsprivileg hingegen, das Adalbert zwischen 1119 und 1122 den Mainzer Bürgern verlieh und das 1135 in die Willigistür eingraviert wurde (Abb. 24), dürfte weniger ihre Zustimmung gefunden haben, da ihr als standesbewußter Adeliger die dort gewährten »bürgerlichen« Freiheiten zu weit gegangen sein dürften.

Nach dem Erlöschen des salischen Kaiserhauses war Adalbert maßgeblich an der Wahl Lothar von Supplinburgs zum deutschen König beteiligt. Hierdurch half er mit, den Frieden im Reich und damit auch am Mittelrhein zu sichern – eine Tat, die Hildegard ein stilles Heranwachsen und eine kontinuierliche Weiterentwicklung in ihrer Zelle auf dem Disibodenberg ermöglichte. W. W.

Lit.: Arens 1958, Nr. 12. – Zu Adalbert I.: L. Speer, Kaiser Lothar III. und Erzbischof Adalbert I. von Mainz (Böhlau Dissertationen zur mittelalterlichen Geschichte 3), Köln/Wien 1983; Gierlich 1990, S. 175 f.

Der Disibodenberg

Disibodenberg

Am Zusammenfluß von Glan und Nahe, etwa 17 km von Bad Kreuznach, erhebt sich der Disibodenberg. Auf dieser später nach ihm benannten Anhöhe läßt sich etwa Anfang des 7. Jahrhunderts der iro-schottische Wandermönch Disibod mit seinen Gefährten nieder. Nach der Tradition hat er dort ein Kloster errichtet. Wahrscheinlich wurde er in der Kirche auf dem Berg begraben. Spätestens im 9. Jahrhundert ist seine Verehrung als Heiliger bezeugt. In der Folgezeit zerfiel die Klostergemeinschaft. Der Mainzer Erzbischof Hatto II. (968–970) soll das alte Kloster Disibodenberg aufgelöst haben. Um die Jahrtausendwende errichtet Erzbischof Willigis (975–1011) an dieser Stelle ein Kanonikerstift. Zwölf Augustinerchorherren sollen in den neu erschlossenen Siedlungsgebieten Seelsorge betreiben und die Interessen des Mainzer Erzbischofs im mittleren Nahetal vertreten. Größere Neubauten aus dieser Zeit lassen sich archäologisch aber nicht nachweisen. 1108 beruft Erzbischof Ruthard von Mainz (1089–1109) Benediktinermönche auf den Disibodenberg. Noch im gleichen Jahr beginnt der Bau der neuen, umfangreichen Klosteranlage. 1143 wird in der neuen Klosterkirche der Hochaltar, in dem die Reliquien des Hl. Disibod beigesetzt sind, geweiht.

Auch den Benediktinern war langfristig politisch und ökonomisch keine glückliche Hand beschieden. Im 13. Jahrhundert wurde das reichbegüterte Kloster zum Zankapfel zwischen den ortsansässigen Adeligen und den Mainzer Erzbischöfen, die ihren Einfluß in der Region mit Hilfe der Disibodenberger Mönche vergrößern wollten. 1239 wird das Kloster in den hieraus resultierenden Kämpfen teilweise zerstört. 1259 überträgt der Mainzer Erzbischof die Führung des Konventes den Zisterziensern des Klosters Otterberg. Durch strenge Klosterzucht, straffe Wirtschaftsführung und durch Gewinnung einflußreicher, finanzkräftiger Gönner geben sie dem Kloster seine frühere Bedeutung wieder zurück. Auch im geistigen und künstlerischen Bereich setzt eine neue Blüte ein; zahlreiche Fragmente, z. B. die skulptierten Schlußsteine aus Kirche oder Kreuzgang, legen hiervon Zeugnis ab. Im 15. Jahrhundert gerät die Zisterzienserabtei zunehmend in das Spannungsfeld konkurrierender politischer Kräfte. Auf der eine Seite steht der Kurfürst von der Pfalz, auf der anderen der Herzog von Pfalz-Zweibrücken. 1504, im pfälzischen Erbfolgekrieg, wird der Disibodenberg von kurpfälzischen Truppen geplündert und verwüstet. 1559 erfolgt die Auflösung des Konventes. Ende des 18. Jahrhunderts wird das Klosterareal als Steinbruch offiziell freigegeben und von den Bewohnern der anliegenden Orte Staudernheim und Odernheim systematisch ausgebeutet. 1790–1792 verwüsten französische Soldaten die restlichen Gebäude. 1809 wird das Gelände mit allen Bauten versteigert und gelangt in Privatbesitz.

Heute existieren auf dem Disibodenberg nur noch Ruinen, die auf eine prachtvolle und großflächig angelegte Klosteranlage schließen lassen (Abb. 25). Bei Ausgrabungsarbeiten wurden im 20. Jahrhundert zahllose Architekturteile und figürliche Fragmente geborgen, die eine Rekonstruktion von Kirche und Kloster erlauben. Um weitere Forschungs- und Grabungsarbeiten der Anlage sowie den Erhalt bzw. die Sicherung der Ruinen kümmert sich die Scivias-Stiftung, die 1989 von der letzten privaten Eigentümerin ins Leben gerufen wurde.

I. K. / G. S.

Abb. 25 Klosterruinen auf dem Disibodenberg ▷

7

Ansicht des Klosters Disibodenberg

Anonym, 1620/21
Kupferradierung
H.: 24 cm; B.: 32 cm (gesamt)

Privatbesitz

Die ältesten bisher bekannten Ansichten des Klosters sind kleine Vignetten auf den Flugblättern, die anläßlich der Kriegszüge des spanischen Generals Ambrosio Spinola 1620 entstanden sind, aber möglicherweise auf bereits vorhandene Darstellungen zurückgreifen. Das hier gegebene, stark schematisierte Bild des Klosterberges zeigt nur die markantesten Elemente eines Blicks aus dem Tal von Odernheim. Die Kreuze auf den Dächern kennzeichnen die Anlage als Kloster. Damals war die Abtei schon seit 60 Jahren offiziell aufgehoben, hatte bereits vorher Plünderung und Verwüstung erlebt, Dächer und Turmhelme sind aber noch vorhanden. Der Weg führt auf den heute nahezu vollständig verschwundenen Torbau zu, neben dem links ein zweistöckiger Turm steht und ein größeres, unmittelbar am Hang gelegenes Gebäude wohl nur die Laienkapelle sein kann – falls die wirkliche topographische Situation wiedergegeben ist. Zutreffend ist gewiß der hoch aufragende, achteckige Vierungsturm. Rätselhaft bleibt der rechts dargestellte Zwiebelturm, für den sich kein entsprechender Mauerbefund angeben läßt. Verschiedentlich werden diese beiden Türme als Elemente der Ringmauer am Südhang interpretiert. Doch sind Form und Aufbau unterschiedlich, und nur ein Schalenturm ist heute noch erkennbar. Außerdem wäre es merkwürdig, wenn eine so wehrhafte Anlage bei der verbürgten Schleifung der Fortifikationen nach 1242 noch erhalten geblieben wäre. Wahrscheinlich liegt eine freie Kompilation verschiedener Einzelaspekte vor. Exakte Wirklichkeitstreue war ohnehin Sache dieser schnell hergestellten Bildchen nicht.

G. S.

Lit.: W. Reiniger/K. Stopp (Hrsg.), Warhafftige Abbildung derjenigen Stätt Schlösser und Flecken welche Ambrosius Spinola in der Chur Pfaltz am Rhein eingenommen im Jahr 1620 und 1621, Bad Kreuznach 1982, Nr. 8,2.

8
Ansicht des Disibodenberges

G. Ch. Joannis, 1724
Kupferstich
Privatbesitz

Ein wesentlich realistischeres Bild als die Vignette des 17. Jahrhunderts (Kat. Nr. 7) gibt ein Stich aus dem Jahre 1724 wieder. Die Gebäude sind nunmehr ihrer Dächer beraubt. Mächtig ragt die Schmalseite des südlichen Querschiffs der Abteikirche mit seinem Quaderwerk empor, sogar die Bauzier des Konsol- oder Rundbogenfrieses am Langhaus ist erkennbar, dahinter der Vierungsturm (bezeichnet mit »C. rudera turris, in qua campanae olim pendebant«). Mit den als »D. rudera operis novi« (des neuen Hauses) gekennzeichneten Ruinen ist

offensichtlich das Abteigebäude gemeint. Neben dessen weltlicher, also linker Giebelwand scheinen Reste von Konventbauten (Dormitorium oder Refektorium) sichtbar zu sein.
Bei dem nur mit einer kleinen Pforte versehenen Bau davor könnte es sich um ein Torhaus handeln, dessen Spuren zwischen Friedhofsmauer und Südostecke des Chores gefunden wurden; es riegelte den Zugang zum inneren Klosterbezirk ab. Daneben erkennt man ein halbrundes, dunkel schraffiertes Gebilde, dessen Rand aus einzelnen Steinen besteht. Wenn es sich dabei um eine Tordurchfahrt handeln sollte (vgl. die Südpforte an der Kirche), irritieren die Größe und der merkwürdige bauliche Zusammenhang. In Frage käme aber dafür unserer Meinung nach nur das große Tor zum Wirtschaftshof östlich der Kirche, wovon sich Reste erhalten haben.
In der einspringenden Ecke zwischen Querhaus und Chor gibt es noch einige Unklarheiten in der Darstellung (u. a. scheint ein portikusartiges Vordach für eine Pforte erkennbar, weiter eine hochgelegene Galerie, eine Art Verbindungsgang zur Kirche), für die aus dem Baubefund kein Aufschluß gewonnen werden konnte.
Die vorne am Ende des baumbestandenen Aufwegs hell, also wohl verputzt wiedergegebene Wand mit Strebepfeilern ist der Überrest der Laienkapelle, einiges steht noch vom Bau der äußeren Klosterpforte. Allerdings ist diese Gebäudegruppe etwas zu weit nach links gerückt worden, sei es um die Darstellung der Abteikirche nicht zu beeinträchtigen, sei es, daß hier zwei Zeichenstandort kompiliert wurden. Für unwahrscheinlich halten wir, daß die heute vollständig verschwundenen Ruinen der Gebäude am Südwesthang des Klosterberges gemeint sein können; »sacellum« (Kapelle) ist eine eindeutige Aussage. G. S.

Lit.: Stanzl 1992, S. 14 f.

9
Innenansicht der Kirchenruine auf dem Disibodenberg

Anonym, 1790
Kolorierte Federzeichnung
H.: 20 cm; B.: 28,5 cm

Privatsammlung Freiherr von Racknitz, Disibodenberg

Eine Darstellung aus der Zeit um 1790/92 bietet einen bemerkenswerten Blick in das Innere der Abteikirche auf dem Disibodenberg. Viele der hier wiedergegebenen Einzelheiten lassen sich durch gefundene Werkstücke als korrekt wiedergegeben belegen. Die Architekturperspektive durch die ruinösen Gebäude hat dem anonymen Zeichner einige Schwierigkeiten bereitet. So gelang ihm nicht ganz der Blick vom Mittelschiff durch die Arkaden über die offensichtlich fehlende Seitenschiffwand auf die Kreuzgangspartie bzw. die Kapitelsaalwestwand mit dem Eingang und den seitlichen Fenstern. Während der rechte Teil des Bildes bis zur Hauptapsis mit den vierpaßgeschmückten Fenstern am Grundriß- und Mauerbefund verifiziert werden kann, ist die linke Seite der Darstellung etwas verworren. Ob hier die Nordwand des Chorjochs oder gar ein Teil der Vierung (Nordbogen) gemeint ist? Die Rundfenster und ein trompenartiges Element in der als Kalotte wiedergegebenen Wölbung deuten vielleicht auf die letztere Möglichkeit hin. Die Kolorierung (und Schattierung) ist sicher nicht vor Ort entstanden. Bemerkenswert sind auch am Boden des Kirchenschiffs die (damals schon zum wievielten Male?) hochgehobenen Grabplatten, Gewölberippenansätze, Fensterelemente und die deutlichen Spuren von Schatzgräberei. G. S.

Lit.: Stanzl 1992, S. 16 f.

Ruine auf Disibodenberg.

10
Ruinenansicht der Klosteranlage Disibodenberg

A. Brandmayer; nach der Natur gezeichnet von C. J. Scheuren.
Gedruckt unter der Leitung von P. Kehr
im Lithographischen Institut der Gebrüder Kehr & Niessen in Köln, 1832–1837
Lithographie, Vorzugsausgabe
H.: 22 cm; B.: 28 cm

Mainz, Bischöfliches Dom- und Diözesanmuseum

Von einem leicht erhöhten Standort blickt der Betrachter nach Westen auf die Ruinen des Hospizes. Im Vordergrund rastet ein Schäfer mit seiner Familie. Eine Ziegenherde weidet zwischen den ehemaligen Klostergebäuden. Auf der Anhöhe links verdeckt ein mächtiger Baum weitere Mauerreste. Rechts öffnet sich der Blick in das Flußtal. Im Hintergrund ist Staudernheim zu erkennen. Die Vorlage zu dieser Darstellung schuf der Düsseldorfer Akademieprofessor Caspar Johann Nepomuk Scheuren (1810–1887), der mehrere Folgen gezeichneter und radierter Motive vom Rhein schuf. Gedruckt wurde die vorliegende Lithographie in dem 1832 von den Brüdern Johann Philipp und Karl Kehr in Köln gegründeten Lithographischen Institut (Gebrüder Kehr, später Gebr. Kehr und Niessen). Zu den Mitarbeitern zählte auch A. Brandmayer, der die Zeichnung nach Scheuren lithographiert hat. Das Institut plante die Herausgabe eines großen Lieferungswerkes unter dem Titel: »Kunst-Blüthen, Sammlg. Lithogr. Nachbildungen vorzügl. Meisterwerke der alten u. neuen Zeit am Rheine. Mit bes. Hinblick auf die Akad. zu Düsseldorf.« Ca. 20 Blatt des Werkes erschienen. 1837 wurde das Institut aufgelöst.

Die Lithographie ist ein typisches Beispiel für Ruinenansichten aus der Zeit der Romantik, als der Disibodenberg zum beliebten Ausflugsziel der umliegenden Gegend geworden war. Um der Stimmung willen sind die topographischen Gegebenheiten idealisiert. Statt dessen verweist die Ansicht der hoch aufragenden Ruine wehmütig auf den Glanz vergangener Tage. M. R.

Lit.: 25 Jahre Galerie Brumme. Eine Auswahl seltener Stadtansichten, Mainz 1995, S. 10; W. Reiniger, Stadt- und Ortsansichten des Kreises Bad Kreuznach 1523–1899, Bad Kreuznach 1990, S. 63.

11
Klosteranlage Disibodenberg: Ruinenmodell

Gerhard Roese, 1997
B.: 170 cm; L.: 216 cm

Mainz, Bischöfliches Dom- und Diözesanmuseum

Die Rekonstruktion der Klosteranlage Disibodenberg erlaubt die Betrachtung von Geländeformationen und aufgehender Bausubstanz einer Klosteranlage, die längst zerstört und größtenteils verschwunden ist. Sie gibt darüber hinaus aber auch Einblicke in die Arbeitsweise des Modellbauers, der aus Fundamentresten, Steinfunden, Bild- und Textquellen einen ganzen Besiedelungskomplex wiedererstehen läßt und den Besucher in phantasievoller Weise in die religiöse und wirtschaftliche Welt einer klösterlichen Gemeinschaft des Mittelalters hineinführt.

Im Gegensatz zur Wissenschaft, die ausschließlich mit belegbaren Quellen arbeitet und sich im Zweifelsfall in hypothetischer Weise auf Vermutungen zurückziehen oder aber eine Frage unbeantwortet lassen kann, muß der Modellbauer versuchen, immer eine sichtbare Antwort zu finden. Eine offene Frage bedeutet eine Lücke in seinem Modell. Daher kann seine Rekonstruktion zuweilen über die gesicherten Erkenntnisse des Wissenschaftlers hinausgehen und dabei sogar zu vollkommen neuen, auch für die Forschung interessanten Ergebnissen führen.

Mit seiner Vorstellungskraft erweitert der Modellbauer die Baumassen durch konkrete denkbare Details, etwa die architektonische Gliederung des aufgehenden Mauerwerkes oder die Darstellung von Dachformen. Fenster und Türen werden dort angegeben, wo sie durch Abbildungen oder Befund belegt sind oder andere Anhaltspunkte hinreichend Sicherheit für ihre Existenz geben. Erhaltene Fenster und Türen sind entsprechend der Wandstärke in die Fläche gesetzt, Rekonstruktionen dagegen nur als leichte Eintiefung angedeutet. Alle Dachflächen haben eine einheitliche Struktur, unabhängig, ob die Dächer mit Ziegeln, Schiefer oder Blei gedeckt waren. Die unmittelbar zum Kloster gehörenden Flächen werden vom umgebenden Gelände unterschieden. Beim Modell des Klosters Rupertsberg etwa (Kat. Nr. 30) sind die Klosterflächen glatt, die angrenzenden körnig behandelt.

Bei der Rekonstruktion der Friedhofskapelle auf dem Disibodenberg lag es nahe, in ihr einen Teil der ausgebrannten Vorgängerkirche des Klosters zu sehen, da der Neubau der nachfolgenden Kirche nicht an gleicher Stelle errichtet wurde und Reste des Vorgängerbaus somit für eine kleinere Kapelle zur Verfügung standen. Aus der Ruine der Klosterkapelle konnte so der Grundriß der ehemaligen Klosterkirche ermittelt und aus ihm dann der Gebäudequer- und Längsschnitt der Vorgängerkirche abgeleitet werden. Durch diese Vorgehensweise werden Überlegungen möglich, die weit über den reinen Modellbau hinausgehen. So führte die Spur von der Friedhofskapelle hin zu einem Übersichtsplan des Vorgängerklosters, das historischen Belegen zufolge wohl abgetragen wurde, als Hildegard schon auf dem Disibodenberg weilte. Als ein weiteres »Nebenprodukt« des Modellbaus hat sich die Vermutung einer römischen Besiedelung des Berges herauskristallisiert; Steinfragmente könnten sogar auf ein Jupiterheiligtum deuten.

Diese Gedankenspiele gehören zunächst in das Reich der Spekulation, aber sie sind durchaus auch als Anregung für die Wissenschaft zu verstehen, die beim Modellbau gefundenen Spuren weiterzuverfolgen. G. R.

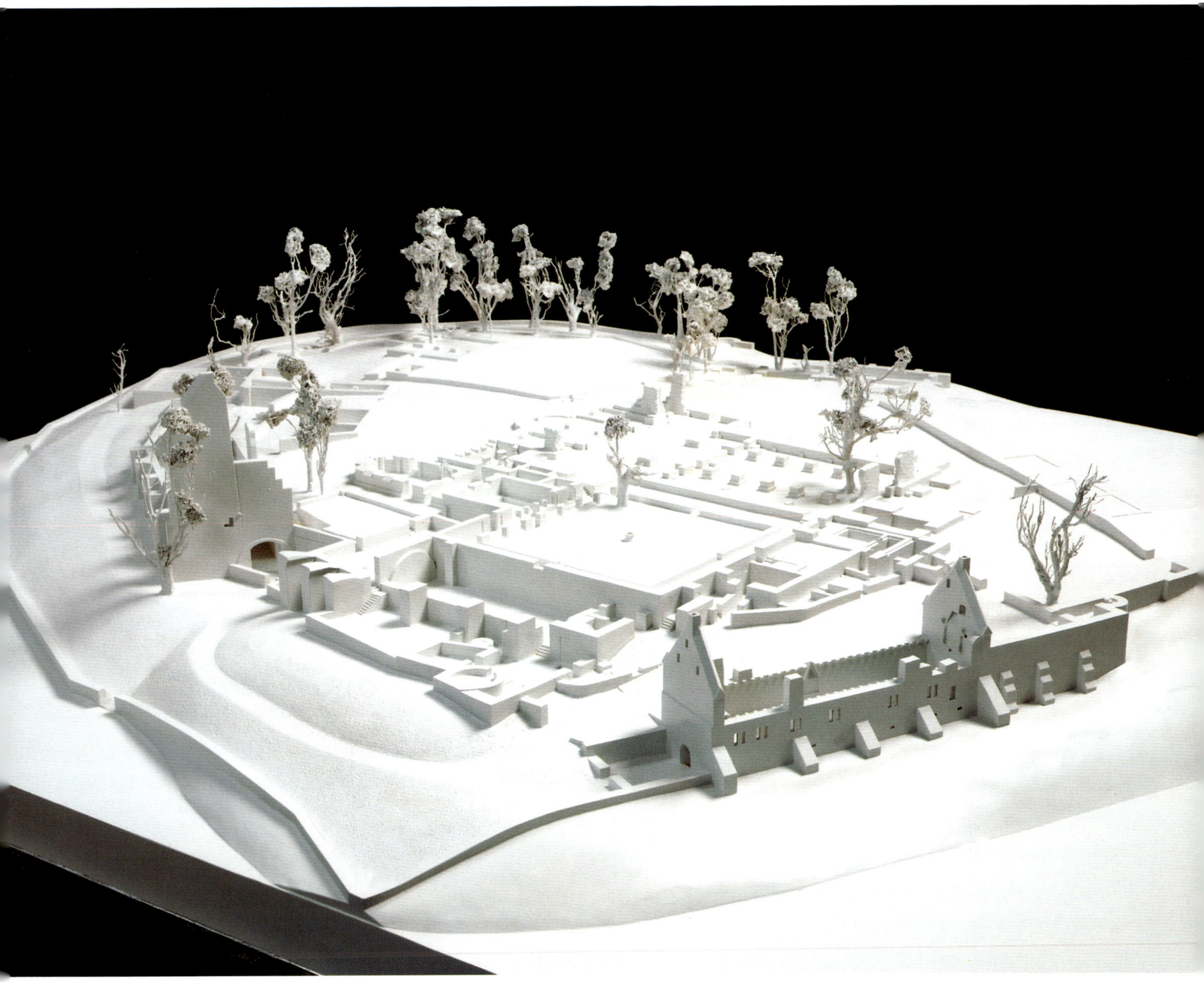

12
Klosteranlage Disibodenberg: Rekonstruktionsmodell

Gerhard Roese, 1998
B.: 99 cm; L.: 119 cm

Mainz, Bischöfliches Dom- und Diözesanmuseum

Das Modell basiert auf dem Kenntnisstand der Bauuntersuchungungen der seit 1985 laufenden Ausgrabungen sowie der Publikation von Günther Stanzl. Bei speziellen Fragestellungen, Grabungsbefunde und Datierungen etwa betreffend, wird auf diesen Forschungsbericht verwiesen[1]. Zusätzlich wurden neue Überlegungen und Befunde mit einbezogen, die bei weiteren Arbeiten der Freilegung, Instandsetzung und Restaurierung aufgetaucht sind. Sie wurden in intensiver Zusammenarbeit mit dem Modellbauer Gerhard Roese umgesetzt. Wertvolle Anregungen sind ihm zu verdanken[2].

Das Ruinenmodell (Kat. Nr. 11) gibt die ergrabenen und zum Verständnis der inneren Struktur der Gebäude teilrekonstruierten Befunde wieder, während im räumlichen Baumassenmodell dargestellt wird, wie wir uns die Anlage in der Blütezeit des Zisterzienserklosters etwa im 14. Jahrhundert vorstellen können. Grundlagen für die Rekonstruktion waren der genau vermessene Baubefund, Werksteinfunde im Gelände, ältere, im Lapidarium gesammelte Funde, Grabungsfunde, archäologische Erkenntnisse, Veduten sowie Architekturvergleiche. Nicht alle Werksteine oder Funde können bislang zugeordnet werden, so daß allgemein auf Details verzichtet wurde. Im folgenden sollen diese Elemente oder bestimmte Überlegungen erläutert werden. Die Befensterung wurde lediglich insoweit angedeutet, wie sie durch Befunde gesichert oder für die Vorstellung wichtig ist.

Die benediktinische Bauphase setzt 1108 mit der Grundsteinlegung zur Abteikirche durch Erzbischof Ruthard ein. Als eindeutig zu diesem etwa ein halbes Jahrhundert dauernden Zeitabschnitt gehörend konnten folgende Gebäude mit aufgehender Bausubstanz erkannt werden: Kirche, Sakristei, Konventbau, die Kreuzgangflügel Süd, West und Nord, Friedhofskapelle. Gebäude, unter denen romanische Bausubstanz festgestellt werden konnte, sind: Marienkapelle, Kapitelsaal, Kreuzgangflügel Ost, Mönchsaal/Fraterium, Laienkapelle. Daneben gibt es Bauten, bei denen die Zuschreibung in diese Zeitspanne nicht zweifelsfrei ist: Laientrakt Mittelräume, Küchenbereich, Südpforte, Mönchsaal Nordseite, Wirtschaftshöfe. Hier gibt es mit der Filterzisterne südöstlich des Abteibaues und im Hof östlich des Mönchsaales unter dem Gelände Befunde, die zwar aus der Benediktinerzeit stammen, aber noch nicht näher bekannt sind.

Für die Kirche kann man mit der überlieferten Abfolge von Altarweihen eine auch durch den archäologischen Befund gedeckte Baugeschichte dieser Epoche rekonstruieren, die in sukzessiver Fertigstellung einzelner Bauabschnitte bis 1143 dauert. Mit den darauf folgenden Altarweihen in Marienkapelle, »hospitalia« und »infirmaria« während der vierziger Jahre des 12. Jahrhunderts ging wohl die Errichtung der anderen Konventbauten einher. Schon in der Benediktinerzeit bereitete sich die weitere bauliche Verdichtung am Nord- und Westhang des Klosterberges vor, der Mauergürtel war angelegt, wenngleich die Bebauung der Kanten des Bergplateaus noch nicht klar erkennbar ist.

Nicht eindeutig identifizieren bzw. in ihrer Lage angeben können wir bislang »infirmaria« und »hospitalia«, die in den Urkunden genannt werden. Unter der Terrasse südlich des Hospizes gab es im 12. Jahrhundert ein Gebäude unbekannter Bestimmung mit tief liegendem Laufniveau. Die Situation wurde später durch Aufschüttung verändert. Falls man aus der Lage des in der Zisterzienserzeit erbauten, allgemein als Hospiz bezeichneten großen Gebäudes am Westhang Rückschlüsse ziehen darf, könnte hier einer der oben erwähnten Bauten liegen. Als eindeutig gotische Neubauten der Zisterzienserzeit, also von der 2. Hälfte des 13. Jahrhunderts an, sind die Großbauten Hospiz und Abteibau (mit Vorkeller) zu nennen; sie haben das Bild des Klosterbergs bereichert und seine Wirkung beträchtlich gesteigert. Vor allem fällt die gewaltige Masse des Abteibaus mit der durch Strebepfeiler gegliederten Nordfassade und der beachtlichen Firsthöhe von 26 m ins Auge. Als Neubauten sind auch die Gebäudegruppe um die Marienkapelle mit dem Kapitelsaal und seinen flankierenden Räumen sowie der östliche Kreuzgangflügel und die Laienkapelle neben der Pforte anzusprechen, wenngleich sie über romanischen Vorläufern stehen. Dazu kommen die Umbauten in der Kirche (Einwölbung, Chor, Lettner) mit den an der Südseite notwendigen Strebepfeilern, im Mönchsaal/Dormitorium, im Refektorium, im Küchentrakt sowie an der Friedhofskapelle. Zweifellos sind auch die Wirtschaftsbauten erweitert worden, ohne daß darüber Genaueres gesagt werden kann. Der Bau der großen Keller als Speicher westlich und unter dem Abteigebäude erforderte

sicher die Anlage entsprechender neuer Zufahrtswege und Tore.

Die Bauten im einzelnen

Frauenklause

Weil der Hauptakzent auf der Darstellung des Klosters im 14. Jahrhundert liegt und wegen der archäologisch unerforschten Situation wurde im Modell eine dreidimensionale Darstellung der Frauenklause unterlassen. Sie hat im 14. Jahrhundert mit großer Wahrscheinlichkeit in dieser Form nicht mehr existiert, wie sie Hildegard bis etwa 1148/50 kannte.
Zur Position der Frauenklause werden mögliche Varianten diskutiert[3]. Obwohl zu dieser Frage archäologische Forschungen bisher nicht stattfanden, haben wir uns bei dem erarbeiteten Modell für eine Lage gegenüber der Südwestecke der Kirche entschieden, für die einiges spricht. Eine Verbindung zur Frauenempore in der Kirche stellen wir uns über eine Art Galerie vor. Die Abtrennung vom Männerkloster war durch die Mauer wie auch die abseits gelegene, exponierte Lage gegeben, die freilich heute durch die im 19. Jahrhundert erfolgte Umformung des Geländes bzw. durch Aufschüttung noch markanter wirkt. Von hier aus konnte auch Hildegard, wie sie selbst erwähnt, das Fortschreiten der Bauarbeiten an der Kirche beobachten – ein Detail ihrer Biographie, das sich aus dieser topographischen Situation leicht nachvollziehen läßt. Für eine Klause in einem direkteren baulichen Zusammenhang zur Kirche, wie man es nach den strengen Regularien für Inklusen erwarten würde, ließen sich keine archäologischen Befunde erbringen. Es sei denn, man sieht sie in dem als »Laientrakt« bezeichneten, in der Zisterzienserzeit mit dem *claustrum* durch Türen verbundenen Bereich, dessen Funktion bislang weitgehend unklar ist.
Was Form und Ausdehnung dieser Frauenklause betrifft, so bietet der Südhang genug Platz und im Vergleich zum Männerkloster eine weit angenehmere Lage. Doch sind nur die oberflächlich vorhandenen Mauerkronen und die große, schräg verlaufende Mauer Anhaltspunkte für die bauliche Struktur, wobei Datierung und Zuordnung unsicher sind. Immerhin böte die Lage am Hang sogar die Möglichkeit einer mehrgeschossigen Anlage und damit Platz für eine große Zahl von Konventualen. Man könnte sich durchaus nach den bescheidenen Anfängen mit drei Inklusen beim Anwachsen der Personenzahl eine Verlegung der Klause dorthin vorstellen, wo sie nunmehr angedeutet ist und sich wohl auch zu einem Frauenkonvent entwickelt hat, in dem zum Schluß etwa 20 Personen gelebt haben.

Laienkapelle

Der Baubefund wie auch die gefundenen Werksteine (Fenstergewände, Gewölberippen, Schlußstein?) zeigen gotische Formen, begrenzte Sondierungen ergaben Hinweise auf eine (ältere?) Südpforte und einen kleineren, romanischen Vorgängerbau. Raumquerschnitt und Dachlösung entsprechen zeittypischen Vorbildern.

Torbau

Der sehr eigenwillige Grund- und zweigeschossige Aufriß enthält spätere Anbauten im Süden und Westen, an der Ostseite vielleicht ältere Mauerreste, westlich neben dem Weg einen Keller mit gotischen Fenstern.

Abteikirche

Für die Rekonstruktion des Äußeren von romanischer und gotischer Bauphase der Abteikirche stehen uns der ortsfeste Baubefund, zahlreiche Werksteinfunde (Rundbogenfriese, Lisenen, Konsolen, Fenstergewände und Sohlbank, Maßwerk, Säulchen mit Basis und Kämpfer von den Schallarkaden und anderen Turmfenstern), verschiedene Fragmente der Bauskulptur (z. B. von Fensterlöwen, Figuralkapitellen, Portaltympana u. a.) und Teile der Bauzier (Taustab, Blattranken, Flechtwerkstein) zur Verfügung. Dazu kommen ein Reisebericht aus dem Jahr 1615 und ein mit Erläuterungen versehener Kupferstich von 1724 (Kat. Nr. 8). Die Veduten aus dem 19. Jahrhundert zeigen meist Ausschnitte, Teile oder überhaupt nur die auch heute noch am höchsten stehenden Ruinen von Hospiz und Abteibau. Für eine Vorstellung vom Inneren gibt es ebenfalls die Grabungsbefunde (Plattenboden, Grabplatten, Seitenaltäre, Lettner, Stufen), Fragmente vom Bauschmuck (Arkadenbögen, Gewölberippen, Schlußsteine, Gesimse, Konsolen) und der festen Ausstattung (Lettner, Schranken, Altaraufbauten) sowie eine kolorierte Vedute aus dem 18. Jahrhundert, die große Teile des Chores und eine Seite der Langhausarkaden zeigt (Kat. Nr. 9). Aus diesen Elementen ließen sich mittels entsprechender Maßbeziehungen und Vergleiche der Aufriß und die Kubatur rekonstruieren.

Die Kirche war demnach als dreischiffige Pfeilerbasilika im gebundenen System mit Narthex, Querhaus, Hauptapsis und zwei gerade geschlossenen Nebenchören geplant. Die Querhausarme hatten apsidengeschmückte Kapellen. Über dem Querhausdach ragte ein achtseitiger Vierungsturm mit Glocken und Schallarkaden auf, der (wie etwa in Maria Laach) nach innen geschlossen war. Den von Anfang an gewölbten Ostteilen (einem der frühesten Beispiele in dieser Region) wurde zunächst ein flachgedecktes, siebenjochiges Langhaus angefügt, sekundär verbunden mit einer wohl nie ganz ausgeführten Vorhalle und Doppelturmfassade im Westen. Im Chorbereich rhythmisierten Halbsäulen die Wände, Gesimse in Form von Würfelfriesen und einfache wie doppelte Taustäbe mit verknoteten Enden verzierten Wände und Kanten im Langhaus. Das Quaderwerk der Außenhaut war mit Lisenen und Rundbogenfriesen gegliedert. Der Bauschmuck ist stilistisch eng verwandt mit dem der Dome von Worms und Mainz sowie der Stiftskirche von Königslutter. Lombardische Steinbildhauer – wahrscheinlich sogar aus der Mainzer Dombauhütte – schufen einen Teil der Bauzier des Inneren und am Außenbau. Langwierige Terrassierungs- und schwierige Fundamentierungsarbeiten, ebenso wie äußere Faktoren führten zu einem diskontinuierlichen Baugeschehen in Schüben mit Unterbrechungen, das unvollständige Teile an Dekor und Architektur hinterließ.

Friedhofskapelle

Der romanische Bau mit flach geschlossenem, außen durch Ecklisenen verzierten Chor und einem Seitenschiff, in seiner Grundrißform der Funktion als Friedhofskapelle angepaßt, wurde in der Zisterzienserzeit eingewölbt und gotisiert, wovon Gewölberippen und Maßwerkelemente zeugen. Der Aufriß ist Konjektur. Seine Gründung auf Fels am höchsten Punkt des Bergplateaus gab immer wieder zu Spekulationen Anlaß, in ihm den ältesten Kirchenbau aus der Zeit des Erzbischofs Willigis oder gar Disibods Grabkapelle zu sehen. Dafür erbrachten die allerdings sehr begrenzten archäologischen Untersuchungen keinen Hinweis; auch das keltische Heiligtum ist reine Spekulation. In den Fels gehauene Gräber umgeben die Kapelle, ein Beinhaus vermuten wir beim Nordeingang am gepflasterten Weg.

Kreuzgang

Für die Rekonstruktion des Kreuzgangs standen neben den zahlreichen Fragmenten von Fenstermaßwerk, Gewölbeschlußsteinen und Rippen der verhältnismäßig gut erhaltene Baubefund und die Erkenntnisse der Grabungen zur Verfügung. Zahlreiche im zisterziensischen Umbau verwendete Spolien des romanischen Kreuzgangs, vor allem Sattelkämpfer, zeigen, daß in dieser ersten Bauphase die Hofseite des Ostflügels mit Rundbogenfenstern auf Säulchen gestaltet war. Die anderen Trakte blieben später offensichtlich in ihrem romanischen Zustand, wobei die Fenster und ihre Abstände wie auch die Zugänge im Nordflügel Konjektur sind. Dicht nebeneinanderliegend bedeckten später Grabplatten den Fußboden des Kreuzgangs. In der Mitte des Kreuzhofs liegt ein Brunnen oder eine Zisterne. Große steinerne Leitungen führten das Regenwasser der Kirchen- und Kreuzgangsdächer ein. Eine Tonrohrwasserleitung war über die Nordwestecke in Richtung Hospiz gelegt.

Dormentbau – Kapitelsaal – Fraterium

Die zweigeschossige Rekonstruktion dieser ganzen Baugruppe östlich vom Kreuzgang ergab sich aus den funktionalen Gepflogenheiten, der Geländesituation und dem Baubefund. Gewölbe sind allerdings nicht anzunehmen, somit resultiert daraus eine Raumhöhe, die für den Oberstock an Ost- und Westwand genügend Fenster unterzubringen erlaubt. Der wohl flachgedeckte Kapitelsaal – südlich flankiert vom Armarium und nördlich vom Korridor zum Abteigarten östlich der Marienkapelle – erhielt Licht über Fenster zum Kreuzgang und aus dem Höfchen im Osten. In der Zeit Hildegards schloß unmittelbar an die Ostmauer die ältere Marienkapelle an. Die Grabstätte Jutta von Sponheims, Hildegards Lehrmeisterin, wurde schon im 12. Jahrundert aus dem Kapitelsaal in den südlichen Nebenchor der Klosterkirche verlegt; in der Zisterzinserzeit wurde der Raum Begräbnisstätte besonders privilegierter Stifter und Äbte. Der Treppenaufgang zum Obergeschoß und zur Kirche lag beim Querhaus. An der anderen Schmalseite des Dormentbaus schließt, leicht aus der Längsachse des Gebäudes gedreht, über dem Nordhang die markante, zweibogige Substruktion in mittelalterlicher Mauertechnik an. Als Funde können Pfeilerbasen dem Fraterium und achteckige, reich geschmückte Pfeilerkapitelle dem Dormitorium im Oberstock zugeordnet werden. Hinweise auf Gewölbe fehlen.
Östlich vor dem Mönchsaal lag in der Benediktinerzeit ein Gebäude mit einem Bodenniveau von mindestens 2 m unter dem des heutigen Hofes, das vom Raum über dem Vorkeller der Abtei von Norden zugänglich war. Dieses Gebäude wurde in der Zisterzienserzeit aufgegeben und verfüllt, wohl im Zusammenhang mit dem Bau der Marienkapelle, die auf hohen, terrassierten Aufschüttungen angelegt ist.

Marienkapelle

1364/65 begann man wohl mit dem Umbau der alten Marienkapelle aufgrund einer Stiftung des Antilmann von Grasewege. Die gotische Kapelle enthielt ursprünglich zahlreiche Grablegen, ihre Architektur konnte anhand des Baubefunds, der Funde von Rippen, Schlußsteinen und Fenstermaßwerk verhältnismäßig sicher auch im Aufriß dargestellt werden. Die Grabungen zeigten, daß der romanische Vorgängerbau bei annähernd gleicher Breite von 8,00 m im Inneren mit seiner Apsis im Osten bis zum Kapitelsaal reichte und 17,20 m

in der Länge maß. 1146 erfolgte die Altarweihe. Die »Alte Kirche«, in der die Gebeine Disibods während des Umbaus der Abteikirche ruhten, ist nach dem Grabungsbefund nicht unter der Marienkapelle zu sehen.

Refektorium – Keller – Küchentrakt

Wegen der Hanglage ist ein mindestens zweigeschossiger Aufbau über großem Vorratskeller zu rekonstruieren, mit Hauptzugang im Westen und Verbindung zum Küchentrakt an der Nordseite. Einrichtung und Baubefund ermöglichen eine ziemlich gesicherte Vorstellung. Der Fußboden des Refektoriums lag einige Stufen über dem des Kreuzgangs, es gab schöne Kachelöfen (Kachelfunde). Die heutige Verbindung zum Keller mit Treppe unter dem Dormentbau ist eine spätere Adaptation. Obwohl der Keller sicher schon zur Zeit der Benediktiner existierte (somit auch das Refektorium), ist die weitere Bebauung der Nordflanke des Klosterberges erst

in der Zisterzienserzeit entstanden, die hohen Strebepfeiler etwa wurden sekundär angesetzt, als man die Einwölbung vornahm (Funde von Gewölberippen). Die westlich vor dem Keller liegende, zum Teil noch gepflasterte Raumgruppe diente als Eingang und Verteiler, sie kann auch Treppen ins Obergeschoß enthalten haben, obwohl der Baubefund hier keine Rückschlüsse mehr zuläßt.
Eine vielleicht als Gärgrube zu deutende Vertiefung, eine umgenutzte Rundzisterne und ein Herd bildeten die noch erkennbaren Teile der Inneneinrichtung der Küche. Der gewaltige Backofen – als archäologischer Befund eine Rarität – mit seiner interessanten Kuppelkonstruktion sitzt in einem hohen Unterbau von eigener Mauertechnik. Für den immer wieder behaupteten römischen Turm an dieser Stelle ließen sich aber keine archäologischen Beweise erbringen, Mörtel, Mauer- und Bautechnik sprechen nicht dafür.

Kreuzgang Westtrakt

Aus dem Kreuzgang führte eine Tür in einen besonderen Raum neben der Kirche und eine Treppe in das Obergeschoß des Kernbaus, während die nördlichen Räume eingeschossig waren (darunter ein kleiner Backofen) oder überhaupt nur Höfe. Die Bezeichnung »Laientrakt« beruht auf seiner Plazierung an der Westseite der Klosteranlage. Auch die Grabungen konnten die Funktion dieser ganzen Raumagglomeration nur wenig aufklären, die an eine umfangreiche Kanalisation nach Nordwesten und Westen und die Wasserleitung aus dem Hof des Kreuzgangs angeschlossen war.

Hospiz oder Konversenbau – Westterrasse

An der hoch aufragenden Ruine lassen sich noch viele Einzelheiten des Bauwerks ablesen, das im Untergeschoß von einer Stützenreihe geteilt wurde, mindestens vier Stockwerke hoch war und drei sehr große Kamine erkennen läßt. Ein Abtritt lag an der Westwand. Das Untergeschoß war früher von Westen, später über eine Terrasse, ein Vorhaus und durch ein großes Tor in der Nordwand zu erreichen. Ein eigener Zugang mit Treppe führte von innerhalb der Südpforte in die Obergeschosse. Vor der östlichen Längswand liegen vermutlich Zisternen oder andere Wassereinrichtungen unter dem Gelände. Ausgrabungen fanden hier keine statt, und Funde ließen sich auch nicht zuordnen, aber an der Datierung in die Zisterzienserzeit besteht kein Zweifel. Wir charakterisieren mit »Konversenbau« ein multifunktionales Gebäude, das möglicherweise Vorläufer in Form des quellenmäßig belegten *hospitium* bzw. der *infirmeria* besessen hat, die schon zur Zeit Hildegards existiert haben (Altarweihe der *capella in hospitali* 1142).

Abteibau

Hier hat eine Bauuntersuchung stattgefunden, Grabungen wurden jedoch nicht vorgenommen. Der Baubefund liefert zahlreiche Informationen für die Rekonstruktion, ergänzt durch einige Streufunde (Schlußstein, Gewölberippen, Fußbodenfliesen, Fensterelemente, Maßwerk) und archivalische Nachrichten. Der mit einem zweischiffigen, tonnengewölbten Keller ausgestattete Großbau der Zisterzienserzeit (26 m Firsthöhe) besaß im Erdgeschoß – vom Abteigarten an der Südseite zugänglich – eine große Halle, die mit gotischen Kreuzrippengewölben auf Rundpfeilern mit achteckigen Basen und Kapitellen gedeckt war und durch hohe Spitzbogenfenster erhellt wurde. An der östlichen Giebelwand führte eine Treppe ins Untergeschoß, und hier ist wohl auch einer der Zugänge in die Obergeschosse anzunehmen, in welchen Maskenkonsolen und anderer Bauschmuck die besondere Bedeutung des Baus hervorhoben. Das Gebäude wird 1611 als »Abtei« bezeichnet, in dem nach der Säkularisierung des Klosters 1559 der Klosterverwalter gewohnt hat. Im Vergleich etwa mit Eberbach könnte man auch hier in der Zisterzienserzeit einen Krankenbau vermuten. Ob in der Benediktinerzeit an dieser Stelle die Infirmerie lag, kann vor den archäologischen Grabungen nur vermutet werden.

Wirtschaftshöfe

Zur Rekonstruktion der im Wirtschaftsbereich zusammengefaßten Bauten ist zu sagen, daß hier nur oberflächliche Freilegungen der verschieden hoch erhaltenen, aber im ganzen recht dürftigen Mauersubstanz Anhaltspunkte für die dreidimensionale Visualisierung boten. Es gibt darüber hinaus zahlreiche Streufunde von verschiedenen Werksteinen, die allerdings schwer zuzuordnen sind. Eine Folge von offenen Höfen und gedeckten Bereichen wie auch Gebäuden ist erschließbar. Am auffälligsten ist noch die mit Strebepfeilern gestützte Mauer östlich des Abteigebäudes, wahrscheinlich der

Disibodenberg, Dachlandschaft
Zustand um 1559

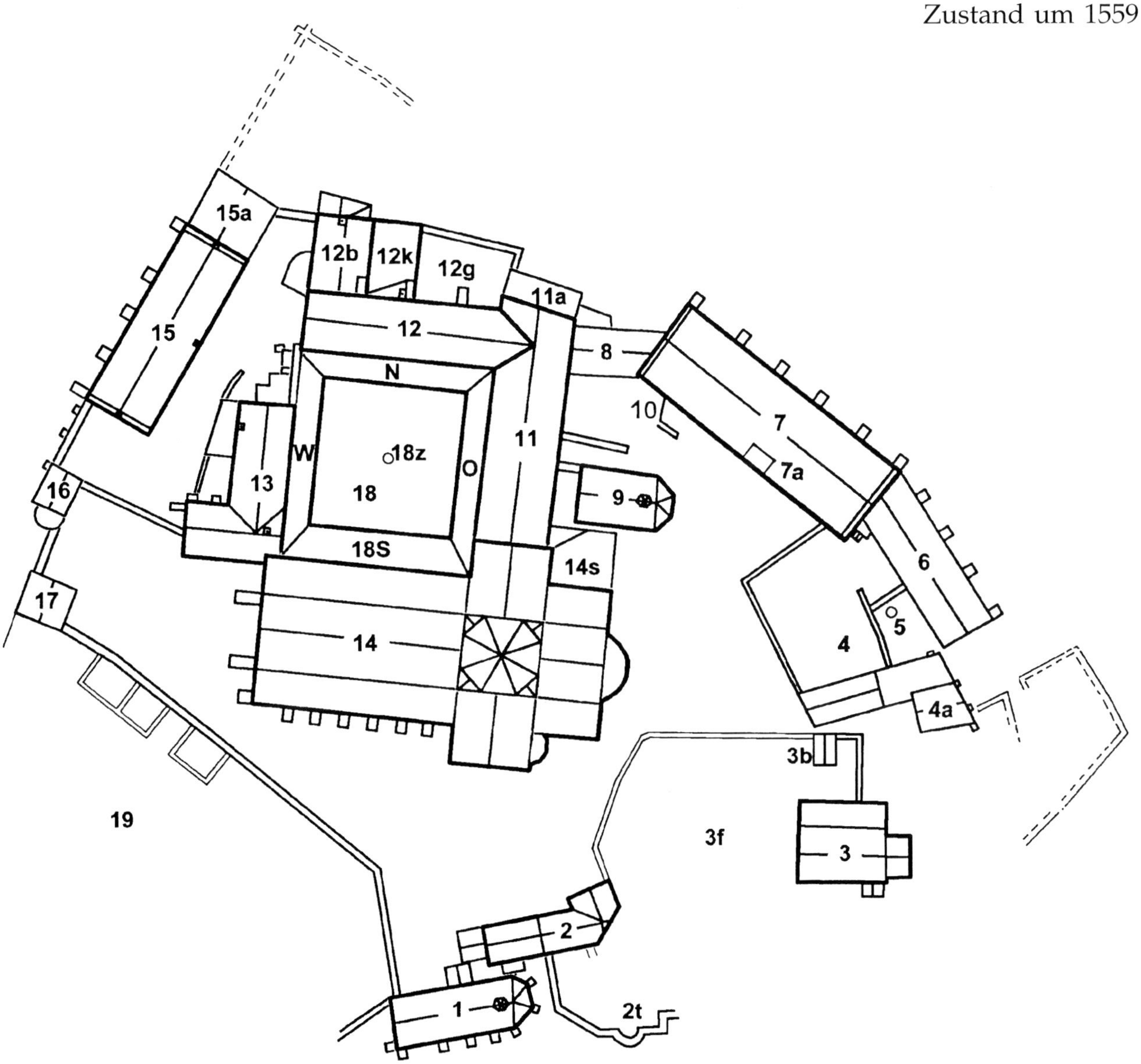

1 Laienkapelle
2 Torbau
2t Schalenturm
3 Friedhofskapelle, ehemalige Abteikirche?
3b Karner
3f Friedhof
4 Wirtschaftshof
4a Schmiede
5 alte Filterzisterne
6 Abteigebäude des Vorgängerklosters?
7 Abteibau
7a Kelterhaus
8 Verbindungsbau
9 Marienkapelle
10 Kellerabgang
11 Dormentbau
11a Dormentvorbau
12 Refektorium
12b Backhaus
12g Küchengarten
12k Küche
13 westlicher Konventbereich
14 Abteikirche
14s Sakristei
15 Konversengebäude (Hospiz)
15a späterer Anbau
16 ehemaliger Verteidigungsturm
17 Eckhaus
18 Innenhof des Kreuzgangs
18z Zisterne
18S, O, N, W die Kreuzgangflügel
19 Bereich der Frauenklause?

älteste Bestand, und mehrere Wasserspeier an den Terrassenmauern. Zum Bestand des romanischen Klosters gehört auch die unterirdische, zweikammerige, aus Hausteinen gewölbte Filterzisterne, von der man oberirdisch nur die Zuleitungen und heute bzw. am Modell lediglich den Schöpfschacht sehen kann, der aus fein bearbeiteten Quadern aufgebaut ist, mit Zählmarken und Steinmetzzeichen versehen.
Zur Funktion dieser Bauten ist zu sagen, daß wir einerseits vom Weinbau (Kelter) als der primären Wirtschaftsgrundlage der Klostergüter ausgehen können, was die Quellen bestätigen. Andererseits sind nach den wenigen Funden (Schlacke, Schmelztiegel) auch eine Schmiede zur Metallverarbeitung anzunehmen, ebenso werden Steinmetze für die Steinbearbeitung (Grabsteine) ihre Werkstatt auf dem Klosterberg gehabt haben. Dabei ist nicht zu sagen, ob die Hinweise auf das Ausschmelzen von Silber für die Schreibstube oder die Silberschmiede zu deuten sind.

Klostermauer

Eine Mauer, die den Klosterberg einfaßte, hat sicher existiert, Teile davon sind erhalten, unklar ist aber ihr Verlauf in allen Abschnitten wie auch die Erbaungszeit. Anders als beim Ruinenmodell haben wir im Baumassenmodell die Linienführung und die Tore der Mauer am Nordhang enger an die Geländeformation und den Weg angelehnt, ohne daß aber dafür archäologische Befunde vorlägen. Nach der derzeitigen Kenntnislage können wir über die konkreten Befestigungsmaßnahmen der beiden Mainzer Erzbischöfe Siegfried II. und Siegfried III. oder des Wildgrafen Konrad II. bis 1242 nichts sagen, was über die vagen Quellenangaben der Errichtung eines Turms hinausgeht. Da die Baumaßnahmen zur Verstärkung der Wehrfähigkeit des Klosters nie ganz fertiggeworden sein sollen und nach dem Ausgleich der Kontrahenten auch größtenteils geschleift wurden, sind mögliche Überreste noch schwerer zu identifizieren. Die hohe Mauer beim Hospiz an der Westflanke mit dem Turm und der Wendeltreppe sind Befund. Der Schalenturm an der Südseite und Mauerzüge im Bereich der Pforte mögen dazugehören. Inwieweit die Südostecke des Bergplateaus in die Befestigung einbezogen oder ausgeschlossen war, ist unbekannt. Die quer über den Berg ziehende Mauer wurde wegen ihrer 1,40 m Stärke schon früher als Teil der Befestigung bezeichnet. Die hier vermutete ehemalige Frauenklause hatte vielleicht längst das Baumaterial für diese Mauer geliefert. G. S.

[1] Stanzl 1992.
[2] Fruchtbaren Gedankenaustausch gab es auch mit E. J. Nikitsch und D. von Winterfeld über historische Fragen und zu Problemen der romanischen Architektur, wofür beiden sehr herzlich gedankt sei.
[3] Stanzl 1992, S. 53 ff.

13
Flechtwerkstein

Disibodenberg, 11. oder 12. Jahrhundert
Graugelber Sandstein
L.: 27 cm; Dm.: 25 cm

Disibodenberg, Lapidarium

Zylindrisches Werkstück unbekannter Herkunft, dessen Rundung in zwei flache Seiten übergeht, die in einem spitzen Winkel aufeinanderstoßen. Auf der einen Ansichtsfläche ein vierteiliges, sternförmiges Flechtwerk aus dem muldenförmigen Grund herausgearbeitet, auf der anderen Seite eine aufgelegte, sechsteilige Rosette mit vertieften, von rundlichen Seilschlingen gerahmten Feldern. Hier in der Mitte ein vermutlich sekundär grob ausgeschlagenes Loch von 4 Zentimeter Durchmesser und ebensolcher Tiefe. An den Seiten Spuren der Zahnfläche.

Das sternförmige Flechtwerk dürfte der ursprüngliche Schmuck sein. Wahrscheinlich ist das Stück noch einmal bearbeitet bzw. verwendet worden und gehörte zum äußeren Baudekor der Kirche.

Solches Flechtwerk konnte an vielen Stellen einer romanischen Kirche als Füllornament Platz finden, in Tympana ebenso wie an Ornamentfriesen. Als Einzelknoten oder Flechtband gehört es in seiner apotropäischen und symbolischen Funktion in die Reihe der Tierfratzen und Fabelwesen, die manchmal auch hineinverwoben erscheinen. G. S.

Lit.: Unpubliziert.

14
Sattelkämpfer mit Würfelkapitell

Disibodenberg, 12. Jahrhundert
Gelber Sandstein
H.: 42 cm; B.: 63 cm; T.: 23 bzw. 13,5 cm (unten)
Spannweite der Bögen ca. 32–34 cm

Disibodenberg, Lapidarium

Auf der Vorderseite begrenzt eine horizontale, abgefaste Leiste das tiefer liegende Zwickelfeld, das zwischen zwei Rundbögen in ein Würfelkapitell mündet. Auf der Rückseite, als glatter Mittelpfosten gearbeitet, wurde offenbar sekundär ein Falz für Fensterläden oder dgl. ausgemeißelt. Die Sichtflächen sind fein geflacht, der Bogen mit Randschlag eingefaßt, der Schild des Kapitells gespitzt.
Das Stück, dessen genauer Fundort unbekannt ist, ist wohl Teil eines Biforiums. Nach der Form, den Maßen und dem Fensterverschluß dürfte das Stück eher zu einem der Konventbauten als aus der Kirche stammen. G. S.

Lit.: Unpubliziert.

15
Fragmente eines Rundbogenfrieses der Kirche

Disibodenberg, 12. Jahrhundert
Gelber Sandstein
H.: 72 cm; B.: 38 cm; L.: 18,5 cm
Fragment: H.: 26 cm; B.: 34 cm

Disibodenberg, Lapidarium

Der Bogen ist von einer glatten, gestuften Leiste eingefaßt, oben beschließen Rundstab und flacher Rahmen das Werkstück, das Feld dazwischen ist mit Blattwerk verziert, das in kerbschnittartigem Stil in lockerem Duktus in den Zwickel gesetzt ist. An der Schmalseite vorne ein auf Gehrung geschnittener, rechtwinkeliger Anschluß, auf der anderen Seite eine glatt gearbeitete Ausnehmung, ein Klammerloch auf der linken Seite unten am Bogenansatz. Die Oberflächen sind fein geflacht. Der genaue Fundort des Stückes ist unbekannt. Nach den technischen Details sowie ähnlichen Fragmenten im Depot handelt es sich um Teile einer zusammengesetzten Kleinarchitektur der Innenausstattung, vielleicht einer Schranke. Möglicherweise stammen die Fragmente vom Hochgrab des Hl. Disibod.
Der Stil der Blattornamente ist Speyrer und Wormser Beispielen verwandt, aber wohl etwas jünger. Hildegard erlebte den Neubau der Kirche von der Grundsteinlegung 1108 an bis zur Schlußweihe 1143 direkt mit. G. S.

Lit.: Stanzl 1992, S. 60.

16
Säulenbasis

Disibodenberg, 12. Jahrhundert
Gelber Sandstein
H.: 21 cm
Plinthe: B.: 22 cm; T.: 22 cm
Profilhöhe: 13,5 cm

Disibodenberg, Museum

Zwei Wülste, Kehle und Ring. Die Rundung des unteren Torus vorne etwas abgeflacht. Am Schaftansatz sowie auf der Unterseite der Plinthe ein tief eingemeißeltes Achsenkreuz mit Hasten, wie in der Epigraphik üblich. In der Mitte ein Flachdübelloch (6 x 2 x 4,5 cm). Der Säulenschaft war mit einem quadratischen, eisernen Zentrumsdübel (2 x 2 cm) fixiert. Der steile Anstieg und die relativ flache Profilierung sind typisch für die mittleren Formate der Disibodenberger Säulenbasen. Der genaue Fundort des Stückes ist nicht bekannt.
Zahlreiche Sattelkämpfer vom Kreuzgang, z. T. als Spolien vermauert oder als Fundstücke im Lapidarium, zusammen mit Würfelkapitellen geben Hinweise auf die Architektur des Kreuzgangs. Über das Aussehen der Portale des Westturmes wissen wir wenig, doch könnten die Säulenbasen auch von dort stammen, obgleich Eckzehen wie bei den Beispielen aus dem Chor fehlen. G. S.

Lit.: Stanzl 1992, S. 118 ff.

14

16

15

17

17
Basis einer Wandsäule der Kirche

Disibodenberg, 12. Jahrhundert
Gelber Sandstein
H.: 58,5 cm; L.: 36 cm; B.: 39 cm
Schaftdurchmesser: 28 cm

Disibodenberg, Museum

Basis mit Plinthe und attischem Profil für eine Halbsäule mit seitlichem Steg als Wandanschluß, vollen Eckzehen und seitlich flach gearbeiteten, spitzblättrigem Dekor. Die Basen im Chor der Disibodenberger Kirche haben durchbrochen gearbeitete Eckzehen. Der hohe Torus und der fein ziselierte Blattdekor sind Exemplaren am Mainzer Dom vergleichbar.
Die Klosterkirche der Hildegardzeit war eine flachgedeckte Basilika mit einer Wandgliederung durch Halbsäulen im gewölbten Chor und Querhaus. Die Einwölbung der übrigen Kirche erfolgte nach der Übernahme durch die Zisterzienser in der zweiten Hälfte des 13. Jahrhunderts. Dabei wurden Spolien und nicht verwendete Werkstücke der Benediktinerzeit verbaut, so dieses Exemplar, das aus dem vierten Strebepfeiler von Westen an der südlichen Außenseite der Kirche geborgen wurde. Abgebaut und als Baustein verwendet wurde es wohl, weil man im Chor einen Umbau vornahm. Im Langhaus wurden die Gewölberippen nun auf Konsolen abgefangen, wie entsprechende Fundstücke belegen. G. S.

Lit.: Stanzl 1992, S. 35.

18
Ehemaliger Kämpferstein der Kirche (Keltertrog)

Disibodenberg, 12. Jahrhundert
Gelber Sandstein
H.: 52 cm; B.: 76 cm; L.: 100 cm

Speyer, Historisches Museum der Pfalz

Auf der Vorderseite halten zwei antithetisch angeordnete Greifen mit ihren Schnäbeln die verschlungenen Schwänze zweier Drachen hoch, die sich unter ihnen krümmen und wegzustreben trachten. Zwischen den Drachenleibern kauert ein blattschwänziges, vierfüßiges Tier mit zurückgewendetem Kopf. Die aufgerissenen Spitzmäuler der Drachen treffen an den Ecken mit gleichartigen Fabelwesen zusammen, die an den Schmalseiten jeweils die halbe Darstellung der Langseite wiederholen. Die rechte Schmalseite ist mit einem Relief von gerieften Ranken geschmückt, die in doppelten Herzschlingen oben je ein gezahntes Blatt (ähnlich dem Schwanzende des Drachen), unten eine prall in Frucht stehende Weintraube umfassen. Auf der linken Seite ist der breite Wandsteg von einem Adler eingenommen, der einen Hasen schlägt. Am oberen Rand je zwei fünfblättrige Rosetten. Vollplastisch gearbeitet mit Hautfalten, feinen Federn und Schuppen, flach nur die seitlichen Ranken.
Das später als Keltertrog umgearbeitete Stück, das im 19. Jahrhundert in Odernheim aufgefunden wurde, war ursprünglich ein Wandkapitell (Kämpferstein) aus

einem der Nebenchöre der Disibodenberger Abteikirche und entspricht im Dekor und den Abmessungen genau dem nördlichen Kämpfer an der südöstlichen Vorhalle des Mainzer Domes. In der Ausführung ist unser Exemplar aber wesentlich rundplastischer, von geradezu vitaler Wirkung. Dieses Stück sowie Details anderer Fragmente (Kapitellplastik) zeigen, daß offenbar Bildhauer der Mainzer Dombauhütte am Disibodenberg tätig gewesen sein müssen. Die Fensterlöwen sind unfertig geblieben, so daß man vermuten kann, daß der Arbeitseinsatz am Disibodenberg nur eine Zeitlang gedauert hat.

Drachen und andere Dämonen fanden wegen ihrer symbolischen Bedeutung als Bauzier bevorzugt im Bereich der Portale oder Vorhallen Verwendung. Zwei geschwänzte Drachen schmücken auch die mittlere Bogenstirn eines Fragments, das wahrscheinlich zur Architektur des Lettners gehörte. G. S.

Lit.: Stanzl 1992, S. 56; L. Tekampe, Weinmuseum, Speyer 1993, S. 22 f.

19
Vogelkopf

Disibodenberg, 12. Jahrhundert
Graugelber Sandstein
H.: 27 cm; L.: 22 cm; B.: 17 cm

Disibodenberg, Museum

Gerader kurzer, kräftiger Schnabel, große runde Augen mit gebohrter Pupille, an den Seiten des Kopfes Blattverzierung, rechts flach gearbeiteter Ansatz.
Fabelwesen waren als Masken, Grotesken u. ä. in vielfältiger Weise in die Dekoration der romanischen Kirche als Bauplastik eingefügt. Möglicherweise stammt das Stück von einer Ecke des Portalschmucks; sein unbekannter Fundort erlaubt keine genaueren Rückschlüsse.
Die stilistische Meisterschaft dieses Fragments ist den anderen hier gezeigten Fundstücken (sogenannter Keltertrog, Kat. Nr. 18) und solchen im Disibodenberger Lapidarium (Löwenbacke) wie auch im Speyrer Museum (Fensterlöwen) vergleichbar, die alle auf das zumindest zeitweilige Wirken der Mainzer Dombauhütte und ihrer lombardischen Steinmetzen zurückgehen. G. S.

Lit.: Stanzl 1992, S. 57.

20
Bärtiger Männerkopf

Disibodenberg, 12. Jahrhundert
Graugelber Sandstein
H.: 20 cm; B.: 16 cm

Disibodenberg, Museum

Eine kleinteilig gemusterte Haarkappe schließt die Stirn bogenförmig ab. In dem flach geformten Gesicht stehen die Augen eng beisammen, sind die etwas vortretenden Augäpfel von fein gezeichneten Lidern umfangen, die Mundwinkel stark vertieft. Von den Nasenflügeln zieht der markant gekerbte Schnauzer zum Backenbart, in dem die einzelnen Bartspitzen zu einem Grat geflochten erscheinen, der das Gesicht rahmt. Darunter Halsansatz, an der Rückseite Bruchfläche, Nase bestoßen.
Bauschmuck ohne näher bekannten Fundort, vielleicht vom Portaltympanon. Eines der wenigen erhaltenen Beispiele der figuralen Bauskulptur der romanischen Kirche. Von den plastischen Bildwerken der Zisterzienserzeit ist erheblich mehr übriggeblieben. G. S.

Lit.: Unpubliziert.

21
Teil einer steinernen Wasserleitung

Disibodenberg, 12. Jahrhundert
Gelber Sandstein
H.: 34 cm; L.: 16 cm; B.: 55 cm
Kleine Bohrung: Dm. 3,5–4,0 cm
Große Bohrung: Dm. 12,5 cm

Disibodenberg, Lapidarium

Bei dem ausgestellten Stück, dessen genauer Fundort unbekannt ist, paßt in die größere Bohrung der Stutzen des nächsten Teilstücks, die bis zu 80 cm lang sein konnten. Die Dichtung erfolgte mit Mörtel oder Pech und erlaubte so höheren Druck. Die Oberflächen sind grob und fein geflacht und mit Randschlag versehen.
Der Klosterberg muß schon zur Zeit Hildegards im 12. Jahrhundert eine ausgeklügelte Wasserversorgung gehabt haben, die außer Filterzisternen auch Druck- und Fernwasserleitungen enthielt. Neben den steinernen Teucheln wurden bei den Grabungen offene Steinrinnen und Tonröhren gefunden. Daneben die Spuren von Bleiröhren, die zum Schutz gegen Beschädigung in eine Bettung aus großen Sandsteinblöcken gelegt wurden. Das mehrteilige Waschbecken, das vor dem Eingang zum Refektorium stand, stellt eine besondere Rarität dar (Museum Disibodenberg). G. S.

Lit.: Stanzl 1992, S. 127 ff.

22
Gewölbeschlußstein mit Darstellung des Hl. Disibod (?)

Disibodenberg, 2. Hälfte 13. Jahrhundert
Gelber, feinkörniger Sandstein mit Resten farbiger Fassung
Gesamtstärke: 32,6 cm; Dm.: 53,6 cm

Disibodenberg, Lapidarium

Dargestellt ist ein bärtiger, langhaariger Mann, der durch Mitra sowie Stab und Pallium als Bischof erkennbar ist. Vermutlich handelt es sich um den legendären Schutzpatron des Disibodenbergs, den aus Irland stammenden Mönch Disibod, der sich in der 2. Hälfte des 7. Jahrhunderts am Berg niederließ und als Begründer des monastischen Leben daselbst gilt.
Nach den Abmessungen sowie den vier Ansätzen von Birnstabrippen stammt der Gewölbeschlußstein vermutlich aus dem mittleren Joch des östlichen Kreuzgangflügels, der ab 1259 tiefgreifend umgestaltet wurde, nachdem der Zisterzienserorden das Kloster übernommen hatte. Neben diesem etwas ungelenk ausgeführten Bildwerk gibt es im erhaltenen Bestand aus dem Kloster Exemplare, die stilistisch zu den herausragenden Beispielen der regionalen Bildhauerkunst dieser Zeit zählen und für die Abteikirche hergestellt wurden.
G. S.

Lit.: Stanzl 1992, S. 79.

Der Rupertsberg und Eibingen

Der Rupertsberg

Gegenüber der Stadt Bingen, an der Mündung der Nahe in den Rhein, liegt der Rupertsberg (Abb. 26). Nach der Tradition lebte im 8. Jahrhundert der Hl. Rupertus zusammen mit seiner Mutter Bertha und einem Priester auf diesem Hügel, dem er seinen Namen gab. Rupert, der sich im Dienst für Gott vielseitig karitativ engagierte, starb früh und wurde in einer kleinen Kirche oberhalb der Nahe beerdigt. An dieser heiligen Stätte gründet Hildegard vier Jahrhunderte später ihr eigenes Kloster.

Bei der Übersiedlung der Hl. Hildegard mit ihren 20 Begleiterinnen vom Disibodenberg auf den Rupertsberg 1150 waren die Lebensumstände dort nach ihrer eigenen Aussage noch mehr als primitiv. Erst allmählich dürften Konventbauten entstanden sein. Bis 1155 schwelte auch noch der Streit mit den Mönchen vom Disibodenberg. 1158 regelte der Mainzer Erzbischof die Wahl der Äbtissin und den Besitzstand des neuen Klosters. Vorher dürfte man kaum mit einem größeren Kirchenbau begonnen haben. Man benutzte einstweilen die wiederhergerichtete Kapelle des Hl. Rupert. Eine für 1152 überlieferte Weihe bezog sich auf diese Kapelle. Da man bereits 1165 den Bau des Tochterklosters Eibingen in Angriff nahm, liegt es nahe, die allerdings sehr kurze Zeitspanne zwischen 1158 und 1165 für den Bau der Kirche anzunehmen. Eine Weihe derselben ist nicht überliefert. 1632 wurden Kirche und Kloster von den Schweden zerstört, so daß der Konvent nach Eibingen übersiedeln mußte. In den Ruinen wurde ein wirtschaftlich betriebenes Hofgut des Klosters angesiedelt, dessen Zustand durch eine Reihe von Ansichten aus dem 18. und 19. Jahrhundert überliefert ist. Sie zeigen vor allem die Ruine der Klosterkirche. Einige dieser Ansichten sind erst in jüngster Zeit bekanntgeworden.

1801 wurde das Anwesen versteigert. 1819 zeigt ein Grundriß nur die im Westteil des südlichen Seitenschiffs eingebaute Marienkapelle sowie den Grundriß der Apsis und des Südturmes. Ein neues Gebäude war wohl aus dem Abbruchmaterial errichtet worden. Die letzten Reste der Ostteile gingen 1857 beim Bau der preußischen Eisenbahnlinie verloren. Hätte damals noch die Kirchenruine mit ihren Türmen aufrecht gestanden, wie wir sie vom Ende des 18. Jahrhunderts kennen, so hätte man vermutlich, wie bei der Rheinlinie auch, eine Untertunnelung vorgenommen.

Nach einem Brand des Bürogebäudes der Firma Würth (s. Bildmitte) im Jahre 1975 lagen im Inneren die Reste der Westmauer des Seitenschiffes und sechs Freipfeiler sowie vier Arkadenbögen der Südreihe frei. Sie konnten nicht nur sorgfältig vermessen, sondern auch erhalten bleiben mit einer Ergänzung der fehlenden Arkadenbögen. Die Pfeiler stehen nun zum Teil im Keller, zum Teil im Erdgeschoß des Hauses und bilden einen wichtigen Anhaltspunkt für die Rekonstruktion der Kirche.

Schon frühzeitig muß ein Unglück den nördlichen Turm betroffen haben, denn die Ostwand seines obersten Geschosses war abgestürzt und der Rest mit einem notdürftigen Pultdach überdeckt. In dieser Form erscheint die Kirche schon vor der Zerstörung durch die Schweden.

D. v. W.

Abb. 26 Ansicht des Rupertsberges heute ▷

HOTEL RÖMERHOF

23
Ansicht des Rupertsberges

Meisners Schatzkästlein, 1628 (2. Buch, 2. Teil)
Kupferstich
H.: 9,5 cm; B.: 15 cm (Plattenrand)
H.: 15,4 cm; B.: 19,8 cm (Blattgröße)

Mainz, Bischöfliches Dom- und Diözesanmuseum

Die kleinformatige Ansicht zeigt von einem erhöhten Standort über die Nahe hinweg den Blick auf den Rupertsberg. Im Mittelpunkt ist die große, dreischiffige Klosterkirche mit den beiden ungleichen Türmen zu erkennen: der südliche, runde Turm mit dem spitzen Turmhelm und der niedrigere quadratische Nordturm mit einem Pultdach. Die Klosteranlage mit ihren Nebengebäuden ist um die Kirche angeordnet. Im Süden ist der Kreuzgang zu erkennen. Umgeben wird der Klosterbereich von einer turmbewehrten Mauer. In der Nordost-Ecke der Mauer angelehnt, ist die oberhalb der Nahe gelegene Nikolauskapelle zu erkennen. Rechts im Vordergrund ist sehr detailliert mit steilem Walmdach und dem eckigen Treppenturm im Osten der Mäuseturm wiedergegeben.
Die Ansicht stellt – sieht man von schematisierten Darstellungen aus dem 16. Jahrhundert ab – die älteste Ansicht der Klosteranlage vor ihrer Zerstörung 1632 dar[1]. Der Stich geht insgesamt sehr freizügig mit Proportion und Perspektive, der Anzahl der Gebäude, den Fenstern und anderen Details um. Dennoch hat sich nach Bau des Modells der Klosteranlage (Kat. Nr. 30) herausgestellt, daß viele der Angaben, die hier ablesbar sind, im Kern bestätigt werden können. Dies gilt z. B. für den steilen Weg, der zu dem wehrhaften Klosterzugang emporführt. Die Schießscharten beruhen allein auf dieser Quelle. Auch die Verteidigungseinrichtung an der Nordost-Ecke der Klostermauer, der Erker in der Nähe der Nikolauskapelle, konnte im Modell so nur dank dieser Darstellung realisiert werden.
Die Beschriftung am oberen Blattrand lautet: »Mus uni non fidit antro«. Der Titel am oberen Rand der Darstellung benennt den Bildgegenstand: »Cl. S. Rupert«. Unterhalb der Darstellung folgt die lateinische Textzeile: »Non habitando tenet temper mus callidus unum Antrum, mox aliud quaeritat, atq colit«. Es schließt sich zweispaltig in jeweils zwei Zeilen folgender deutscher Text an: »Nicht allezeit ein listig Mauß, Ihr wohnung hat in einem Hauß. Sie suchet ihr ein andre baldt, und hat in viel höln ihrn auffhalt«.
1623 erschien zur Fastenmesse im Verlag des Kupferstechers Eberhard Kieser in Frankfurt am Main ein quer 8° Bändchen mit dem Titel: »Thesaurus Philo-Politicus. Das ist: Politisches Schatzkästlein guter Herren und bestendiger Freund«. Der Inhalt bestand neben einem Vorspann und den Erklärungen zu den Emblemata aus 52 Ortsbildern, in die die Emblemata einkomponiert waren. Jeder Abbildung war ein lateinischer, in späteren Heften auch ein deutscher Wahlspruch beigegeben. Unter dem Wahlspruch folgten zwei lateinische und vier deutsche Verszeilen. Verfaßt waren diese von dem aus Komotau in Böhmen stammenden Daniel Meisner, der den Titel »Poeta Laureatus Coronatus« trug. Nachdem 1626 durch weitere Teillieferungen das erste Buch abgeschlossen wurde, erschien 1627 »Des zweyten Buches Erster Theil«. Ihm folgte 1628 der zweite Teil, zu dem der hier abgebildete Kupferstich gehört. Auch das zweite Buch brachte es auf acht Teile mit jeweils 52 Tafeln. Nur der 3. Teil enthielt 50 Tafeln. 1631, kurz vor dem Tod des Verlegers, war auch das 2. Buch abgeschlossen.
Beide Bände des politischen Schatzkästleins enthalten zusammen 830 Ansichten, kein topographisches Werk wies vorher eine derart hohe Anzahl von Ansichten auf. M. R.

Lit.: D. Meisner/E. Kieser, Thesaurus Philopoliticus oder politisches Schatzkästlein, Faksimile-Neudruck der Ausgaben Frankfurt/M. 1625–26 und 1627–1631, (2. Aufl.) Unterscheidheim 1974; F. Bachmann, Die alten Städtebilder, Leipzig 1939, S. 214.

[1] Reiniger/Faust 1994, S. 42.

MUS UNI NON FIDIT ANTRO.
A92
CL. S. RUPERT.
NOHE FL.
Meuß Thurn
Non habitando tenet semper mus callidus unum Antrum, mox aliud quæritat, atq; colit.
Nicht allezeit ein listig Mauß,
Ihr wohnung hat in einem Hauß.
Sie suchet ihr ein andre baldt
Und hat in viel höln ihrn auffhalt.

24

1. Ruine des Rupertsberges, Ansicht von Südosten

John Gardnor,
gedruckt bei Wm. & Eliz. Ellis, London, 1st. Dec., 1788
Aquatinta
H.: 35,4 cm; B.: 46,1 cm

Privatbesitz

2. Ruine des Rupertsberges, Ansicht von Norden

John Gardnor,
gedruckt bei Wm. & Eliz. Ellis, London, 1st. Dec., 1788
Aquatinta
H.: 35,7 cm; B.: 45,8 cm

Privatbesitz

Abbildung eins zeigt die Klosterkirche von Südosten, von der anderen Rheinseite aus gesehen. Hoch und mächtig, beinahe frühromantisch verklärt, türmt sich der Chor der Kirche empor. Aus seine Fenstern wachsen Bäume heraus. Obwohl die Dächer der Türme abgedeckt sind, bieten ihre massiven Mauern noch immer ein eindrucksvolles Bild. Südlich der Kirche ist der Kreuzgang zu sehen. An das südliche Langhaus lehnt sich die Marienkapelle an, im Hintergrund rechts ist die Nikolauskapelle zu erkennen. Im Vordergrund befinden sich auf dem Fluß Schiffer mit ihren Booten.

Die zweite Abbildung zeigt die Klosterruine in der Seitenansicht von Norden. Im Vordergrund ist die Nikolauskapelle zu sehen. Rechts führen Treppen auf die Klosteranlage zu, in der Tiere und Personen auszumachen sind. Am Ufer vor dem Kloster legt ein Boot an, auf dem sich mehrere Personen und ein sich aufbäumendes Pferd befinden.

Zahlreiche Graphiken und Zeichnungen belegen, daß die 1632 zerstörte Klosterkirche der Hl. Hildegard als Ruine noch in großen Teilen bis ins frühe 19. Jahrhundert erhalten war. 1789 wurde der Grundbesitz verpachtet und verkauft, die bis dahin umfangreiche Ruine wurde in kurzer Zeit abgetragen. Zunächst erwarb ein gewisser Jean Kircher Klosterruine und Nikolauskapelle, der die Liegenschaften 1824 seinem Schwiegersohn überschrieb; danach trat der Binger Anton Brilmayer als Käufer auf, der an der Nikolauskapelle bauliche Veränderungen vornahm. 1874 erwarb die Bahn das Gebäude für ihre Angestellten.

John Gardnor (1729–1808), Zeichenlehrer in London, ab 1778 Pfarrer in Battersea, unternahm in den 80er Jahren des 18. Jahrhunderts zahlreiche Reisen nach Frankreich, in die Schweiz und ins Rheinland. Die hier abgebildeten Motive des Rupertsberges entstammen dem 1788 in London erschienen Folio-Album »Views taken on and near the river Rhine«. Es enthielt 32 Ansichten. 1791 wurde es, mit im Format kleineren Ansichten, erneut aufgelegt. M. R.

Lit.: Reiniger/Faust 1994, S. 87–89.

24.1

24.2

25
Ansicht der Klosterkirche von Norden

Christian Georg Schütz, um 1790
Federzeichnung

Privatbesitz

Der Betrachter steht auf der Anhöhe des Rupertsberges und blickt auf die Ruine der ehemaligen Kirche und die angrenzenden Nebengebäude. Links im Hintergrund führt der Blick in das Rheintal, rechts der Gebäude führt ein Weg an den Mauern vorbei in Richtung der Hügel im Hintergrund.
Die sehr detailgetreue Federzeichnung ist die einzige Bildquelle, die der Rekonstruktion der Nordansicht der Klosterkirche zugrunde gelegt werden konnte. Ihre Informationen sind deshalb von größtem Wert. Man erkennt sehr gut, daß die südliche Hochschiffwand länger ist als die nördliche, die sieben Fenster zeigt. Von großer Bedeutung ist auch, daß der Abstand des östlichsten Obergadenfensters zum Turm größer ist als der Abstand der Fenster untereinander. Anhand anderer Zeichnungen kann man dieselbe Aussage über den Abstand des westlichen Fensters des südlichen Obergadens zur Westkante des Hochschiffs machen. Sehr schön läßt sich der axiale Versatz erkennen, in dem die Fenster des Seitenschiffs zu denen des Obergadens angeordnet sind. Eine Öffnung in der Hochschiffwand führte zur Orgelempore. Im Nordturm ist vermutlich der Abgang zur Krypta dargestellt. Man sieht ferner den für die Seitenwände ausreichenden einfacheren Bauschmuck. Interessant ist auch der vermutliche Rest des westlichen Konventbaus, der im Hintergrund noch angedeutet ist.
Die Zeichnung stammt aus der Feder des Malers und Radierers Christian Georg II. Schütz (1758–1823). Schütz unternahm zahlreiche Reisen in die Schweiz und nach Sachsen, auch Fahrten in die Rheinlande. Seine mit großer Sorgfalt ausgeführten stimmungsvollen Landschaften illustrieren mehrere Ansichtenwerke.

M. R. / G. R.

Lit.: Die Klosterruine vom Rupertsberg, in: Heimat am Mittelrhein, Monatsblätter für Kultur- und Heimatpflege 4, Nr. 9, Sept. 1959; J. F. Würth, Der Rupertsberg im Wandel der Jahrhunderte, Bingen 1976, o. S., Abb. 11.

26
Ruine des Rupertsberges, Ansicht von Norden

Johann Adam Ackermann, um 1820
Federzeichnung, laviert
H.: 11 cm; B.: 19,5 cm

Privatbesitz

Die romantische Ansicht gibt den Blick frei auf die Ruinen des Klosters Rupertsberg, die von dichten Büschen und hohen Laubbäumen umgeben sind. Links öffnet sich der Blick in das Flußtal mit einer Brücke. In vielen architektonischen Details ist die Zeichnung zwar ungenau; als Dokument der frühen Rheinromantik sowie aufgrund ihrer hohen künstlerischen Qualität ist sie ein schönes Zeugnis für das Weiterleben von Hildegards ehemaligem Kloster in der Kunst.
Die Zeichnung stammt vermutlich aus einem Skizzenbuch des Mainzer Malers Johann Adam Ackermann. Ackermann, getauft in Mainz am 4. Dezember 1781, erhielt ersten Unterricht bei dem Mainzer Maler Johann Caspar Schneider. Während eines längeren Aufenthaltes in Paris wurde er bei Jacques Louis David in der Historienmalerei unterwiesen. 1804 ließ sich Ackermann in Frankfurt am Main nieder, wo er als Zeichenlehrer (in der Schule der Englischen Fräulein und an der Selectenschule) tätig war. Während zweier längerer Aufenthalte in Italien widmete sich Ackermann seinem bevorzugten Motiv: der Landschaft. In seiner Heimat fand er Motive in der nächsten Umgebung wie dem Taunus, dem Spessart sowie an Rhein und Nahe. Besondere Anerkennung fanden Ackermanns Winterlandschaften, die in ihrer Komposition an Arbeiten von Caspar David Friedrich oder Carl Gustav Carus erinnern. Ackermann verstarb am 23. März 1853 in Frankfurt am Main. M. R.

Lit.: B. Brauksiepe / A. Neugebauer, 250 Maler in Rheinland-Pfalz 1450–1950, Mainz 1986, S. 7.

25

26

27

1. »St. Rupertsberg im Prospect nach dem Rhein«

Ansicht des Rupertsberges von der Rheinseite her.

2. »Ansicht des Rupertsberges von Weiler aus gesehen«

Prospect nach Weiler.

Zwei Zeichnungen von Pater Josef Otto OSB, 1779

Privatbesitz

Der Hausgeistliche des Klosters Eibingen, Pater Josef Otto OSB, hat in einem im Jahr 1779 erschienenen Buch alle Grundstücke aufgezeichnet, die in den Gemarkungen Rüdesheim, Eibingen, Weiler und Bingen dem Kloster gehörten. Das Titelblatt der Ansichten des Rupertsberges lautet: »Entwurf der Gebäu (= Gebäude) nach deren Stand 1779.«
Bei der Ansicht des Rupertsberges von der Rheinseite her (27.1) sind alle Gebäude mit Ziffern versehen und in einer Art Legende genau benannt (1. Das Closter- und Hoffhaus, 2. Das andere Hoffhaus, 3. Die Vieh-Ställ, 4. abgebrannte Kirch und Thürn.). Trotz dieser genauen Beschriftung sind die einzelnen Baudetails sehr summarisch wiedergegeben.

Die zweite Zeichnung (27.2) zeigt einen Blick auf das Kloster, wie er sich von Weiler her geboten hat. Aufgeführt sind die folgenden Gebäudeteile: 1. Das Closter- und Hoffhaus, 2. Die Capell[1], 3. Kelterhaus und Keller, 4. Abgebrannte Kirch und Thürn, 5. Creuzgarten. Auch diese Zeichnung ist nicht sehr zuverlässig. Pater Otto hat vor Ort eine Ansicht von schräg oben gewählt. Hierdurch läßt sich die gesamte Vier-Flügel-Anlage erkennen: im Osten die Westwand des Dormentbaus mit dem Ansatz des Kreuzgangflügels, im Süden der eingestürzte Keller unter dem ehemaligen Refektorium sowie im Westen das Kelterhaus als einzig verbliebener Teil dieses Flügels, dessen Nordkante noch in dem gezeigten Mauerzug mit Tor zu erkennen ist. Auch die Kirchenruine im Norden ist vergleichsweise summarisch wiedergegeben: so macht z. B. die Befensterung der Obergaden den Eindruck einer beliebigen Musterung, wenn man die Befensterung des südlichen Obergadens mit der des nördlichen vergleicht. M. R. / G. R.

Lit.: Die Abtei St. Rupertus 1779. Zeichnungen aus einem Buch der alten Abtei Eibingen erinnern an früheren Zustand der Ruine, in: Heimat am Mittelrhein, Monatsblätter für Kultur und Heimatpflege 4, Nr. 5, Mai 1959; F. J. Würth (Hrsg.), Der Rupertsberg im Wandel der Jahrhunderte, Bingen 1976, o. S., Abb. 8 bzw. 9.

[1] Hierbei handelt es sich um die Marienkapelle.

St. Rupertsberg
im Prosspect nach dem Rhein.
4.
1.
2.
3.
1. Das Closter= und Hoffhaus. 2. Das andere Hoffhaus.
3. Die Vieh-ställ. 4. abgebrennte Kirch und Thürn. c

27.1

Prosspect nach Weiler.
4.
1.
2.
5.
3.
Das Closter-und Hoffhaus. 2. die Capell. 3. Kelterhaus und
abgebrennte Kirch und Thürn. 5. Creuzgarten.

27.2

28
Ruine des Rupertsberges, Ansicht von Nordosten

Anonym, Ende 18. Jahrhundert
Sepiazeichnung

Privatbesitz

Die Sepiazeichnung eines anonymen Künstlers zeigt mit großem Detailreichtum die Ansicht des Rupertsberges gegen Ende des 18. Jahrhunderts. Im Hintergrund ragt die Klosterkirche steil empor. Die Dächer sind abgedeckt; der dem Betrachter nächststehende Chorflankenturm ist im oberen Teil zerstört. Bedingt durch die perspektivische Verkürzung sind nur sieben Fenster des Obergadens zu erkennen. Die Fensterhöhlen sind leer. Die unmittelbar an die Kirche heranreichenden Gebäude sind intakt. Sie belegen die Neubebauung im Schatten der Ruine. Im Vordergrund, nur wenig oberhalb des Naheufers, ist die ebenfalls ruinöse Nikolauskapelle zu erkennen. Auch hier sind Dach und Gewölbe zerstört; Bäume umwuchern die Ruine und scheinen sogar aus dem Inneren herauszuwachsen. Interessant sind aber die Details, die der Maler festzuhalten weiß: Die abgestuften Strebepfeiler und das zum Teil noch intakte Maßwerk der Fenster sind zu erkennen. Im Hintergrund hat der Zeichner zusätzlich die Drususbrücke festgehalten.

M. R. / W. W.

Lit.: H. M. Kastinger Riley, Hildegard von Bingen, Hamburg 1997, S. 44.

29
Modell der Klosterkirche Rupertsberg

Gerhard Roese, 1997
H.: 29 cm; B.: 20 cm; L.: 39,5 cm

Mainz, Bischöfliches Dom- und Diözesanmuseum

Am Anfang einer zeichnerischen Rekonstruktion steht ein ausführlicher Vergleich aller überlieferten Ansichten hinsichtlich ihrer Genauigkeit, des Standortes sowie der Intentionen des Zeichners. Bei den zahlreichen Widersprüchen kann man einerseits statistisch, andererseits nach der Wahrscheinlichkeit eine Entscheidung treffen. Hier ist jedoch nicht der Ort, diese Überlegungen im Detail auszubreiten. Das Modell wurde nach eingehenden zeichnerischen Vorstudien von dem Modellbauer G. Roese (Darmstadt) entworfen. Es wurden dabei alle Unterlagen geprüft, gegeneinander abgewogen und das Ergebnis mit dem Verfasser diskutiert. Viele wichtige Beobachtungen sind daher der Aufmerksamkeit des Modellbauers zu danken.

Ausgangspunkt bilden die erhalten gebliebenen westlichen Arkaden der südlichen Langhauswand, die konkrete Maßangaben möglich machen. Die daraus für die Länge der Kirche gewonnene Vorstellung deckte sich vollkommen mit den Katasterzeichnungen von 1819. Von diesen Längenangaben ausgehend, konnten aus den Zeichnungen Höhenmaße und Einzelangaben gewonnen werden.

Demnach handelte es sich um eine einfache, flachgedeckte Pfeilerbasilika mit quadratischen Türmen über den Ostenden der Seitenschiffe und einer vor die Flucht der Türme vorspringenden Apsis. Die Pfeiler und somit auch die Wandflächen waren verputzt, weil das Mauerwerk aus lagerhaftem Bruchstein bestand. Die Kämpferplatten (heute erneuert) bestanden noch ganz in salischer Tradition aus Platte und Schräge. Inneres und Äußeres des Langhauses waren vollständig ungegliedert. In der Forschung umstritten ist die Zahl der Arkaden und der Hochschiffenster. Abweichungen in der Zahl der Fenster lassen sich dadurch erklären, daß sie bei den Schrägansichten zum Teil von den Türmen verdeckt waren. Wegen des Einbaus der Marienkapelle, die das südliche Seitenschiff zur Hälfte nutzte, blieb dort die Obergadenwand in voller Länge erhalten, während sie auf der Nordseite wegen des Wohnhauseinbaus um mindestens eine Fensterachse gekürzt wurde. Die fehlende Übereinstimmung der Seitenschiffenster mit denen des Hochschiffs ließe sich leicht durch fehlende Bezugsachsen als Fehler des Zeichners (Schütz, ca. 1790) erklären. Doch bei genauerer Überprüfung ergibt es sich, daß die acht Fenster wohl nicht in den Achsen der neun Arkaden angeordnet waren, sondern um eine halbe Achse versetzt über den Pfeilern. Derartige Abweichungen waren auch in der 2. Hälfte des 12. Jahrhunderts noch durchaus üblich. Ganz eindeutig ist eine Öffnung zu erkennen, die auf der Nordseite zwischen dem 1. und dem 2. Fenster von Osten vom ehemaligen Dachraum des Seitenschiffs in das Mittelschiff führt. Vermutlich handelte es sich um den Zugang zu einem kleinen Orgelbalkon über dem liturgischen Chor, wie dies auf der Nordseite auch bei anderen Bauten anzutreffen ist.

Reicher gegliedert durch Lisenen an den Kanten und verbindende Rundbogenfriese waren nur die Osttürme und das Hauptgeschoß der Apsis, deren drei große Fenster wohl in gotischer Zeit vergrößert worden waren. Die vier Geschosse der Türme besaßen etwa gleiche Höhe untereinander und waren auf die Höhe des Obergadens bzw. des Hauptgeschosses der Apsis abgestimmt. Zwi-

Abb. 27 Säulenbasis der Rupertsberger Klosterkirche, 12. Jh., Privatbesitz

schen den Türmen endete das Mittelschiff mit einem Ostgiebel, der ebenfalls mit einem steigenden Bogenfries versehen war. Da die Bögen dieses Frieses bei allen Zeichnungen erheblich größer erscheinen als bei den Türmen, könnte man auch an eine Reihe steigender, flacher Blendnischen denken. Große, flache Doppelblenden zierten auch die Türme im 2. und 3. Geschoß, wodurch ihr fassadenartiger Charakter in Richtung auf die Stadt Bingen unterstrichen wurde. Kleine Öffnungen zwischen den Blenden belichteten hier die ansonsten geschlossenen Turmgeschosse. Nur die obersten wiesen große rundbogige doppelte Schallarkaden auf, die untereinander von Pfeilern und nicht von kleinen Säulchen getrennt waren.
Eine Öffnung im ungegliederten Untergeschoß der Apsis weist darauf hin, daß sich hier entsprechend dem Geländeabfall eine kleine Krypta befand, die sich wohl nur unter der Apsis und dem Sanktuarium zwischen den Türmen erstreckte. Sie dürfte sich im Inneren nicht durch einen großen Niveauunterschied im Chorraum abgezeichnet haben.
Hervorzuheben ist, daß sich in der Nordseite des Nordturmes ein Portal befand, das durch einen in der Wandfläche des Turmes liegenden Giebel mit fünf steigenden Rundbögen ganz besonders ausgezeichnet war. Als Zugang zur Kirche, die wohl vorwiegend vom Kreuzgang aus, für die Laien auch durch ein bescheidenes Westportal zu betreten war, kann es an dieser Stelle kaum gedient haben. Da es sehr tief liegt, handelte es sich vermutlich um einen direkten Zugang zur Krypta von außen.
Ob sich die Türme in das Innere der Seitenschiffe öffneten und an dieser Stelle gewölbt waren, ist unbekannt. Vermutlich dienten ihre Räume zu seiten des Chores als Schatzkammer und Sakristei. Die kleinen Öffnungen lassen auf eine Mauertreppe schließen, die zumindest im Südturm auch den Zugang zum Dormitorium bildete. Auf der eher dilettantischen Zeichnung von Pater Joseph Otto (Kat. Nr. 27) ist auf der Westseite des Südturms eine Öffnung mit Treppe zu erkennen, die man sowohl als Zugang zum Turm als auch als ehemalige Öffnung in das Dach des Seitenschiffs interpretieren kann. Diese Zeichnung zeigt auch einen Giebel mit großer Öffnung in der Westflucht der Türme. An dieser Stelle dürfte es kaum einen Giebel gegeben haben, da dieser nachweislich in der Ostflucht der Türme angeordnet war. Es könnte sich um einen Irrtum handeln. Wahrscheinlicher ist jedoch, daß sich an dieser Stelle lediglich Wandvorlagen mit einem Triumphbogen befanden, der das schmale Joch zwischen den Türmen als Sanktuarium kennzeichnete. So ist er in dem Modell rekonstruiert. Eine Wölbung zwischen den Türmen bestand wohl nicht.
In allen Untersuchungen zu Damenstiften und Nonnenklöstern ist die Frage nach dem liturgischen Ort des Konvents in der Kirche bisher kaum gestellt worden. Von einer Westempore, die zudem vom Hochaltar weit entfernt gewesen wäre, ist hier nichts bekannt. Wir haben den liturgischen Chor mit seinen Schrankenmauern und dem Chorgestühl wie bei einem Männerkonvent zwischen den östlichen drei Arkaden des Langhauses angeordnet. Ob hier auch die für den Meßdienst notwendigen Kleriker ihren Platz hatten, muß offenbleiben. Zwischen den Chorgestühlen könnte sich die nachträglich eingebaute Gruft befunden haben. Ob es vom Chor einen direkten Zugang zur Krypta gab, ist unbekannt.
Der schlichte, strenge Bau stand in einem auffälligen Gegensatz zu der gewölbten, reich gegliederten und mit bauplastischem Schmuck versehenen Ostanlage des Disibodenbergs, die der Bauherrin ja vor Augen gestanden haben muß. In der strengen Haltung scheint manches auf die Bettelorden des 13. Jahrhunderts voraus- oder auf den Reformgeist der Cluniazenser zurückzuverweisen. Geldmangel dürfte allerdings der naheliegendste Grund gewesen sein. Besonders hervorzuheben ist dabei der Verzicht auf ein Querhaus. Die kaum datierbare Form des Langhauses, die auch in das 11. Jahrhundert passen würde, ist mit Mittelheim und dem Johannesberg im Rheingau gut vergleichbar. Der Verzicht auf Wölbung ist dagegen nicht verwunderlich und kaum auf Reformgedanken zurückzuführen, denn Wölbungen blieben in dieser Zeit nur sehr anspruchsvollen Bauten wie den großen Domen in Speyer und Worms sowie großen Stiftskirchen vorbehalten. Selbst der Mainzer Dom hatte damals wohl auch keine ausgeführten Gewölbe. Um so bemerkenswerter ist dieses Kennzeichen für den Disibodenberg. Die Flachdeckbasilika ist in der 2. Hälfte des 12. Jahrhunderts auch bei größeren Bauten noch immer ein gängiger Typ.
Die Anlage zweier Osttürme, die das Sanktuarium flankieren und nur die Apsis zwischen sich vortreten lassen, zeigt neben der liturgischen Funktion, den Standort des Altars besonders zu betonen, die Absicht einer repräsentativen Wirkung zum Fluß und zur Stadt Bingen hin. Fast gleichzeitig erhielten die großen rheinischen Stiftskirchen in Bonn und St. Gereon in Köln, St. Servatius in Maastricht und St. Kastor in Koblenz sowie Liebfrauen in Andernach derartige Lösungen. Die flachen Blenden der Türme könnten sogar auf den Niederrhein verweisen. Zuvor schon war dieses Modell am Dom zu Trier

(1042) oder bei St. Matthias in Trier ausprobiert worden, ebenso wie bei der Klosterkirche Marbach im Elsaß. Selbst der Bamberger Dom nahm diese Lösung für seinen im 13. Jahrhundert neuerrichteten Ostbau in Anspruch, allerdings wie in Trier bereichert durch Ostportale in den Türmen. Die Zahl der Beispiele ließe sich vermehren. Insgesamt handelt es sich um eine Normlösung der deutschen, insbesondere der rheinischen Romanik, die keine Spezifika im Hinblick auf die Erbauerin erkennen läßt. D. v. W.

Lit.: W. Zimmermann, Die Kunstdenkmäler des Kreises Kreuznach, Bad Kreuznach 1935, S. 125; I. Herter, Der Rupertsberg im Wandel der Jahrhunderte, Bingen 1976; R. Otto, Zur Rekonstruktion der Rupertuskirche, in: I. Herter, op. cit.; H. Caspary, Zur Geschichte und Rekonstruktion der Klosterkirche der Hl. Hildegard auf dem Rupertsberg bei Bingen, in: FS für W. Bornheim, gen. Schilling (Denkmalpflege in Rheinland-Pfalz), Mainz 1980, S. 59–71 (mit ausführlichen Literaturangaben).

Spätgotisches Portal aus dem Kloster Rupertsberg, ursprünglicher Standort unbekannt, heute Ostseite des Hauses Rupertsberg, wohl Ende des 15. Jahrhunderts. Der reich profilierte Kielbogen mit sorgfältigen Überschneidungen sowie feinem Blendmaßwerk unter den aufgelegten Wappenschilden deutet auf eine repräsentative Funktion dieses Eingangs hin, der zum besten dieser Epoche aus der ganzen Region gehört. D. v. W.

Abb. 28 Bingen, Haus Rupertsberg (Ostseite), Portal aus Kloster Rupertsberg, Ende 15. Jh.

30
Klosteranlage Rupertsberg: Rekonstruktionsmodell

Gerhard Roese, 1997
B.: 99 cm; L.: 119 cm

Mainz, Bischöfliches Dom- und Diözesanmuseum

In Form eines »Rundganges« über den Rupertsberg soll im folgenden Hildegards Klosteranlage aus der Sicht des Modellbauers vorgestellt werden. Für die Erbauung dieser Anlage waren zunächst umfangreiche Substruktionsmaßnahmen erforderlich. Zum Fluß hin wurde die steile Uferböschung mit einer kräftigen Stützmauer abgefangen und das Gelände dahinter zu einem Plateau aufgeschüttet. So konnte etwa 14 m über dem Fluß eine Fläche von circa 70 x 70 m gewonnen werden, auf der eine vierflügelige Stiftsanlage errichtet wurde. Die Abteikirche nahm dabei eine ganze Seite ein. Der Zugang zum Kloster lag im Norden. Über einen vorgelagerten Geländestreifen führten zwei Eingänge in den Klosterbereich. Der eine, östlicher gelegene, kam vom Ufer der Nahe unter dem Torhaus hindurch zwischen hohen Mauern auf das aufgeschüttete Plateau und zur inneren Klosterpforte.

Die Mauern, die den Weg säumten, waren vor allem Stützmauern, bis auf das kurze Stück hinter dem Torhaus, das in die westliche Giebelwand der Nikolauskapelle überging. Im Norden stützten sie die Aufschüttung, auf der das Obergeschoß des Torhauses und das Schulgebäude standen. Die nördlichen Außenmauern von Schulgebäude und Torhaus waren gleichzeitig Teil der Klostermauer. Der Weg zur oberen Pforte mündete in ein quadratisches Geviert von Mauerzügen. Dieses wurde nach dem Tod Hildegards, möglicherweise um 1301, als König Albrecht den Rupertsberg zu einer Burg machte, durch einen Aufbau mit Zeltdach geschlossen, wie der Stich von Daniel Meißner von 1620 zeigt. Der Boden des aufgestockten Raumes war in der Mitte offen. Mit einer sogenannten Pechnase versehen, konnten eindringende Feinde durch herabgeschüttetes heißes Pech vom Betreten des Burgbezirks abgehalten werden. Auch die Zinnen der Klostermauer im Bereich der Nikolauskapelle dienten der Verteidigung. Mit ihrer Hilfe konnten sowohl Feinde von außen bekämpft werden als auch solche, die bereits durch die Fenster des Schulhauses in den Klosterbezirk wie in eine Vorburg eingedrungen waren. Der Stich von Wenzel Hollar von 1657 zeigt im nördlichen Anschluß an das Gebäude mit den beiden Zwerchdächern, nach Form und Lage wohl das Schulhaus, einen weiteren hoch aufragenden Gebäudegiebel. Das an dieser Stelle stark abschüssige Gelände läßt bei der Größe dieses Giebels an einen doppelgeschossigen Bau denken, in welchem zum Tal hin das Backhaus, dahinter das Laienrefektorium und im oberen Geschoß ein Schlafsaal untergebracht gewesen sein könnten.

Die Klostermauer verlief weiter in Nordrichtung. Ihre Spuren sind in einer Lageskizze des in den alten Grenzen angelegten Herterschen Weingutes von 1819 überliefert. Eine Vorstellung von der Nordwestecke des Klosters erlaubt das Bild von Caspar Schneider, der 1790 dort noch Reste eines Turmes zeichnete, der ursprünglich wohl zur Verteidigungsanlage der früheren Klosterburg gehörte. Dieser Turm, neben dem damals bereits vermauerten zweiten Zugang zum Klosterbezirk, wird als »Kanzel« bezeichnet. In einem Zeitungsartikel von 1879 ist zu lesen, daß an Wallfahrtstagen von dieser »Kanzel« gepredigt wurde. Die Pilger versammelten sich zwischen Kirche und »Kanzel« im Klosterhof, dessen Pforte zu dieser Zeit noch nicht zugemauert war.

Über die Bebauung der westlichen Klostermauer ist nur wenig bekannt. Einzig ein Grundriß von 1819 verweist auf ein Gebäude gegenüber dem Westportal der Kirche. An der Südwestecke des Klosterbezirks, an welcher der Friedhof lag, ist die Friedhofskapelle zu vermuten. Es ist anzunehmen, daß es sich um das alte Grabkirchlein des Rupertus und seiner Mutter Bertha handelte, das Hildegard, als sie das Gelände erwarb, dort bereits vorfand. Es wurde offenbar nicht, wie vielfach üblich, mit dem Neubau der Klosterkirche verschmolzen. Hildegard ließ es instand setzen als Andachtsraum für sich und ihre Mitschwestern sowie für die Mönche vom Disibodenberg, die die neue Kirche errichteten. Vergleichbar ist die Situation mit dem Disibodenberg. Auch dort wurde während der Bauzeit der neuen, an anderer Stelle errichteten Abteikirche die Ruine der alten ausgebrannten Kirche weiter als Andachtsraum benutzt, später als Friedhofskapelle. Angelehnt an Maße und Formen der rekonstruierten Rupertuskirche ergibt sich die im Modell dargestellte Rekonstruktion der Kapelle, die wohl den Neubau inspiriert hat.

Östlich vor der Friedhofskapelle liegen die Stiftsgebäude. 1779 bezeichnet Pater Otto den Westflügel, von dem noch der südliche Teil als Kelterhaus erhalten war, als unterkellert. Den Südflügel zeigt er als Trümmerhaufen, der unschwer das eingestürzte Kellergewölbe unter dem Refektorium erkennen läßt. Eine Unterkellerung war an dieser Stelle naheliegend und in dem aufgeschütteten,

nach Süden mäßig und nach Osten stark abfallenden Gelände ohne Mühe anzulegen gewesen. An der Südostecke der Keller, unter dem Refektorium und dem Dormentbau, lag im Osten das »Hildegardisbrünnchen«, darüber war, wie in Eibingen, die Küche angeordnet. In der Mitte des Dormentbaus im Erdgeschoß ist der Kapitelsaal zu vermuten. Die östliche Kreuzgangseite des Erdgeschosses war nach Pater Otto durch eine Blendarkadenreihe bzw. eine Reihe flacher Konchen gegliedert. Im Obergeschoß des Dormentbaus, dessen Ansicht und Dach mit gotischen Gaupen der Maler Matthias Grünewald 1510 auf der Weihnachtstafel des Isenheimer Altars überliefert hat, lagen die Zellen der Klosterfrauen. Von diesem Stockwerk führte eine Tür in den Südturm der Kirche, wie eine Zeichnung von Johann Adam Ackermann um 1820 belegt. Von da aus ging es durch die ca. 1,50 m dicke Turmmauer über eine Mauertreppe in den Chor. Die Höhensituation in diesem Bereich ist kompliziert. Die Steigung der Mauertreppe, die Raumhöhen von Dormentbau, Keller-, Erd- und Obergeschoß, die Höhe des Fußbodens im Chor und die darunterliegende Krypta mußten miteinander harmonieren. Die Krypta ist auf Abbildungen durch ein Fenster in der Apsis belegt; ihr Zugang war vermutlich hinter dem Nordturmportal. Einen Anhaltspunkt für das Bodenniveau der Krypta bietet der Fußboden des 1851 angelegten Kellers, der 2,56 m unter dem früheren ehemaligen Mittelschiff liegt. Dieses Maß entspricht exakt dem Stützenabstand im Mittelschiff der Kirche von gleichfalls 2,56 m. Mit großer Wahrscheinlichkeit hatte das Mittelschiff neun Joche, die von acht Obergadenfenstern und, axial versetzt, von sieben Seitenschiffenstern belichtet wurden. Der Frauenchor nahm im Mittelschiff wohl die östlichen drei Joche ein, wo die 50 Nonnen in ihrem Chorgestühl, vergleichbar dem Maulbronner, Platz fanden. In der Mitte dieses Bereichs fand sich unter dem Fußboden eine Gruft

mit den Gräbern von Hildegard, Rupert und Bertha. 1858 wurde beim Bau einer Bahntrasse die bereits leere Gruft, 20 Schritte vom Hochaltar entfernt, aufgesprengt. Über der mittleren der drei Chorarkaden findet sich in der nördlichen Mittelschiffwand eine rundbogige Öffnung, die zu einer Orgelkonsole führte. Auf dem Stadtplan von Bingen um 1820 findet sich der Grundriß der Rupertuskirche, der die ermittelten Proportionen von Chor- und Mittelschifflänge im Verhältnis von 1:3 belegt. Ein nachträglich eingebautes Türchen in der nördlichen Seitenschiffwand der Kirche führte hinter einen Renaissancebau, den ein Stich von Meißner etwa zwölf Jahre vor der völligen Zerstörung des Klosters durch die Schweden im Jahr 1632 mit seiner Lage und dem charakteristischen Treppenturm dokumentiert. Noch im 19. Jahrhundert waren das Fragment einer Ofenkachel, datiert 1560, und drei Schlußsteine eines Gewölbes erhalten, die vermutlich Teil dieses Gebäudes, vielleicht des Gästehauses, gewesen waren. Einer dieser Schlußsteine mit der Beschriftung »ANNA LERCHIN ABBATISSIN 1624« ist in der Mauer über dem »Hildegardisbrünnchen« verbaut. Vor der Ostseite des Renaissancebaus findet sich in der Klostermauer eine halbkreisförmige Bauspur, die zu einem Verteidigungsturm oder einem Erker gehört haben könnte. Der Stich von Meißner gibt hier einen Erker an.

Der Rundgang über den Rupertsberg führt zum Ausgangspunkt, zur Nikolauskapelle, nordöstlich unter

Rupertsberg, Dachlandschaft
Zustand um 1630

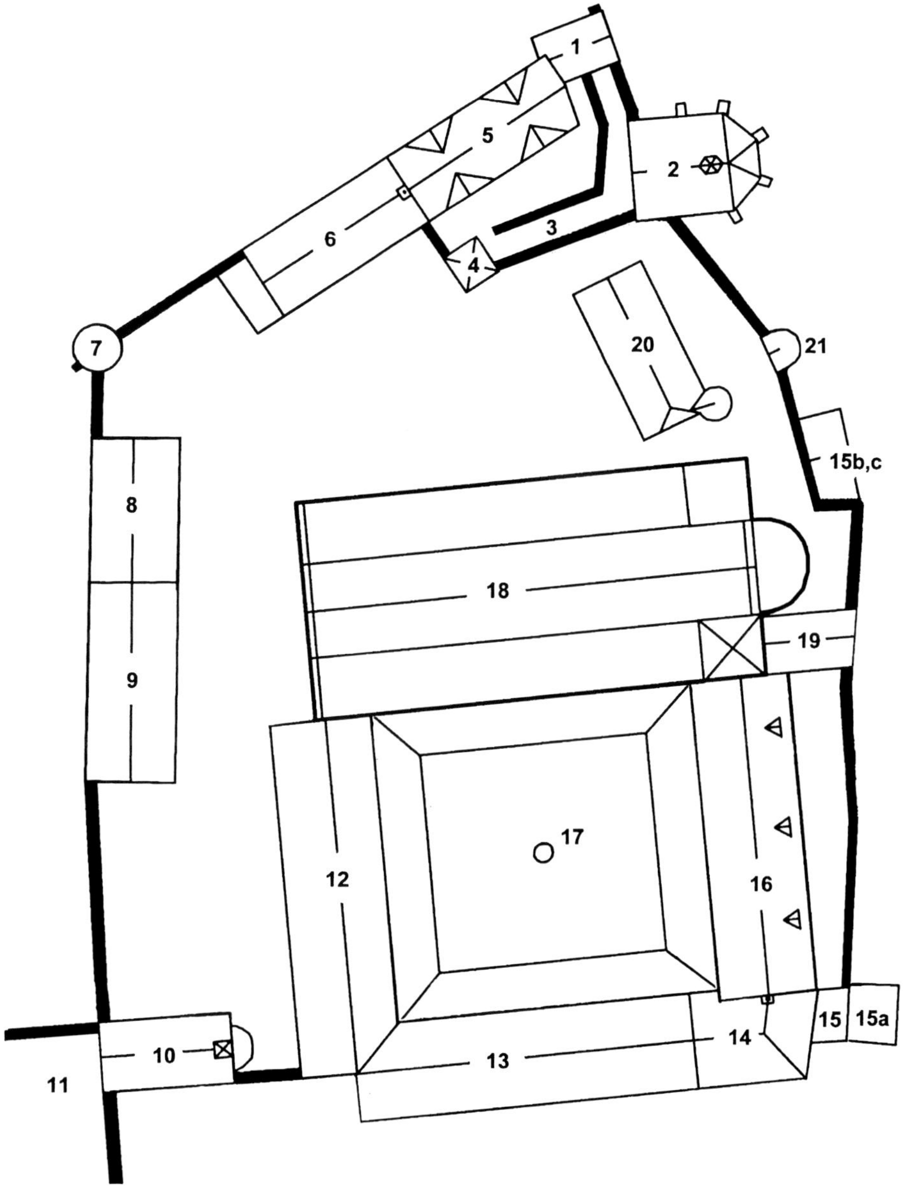

1 Torhaus
2 Nikolauskapelle
3 Zugangsweg
4 wehrhafter Eingang
5 Schulgebäude
6 Konversenbau, Backhaus, Laienrefektorium?
7 »Die Kanzel«, ehemaliger Verteidigungsturm
8 Wirtschaftsgebäude, von außen zugänglich? Früheres Kelterhaus?
9 Wohngebäude?
10 Friedhofskapelle, ehemalige rupertinische Kirche
11 Pater-Benediktus-Garten, Friedhof
12 westlicher Klosterflügel
13 Südflügel, Refektorium
14 Küche
15 Vorraum zum Hildegardisbrünnchen
15a, b, c Anbauten von außerhalb der Klostermauer
16 Dormentbau
17 Kreuzgarten mit Zisterne und Kreuzgang
18 Abteikirche
19 Anbau mit Anbindung an die Mauertreppe. Priesterwohnung?
20 Renaissancebau (Anna Lerchin Abbatissin?)
21 Wehrerker

dem Klosterplateau, zurück. Die Naheschiffer, die diese Kapelle wohl an der Stelle einer älteren romanischen Laienkapelle errichten ließen, werden gewiß nicht über die Größe von Chor und Apsis der Klosterkirche hinausgegangen sein. Für die Kapelle könnten ein Chor mit 5/8-Schluß, ein Dachreiter, wie Wenzel Hollar ihn überliefert, und ein westliches Joch mit zwei Eingängen angenommen werden, womit sich die Kapelle harmonisch in den überlieferten Plan einfügt. Vor ihrem Abriß 1958 entstand noch einmal ein Foto, wie die meisten vom Fluß, d. h. von einem Schiff aus aufgenommen, das Hinweise auf die Höhenverhältnisse von Gelände und Bau gibt. Das Foto ist deshalb von besonderer Bedeutung, weil es die tatsächliche Situation unverändert wiedergibt, während die Zeichnungen und Gemälde zuvor zwar nach Skizzen vor Ort, aber eben doch erst im Atelier ausgearbeitet worden waren. G. R.

31
Besitzurkunde des Klosters Rupertsberg (Faksimile)

Mainz, 22. Mai 1158
Pergament
H.: 63,0 cm; B.: 46,0 cm

Koblenz, Landeshauptarchiv

Am 22. Mai 1158 stellt der Mainzer Erzbischof Arnold von Selenhofen (1153–1160) dem Rupertsberger Kloster eine Urkunde aus, die für die wirtschaftliche Lebensfähigkeit des Konventes von entscheidender Bedeutung ist. Arnold bestätigt darin die Schenkungen, die an den Rupertsberg ergangen sind, und stellt fest, daß diese Besitzungen uneingeschränktes Eigentum des Klosters sind. Der Aufbau der Urkunde folgt dem für solch amtliche Dokumente üblichen Schema, von dem die wichtigsten Teile hier kurz genannt seien.
Nach der »invocatio«, der Anrufung der Hl. Dreifaltigkeit, tritt in der »intitulatio« der Aussteller der Urkunde, Erzbischof Arnold, mit Name und Titeln auf. In der folgenden, allgemein gehaltenen Begründung für den Erlaß, der »arenga«, betont der Erzbischof seine Fürsorgepflicht für alle Klöster seines Erzbistums und wendet sich dann in der sog. »promulgatio« an den Empfängerkreis der Urkunde, die gesamte Christenheit.
An erster Stelle des eigentlichen Hauptteils, in dem der Rechtsakt, um den es geht, die »dispositio«, ausgeführt wird, nennt Arnold die umfangreiche Schenkung von Binger Besitzungen, die Pfalzgraf Hermann von Stahleck und dessen Ehefrau Gertrud von Bingen dem Kloster Rupertsberg zu eigen gaben. Im Oktober 1156 erneuert die Witwe des zwischenzeitlich verstorbenen Pfalzgrafen auf dem kaiserlichen Hoftag in Würzburg diese Schenkung, die anschließend in Bingen im Beisein des Erzbischofs noch einmal bestätigt wird. Im folgenden führt Arnold detailliert weitere Schenkungen an den Konvent auf und betont ausdrücklich, das all dieser Besitz dem Kloster ohne jede Einschränkung gehöre. Unter Berufung auf Gott, den Hl. Petrus und die Machtvollkommenheit seines Amtes wird in der »corroboratio« die Urkunde mittels des erzbischöflichen Siegels beglaubigt. Die nun folgende Zeugenliste umfaßt zunächst die Geistlichkeit: den Klerus der Mainzer Domkirche, Äbte und Pröpste verschiedener Klöster und Stifte sowie vier Kapläne. Die weltlichen Zeugen werden angeführt von neun Grafen, gefolgt von vier weiteren Adeligen sowie fünfzehn Dienstmannen des Erzbischofs. Mit der Erwähnung des aktuellen Pontifikates – Hadrians IV. – bzw. der Regierung Kaiser Friedrichs I. sowie der Nennung von Ort und Datum der Ausstellung schließt die Urkunde ab.
Die Urkunde bestätigt dem Kloster folgende Besitzungen: Hufen in Appenheim, Bergen (Laurenziberg bei Ockenheim), Bermersheim, Hargesheim, Langenlonsheim, Weitersheim (Wüstung bei Roxheim, incl. 20 Hörige); Wingerte bei Bingen, Büdesheim, Münster-Sarmsheim sowie Allod bei Mühlenwerth im Binger Loch, Ockenheim sowie in Welgesheim (Flur »Wolfsgruobe«). Von Roxheim stand den Nonnen darüber hinaus ein Sechstel des Kirchenzehnts zu[1]. W. W.

Lit.: Acht 1968, S. 413–416, Nr. 230; Lehrbach 1979, S. 58.

[1] Ich danke Herrn Prof. Dr. Franz Staab sehr für die Aufstellung der Liste der Besitzungen.

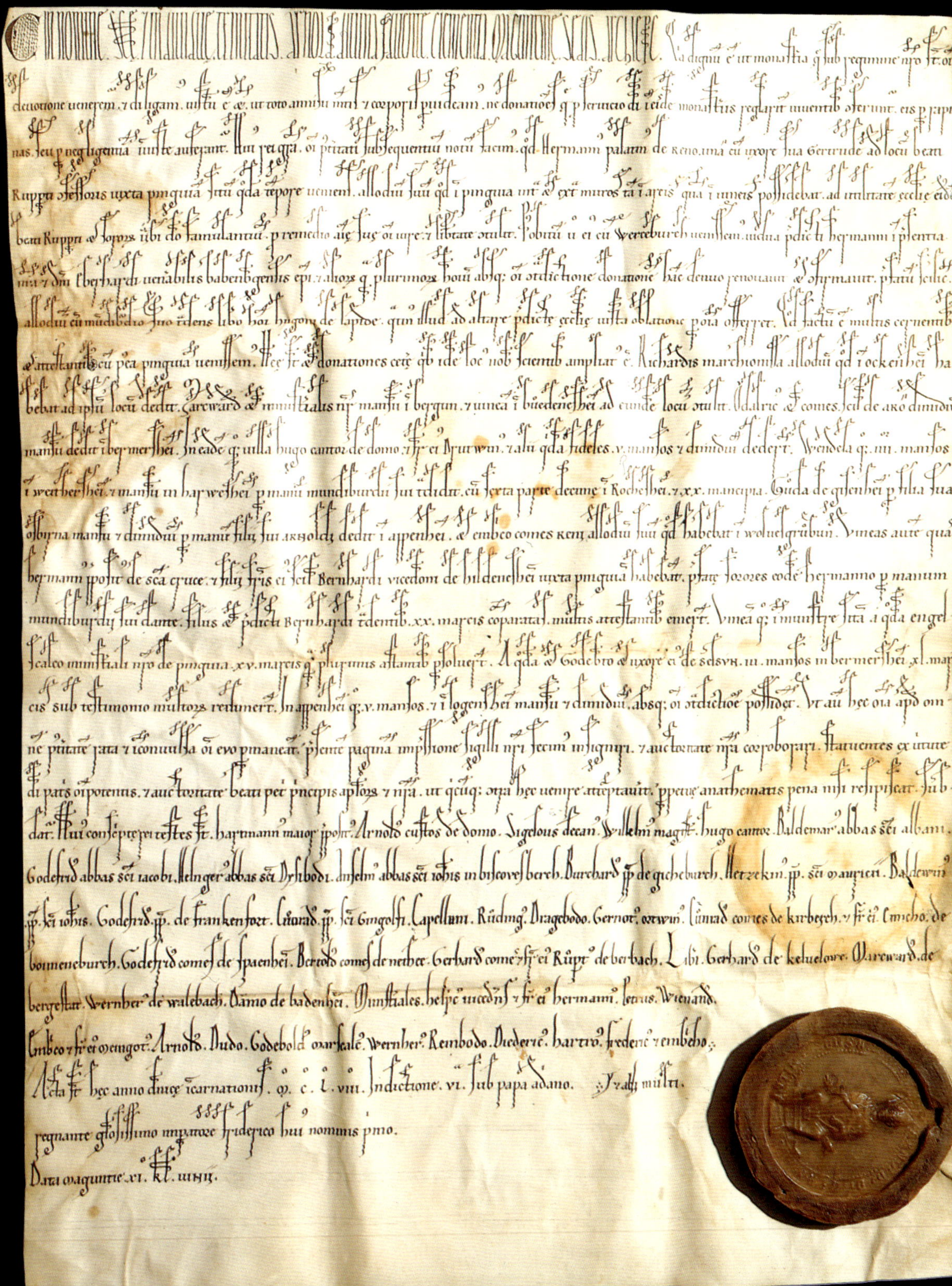

In nomine sancte et individue trinitatis. Arnoldus divina favente clementia Maguntine sedis archiepiscopus. Ta dignu e ut monastria q sub regimine nro st oi
devotione veneremur 7 diligam. iustu e ee ut toto animu nri 7 corporis provideam. ne donationes q p servicio di i eide monasteriis regulariter viventib offerunt. eis p rapi
nas. seu p negligentia iniuste auferant. Unde rei gesta. oi posteritati subsequentiu notu facim. qd Hermann palatin de Reno. una cu uxore sua Gertrude ad locu beati
Ruppti confessoris iuxta pinguia situ qda tepore venient. allodiu suu qd i pinguia int et ext muros ta i agris qua i vineis possidebat. ad utilitate eccle eide
beati Ruppti et sororu ibi do famulantiu. p remedio aie sue oi iure 7 libtate otulit. Post obitu u ei cu Wirceburch venissem. vidua pdicti hermanni i psentia
nra 7 dni Eberhardi venabilis babenbgensis epi. 7 alior q plurimor boni absq; oi otdictione donatione hac denuo renovavit et ofirmavit. pratu scilic.
allodiu cu mundiburdio suo tdens libo hoi hugoni de lapide. qui illud ad altare pdicte eccle iusta oblatione poia offerret. Id factu e multis cernentib
et attestantib. cu pea pinguia venissem. Haec st et donationes cete qb ide loc nob scientib ampliat e. Richardis marchionissa allodiu qd i ockenhei ha
bebat ad ipsu locu dedit. Garward et ministrialis nr mansu i bergun. 7 vinea i buedeneshei ad eunde locu otulit. Odalric et comes. scil de aro dimidiu
mansu dedit i bermersheim. In eade q; villa hugo cantor de domo. 7 fr ei Brunwin. 7 alii qda fideles. v. mansos 7 dimidiu dedert. Wendela q; iii. mansos
i wertbersheim. 7 mansu in barwesheim p manu mundiburdii sui tdidit. cu sexta parte decime i Rochesheim. 7 xx. mancipia. Guda de gisenhei p filia sua
obirna mansu 7 dimidiu p manu filii sui Arnoldi dedit i appenhei. et embeo comes Rem allodiu suu qd habebat i wolvelgrubun. Vineas aute qua
hermann ppositus de sca cruce. 7 filii fris ei scil Bernhardi vicedomi de bildeneshei iuxta pinguia habebat. ptae sorores eode hermanno p manum
mundiburdii sui dante. filius et pdicti Bernhardi tdentib. xx. marcis coparatas. multis attestantib emert. Vinea q; i munstre sita a qda engel
scalco ministiali nro de pinguia. xv. marcis q plurimis attantib psoluert. A qda et Godebro et uxore ei de selsun. iii. mansos in bermersheim. xl. mar
cis sub testimonio multor redimert. In appenhei q; v. mansos. 7 i logenshei mansu 7 dimidiu. absq; oi otdictioe possidet. Ut au hec oia apd om
ne posteritate rata 7 iconvulsa oi evo pmaneat. psente pagina impssione sigilli nri fecim insigniri. 7 auctoritate nra corroborari. statuentes ex virtute
di pats oipotentis. 7 auctoritate beati petri pncipis aplor 7 nra. ut qcuq; ota hec venire attemptavit. ppetue anathematis pena nisi resipiscat sub
dat. Huic conscriptioni testes st. hartmann maior pposit. Arnold custos de domo. Sigelous decan. Willelm magist. hugo cantor. Baldemar abbas sci albani.
Godefrid abbas sci iacobi. Helnger abbas sci Dysibodi. Anselm abbas sci iohis in biscovesberch. Burchard pp de gicheburch. Hetzekin pp. sci mauricii. Baldewin
pp sci iohis. Godefrid pp. de frankenfort. Cunrad pp sci Gingolfi. Capellani. Rudinger. Dragebodo. Gernot. ortwin. Cunrad comes de kirbergh. 7 fr ei Emicho. de
bonneneburch. Godefrid comes de spanhei. Bertold comes de nither. Gerhard comes 7 fr ei Rupt de berbach. Libi. Gerhard de kelvelowe. Marcward de
bergestat. Wernher de walebach. Damo de badenhei. Ministiales. helfric vicedns 7 fr ei hermann. Petrus. Wienand.
Embeo 7 fr ei mengot. Arnold. Dudo. Godebold marscalc. Wernher. Reimbodo. Diederic. hartwi. frederic 7 embeho.
Acta st hec anno dnice icarnationis. m. c. l. viii. Indictione. vi. sub papa adriano. 7 aliis multis.
regnante gloriosissimo inpatore friderico huius nominis pmo.
Data Maguntie. xi. kl. iunii.

32
Schutzurkunde für das Kloster Rupertsberg (Faksimile)

Mainz, 22. Mai 1158
Pergament
H.: 66,0 cm; B.: 46,5 cm

Koblenz, Landeshauptarchiv

Noch am gleichen Tag, an dem Erzbischof Arnold dem Rupertsberger Kloster seine Besitzungen bestätigt (Kat. Nr. 31), fertigt er dem Konvent eine weitere Urkunde aus, die, ausgehend von den Besitzfestlegungen der ersten Urkunde, die Rechte der Rupertsberger Nonnen festsetzt.

Im Aufbau der bereits vorgestellten Urkunde vergleichbar, knüpft Arnold nach den üblichen einleitenden Formulierungen an den ersten Erlaß an. Zunächst klärt er die Besitzverhältnisse. Als Hildegard zusammen mit ihren Schwestern vom Disibodenberg wegzog, überließen die Nonnen den dortigen Mönchen ihren gesamten Besitz, den sie mit eingebracht hatten, im Tausch gegen acht Hofstellen. Diese Transaktion, vorgenommen unter dem Disibodenberger Abt Kuno (1136–1155), wurde von dessen Nachfolger Helenger (1155–1178) bestätigt, was Arnold ausdrücklich mit in die Urkunde aufnehmen läßt.

Nach dieser erneuten Klärung der Besitzverhältnisse ändert sich plötzlich der Tenor der Urkunde, und ein völlig neuer Sachverhalt taucht auf: die Frage des rechtlichen Status der Neugründung und ihre Stellung zum Disibodenberger Mutterkloster. Damit kommt diesem Schriftstück quasi der Rang einer Verfassungsurkunde zu. Der Inhalt ist entsprechend bedeutsam – und brisant!

Zunächst spricht Arnold den Rupertsberger Nonnen das Recht der freien Äbtissinnenwahl zu. Er entläßt den Konvent aus der Schutzherrschaft und damit der Aufsicht des Disibodenberger Abtes und unterstellt ihn, mit allen dazugehörigen Rechten und Pflichten, für alle Zeiten allein dem Schutz des Mainzer Erzbischofes. Darüber hinaus stellt er klar, daß der Rupertsberg keinen anderen Vogt haben soll als den Mainzer Oberhirten. Er allein vertritt die Rupertsberger Nonnen in allen weltlichen Angelegenheiten. Hildegard hat damit eines der für sie sicherlich wichtigsten Ziele erreicht: die völlige Loslösung vom ehemaligen Mutterkloster und die größtmögliche Eigenständigkeit ihrer Neugründung. Dem Abt vom Disibodenberg verbleibt allein die geistliche Betreuung der Nonnen und die Wahrnehmung klösterlicher Weihen.

Hildegards Vita verzeichnet auch unter Berufung auf die hier gezeigte Urkunde die getroffene Regelung mit größter Sorgsamkeit. Bereits hierdurch wird die Bedeutung, die diese Beurkundung für Hildegard und ihre Klostergründung hatte, aufs eindringlichste unterstrichen: »*Um nicht den Anschein zu erwecken, sie* (Hildegard, Anm. d. Verf.) *sei in fremde Besitzungen eingebrochen oder habe sie in Beschlag genommen, erwarb sie den Ort* (den Rupertsberg, Anm. d. Verf.), *den sie bewohnte, von den genannten Besitzern mit Hilfe von Schenkungen der Gläubigen, die der Ruf ihres Namens hierher geführt hatte, und zwar teils durch Bezahlung, teils durch Tausch. Da sie ihn frei erworben hatte, entschied sie, daß er auch für immer frei bleiben sollte, das heißt, nur der Schutzherrschaft der Mainzer Kirche unterstellt, sollte er keinen anderen Schutzherrn als den Erzbischof dieses Sitzes haben. Denn es sollte nicht so scheinen, als ließe sie mit einem Vogt aus dem Laienstand den Wolf in den Schafstall ein, weil unter diesem verbreiteten Mißstand sehr viele Kirchen auf dem Erdkreis leiden und daran zugrunde gehen. Den Äbten des Klosters, das sie verlassen hatte, unterstellte sie im Gehorsam sich und ihre Töchter nur in folgendem: In geistlichen Fragen, das heißt in Fragen, die das Leben nach der Regula und die monastische Profeß betreffen, wollten sie sich eher an sie als an andere wenden; soweit Umstände und Zeit es erforderten, sollten sie von diesem Kloster* (Disibodenberg, Anm. d. Verf.) *Priester erhalten, die sie nach eigener freier Wahl erbitten würden; diese sollten sie sowohl in der Sorge für die Seelen und beim Gottesdienst als auch bei der Verwaltung der zeitlichen Güter unterstützen.*

Dies alles wurde nicht nur mit Erlaubnis und Gutheißung der ehrwürdigen Bischöfe Heinrich und Arnold von der Mainzer Metropole, sondern auch mit Zustimmung der Äbte urkundlich festgelegt und bestätigt«[1]. W. W.

Lit.: Acht 1968, S. 416–418, Nr. 231; Lehrbach 1979, S. 58 f.

[1] Hildegard, Vita, S. 62.

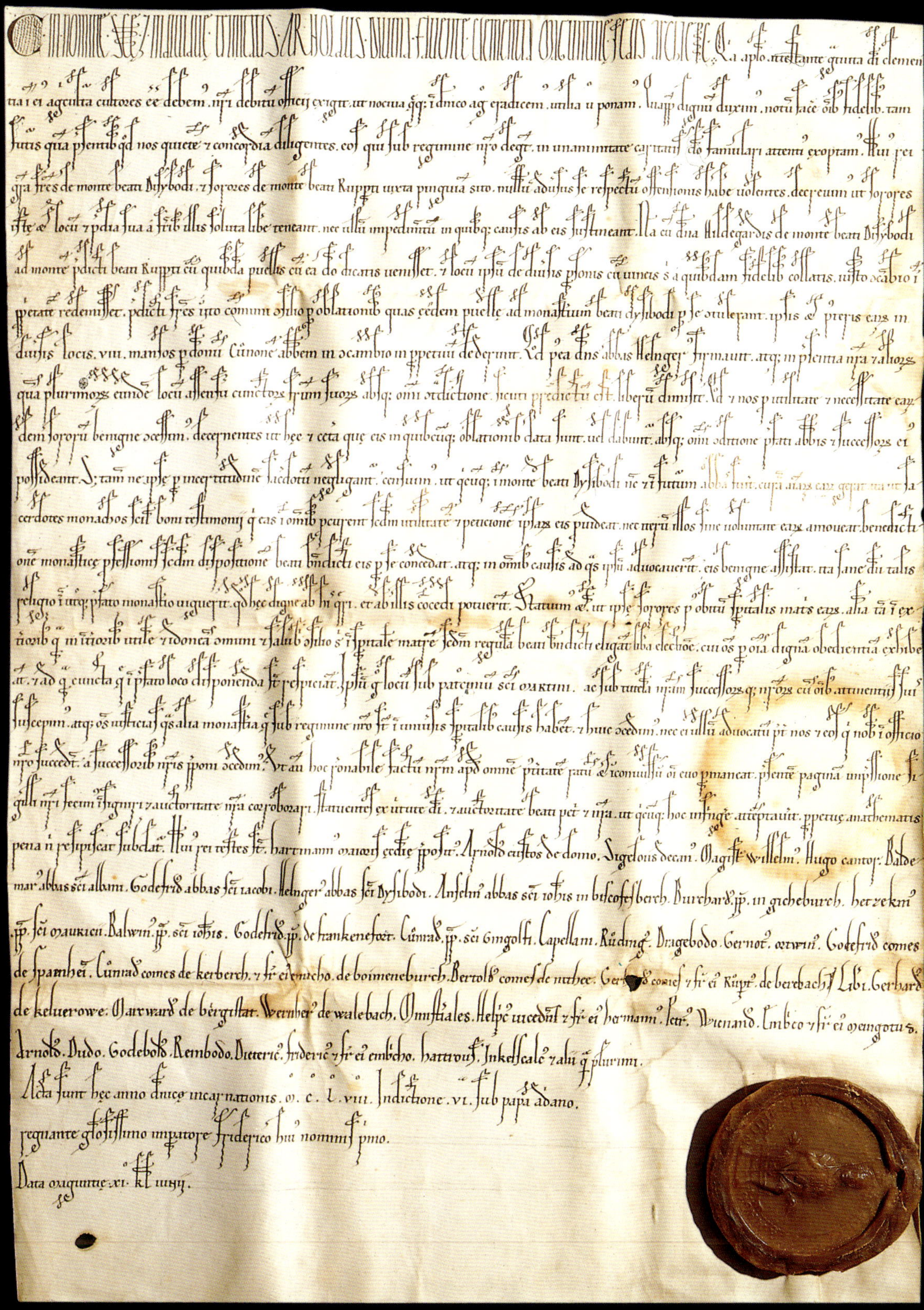

In nomine sancte et individue trinitatis. Arnoldus divina favente clementia Moguntine sedis archiepiscopus. Qua(m) apostolo attestante gratia dei clemen
tia i(n) ei agricultura cultores e(ss)e debem(us). n(ost)ri debitu(m) officij exigit. ut nociua q(ue)q(ue) i(n) dnico ag(ro) eradicem(us). utilia u(ero) ponam(us). Un(de) app(ro)p(ri)are digni duxim(us). notu(m) face(re) o(mn)ib(us) fidelib(us). tam
futuris q(ua)m p(re)sentib(us) q(uo)d nos quiete (et) concordia diligentes. eos qui sub regimine n(ost)ro degu(n)t. in unanimitate caritatis d(e)o famulari attenti exoptam(us). Huius rei
g(rati)a fr(atr)es de monte beati Disybodi. (et) sorores de monte beati Rup(er)ti iuxta pinguia sito. nullu(m) adu(er)sus se respectu(m) offensionis habe(re) uolentes. decreuerunt ut sorores
iste (pre)d(ic)tu(m) locu(m) (et) p(re)dia sua a fr(atr)ib(us) illis soluta lib(er)e teneant. nec ullu(m) impedimentu(m) in quib(us)q(ue) causis ab eis sustineant. Ita cu(m) d(omi)na Hildegardis de monte beati Disybodi
ad monte(m) p(re)dicti beati Rup(er)ti cu(m) quibusda(m) puellis cu(m) ea d(e)o dicatis uenisset. (et) locu(m) ipsu(m) de diu(er)sis p(er)sonis cu(m) uineis s(ibi) a quibusdam fidelib(us) collatis. iusto co(n)cambio i(n)
p(ro)p(ri)etate(m) redemisset. p(re)dicti fr(atr)es isto co(m)muni co(n)silio p(ro) oblationib(us) quas eedem puelle ad monasteriu(m) beati dysibodi p(er) se contulerant. ipsis (et) p(ro)p(ri)is ear(um) in
diu(er)sis locis. viii. mansos p(er) domnu(m) Cunone(m) abb(at)em in co(n)cambio in p(er)petuu(m) dederunt. Q(uo)d p(ostea) d(omi)n(u)s abbas Helngeru(s) firmauit. atq(ue) in p(re)sentia n(ost)ra (et) alior(um)
q(uam) plurimor(um) eunde(m) locu(m) assensu cunctor(um) fr(atru)m suor(um) absq(ue) o(mn)i co(n)tradictione. sicuti p(re)dictu(m) est. liberu(m) dimisit. Q(uo)d (et) nos p(ro) utilitate (et) necessitate ear(un)
dem soror(um) benigne co(n)cessim(us). decernentes ut hec (et) cet(er)a que eis in quibuscu(m)q(ue) oblationib(us) data sunt. uel dabu(n)tur. absq(ue) o(mn)i co(n)tradictione p(re)fati abb(at)is (et) successor(um) ei(us)
possideant. S(ed) tam(en) ne ipse p(ro) incertitudine sac(er)dotu(m) negligant. censuim(us). ut q(ui)cu(m)q(ue) i(n) monte beati Dysibodi nu(n)c (et) i(n) futuru(m) abba(s) fuit. cura(m) a(n)i(m)ar(um) ear(um) ger(er)e ita ut sa
cerdotes monachos sed(e) boni testimonij q(ui) eas i(n) o(mn)ib(us) p(ro)curent sec(un)d(u)m utilitate(m) (et) petic(i)one(m) ipsar(um) eis p(ro)uideat. nec u(er)o u(n)q(uam) illos sine uoluntate ear(um) amoueat. benedicti
one(m) monastice p(ro)fessionis sec(un)d(u)m dispositione(m) beati b(e)n(e)dicti eis p(er) se concedat. atq(ue) in o(mn)ib(us) causis ad q(ua)s ipsu(m) aduocauerit. eis benigne assistat. ita sane du(m) talis
religio i(n) utroq(ue) p(re)fato monast(er)io uiguerit. q(uo)d hec digne ab his q(ue)ri. et ab illis co(n)cedi potuerit. Statutum (est). ut ipse sorores p(ost) obitu(m) sp(irit)ualis m(at)ris ear(um). alia(m) ta(m) i(n) ex
t(er)iorib(us) q(uam) in i(n)t(er)iorib(us) utile(m) (et) idonea(m) co(m)muni (et) salub(ri) co(n)silio s(ibi) i(n) sp(irit)uale(m) matre(m) sec(un)d(u)m regula(m) beati b(e)n(e)dicti eligant libera electio(n)e. cui o(mn)es p(ro) o(mn)ia digna(m) obedientia(m) exhibe
ant. (et) ad q(uam) cuncta q(ue) i(n) p(re)fato loco disponenda s(un)t respiciant. Ipsu(m) u(er)o locu(m) sub patrociniu(m) s(an)c(t)i Martini. ac sub tutela n(ost)ram successor(um)q(ue) n(ost)ror(um) cu(m) o(mn)ib(us) attinentijs sui(s)
suscepim(us). atq(ue) o(mn)es iusticias q(uas) alia monast(er)ia q(ue) sub regimine n(ost)ro s(un)t i(n) omnib(us) sp(irit)ualib(us) causis habe(n)t. (et) huic co(n)cedim(us). nec ei ullu(m) aduocatu(m) p(re)t(er) nos (et) eos q(ui) nob(is) i(n) officio
n(ost)ro succed(un)t. a successorib(us) n(ost)ris p(er)pon(er)e co(n)cedim(us). Ut au(tem) hoc rationabile factu(m) n(ost)r(u)m apud omne(m) p(ost)eritate(m) ratu(m) (et) inconuulsu(m) o(mn)i euo p(er)maneat. p(re)sente(m) pagina(m) impressione si
gilli n(ost)ri fecim(us) insigniri (et) auctoritate n(ost)ra corroborari. statuentes ex uirtute d(e)i. (et) auctoritate beati pet(ri) (et) n(ost)ra. ut q(ui)cu(m)q(ue) hoc infring(er)e attemptauerit. p(er)petue anathematis
pena ni(si) resipiscat subiaceat. Huius rei testes s(un)t. hartmann(us) maioris ecc(les)ie p(re)posit(us). Arnold(us) custos de domo. Sigelous decan(us). Magist(er) willelm(us). Hugo cantor. Balde
mar(us) abbas s(an)c(t)i albani. Godefrid(us) abbas s(an)c(t)i iacobi. Helnger(us) abbas s(an)c(t)i Dysibodi. Anselm(us) abbas s(an)c(t)i io(hann)is in biscofesberch. Burchard(us) p(re)p(ositus) in gicheburch. Herzekin(us)
p(re)p(ositus) s(an)c(t)i Maurici. Balwin(us) p(re)p(ositus) s(an)c(t)i io(hann)is. Godefrid(us) p(re)p(ositus) de frankenefort. Cunrad(us) p(re)p(ositus) s(an)c(t)i Gingolfi. Capellani. Ruding(us). Dragebodo. Gernot(us). Ortwin(us). Godefrid(us) comes
de Spanhei(m). Cunrad(us) comes de kerberch. (et) fr(ater) ei(us) Emicho. de boimeneburch. Bertold(us) comes de nithec. Ger[...]d(us) comes (et) fr(ater) ei(us) Rup(er)t(us) de berbach. Lib(er)i. Gerhard(us)
de keluerowe. Marward(us) de bergstat. Wernher(us) de walebach. Ministeriales. Help(ri)c(us) uicedn(u)s (et) fr(ater) ei(us) hermann(us). Petr(us). Wienand(us). Embico (et) fr(ater) ei(us) Meingotus.
Arnold(us). Dudo. Godebold(us). Rembodo. Dieteric(us). Frideric(us) (et) fr(ater) ei(us) embicho. Hartwic(us). Inkelscalc(us) (et) alii q(uam) plurimi.
Acta sunt hec anno d(omi)nice incarnationis. M. C. L. VIII. Indictione. VI. sub papa Adriano.
regnante gloriosissimo imp(er)atore Friderico hui(us) nominis p(ri)mo.
Data Maguntie. XI. kl. iunij.

33
1. Schutzurkunde des Kaisers Friedrich I. Barbarossa (Faksimile)

Mainz, 11. April 1163
Pergament
H.: 68,0 cm; B.: 55,0 cm

Koblenz, Landeshauptarchiv

2. Schutzurkunde des Papstes Lucius III. (Faksimile)

Verona, 22. November 1184 oder 1185
Pergament
H.: 18,0 cm; B.: 19,5 cm

Koblenz, Landeshauptarchiv

Nach der schriftlichen Garantie der erzbischöflichen Protektion 1158 weiß sich das Rupertsberger Kloster in den Folgejahren auch des kaiserlichen und päpstlichen Schutzes urkundlich zu versichern. Nur fünf Jahre später, am 18. April 1163, gelingt es Hildegard, Kaiser Friedrich I. Barbarossa für ihre Sache zu gewinnen und ihr Kloster auch unter seine besondere Obhut zu stellen. Die kaiserliche Schutzurkunde wurde während eines Hoftages in Mainz ausgestellt. Anläßlich dieses Ereignisses besucht auch Hildegard die Stadt und trifft hier wahrscheinlich persönlich, wie bereits einige Jahre vorher in Ingelheim (s. Kat. Nr. 45), mit dem Kaiser zusammen[1]. Wie ausdrücklich vermerkt wird, stellt der Kaiser auf ihre Bitte hin die hier abgebildete Schutzurkunde aus: »*(...) nos interventu et petione dominae Hildegardis venerabilis abbatissae*«, »*auf Antrag und Bitte der ehrwürdigen Herrin Hildegard, Äbtissin*«, heißt es dort. Dieser Passus ist insofern von besonderer Bedeutung, als dies das erste und einzige Mal in sämtlichen zeitgenössischen Zeugnissen ist, daß Hildegard mit der Bezeichnung »Äbtissin« tituliert wird. Alle anderen Schriftstücke benennen sie als Mutter, Meisterin, Herrin oder Vorsteherin (mater, magistra, domina, praeposita)[2].
Das kaiserliche Schreiben wiederholt im wesentlichen die Rechtsinhalte der wenige Jahre zuvor erstellten erzbischöflichen Urkunde, die sicherlich als Vorlage diente. Nach den üblichen einleitenden Formeln (Anrufung der Hl. Dreifaltigkeit, Nennung von Name und Kaisertitel, Fürsorgeverpflichtung etc., vgl. Kat. Nr. 31) verkündet Friedrich allen seinen Untertanen die bereits von Erzbischof Arnold festgelegten Privilegien des Rupertsberges einschließlich der freien Vogtwahl. Zusätzlich erklärt er die »Steuerfreiheit« des Klosters: kein Reichsbeamter darf auf den Besitz des Konventes Abgaben welcher Art auch immer erheben. Kloster, Nonnen und deren gesamter Besitz werden dem besonderen kaiserlichen Schutz unterstellt[3].
Die folgende Zeugenliste ist reich an illustren Persönlichkeiten der Epoche. Angeführt von der Geistlichkeit, unterschreiben zunächst die Erzbischöfe von Mainz, Magdeburg und Salzburg, es folgen die Bischöfe von Würzburg, Bamberg, Brixen, Lüttich, Utrecht und Münster. Als erster weltlicher Herrscher unterschreibt der Herzog von Bayern und Sachsen, Heinrich der Löwe, gefolgt von Pfalzgraf Konrad, dem Landgraf von Hessen und Thüringen, Ludwig, sowie dem Graf von Leiningen. Abschließend unterzeichnen die Reichsministerialen Markwart von Grumbach und Ulrich von Hüningen sowie der kaiserliche Mundschenk Konrad und ein Truchseß gleichen Namens. Kanzler Christian bestätigt die Richtigkeit des Geschriebenen. Mit dem Datum der Ausstellung der Urkunde im elften Königs- und achten Kaiserjahr schließt die Urkunde.
Kurz nach dem Verlust ihrer großen Äbtissin erreichen die Nonnen vom Rupertsberg auch eine Absicherung durch den Papst. Er stellt ihnen am 22. 11. 1184(/85?) eine Schutzurkunde aus, in der er sie seines Segens und seiner Fürsorge versichert und ihnen seine besondere päpstliche Obhut angedeihen läßt. Explizit nennt der Papst, sicherlich auf Vorschlag der Nonnen oder ihres Schutzherrn, des Mainzer Erzbischofes, verschiedene genau bezeichnete Besitzungen aus dem Eigentum der Nonnen. Der Papst warnt davor, sich an diesem klösterlichen Besitz zu vergreifen und droht potentiellen Missetätern mit der Strafe Gottes sowie der der Apostel Petrus und Paulus. Auch wenn eine kaiserliche Urkunde im Ernstfall sicherlich besseren Schutz zu gewährleisten vermochte – und das oben genannte Pergament hat dies bei der der Verwüstung des Rheingaus durch kaiserliche Truppen 1165 bewiesen –, so sollte die moralische Wirkung eines solchen Schreibens nicht unterschätzt werden. Die Rupertsberger Nonnen haben sich des Schutzes beider Gewalten zu versichern gewußt und auch im Mainzer Erzbischof einen mächtigen Gönner in unmittelbarer Nähe gewinnen können. Dies zeigt die hohe Bedeutung, die dieser Konvent in nur wenigen

33.1 ▷

C. IN NOMINE S(AN)C(T)E ET INDIVIDUE TRINITATIS. FRIDERICUS DIVINA FAVENTE CLEMENTIA ROMANORUM IMPERATOR AUGUSTUS.

In gramine cuncta di(vina) p(ro)spicientis. equale meritu(m) credim(us) fore dantis & corroborantis. Credim(us) & ad imp(er)iale(m) maiestate(m) n(ost)ram toci(us) imp(er)ii curas p(er)tine(re). p(re)cipue ut om(n)iu(m) s(an)c(t)a(rum) di(vi)n(arum) eccl(esi)a(rum) salut(i) p(ro)spiciat

et om(n)ia eis adversantia sub om(n)i festinatione abolere debeam(us). ne l(evi) (ve)l gravi incomoditate vilescant. ut n(ost)ris temporib(us) q(ua)libet otia occasione a p(ri)stino cultu et religione recedat. q(ua)tin(us) d(e)i h(oc) p(ro) timore p(ar)iter q(uam)

d(e)i amore fidelit(er) pagim(us). illo(rum) q(ui) h(oc) pio affectu d(e)o contulerit meritis & gr(ati)a parti communicem(us). Ea p(ro)p(ter) noverit om(n)iu(m) C(hristi) (et) imp(er)ii n(ost)ri fideliu(m) ta(m) p(re)sens eta(s) q(uam) successura posteritas. q(ua)lit(er) nos intuentu & petitione d(omi)ne Hildegardis.

venerabil(is) abb(atiss)e cenobii beati Ruob(er)ti iuxta pinguia situ cu(m) sanctimonialib(us) ibide(m) d(e)o famulantib(us). (et) possessionib(us) mobilib(us) & inmobilib(us) (et) p(re)diis. necn(on) om(n)ib(us) reb(us) ad p(re)dictu(m) locu(m) p(er)tinentib(us) q(ua)s n(un)c habet. vel in posteru(m) d(e)o donante poterit

adipisci. sub n(ost)ra tuicione suscepim(us). et iuxta instrumentu(m) Arnoldi maguntine sedis q(uo)nda(m) ven(erabilis) archiep(iscop)i imp(er)iali privilegio ta(m) p(re)dictu(m) locu(m) q(uam) ip(s)i abbatissa(m) et sorore(s) ei(us) om(n)es q(ue) possessiones ea(rum) om(n)i corroborationis munimine

confirmam(us). Recolentes et p(er)henni memorie comendantes. q(uo)d cu(m) p(re)dicta d(omi)na Hildegardis abbatissa de monte beati Disiboti ad monte(m) ia(m) dicti beati Ruob(er)ti cu(m) quibusda(m) puellis s(e)c(un)d(u)m d(e)o dicatis migrasset. et locu(m) ip(su)m de diversis

p(er)sonis cu(m) vineis sibi adiacentib(us) fidelib(us) collatis. iusto concambio imp(er)petuu(m) redemisset. fr(atr)es de monte s(an)c(t)i Disiboti vero comuni consilio p(ro) oblationib(us) q(ua)s eede(m) puelle ad monasteriu(m) beati Disiboti p(ro) se contulerant ipsis et posteris ea(rum)

in diversis locis . VIII . mansos p(ro) donu(m) Cunone abbate inconcambio p(er)petuu(m) cederet. q(uo)d postea d(omi)n(u)s abbas Helenger firmavit. atq(ue) in p(re)sentia p(re)dicti Arnoldi archiep(iscop)i & alio(rum) optimo(rum) eunde(m) locu(m) assensu cuncto(rum) fratru(m)

suo(rum) absq(ue) om(n)i contradictione liberum dimisit. hac facta exceptione. ut quicumq(ue) in monte beati Disiboti nunc vel in futurum abbas fuerit. curam anima(rum) illa(rum) gerat. sacerdotes mona-

chos boni testimonii qui divina eis dispensent. secundum utilitatem et peticione(m) earu(m) eis p(ro)videat. p(re)positos sine voluntate ea(rum) non amoveat. atq(ue) in om(n)ib(us) causis ad quas ipsi advocave-

rint eis benigne assistat. ita sane d(u)m talis religio in utroq(ue) monasterio viguerit. q(uo)d hec digne ab his queri & ab illis concedi poterit. Statuim(us) etiam ut ipse sorores post obitu(m) spiritualis matris earum

alia(m) tam in exteriorib(us) q(uam) in interiorib(us) utile(m) & idonea(m) communi et salubri consilio sibi in spiritale(m) matre(m) s(e)c(un)d(u)m regula(m) beati Benedicti eligant libera electione. cui om(n)es p(ro)mpta(m) digna(m) obedientia(m)

exhibeant. et ad qua(m) cuncta que in p(re)fato loco disponenda sunt respiciant. Ip(su)m itaq(ue) locu(m) cum sanctimonialib(us) et possessionib(us) suis in nostram imp(er)ialem protectionem suscipiones. Statuim(us) et imperiali

edicto sancim(us). ne aliq(ui)s advocatiam eiusde(m) loci sibi usurpet. veru(m) ab om(n)ib(us) infestationib(us) et iniuriis imp(er)iali dextera et maguntini archiep(iscop)i auxilio liber semp(er) et secur(us) exsistat. Decernim(us)

quoq(ue) ne aliq(ui)s imp(er)ii n(ost)ri magna (ve)l parva p(er)sona. null(us) dux. null(us) comes. null(us) advocat(us). null(us) villicus. null(us) publice functionis exactor in possessionib(us) p(re)dicti cenobii aliq(ua)m collecta(m) exi-

gere vel exactione(m) facere contra voluntate(m) abbatisse (ve)l sorum ea(rum) presumat. sed sint solummodo ea(rum) p(ro) qua(rum) sustentatione oblate sunt omnib(us) usib(us) p(ro)futura. Quod ut verius credat(ur).

et ab om(n)ib(us) inviolabilit(er) observet(ur). p(re)sentem inde pagina(m) conscribi. et sigilli n(ost)ri impressione insigniri iussim(us). Adhibitis idoneis testib(us) quo(rum) nomina hec sunt. Cunrad(us) magun-

tin(us) archiep(iscopu)s. Wigmann(us) magdeburgensis archiep(iscopu)s. Eberhard(us) Salzburgensis archiep(iscopu)s. Heinric(us) wirzeburg(ensis) ep(iscopu)s. Eberhardus babenbergensis ep(iscopu)s. Hartmann(us) Brixiensis ep(iscopu)s. Heinricus leo

di(-)ensis ep(iscopu)s. Gotefridus traiectensis ep(iscopu)s. Friderich monasteriensis ep(iscopu)s. Heinric(us) dux bawar(ie) & Saxon(ie). Cunrad(us) palatin(us) comes (R)heni fr(ater) d(omi)ni imp(er)atoris. Ludewic(us) lantgravi(us). Comes emicho

de liningen. Marquard(us) de grumbach. Ulricus de hurningen. Cunrad(us) pincerna. Rudolf(us) dapifer (et) alii q(uam) plures.

SIGNUM DOMINI FRIDERICI ROMANORUM IMPERATORIS INVICTISSIMI.

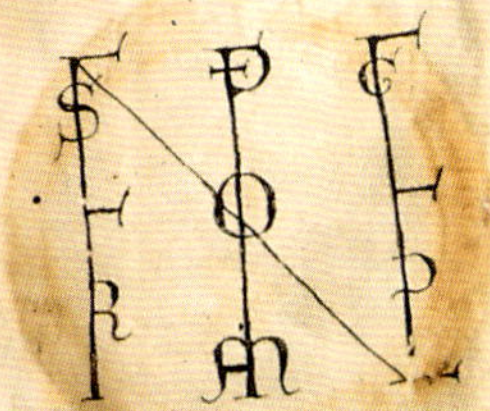

Ego (Udalricus) cancell(arius) vice Cunradi maguntini archiep(iscop)i (et) archicancellarii recognovi.

Acta s(unt) h(ec) anno d(omi)nice incarnat(ionis) M.C.LX.III. Indictione XI. Regnante d(omi)no

Friderico Ro(manorum) imp(er)atore gl(ori)osissimo. Anno regni ei(us) XI. imp(er)ii v(er)o VIII.

Data maguntie . x . IIII . kl . Mai.

Lucius eps servus servor dei. Dilectis in xpo filiabus, [illegible] sororib; de monte sci
Roberti salt. et aplicam ben. Sacrosca Romana ecca devotas et humiles in xpo filias et
assuete pietatis officio diligere propensius consuevit. et ne pravor hominu molestiis agi
tentur tamquam pia mater sue protectionis munimine confovere. Eapropter dilecte in xpo
filie vris iustis postulationib; clementer annuimus. et ecclam vram in qua divino estis
obsequio mancipate. cum omnib; que in psentiarum iuste et canonice possidet. aut in futurum
iustis modis deo ppitio poterit adipisci. sub beati Petri. et nra protectione suscipim. Specialit
aute possessiones Brunneheim. Appenheim. Bermersheim [illegible] et molendinu in flumine
qui dicitur Na. sup Pinguiam. vob et p vos sicut ea iuste ac pacifice possidetis. eidem eccle et
auctoritate aplica confirmamus. et presentis scripti patrocinio comunimus. Nulli g
omnino hominum fas sit psonas vras vel bona temere pturbare. aut hanc pagina nre
protectionis et confirmationis infringere. vel ei ausu temerario contraire. Siquis aute
hoc attentare presumpserit. indignationem omnipotentis dei. et beator Petri et Pauli
aplor eius. se noverit incursurum. Dat. Veron. [illegible] Decembr.

Jahrzehnten zu erreichen wußte – in erster Linie dank Hildegard. W. W.

Lit.: Zur Kaiserurkunde: Acht 1968, S. 484–486, Nr. 274; Lehrbach 1979, S. 59. Zur Papsturkunde: Lehrbach 1979, S. 59.

[1] Hildegard, Briefwechsel, S. 85.
[2] A. Führkötter, Hildegard von Bingen. Leben und Werk, in: Festschrift 1979, S. 31–54 (hier S. 40).
[3] »Ipsum itaque locum cum sanctimonialibus et possessionibus sub nostram imperialem protectionem suscipientes, statuimus et imperiali edicto sanctimus, ne aliquis advocatiam eiusdem loci sibi usurpet, verum ab omnibus infestationibus et iniuriis imperiali dextera et Maguntini archiepiscopi auxilio liber semper et securus existat« (...).

34
Äbtissin mit Vogt

Zwischen 1139 und 1160
Silber (0,89 g)
Dm.: 27 mm

Gotha, Münzkabinett

Neben der geistlichen Aufsicht benötigten Klöster und Stifte auch eine weltliche Schutzmacht in Gestalt eines Vogtes. Er hatte das Kloster und seinen Grundbesitz vor Feinden zu schützen und vor Gericht zu vertreten. Daneben war der Vogt in der Verwaltung sowie als Richter in der kirchlichen Grundherrschaft tätig: es lasse sich, so der kirchliche Tenor, nicht mit der Würde eines Geistlichen vereinbaren, weltliche Gerichtsbarkeit und die damit verbundene blutige Sühne zu üben; deshalb solle der Vogt Diebstahl, Körperverletzung oder Totschlag richten.
Das deutsche Wort Vogt leitet sich vom lateinischen »advocatus« ab. Der Bedeutungsgehalt dieses Wortes hat sich im Laufe des Mittelalters immer mehr erweitert. War am Anfang lediglich die Vertretung kirchlicher Institutionen in weltlichen Geschäften impliziert, so wird im hohen und späten Mittelalter daraus eine umfassende Schutzfunktion abgeleitet, die herrschaftliche Befugnisse, aber auch entsprechende Einkünfte beinhaltet. Der Vogt erhält ein Drittel der Bußen sowie regelmäßigen Grundzins vom bevogteten Klosterbesitz.
Vögte treten bereits in Quellen der fränkischen Zeit auf. Seit Karl dem Großen wird die Vogtei vorgeschrieben. Die Auswahl der Vögte wird den Vertretern der Kirche oder den örtlichen Grafen, oft auch beiden gemeinsam, anvertraut. Die Vögte, so wird ausdrücklich gefordert, sollen von gutem Ruf sein. Die Vogtei kann auf Zeit übertragen werden; bewährt sich der Amtsinhaber nicht, kann sie ihm auch wieder genommen werden. Immer wieder kommt es zu Übergriffen durch die Vögte: bereits 813 fordert eine Kirchenversammlung in Mainz, Bischöfe und Äbte sollen nur solche Vögte wählen, die zwar vor Gewalt zu schützen verstünden, selbst aber keine Gefahr darstellten. Während in der Frühzeit mehrere Vögte gleichzeitig bestellt sein können, tritt im 10., vor allem aber im 11. Jahrhundert zunächst verstärkt, später allein der adelige Einzelvogt auf. Dies ist vor allem in adeligen Eigenklöstern der Fall. Die Vogtei wird in zunehmendem Maße erblich.
Einer der größten Erfolge, die Hildegard bei ihren Klostergründungen zu verzeichnen hatte, war die Unterstellung des Klosters auf dem Rupertsberg unter den Schutz des Mainzer Erzbischofs und nicht, wie allgemein üblich, unter einen weltlichen Vogt. Die Begründung dieser Maßnahme ist in der Vita unmißverständlich formuliert: *»Denn es sollte nicht so scheinen, als ließe sie* (Hildegard, Anm. d. Verf.), *mit einem Vogt aus dem Laienstand den Wolf in den Schafstall ein, weil unter diesem verbreiteten Mißstand sehr viele Kirchen auf dem Erdkreis leiden und daran zugrunde gehen«*[1].
Damit nähert sich die Benediktinerin den Zielen des Reformordentums. Bereits das reformierte Kloster Hirsau forderte, daß der Vogt, auch wenn er aus der Stifterfamilie komme, für sein Amt geeignet sein und sich der

◁ 33.2

Wahl durch die Mönche unterwerfen müsse. Die Zisterzienser gingen noch einen Schritt weiter und forderten für ihre Gründungen völlige Freiheit von vogteilichen Rechten.
Auf der vorliegenden Münze ist die Äbtissin des Damenstiftes Quedlinburg, Beatrix II. (1139–1160), zusammen mit dem Vogt ihres Klosters dargestellt. Beatrix, hier sitzend und mit Schleier abgebildet, trägt in ihrer Hand einen Palmzweig. Der in gleicher Größe neben ihr stehende Vogt trägt das geschulterte Schwert, das Zeichen seiner weltlichen Macht. Diese Darstellungsform verdeutlicht, wie stark die Machtstellung des Vogtes gegenüber der Äbtissin und dem Stift war. W. W.

Lit.: Handwörterbuch zur deutschen Rechtsgeschichte, Bd. V, Berlin 1991, Sp. 932–946 (s. v. »Vogt, Vogtei«).

[1] Hildegard, Vita, S. 62.

35
Abtsstab des Hl. Godehard (Gotthard)

Niederaltaich (?),
Stab: 1. Hälfte des 11. Jahrhunderts
Krümme: frühes 13. Jahrhundert (?)
H.: 142,5 cm (Stab); Dm.: 14,5 cm (Krümme)
Elfenbein, Silber, Buchenholz

Abtei Niederaltaich

Der ausgestellte Abtsstab besteht aus zwei verschiedenen Teilen, die traditionell dem 11. bzw. dem frühen 13. Jahrhundert zugerechnet werden. Die ältere Forschung nimmt an, das der Stab aus der ersten Hälfte des 11. Jahrhunderts und die Kurvatur aus der Zeit um oder kurz nach 1200 stammt. Aus stilistischen Gründen wird seit einigen Jahren aber, trotz des unterschiedlichen epigraphischen Befundes (s. u.), eine einheitliche Datierung von Stab und Krümme in das 11. Jahrhundert erwogen[1]. Die Krümme aus Elfenbein entwickelt sich aus einer knorrigen Rebe, die sich im Inneren verzweigt und in zwei stilisierten Weintrauben endet. Eine ärmelbedeckte Hand, die aus dem Rankenfuß herauswächst, greift kraftvoll in die Biegung der Ranke hinein. Die Kurvatur ruht auf einem geriefelten silbernen Ring, der in gotischen Majuskeln die Inschrift »SCE . GODEHARDE« trägt. Der ebenfalls aus Elfenbein gearbeitete Knauf besteht aus einem zwischen zwei Zylindern gedrückten Wulst, der in der Mitte noch einmal längs unterteilt ist. Der darunterliegende Stab ist im oberen Teil mit einem Ring aus vergoldetem Silber geschmückt, dessen Mittelstreifen in Niello die (unvollständige) Inschrift »GOTEHARD HOC FECIT« (Dem Godehard machte dies) trägt. Diese Inschrift ist, wie sich aus der Form der Buchstaben ablesen läßt, wesentlich älter als die oben genannte, die erst nach der Heiligsprechung jenes Godehard erfolgt sein kann und den Stab zur Reliquie dieses Heiligen erklärt. Es handelt sich hierbei um den um 960/61 geboren und 1038 gestorbenen ehemaligen Abt des Klosters Niederaltaich in Bayern und späteren Bischof von Hildesheim, der auch in Mainz hoch verehrt wurde. Im Jahre 1131 wird er heiliggesprochen. Ihm zu Ehren errichtete der Mainzer Erzbischof Adalbert I. von Saarbrücken (s. Kat. Nr. 6) zwischen 1130 und 1138 die »capella regis« unmittelbar neben dem Mainzer Dom. Auch Hildegard wird auf einer ihrer zahlreichen Reisen nach Mainz in dieser Kapelle dem noch jungen, aber populären Heiligen ein Gebet gewidmet haben.
Hildegards Äbtissinnenstab ist nicht erhalten, dürfte aber in etwa in der hier vorgestellten Art gestaltet gewesen sein. Daß sie überhaupt mit diesem Würdenzeichen ausgestattet war, ist anzunehmen, da ab dem 11. Jahrhundert auch für die Leiterinnen von Frauenklöstern Insignien dieser Art – neben dem Stab ist hier auch der Ring zu nennen – zunehmend Usus werden. Für Äbte sind sie durch Schriftquellen bereits für das 8. Jahrhundert belegt[2]. Die benediktinische Klosterregel gesteht der Äbtissin die umfassende Führungs- und Leitungsvollmacht zu. Alle Nonnen haben sich den Anordnungen der Äbtissin zu unterwerfen, die Ungehorsam mit körperlicher Züchtigung bestrafen darf. Ausgezeichnet mit ihren Herrschaftsinsignien, entscheidet sie alle geistlichen Belange des Klosters und vertritt nach außen hin die weltlichen Interessen ihres Konventes. W. W.

Lit.: K. Gröber (Bearb.), Die Kunstdenkmäler von Niederbayern, Bd. XVII: Stadt und Bezirksamt Deggendorf, München 1927, S. 236–238; K. Algermissen, Die zwei Hirtenstäbe Godehards, in: K. Algermissen (Hrsg.), Bernward und Godehard von Hildesheim. Ihr Leben und Wirken, Hildesheim 1960, S. 248–254; Ausst.-Kat. »Bernward von Hildesheim« 1997, Bd. II, Nr. VII-36 (M. Brandt).

[1] Ausst.-Kat. »Bernward von Hildesheim« 1993, Bd. II, Nr. VII-36 (M. Brandt), lediglich Nodus und oberer Ring seien später ergänzt und »aus jüngerer Zeit«.
[2] Reallexikon der deutschen Kunstgeschichte, Bd. II, Stuttgart 1948, Sp. 793.

36.1

36
Antependium

Kloster Rupertsberg, um 1230
Rote Seide, bestickt mit farbiger Seide, Gold- und Silberdraht
H.: 102 cm; B.: 235 cm

Brüssel, Musées royaux d'Art et d'Histoire

Das prachtvolle, majestätisch beeindruckende Altartuch präsentiert sich in einer gleichwohl strengen, aber wohlüberlegten Gesamtkomposition (36.1), in der die dargestellten Personen ernst und würdevoll zur Geltung kommen. Hierin macht sich deutlich byzantinischer Einfluß bemerkbar. Die Figuren zeigen in ihrer Linearität zudem große Übereinstimmung mit Metallarbeiten von Rhein und Maas, die dieses Formprinzip im Mittelalter zu großer Blüte brachten. Darüber hinaus ist in der geschmeidigen Wiedergabe der Falten der Beginn des frühgotischen Stiles zu erahnen.

Das Antependium ist besonders beeindruckend durch den tiefroten seidenen Untergrund, der im Spaltstich mit farbiger Seide in weiß, rot, blau und grün sowie reichlich mit Gold- und Silberdraht bestickt ist. Die rote Seide (ein Köpergewebe, mit einem Extrakt aus Schildläusen gefärbt) stammt aus Byzanz. Im Mittelalter galt sie als außerordentlich selten und wertvoll. Als Beweis hierfür können die beiden angesetzten Stücke in der linken unteren Ecke gelten. Sie bilden zusammen ein Dreieck und sind in der entgegengesetzten Richtung angenäht, so daß, bedingt durch den Lichteinfall, ein Unterschied in der Farbgebung sichtbar wird.

Die Komposition des Antependiums gliedert sich in ein zentrales Mittelteil mit der Mandorla sowie zwei Seitenteile, die vom Hauptmotiv durch dekorative Randstreifen getrennt sind. Diese Randstreifen bestehen aus zwei verschiedenen Ranken mit dreiteiligen Blättern. Das Antependium wird im oberen Teil durch eine Borte mit dekorativem Fries und unten durch eine Borte, die mit Figuren besetzt ist, abgeschlossen. In den Ecken des Mittelteiles sind vier hakenkreuzähnliche Ornamente, die auf die indogermanische »Swastika« zurückgehen und die ewiges Leben symbolisieren, aufgestickt.

Im Zentrum thront Christus in der Mandorla. Er sitzt auf einer luxuriös geschmückten Thronbank. In seiner Linken hält er ein Buch mit Kreuz, während seine Rechte zum Segensgestus erhoben ist. Kleid und Mantel fallen in fließenden Faltenkaskaden. In seinem Nimbus kann man das Wort »LVX« (Licht) lesen. Im Hintergrund,

36.2 ▷

S · HILDEGARDIS

rechts und links von Christus, sind die mit dem Kreuz bekrönten griechischen Buchstaben »Alpha« und »Omega« zu sehen, ferner Sonne (ein Haupt, einbeschrieben in einen Kreis) und Mond (ein im Profil gesehenes Haupt in Sichelform) sowie elf Sterne. Christi Füße sind bloß; sie stehen auf einem reich verzierten Boden. Im Rand der Mandorla befindet sich folgende Inschrift: »QVI ME DILIGITIS MEA SIT BENEDICIO VOBIS REX EGO SUM REGVM STATVENS MODERAMINA RERVM« (»Ihr, die ihr mich liebt, Mein Segen sei mit Euch. Ich bin der König der Könige und bestimme die Lenkung der Dinge«).

Zwischen Mandorla und oberer und unterer Borte sind die jeweils mit einem Buch ausgestatteten Symbole der vier Evangelisten zu sehen. Oben links der Engel des Matthäus, oben rechts der Johannesadler, beide als Halbfiguren im Profil wiedergegeben; unten links befindet sich der Markuslöwe sowie rechts der Stier des Lukas. Von beiden sind lediglich die in Oberansicht dargestellten Köpfe zu sehen.

Die Figuren, die sich an der Seite des thronenden Christus befinden, sind durch die Namen, die in den darüberliegenden Rand gestickt sind, zu identifizieren. Links finden wir den Hl. Petrus (S. PETRVS), den Stellvertreter Christi auf Erden, hier dargestellt mit Buch, Schlüssel und Kreuzstab, sowie Maria (S. MARIA), die als Himmelskönigin mit herrschaftlichem Gewand und der Bügelkrone ausgestattet ist. Links steht der gleichfalls gekrönte Hl. Rupert (S. RVPERTVS) mit Stab und weit herabfallendem Mantel sowie die Hl. Hildegard (S. HILDEGARDIS). In ihrer linken Hand hält sie ein Buch, in ihrer Rechten ein Kirchenmodell, das auf ihre Rolle als Klosterstifterin hinweist. Gekleidet ist sie in benediktinische Tracht mit Haube und Schleier, der auf ihre Schultern herabfällt (36.2). Ebenso wie die übrigen, in gleicher Größe wiedergegebenen Heiligen ist auch Hildegard mit einem Nimbus ausgezeichnet.

Unterhalb dieser Heiligenreihe sind in halb liegender Stellung und in Anbetung vor dem thronenden Christus der Mainzer Erzbischof Siegfried (SIFRIDVS. ARC/HIEPISCOPVS) und die Herzogin Agnes von Lothringen (ANGNES. DVCISSA), die Witwe von Herzog Friedrich II., abgebildet, die dem Kloster Rupertsberg 1220 verschiedene Grundstücke übereignete. Siegfried ist mit den bischöflichen Insignien Krummstab und Mitra ausgezeichnet; Agnes trägt einen hermelinbesetzten Mantel und ein um ihr Haupt geschlungenes Band.

In den Seitenteilen sind weitere, größere Figuren zu sehen. Links erkennt man Johannes den Täufer (S. IOHANNES B.), den Vorläufer und Künder des Herrn. Er ist erkennbar an seinem Attribut, dem Fell, das er über seinem Gewand trägt. Seine Rechte ist mahnend erhoben, während die Linke das Lamm Gottes trägt. »ECCE AGNUS DEI« steht in großen Lettern darunter geschrieben. Vor ihm sind zwei kleine, fürbittende Figuren dargestellt. Es handelt sich um Maria Magdalena (S. MARIA M.) sowie einen inschriftlich nicht näher bezeichneten knienden jungen Mann in reicher Kleidung. Auf der rechten Seite steht der Hl. Martin (S. MARTINUS), der Patron der Pfarrkirche von Bingen und des Erzbistums Mainz. Er trägt bischöfliche Tracht: Albe, Dalmatik und Meßgewand sowie die Insignien seines Amtes, die Mitra, den Krummstab und das erzbischöfliche Pallium.

In der unteren Borte sind noch weitere Personen abgebildet. Links, unter Johannes dem Täufer, ist der weltliche Stifter Gottfried von Weiler (GODEFRIDVS) zu sehen. Rechts, unterhalb des Hl. Martin, ist die Äbtissin Adelheid (ADELHEIDIS), die Nachfolgerin der Hl. Hildegard, wiedergegeben. In der Borte unterhalb des mittleren Teils sind auf beiden Seiten rechts und links der Mandorla fünf Frauenbüsten dargestellt. Alle tragen einen Schleier und richten sich anbetend zu Christus hin auf. Sie alle, Nonnen des Klosters Rupertsberg, sind namentlich benannt (von links nach rechts): GVDA-GVDA-SOPHIA-IDA-AGNES-D(omi)NA-ELISB-IDA-SOPHIA-MEHTILD-ADELHEDIS-GERTRVDIS. Links unter der Mandorla ist, ebenfalls anbetend und teilweise auf die umlaufende Borte gestickt, ein weiterer Stifter, Konrad von Münster (CVNRADVS), zu sehen.

Die Forschungen von Leonie von Wilckens lieferten wichtige Informationen zu den dargestellten Personen und deren Todesjahr. Sie konnte darüber hinaus Vergleichsmaterial und Vorbilder aus der Buch- und Wandmalerei sowie der Goldschmiedekunst zusammentragen. All dies weist darauf hin, daß das Altartuch um 1230 oder kurz danach zu datieren ist.

Das Antependium erinnert an die Stiftung des Benediktinerinnenklosters auf dem Rupertsberg, gegründet durch seine Äbtissin Hildegard von Bingen. Sowohl das Format als auch die dargestellten Heiligen lassen keine Zweifel zu, daß es für den Hochaltar der Klosterkirche bestimmt war, wo es bis zur Zerstörung der Abtei 1632 verblieb. 1814 kam es in Privatbesitz, danach taucht es im Kunsthandel auf. 1896 wird es aus dem Besitz von Stephan Bourgois aus Köln von den Königlichen Museen für Kunst und Geschichte in Brüssel angekauft. Über Jahre war es dort Teil der Dauerausstellung maasländischer Kunst, bis es vor kurzem in die neu eingerichtete Schatzkammer des Museums übernommen wurde.

Eigens für die Ausstellung »Hildegard von Bingen« verläßt das Antependium, neunhundert Jahre nach Hildegards Geburt, ausnahmsweise seinen dauerhaften Aufbewahrungsort. E. J.

(Aus dem Niederländischen übersetzt von W. W.)

Lit.: I. Errera, Broderies anciennes, Brüssel 1905, Nr. 8; M. Schuette/S. Müller-Christensen, La Broderie, Paris 1963, Nr. 78–80; A. Jansen, Art chrétien jusqu'à la fin du Moyen Age, Musées royaux d'Art et d'Histoire, Brüssel 1964, Nr. 210; Ausst.-Kat. »Die Zeit der Staufer« 1977, Bd. I Nr. 805 (R. Gröhwoldt); L. von Wilckens, Das goldgestickte Antependium aus Kloster Rupertsberg, in: Pantheon 35, 1977, S. 3–10; G. Delmarcel, Het antependium van Rupertsberg, Duits borduurwerk van de 13de eeuw, in: Bulletin des Musées royaux d'Art et d'Histoire 61, 1990, S. 119–130; K. Krüger, Das Aschaffenburger Tafelbild. Überlegungen zur Funktion und Deutung, in: Arbeitshefte des bayerischen Landesamtes für Denkmalpflege 89, 1996, S. 296 f.

37
Canaa-Schale

Alexandria, 1. Jahrhundert n. Chr. (?)
Alabaster
H.: 17,7 cm; Dm.: 27,7 cm

Weimar, Goethemuseum

Das Goethemuseum in Weimar bewahrt ein kleines, rundes Gefäß aus kostbarem orientalischem Alabaster. Unter der breiten Schulter senkt sich sanft die ovale Wölbung; darüber springt ein kräftiger Rand vor, der eine weite Öffnung umschließt. Seitlich sind zwei kleine, inzwischen abgebrochene Henkel angesetzt gewesen. Die Form folgt antiken Vasen, doch anstelle eines Amphorenkruges dürfte es sich um eine Trinkschale handeln. Das Material, Alabaster oder Kalksinter, der in Ägypten gebrochen wird, ist von bestechend schimmerndem, fast goldenem Glanz. Die Musterung spiegelt sich im Licht. Ob das Gefäß ursprünglich einmal einen Deckel besaß, ist nicht bekannt.

Johann Wolfgang von Goethe hat in zwei Briefen auf dieses Gefäß aufmerksam gemacht. Am 29. August 1814 schreibt er aus Wiesbaden an seinen Sohn August: »*Im Kloster Eibingen befand sich ein Gefäß, von dem man sagte, es sey von denen, in welchen Christus, zu Cana, die höchst glückliche Operation gemacht habe. Ich vermuthete, als ichs hört, das müsse was sonderliches sein und das ist es auch, von dem köstlichsten antiken sogenannten Alabaster, den man Achat nennen kann. Die Henkelchen sind abgebrochen, sonst unbeschädigt. Wenn du die ersten Muster des antiken Kalcksinters in unserer Sammlung ansiehst, kannst du dir einen Begriff davon machen. Einen Fuß von Bronze darunter und es wird unschätzbar. Ich hoffe es zu acquirieren und so kommt diese Reliquie aufs wunderbarste zu uns*«[1]. Diesem Brief ist eine Skizze der Vase mit Angaben des Zollmaßes zugefügt.

In einem zweiten Brief, diesmal vom 27. September 1815 datiert und an seine Frau Christiane gerichtet, greift Goethe die Angelegenheit wieder auf: »*Sage August, Herr von Gerning habe die berühmte Vase, die im Kloster Eibingen aufbewahrt wurde, spendiert*«[2].

Herr von Gerning vermerkt in seinem 1819 in Wiesbaden erschienenen Buch »Die Rheingegenden von Mainz bis Köln«: »*Das antike Weihbecken, was eine gläubige Sage von der Hochzeit von Cana herleiten wollte, besitzt nun Göte, dem es der Verfasser dieses Buches einstweilen übergibt. Hildegards Ring mit der sinnvollen Umschrift ›ich leide gern‹ ist verschwunden*«[3].

Die beiden hier zitierten Briefe Goethes verweisen auf das Kloster Eibingen, eine Abtei, die neben der Klosterstadt Rupertsberg ebenfalls Hildegard von Bingen gehörte. Nach der Zerstörung des Rupertsberges durch die Schweden 1632 retteten Benediktinerinnen die Reliquien Hildegards ebenso nach Eibingen wie auch das Frühwerk der Äbtissin, die illuminierte Abschrift des Scivias, ihre Briefe und das gestickte Antependium (Kat. Nr. 36). So wird auch das Gefäß vom Rupertsberg nach Eibingen gebracht worden sein. Über die Herkunft der Schale gibt es keine Aufzeichnungen. Die weich schwingende Form und die Wahl des goldhaft leuchtenden, lichtdurchlässigen Alabasters läßt an eine Entstehung im Nahen Osten denken. Gesichert sind Hildegards Beziehungen nach Konstantinopel: so schrieb sie z. B. an die Kaiserin Bertha, die Gattin des byzantinischen Kaisers Manuel[4]. Der Besitz von Gefäßen, die im Mittelalter als ein Bestandteil der Hochzeit von Canaa angesehen wurden, gehörte zu den Schätzen vieler abendländischer Klöster wie z. B. St. Ursula in Köln, St. Servatius in Quedlinburg oder der Klöster auf der Insel Reichenau im Bodensee[5]. Die Krüge von Köln und Quedlinburg datiert die Forschung in das erste Jahrhundert nach Christus und nimmt als Herkunft meist Alexandria an[6]. In diesen Zusammenhang dürfte auch die Weimarer Schale einzureihen sein. Solche Vasen kamen in der Regel als Geschenk ins Abendland. Otto I. übergab zu Ostern 973 vier

orientalische Canaa-Krüge an die Kirchen in Magdeburg, Hildesheim, Köln und Quedlinburg. Der Chronist Thietmar von Merseburg berichtet, der Kaiser habe diese Krüge anläßlich der Hochzeit seines Sohnes Otto II. von der byzantinischen Prinzessin Theophanu erhalten. Möglicherweise brachten auch Kreuzfahrer solche Canaa-Krüge in den Westen.

Die Gefäße haben meist die antike Amphorenform. Zu der kleinen Weimarer Schale, die hiervon abweicht, gibt es deshalb nur wenig Vergleichbares. Aus dem Kirchenschatz von St. Denis ist ein kleines Alabastergefäß erhalten geblieben; ein Heiltumsbuch aus Bamberg überliefert in Zeichnungen ein großes und ein kleines, ebenfalls rundes Canaa-Gefäß[7]. Der Weimarer Kantharos, den Goethe entdeckte, dürfte eine der kostbarsten Hinterlassenschaften Hildegards sein. R. O.

Lit.: Unpubliziert.

[1] Ich danke Frau Margarete Oppel, Goethemuseum Weimar, für den Hinweis auf diesen Goethebrief und die Zeichnung des Gefäßes.

[2] H. G. Gräf (Hrsg.), Goethes Ehe in Briefen, Leipzig 1972, S. 488.

[3] Den Hinweis auf diese Publikation verdanke ich Frau Dr. Ingrid Faust, Bingen.

[4] Hildegard, Briefwechsel, S. 88.

[5] A. Bayer, Griechen im Westen des 10. und 11. Jahrhunderts. Kaiserin Theophanu, Köln 1971, Abb. S. 339.

[6] Ausst.-Kat. »Bernward von Hildesheim« 1993, Bd. II, S. 380; D. Kötzsche, Der Quedlinburger Domschatz wieder vereint, Berlin 1992, S. 39.

[7] F. de Merly, Vases de cane, in: Monuments et Mémoires Fondation Eugene Piot 10, 1903, S. 160; ich danke Frau Dr. Renate Baumgärtel, Diözesanmusem Bamberg, für die Kenntnisnahme der Literatur und der Zeichnungen der sog. »steinernen Wasserkrüge« von Bamberg.

38

Neun Tongefäße (Kugeltopf, Tüllenkannen, Becher/Flaschen) sowie ein Spinnwirtel

Mainz, Bauhofstraße (Fundort), 2. Hälfte 12. Jahrhundert
H.: 14–30 cm bzw. 1,75 cm

Mainz, Archäologische Denkmalpflege

Über die Sachkultur des Hochmittelalters geben Schrift- und Bildquellen kaum Aufschluß; nur mit Hilfe der Mittelalterarchäologie, zu deren Zielen die Erforschung des alltäglichen Lebens gehört, könnte diese Lücke gefüllt werden. Die Mittelalterarchäologie ist aber eine sehr junge Wissenschaft, besonders in Rheinland-Pfalz und Hessen steht sie erst in ihren Anfängen.

Auch Hildegards Kloster auf dem Rupertsberg, dessen archäologische Substanz beim Bahnbau großenteils zerstört worden sein dürfte, wurde bisher noch nicht erforscht. Dagegen konnte mit Hilfe von Ausgrabungen auf dem Disibodenberg die Baugeschichte des Klosters erschlossen werden, in dessen Frauenklause Hildegard die erste Hälfte ihres Lebens verbrachte. Das Fundmaterial der Ausgrabung, das im wesentlichen aus Scherben von Kugeltöpfen und rotbemalten Tüllenkannen, vielleicht auch Bechern »Pingsdorfer Art« bestand, ist bisher nicht publiziert[1].

Ganz ähnliche, zeitgleiche Funde wurden jedoch auch an anderer Stelle in der Region geborgen, z. B. in der Ruine Pfarrköpfchen bei Stromberg (11.–12. Jahrhundert) und bei mehreren archäologischen Untersuchungen im Mainzer Stadtgebiet. So wurde 1996 beim Bau des Abgeordnetenhauses Ecke Große Bleiche/Bauhofstraße ein solcher Fundkomplex entdeckt: Auf der Sohle eines holzverschalten Brunnens lagen neben- und übereinander zahlreiche Gefäße, die ursprünglich wohl ganz erhalten waren und erst bei späteren Aufplanierungen zerdrückt wurden. Die Gefäße müssen – aus welchem Grund auch immer – absolut gleichzeitig in den Brunnen gelangt sein, als dieser aufgegeben wurde; es handelt sich hier also um einen sogenannten »geschlossenen Fund«, eine große Seltenheit bei Siedlungsgrabungen und deshalb von besonderer Bedeutung für die Erforschung der hochmittelalterlichen Keramik im Rhein-Main-Gebiet. Mit Hilfe der dendrochronologischen Methode konnte ermittelt werden, daß die Bäume, aus deren Holz die Schalbretter des Brunnens hergestellt wurden, etwa um das Jahr 1000 n. Chr. gefällt wurden; da wir aber nicht wissen, wie lange der Brunnen in Benutzung war, stellt dieses Datum für die Deponierung der Funde lediglich einen »terminus post quem« dar[2].

Das Formenspektrum ist sehr klein; es besteht aus bauchigen Kochtöpfen, Tüllenkannen und »Bechern«, die jedoch z. T. zu groß sind, um als Trinkgeschirr zu dienen. Vielleicht wurde zu den Mahlzeiten in den Kannen Wein und in den großen »Bechern« (eher: Flaschen?) Wasser auf den Tisch gestellt, wie es heute noch im mediterranen Raum üblich ist, so daß sich in den kleinen Bechern jeder nach seinem Geschmack den Wein verdünnen konnte (oder auch nicht ...). Außerdem enthält der Fundkomplex Fragmente von zwei Ofenkacheln, sogenannten »Becherkacheln«, und einen Spinnwirtel. Es fällt auf, daß Gefäße der gleichen Form von unterschiedlicher Machart sind: sie können reduzierend oder oxidierend gebrannt sein, und bei einigen ist die Oberfläche aufgrund der hohen Brenntemperatur angesintert. Wegen dieser Unterschiede kann man wohl auf eine Herkunft aus verschiedenen Töpfereien schließen.

Auffallend sind die Becher und Tüllenkannen mit hellem Scherben und blaßroter oder dunkelbrauner Engobebemalung auf der Schulter. Solche Gefäße wurden seit dem 9. bis Ende des 12. Jahrhunderts im Rheinland hergestellt, sie werden nach ihrer bekanntesten Produktionsstätte »Pingsdorfer Keramik« genannt. Diese Keramik war so beliebt, daß die Töpfer sie etwa seit dem 10. Jahrhundert und bis in das 13. Jahrhundert hinein auch andernorts nachahmten, z. B. in Seligenstadt in Hessen; im Rhein-Main-Gebiet kann bisher noch keine Töpferei lokalisiert werden. Die sogenannte »Keramik Pingsdorfer Art«[3], zu der die Funde aus dem Brunnen gehören, erkennt man an der anderen Zusammensetzung des Tones und teilweise auch an eigenen Ziermotiven.

Mit Hilfe von Detailbeobachtungen läßt sich der Zeitrahmen, in dem die Gefäße aus dem Brunnen hergestellt wurden, enger eingrenzen: die Randformen (z. T. mit Innenkehle) und Henkelformen, der geringe Abstand zwischen Rand und Tülle und die spärliche, auf den Schulterbereich beschränkte Bemalung findet man bei absolut datierten Fundstellen im Rheinland erst seit dem zweiten Drittel des 12. Jahrhunderts[4]. Die für das 11. Jahrhundert typischen Muster der Bemalung – großflächige »Kringel« und Wellenlinien – fehlen hier; Strichgruppen wie bei einer der Tüllenkannen bilden die charakteristische Verzierung eines bestimmten Bechertyps, der in die Zeit um 1180/90 datiert wird. Andererseits lassen sich keine Merkmale der Keramik des ausgehenden 12. und frühen 13. Jahrhunderts nachweisen, wie die Sinterung des Scherbens durch sehr hohe Brenntemperaturen und dadurch bedingte dunkle Färbung der Oberfläche, die starke Profilierung der Ränder und die deutliche Gliederung und markante Riefung der Gefäßkörper. Die Keramik aus hessischen Burgen des 13. Jahrhunderts zeigt schon ein völlig abweichendes Formenspektrum. Diese Indizien sprechen dafür, daß die Gefäße »Pingsdorfer Art« aus dem Brunnen im 3. Viertel des 12. Jahrhunderts hergestellt wurden, doch sollte man berücksichtigen, daß bei Nachahmungen in lokalen Töpfereien eine gewisse Zeitverzögerung eintreten kann, und den Zeitraum auf die 2. Hälfte des 12. Jahrhunderts ausdehnen. Die unbemalten Becher und Tüllenkannen und auch die Kugeltöpfe schließen sich in ihrer Form eng an die bemalte Keramik an und widersprechen diesem Datierungsansatz nicht. Sie gehören zu langlebigen Warengruppen, die anhand von Frankfurter Funden in das späte 11. bis 13. Jahrhundert datiert werden und vermutlich aus Töpfereien im Rhein-Main-Gebiet stammen, die allerdings archäologisch noch nicht erfaßt wurden.

Ganz ähnliches Geschirr muß also auch in Hildegards Klosterküche und Speisesaal in Gebrauch gewesen sein. Außerdem wurden sicherlich Gefäße aus Holz, möglicherweise auch aus Metall und Glas benutzt. Holz hat sich im Boden jedoch meist nicht erhalten, Metall und Glas wurden als wertvolle Rohstoffe in der Regel eingeschmolzen und wiederverwendet. Aus diesen ungünstigen Überlieferungsbedingungen ergibt sich die besondere Bedeutung solcher keramischen Funde für die Archäologie.

B. S.

Lit.: Unpubliziert.

[1] Stanzl 1992.
[2] Dendrodatierung: Dr. Sybille Bauer, Labor für Dendroarchäologie, Trier.
[3] O. Stamm, Spätrömische und frühmittelalterliche Keramik der Altstadt Frankfurt a. M., in: Schriften des Frankfurter Museums für Vor- und Frühgeschichte 1, 1962, S. 47–170.
[4] A. Heege, Die Keramik des frühen und hohen Mittelalters aus dem Rheinland (Archäologische Berichte 5), Bonn 1995 (mit weiterführenden Literaturangaben).

39
Türbeschläge aus der Georgskapelle bei Heidesheim

Mittelrheinisch, 12. Jahrhundert
Eisen
H.: 40 bzw. 50 cm; B.: 38 cm
Heidesheim, Georgskapelle

Die Georgskapelle bei Heidesheim entstand unter Verwendung römischer Mauern im frühen Mittelalter. Ein weiterer Bauabschnitt ist mit Wandmalereien im Innern und mit der dendrochronologischen Datierung des Entlastungsbalkens über dem Südeingang (959) in Verbindung zu bringen. Bei der Freilegung der vermauerten Türöffnung im Zuge der jüngsten Restaurierung der Kapelle wurden Reste des Türblatts und zwei große, C-förmige Beschläge entdeckt. Solche, an den Enden gespaltene und unterschiedlich gestaltete Bänder sind vom Beginn des 12. bis in das 14. Jahrhundert überliefert, wobei die C-Form häufig mit Längsbändern, Spiralen u.a. kombiniert ist. Die Oberflächen können gestaltet sein durch Rillen, Ziselierungen oder aufgelegte Zierformen[6].
Die Heidesheimer Beschläge entsprechen einem Dreiviertelkreis, die Enden sind weit aufgebogen. Ganz schmucklos sind die Oberflächen. Die Inschrift auf dem Türsturz, welche auf das Georgspatrozinium hinweist, kann spätestens um 1200 entstanden sein. So ergibt sich für die Beschläge – auch aufgrund von Vergleichen – eine Datierung in das 12. Jahrhundert. Zugleich ist davon auszugehen, daß der Südeingang schon vermauert wurde, als das spitzbogige Westportal entstand.
Als Vergleichsbeispiele stehen zur Verfügung: Kloster Eberbach (Rheingau), Sakristeieingang, Mitte 12. Jahrhundert; St. Jean-les Savernes (Elsaß), Mitte 12. Jahrhundert; Mittelheim (Rheingau), Basilika, 2. Hälfte 12. Jahrhundert; Kloster Maulbronn, Anfang 13. Jahrhundert; Neustadt/Weinstraße, Stiftskirche, Südportal, 14. Jahrhundert. Alle Vergleichsbeispiele sind sehr viel aufwendiger gestaltet und im Regelfall zusammen mit Längsbändern zu finden. S. F./J. G.

Lit.: Unpubliziert.

[1] Reallexikon der deutschen Kunstgeschichte, Bd, II, Stuttgart 1948, Sp. 316–321, (s. v. »Beschlag«).

40
Ansicht des barocken Klosters Eibingen

Pater Joseph Otto, vor 1788
Tuschzeichnung

Privatbesitz

Über das Aussehen von Hildegards letzter Klostergründung Eibingen ist nur sehr wenig bekannt. Über den romanischen Bau wissen wir so gut wie nichts. Aber auch die neuzeitliche Anlage ist, im Gegensatz zum malerischen Rupertsberg oder dem romantischen Disibodenberg, vergleichsweise schlecht dokumentiert. Künstlerisch hochstehende oder gar architektonisch genaue Bildquellen fehlen ganz. Die größten Aufschlüsse über die neuzeitliche Eibinger Klosteranlage erlaubt die hier abgebildete Zeichnung; Erkenntnisse zum mittelalterlichen Bau sind aber auch hier nicht abzulesen. Das Barockkloster war demnach als Vier-Flügel-Anlage errichtet. Ein repräsentativer Treppenaufgang führte zum Mittelportal, das durch seine Größe im Vergleich zu zwei kleineren Eingängen rechts und links zusätzlich betont wird. An der Front scheint die ansonsten zweigeschossige Anlage noch ein Kellergeschoß besessen zu haben. Alle vier Flügel sind reich durchfenstert; weitere Angaben lassen sich zu den Fenstern nicht treffen. Der Bau wird dominiert von der Klosterkirche, deren Chor rechts neben dem Hauptportal placiert ist. Ihr Schiff nimmt die Hälfte des rechten Flügels ein. Es handelt sich um einen einschiffigen Bau. Der Chorbereich, dessen Abschluß in der Mitte des Baus außen durch eine Lisene oder einen Vorsprung gekennzeichnet wird, nimmt breiten Raum ein. Die Fenster des Chores sind schmal und hoch. Im Innern des Klaustrums ist ein parzellierter Garten angelegt. Zahlreiche Bäume, unter denen sich die Nonnen ergehen konnten, sind zu erkennen.

Das Anwachsen des Rupertsberger Konventes bewog Hildegard, ein älteres, durch Krieg zerstörtes Augustinerchorherrenkloster in Eibingen 1165 zu erwerben. Sie ließ die Anlage für 30 Benediktinerinnen herrichten und pendelte zweimal in der Woche zwischen Bingen und Eibingen. 1219 unterstellte Papst Honorius III. das Kloster seinem Schutz. Nach einer Blütezeit im 14. und 15. Jahrhundert erfolgte um 1505 eine Klosterreform. Dennoch war die Entwicklung rückläufig; 1575 lebten in Eibingen nur noch drei Schwestern. Als 1632 das Kloster Rupertsberg im Dreißigjährigen Krieg zerstört wird, flüchten die dortigen Nonnen nach Eibingen. Im späten 17. Jahrhundert beginnt eine neue Blütezeit. Die wirtschaftliche Lage besserte sich, so daß auch größere Bauvorhaben möglich wurden. Betreut von dem Architekten Giovanni Angelo Barello, wurden von 1681 bis 1683 Kirche und Westflügel von Grund auf restauriert. 1737 begann man mit dem Abbruch des Ostflügels. Die Baupläne entwarf der Mainzer Architekt Johann Valentin Thoman. Bereits 1738 konnte das Dach gedeckt werden. Zwischen 1746 und 1752 entstanden der Südflügel sowie Stallungen und Scheune. Dieser Zustand ist auf der abgebildeten Zeichnung zu sehen. 1802 wurde das Kloster aufgehoben. 1817 wurden West- und Südflügel abgerissen. 1831 kaufte die Gemeinde Eibingen das Anwesen. Statt der baufällig gewordenen Dorfkirche diente nun die ehemalige Klosterkirche als Pfarrkirche. W. L.

Lit.: W. Lauter, Das alte Kloster Eibingen, in: Hildegard von Bingen. Wirkungsstätten, Regensburg 1996, S. 14–16.

41
Blattkapitell aus Kloster Eibingen

Mittelrheinisch, spätes 12. Jahrhundert
Kalkstein
H.: 13,5 cm; B.: 16 cm

Bingen, Scivias-Museum

Aus dem Kreuzgang des Klosters Eibingen, das Hildegard 1165 erwarb, ist ein romanisches Kapitell erhalten. Dem Vernehmen nach sollen noch weitere Kapitellspolien zur Auffüllung der Anlegestelle der Rüdesheimer Fähre benutzt worden sein.
Das kleine Kapitell ist aus grauem Kalkstein gefertigt. Aus dem kräftigen Bodenring wächst der von Akanthusblättern umstellte Kelch empor. Die sich biegenden Ranken tragen an den Ecken plastisch vorkragende Sporen, Löwenköpfen ähnlich, denen eine quadratische Platte aufliegt. Die noch zeichnerische Gebundenheit der bewegt geführten Einzelformen verrät eine Entstehung im späten 12. Jahrhundert. In der Formensprache verwandt sind die Kapitelle des zu Beginn des 13. Jahrhunderts erbauten Kreuzgangs von Wessobrunn (heute München, Bayrisches Nationalmuseum).
Das kleine Eibinger Kapitell, einziges Zeugnis des zerstörten Kreuzganges, wurde von Frau Aenne Mohr, Baesweiler, nach dem Tod ihres Bruders Pfarrer Mohr, Eibingen, bewahrt und dem Museum Scivias in Bingen übergeben. R. O.

Lit.: Unpubliziert.

Predigerin und Mahnerin

Immer wieder hat Hildegard den Menschen als Predigerin und Mahnerin ins Gewissen geredet. Sie wendet sich dabei gleichermaßen an Kleriker und Laien, an Adelige und einfache Leute, an Männer und Frauen. Berühmtheit erlangt ihr mahnender Briefwechsel mit Kaiser und Papst. Vor allem mit Kaiser Friedrich I. Barbarossa geht sie, nach anfänglicher Sympathie, scharf ins Gericht. Sie kann und will dessen Politik nicht billigen, die in ihren Augen der Kirche schadet und nicht gottgewollt ist. Die »Disputatio« der gegenüberliegenden Seite zeigt nicht Hildegard und Barbarossa. Die scharfen Worte aber, die Hildegard dem Kaiser in ihrem letzten Brief entgegenschleudert, dürften ähnlich eindringlich und mahnend vorgebracht worden sein wie hier dargestellt:

Der da ist, spricht: Die Widerspenstigkeit zerstöre Ich, und den Widerstand derer, die Mir trotzen, zermalme Ich durch Mich selbst. Wehe, wehe diesem bösen Tun der Frevler, die Mich verachten! Das höre, König, wenn du leben willst! Sonst wird Mein Schwert dich durchbohren![1].

[1] Hildegard, Briefwechsel, S. 86.

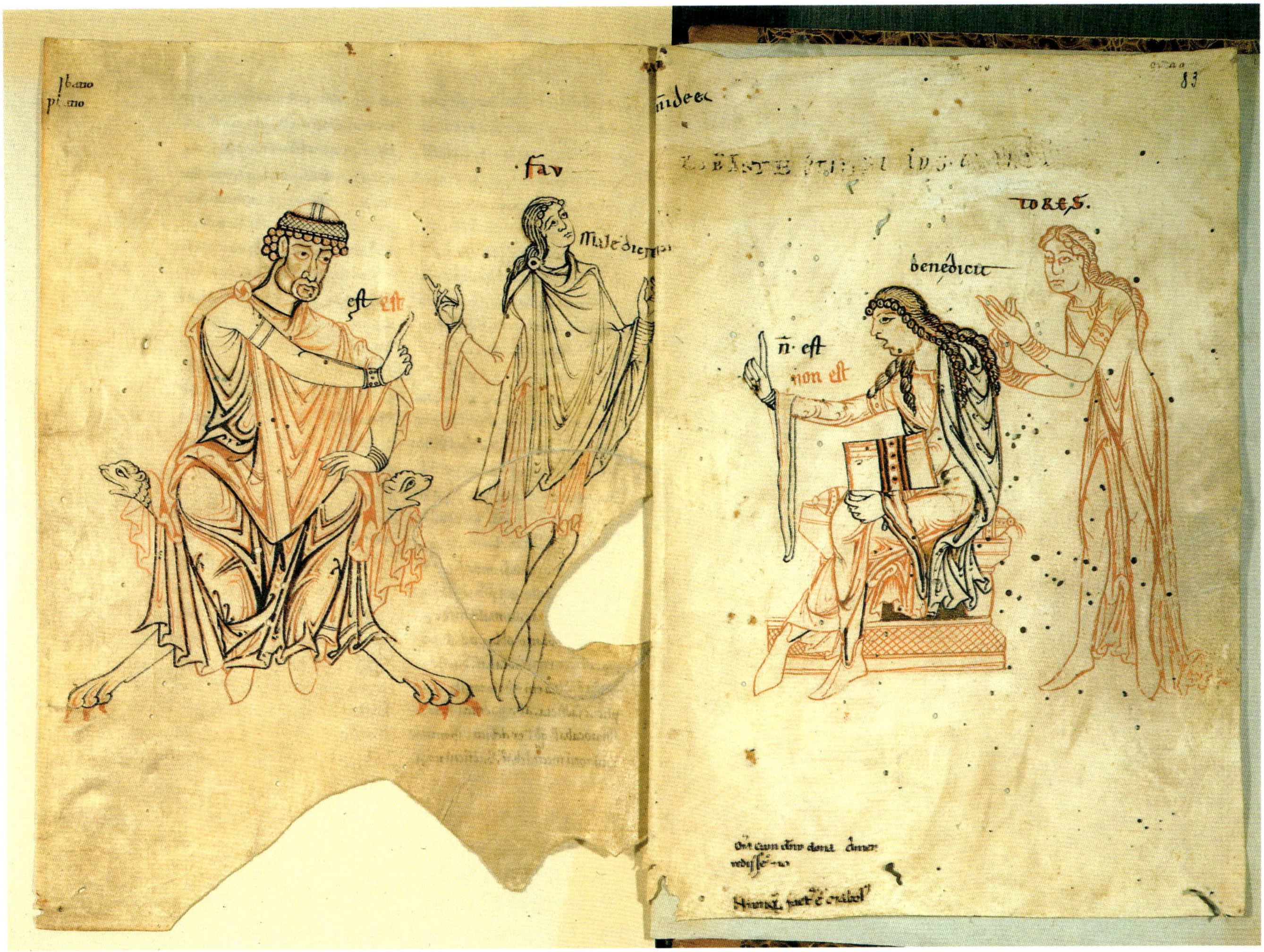

Abb. 29 Disputatio, 2. Hälfte 12. Jh., Kloster Neuburg, Museum des Chorherrenstiftes, Cod. 311

42

1. Erzbischof Heinrich I. (1142–1153)

Pfennig
Prägeort: Erfurt
Silber (0,80 g); Dm.: 37,6 mm

Mainz, Stadtarchiv, MK 242 F 4

2. Erzbischof Arnold von Selenhofen (1153–1160)

Pfennig
Prägeort: Erfurt
Silber (0,79 g); Dm.: 37,4 mm

Mainz, Stadtarchiv, MK 244 D 2

3. Erzbischof Konrad I. von Wittelsbach (1161–1165, 1183–1200)

Pfennig
Prägeort: Erfurt; 1161–1165
Silber (0,72 g); Dm.: 43,2 mm

Mainz, Stadtarchiv, MK 248 A 6

4. Erzbischof Christian I. von Buch (1165–1183)

Pfennig
Prägeort: Aschaffenburg
Silber (0,77 g); Dm.: 29,2 mm

Mainz, Stadtarchiv, MK 245 G 3

5. Erzbischof Christian I. von Buch (1165–1183)

Pfennig
Prägeort: Erfurt
Silber (0,92 g); Dm.: 44,7 mm

Mainz, Stadtarchiv, MK 246 E 5

Hildegards Klöster liegen heute alle außerhalb der Grenzen des Bistums Mainz: Disiboden- und Rupertsberg sind Teil der Diözese Trier; Eibingen gehört zur Diözese Limburg. Ursache hierfür ist die Säkularisation: 1803 wurde das alte Erzbistum Mainz zerschlagen; territorial profitierte hiervon vor allem die neugegründete Diözese Limburg. Zu Hildegards Zeit jedoch lagen alle ihre Klöster innerhalb des Mainzer Erzbistums, das – neben Köln – das wichtigste des deutschen Reiches war. Die bedeutende Stellung des Mainzer Erzbischofes lag vor allem darin begründet, daß er als Erzkanzler nach dem Kaiser die höchste Würde im Reich besaß. Für Hildegard war der Erzbischof jedoch vor allem die direkte »vorgesetzte Kirchenbehörde«; an ihn wandte sie sich deshalb in allen Dingen, die ihre Klostergründungen betrafen. Seinem mächtigen Schutz vertraute sie den Rupertsberg gerne an.
Von Hildegards erstem öffentlichen Auftreten 1147 bis zu ihrem Tod regierten in Mainz folgende Erzbischöfe:
- Heinrich I. (1142–1153)
- Arnold von Selenhofen (1153–1160)
- Konrad I. von Wittelsbach (1161–1165) sowie
- Christian von Buch (1165–1183).

Diese Erzbischöfe waren – mit Ausnahme Konrads – für Hildegard von besonderer Bedeutung: Heinrich unterstützte die noch unbekannte Nonne nach Kräften und ermöglichte ihr die Anerkennung in der Öffentlichkeit. Nach seinem Sturz setzte sich Hildegard vehement bei Papst und Kaiser für ihn ein (s. Kat. Nr. 44 und 45). Arnold hatte Hildegard die so wichtigen Schutz- bzw. Besitzurkunden zu verdanken, die die Lebensfähigkeit des Rupertsberger Konventes sicherten (Kat. Nr. 31 bzw. 32). Christian hob an Hildegards Lebensende das für sie so schmerzliche Interdikt auf, mit dem ihr Kloster vom Mainzer Domkapitel belegt worden war.
Trotz der Machtfülle der Erzbischöfe zeigte sich Hildegard oft genug von deren Autorität unbeeindruckt. Von dieser Autorität und dem Selbstverständnis der Mainzer Erzbischöfe zeugen die Münzen, die – tausendfach geschlagen – das Bild des Erzbischofs im Volk propagierten. Auf den von ihnen geprägten Münzen ließen sich die Erzbischöfe in Idealgestalt wiedergeben. Ein realistisches Porträt wurde im Münzbild nicht angestrebt. Wichtiger als die Gesichtszüge waren Gewandung, Insignien und Symbole, die den Erzbischof in der Fülle seiner geistlichen und weltlichen Macht präsentieren sollten. Besondere Möglichkeiten der künstlerischen Entfaltung eröffnete den Stempelschneidern die in der ersten Hälfte des 12. Jahrhunderts entstehende monetäre Sonderform der sogenannten Brakteaten[1]. Bis dahin waren im »Regnum Teutonicum« nur zweiseitige Pfennige geprägt worden, die einen Durchmesser von 20 bis 25 mm aufwiesen und von unterschiedlichem Gewicht waren, das je nach Währungslandschaft zwischen 0,5 und 1,5 g variieren konnte. Ohne daß die genauen Gründe geklärt sind, ging man in bestimmten Gebieten Deutschlands – in Nieder- und Obersachsen, Thüringen, Hessen und der südlichen Wetterau einschließlich

42.1 (oben) ▷
42.2 (unten)

Aschaffenburgs – um 1130/40 zur einseitigen Prägung von Pfennigen über. Gleichzeitig wurde das Gewicht reduziert und der Durchmesser auf bis zu 50 mm vergrößert. Eine Ursache für die Entstehung dieser einseitigen Münzen waren möglicherweise die periodisch, oft sogar halbjährlich, erfolgenden Verrufungen: Durch diese erklärten die Münzherren die umlaufenden Münzen für ungültig, so daß die Bevölkerung ihre Pfennige unter Verlust in neue Stücke umtauschen mußte. Die Brakteaten kamen Erfordernissen der Verrufungen entgegen, weil die Einseitigkeit den Prägevorgang verkürzte und das große Münzbild die Unterscheidung der neuen von den alten Münzen erleichterte. Aufgrund ihrer Dünne, die das erhabene Münzbild der Vorderseite auf der Rückseite vertieft und negativ erscheinen läßt, brachten Ende des 17. Jahrhunderts Numismatiker für diese Art von Münzen den Begriff »Brakteaten« (von lat. »bractea« = dünnes Metallplättchen) auf. Dem Mittelalter war eine solche Differenzierung fremd. Die einseitigen Münzen, die die Mainzer Erzbischöfe in den östlichen Territorien ihres Erzstifts schlagen ließen, wurden genauso als Pfennige bezeichnet wie die zweiseitigen Stücke, die in Mainz geprägt wurden und die auch Hildegard und dem Kloster Rupertsberg als Zahlungsmittel dienten[2].

Vor allem die erzbischöfliche Prägestätte in Erfurt, das spätestens seit dem 10. Jahrhundert der Mainzer Herrschaft unterstand, brachte Meisterwerke der romanischen Glyptik hervor. Im Gegensatz zu seinen Vorgängern, deren einseitige Pfennige noch von einer relativ rohen Machart gekennzeichnet waren, konnte der ab 1142 regierende Erzbischof Heinrich I. die Fähigkeiten von Stempelschneidern mit hoher künstlerischer Begabung nutzen. Hatten sich die Erzbischöfe Adalbert I. (1110–37), Adalbert II. (1137–41) und Markolf (1141–42) meist frontal in Form eines Brustbildes in ihrem Ornat mit Krummstab und Bibel darstellen lassen, so brachten die Prägungen Heinrichs einen deutlichen Wandel des Münzbildes. Die große Fläche des Brakteaten füllt eine komplexe Darstellung aus, die vom Patron des Bistums, dem Hl. Martin, beherrscht wird (42.1). Das Münzbild ist zweigeteilt: In der oberen Hälfte ist das Brustbild Martins im Heiligenschein zu sehen. In der rechten Hand hält er den Krummstab, in der Linken das aufgeschlagene Evangelienbuch, dahinter ist ein Lilienzepter zu erkennen. Eingerahmt ist die Figur von zwei Zinnentürmen, die auf den Prägeort verweisen sollen, der in der Umschrift mit »ERPESFORDI« angegeben ist. Diese Martinsdarstellung ist in unmittelbaren Bezug zu Erzbischof Heinrich I. gesetzt. In der durch einen Zinnenbogen abgetrennten unteren Hälfte überbringt ein Vogel dem Erzbischof einen Lilienzweig – korrespondierend mit dem Lilienzepter des Hl. Martin. Heinrich selbst hat sich ohne Mitra, nur mit Tonsur, in aufrechter Körperhaltung mit nach oben zum Heiligen gewandtem Kopf und mit erhobenen Händen als Betender abbilden lassen. Durch das eingeprägte »HENRC« ist er unmißverständlich zu identifizieren. Der Erzbischof imitiert hier genau das Vorbild des Hl. Martin, den Sulpicius Severus (Vita S. Martini 26, 3–4) als beispielhaften Oranten geschildert hatte. Auf eine majestätisch-würdevolle Erscheinung, wie sie seine Vorgänger bevorzugt hatten, verzichtete Heinrich auf diesen Münzen. Er wollte sich in einer Geste der Bescheidenheit und Demut verbreitet wissen, so wie er sich in manchen seiner Urkunden als »demütigen Diener« bzw. »Verwalter« des Mainzer Stuhls (»humilis minister« bzw. »humilis provisor«) titulierte[3]. Sein Beten und seine Verehrung galten dem, dessen Wort bei Gott auch seiner Herrschaft die Huld sichern sollte.

Die Nachfolger Heinrichs I. auf dem Mainzer Erzbischofsstuhl griffen wieder vermehrt auf einen Typus zurück, der seit dem 11. Jahrhundert die Siegelbilder der Erzbischöfe bestimmt hatte und den Amts- und Herrschaftscharakter betonte. So hat sich Arnold von Selenhofen (1153–60) bei mehreren Emissionen in einer bis zu den Knien reichenden Dreiviertelfigur neben einem Turm sitzend darstellen lassen (42.2). Der Erzbischof streckt dem Betrachter die Attribute seines Hirten- und Lehramtes entgegen, Krummstab und Evangelienbuch; sein Kopf ist mit einer Mitra bedeckt, deren beide Hörner noch auf die alte Art rechts und links hochstehen und nicht – wie bei einem der Siegel Arnolds – in Blickrichtung hintereinander. Deutlich sind die liturgischen Insignien zu erkennen: das Y-förmige Pallium über der Brust sowie, was besonders bemerkenswert ist, als spezifisches Meßparament der Manipel, das über dem linken Arm herabhängende Band. Die Umschrift bezeichnet ihn als »* ARNOLDVS ARHEIEPISC«.

Dieses Motiv des thronenden Erzbischofs ist unter Konrad I. von Wittelsbach (1161–65, 1183–1200) weiterentwickelt worden. Bei den Erfurter Prägungen aus seiner ersten Regierungszeit stand Erzbischof Konrad ein Stempelschneider zur Verfügung, der sehr filigrane Brakteaten schuf. Sie zeigen »* CVNRADVS EPISCS«, so die Umschrift, in ganzer Gestalt auf einem mit Löwenköpfen verzierten Faltstuhl sitzend (42.3). Der Erzbischof ist ausgestattet mit dem Krummstab als Zeichen seiner geistlichen und dem Lilienzepter als Zeichen seiner weltlichen Herrschaft. Umrahmt wird er von

42.4 (oben) ▷
42.3 (unten)

architektonischen Versatzstücken in Form von Zinnen und bedachten Türmen, die Stadt und Kirche Erfurt symbolisieren sollen.
Solche von der Autorität des Erzbischofs zeugenden Münzen hat Christian I. von Buch (1165–83) auch in Aschaffenburg prägen lassen. Diese Stücke unterscheiden sich stilistisch deutlich von den thüringischen Prägungen und stehen von ihrer Machart her unter dem Einfluß der königlichen Münzstätten in Frankfurt und der Wetterau. Eine Emission zeigt den als »CHRISTIANV« bezeichneten Erzbischof mit zweispitziger Mitra, Pallium, Krummstab und zum Segen erhobener Rechten auf einer Mauer sitzend (Abb. 15). Daneben hat Christian von Buch aber in Erfurt auch Münzen prägen lassen, die dem Hl. Martin gewidmet waren und deren Bildgestaltung sich an die Emissionen Heinrichs I. anlehnte. Die Münzen Christians sind wie jene Heinrichs zweigeteilt: Unter dem Brustbild des Hl. Martin wird der Erzbischof präsentiert, wie er über ein – vor ihm auf einem Lesepult liegendes – Evangelienbuch seine segnende Rechte hält (42.4). Während der vom Stempelschneider etwas mißglückt ausgeführte Kopf im Profil gezeigt wird, bietet sich der Oberkörper des Erzbischofs frontal dar. Dieser Perspektivenwechsel war nötig, um Christians Pallium, das Zeichen seiner geistlichen Würde, sichtbar zu machen. Als legitimen Nachfolger des Hl. Martin auf dem Mainzer Stuhl stellt auch die Umschrift den Erzbischof vor: S(ANCTVS) MARTINVS C(H)RIST(I)ANVS ARC(HI)EP(IS)C(OPVS). W. D.

Lit.: Zu 1.: Buchenau/Pick 1928, Nr. 87 sowie Berger 1993, Nr. 2118; zu 2.: Buchenau/Pick 1928, Nr. 95; zu 3.: Buchenau/Pick 1928, Nr. 102a; zu 4.: Berger 1993, Nr. 2383; zu 5.: Buchenau/Pick 1928, Nr. 106a var.

[1] Zu den Brakteaten allgemein B. Kluge, Probleme der Brakteatenforschung, in: Forschungen und Berichte 19, 1979, S. 127–138.

[2] Zu den Brakteatenprägungen der Mainzer Erzbischöfe des 12. Jahrhunderts Buchenau/Pick 1928; W. Hävernick, Das ältere Münzwesen der Wetterau bis zum Ausgang des 13. Jahrhunderts (Veröffentlichungen der Historischen Kommission für Hessen und Waldeck XVIII.1), Marburg 1936; E. Nau, Münzen der Stauferzeit, in: Ausst.-Kat. »Die Zeit der Staufer« 1977, Bd. I, S. 108–188; Berger 1993; G. Röblitz, Die Erfurter Münzen des Mainzer Erzbischofs Heinrich von Harburg (1142–1153), in: Mitteilungen des Vereins für die Geschichte und Altertumskunde von Erfurt 57, NF 4, 1996, S. 7–27.

[3] Acht 1968, Nr. 42, 121, 141, 180, 181 sowie in ähnlicher Bedeutung Nr. 135.

43

1. Kaiserkrone und Reichsinsignien

Originale 11.–14. Jahrhundert; Krone Replik von Juwelier Weiland, Mainz
Gold/Edelsteine
H.: 30 cm; Dm.: 25 cm

Mainz, Juwelier Weiland, Haus der Goldschmiedekunst

2. Mitra

Deutschland (Goldborten: Italien?), 2. Hälfte 12. Jahrhundert (?)
Halbseidengewebe mit Goldborten (ehemals vielfarbige Seide, Goldfäden)
H.: 27 cm (mit Fanones: 63 cm); B.: 28,5 cm

Mainz, Bischöfliches Dom- und Diözesanmuseum

Reichskrone und Mitra stehen für die beiden bestimmenden Gewalten im Mittelalter: Regnum und Sacerdotium, die weltliche bzw. die geistliche Macht. Beide Gewalten sind, vor allem im ersten Jahrtausend, in der Regel nicht streng voneinander getrennt; vielmehr werden sie als gemeinsame Bestandteile eines »Leibes Christi« (Corpus Christi), der die gesamte Christenheit, die »Ecclesia«, verkörpert, aufgefaßt. Auf der einen Seite üben Bischöfe, Äbte und Äbtissinnen weltliche Herrschaft aus; auf der anderen Seite wird der königliche Herrscher, vor allem durch den Akt der Salbung, sakral überhöht. Den Klerikern wird aufgrund der Verfügungsgewalt über die Sakramente zwar grundsätzlich gegenüber den weltlichen Herrschern eine Vormachtstellung eingeräumt; dennoch bewährt sich bis zum 11. Jahrhundert ein »gleichberechtigtes« Nebeneinander beider Gewalten.
Im Laufe des 11. Jahrhunderts bricht dieses Gleichgewicht unter dem Einfluß der kirchlichen Reformbewegung zunehmend zusammen. Einerseits wird nun die Abhängigkeit, die aus der Einsetzung von Klerikern in ihre säkularen Ämter durch weltliche Herrscher resultiert, zunehmend abgelehnt. Andererseits wird verstärkt unter dem Hinweis auf die Macht der Sakramente eine Vorrangstellung des Klerikers betont und aktiv angestrebt. Die sakrale Würde des Priesters sollte streng von der Sphäre der Laien, zu der nun auch der König gerechnet wurde, getrennt werden. Ziel des Klerus war eine uneingeschränkte Führungsrolle innerhalb der Christenheit mit dem Papst an der Spitze. Die königliche Seite hingegen betonte das sakrale Selbstverständnis ihrer von Gott gewollten Herrschaft und beanspruchte unter Berufung auf das wiederentdeckte römische Recht staatliche Autonomie. Folgerichtig wird seit 1157 in Urkunden der kaiserlichen Kanzlei vom »sacrum imperium« gesprochen und der Anspruch des Papstes auf Lehnshoheit über das »Heilige Römische Reich« entsprechend scharf zurückgewiesen.
Höhe- und Kulminationspunkt dieses historischen Kräftemessens war der sogenannte »Investiturstreit«. Hierunter versteht man jenen Kampf zwischen weltlicher und geistlicher Macht, der zwischen Kaiser und Papst um die Einsetzung der Bischöfe ausgetragen wurde. Als Investitur (Einkleidung) bezeichnete man im Mittelalter die Einsetzung eines Bischofs in sein Kirchenamt. Sie wurde in aller Regel durch den Kaiser vollzogen, indem er dem (Erz-)Bischof dessen Amtsinsignien Stab und (später auch den) Ring verlieh. Die Investitur erlaubte der Krone die Kontrolle über die Besetzung der wichtigen (erz-)bischöflichen Stühle. Sie garantierte eine meist zuverlässige Mitarbeit ausgewählter Personen von hoher Bildung. Zeitlich dauerte der Investiturstreit etwa vom Tode Kaiser Heinrichs III. (1056) bis zum Ende der Regierung von Kaiser Heinrich V. (1125).
Primär ging es beim Investiturstreit um eine Neuordnung der Machtverhältnisse zwischen Regnum und Sacerdotium. Konkret entzündete er sich zwischen Kaiser und Papst 1078 an der Einsetzung des Erzbischofes von Mailand. Heinrich IV. berief seinen Kaplan Theodalf, dessen Ernennung von Papst Gregor VII. scharf abgelehnt wurde. In den folgenden Jahren verschärfte sich der Streit. 1095 verbot der Papst nicht nur die kaiserliche Investitur, sondern auch jeglichen Lehenseid eines Klerikers gegenüber einem Laien. Eine Durchsetzung dieses Anspruches hätte dem mittelalterlichen Rechts- und Hoheitswesen jede Grundlage entzogen.
Eine Lösung des Investiturstreites bahnte sich im frühen 12. Jahrhundert durch die begriffliche Trennung zwischen geistlichem Amt (spiritualia) und den hierin enthaltenen weltlichen Hoheitsrechten (temporalia) an: dem Kaiser steht, dementsprechend, nur die Investitur mit Gütern und weltlichen Rechten zu, während der Papst die darüber hinausgehenden spiritualia verleiht. Im Wormser Konkordat vom 23. September 1122 vereinbaren Kaiser Heinrich V. und Papst Calixtus II., daß in Deutschland die Bischöfe durch die Geistlichen in Gegenwart (praesentia) des Königs oder seines Vertreters gewählt werden sollen. Der Gewählte erhält im Auftrag des Königs ein Zepter als Zeichen seiner weltlichen Gewalt, dann wird er zum Bischof geweiht und ihm zum Zeichen seiner geistlichen Gewalt im Auftrage des Pap-

stes Ring und Stab verliehen. Bei diesem Kompromiß behielten die Bischöfe ihren weltlichen Besitz und blieben als weltliche Herren im Dienste des Königs, aber über ihre Wahl bestimmte der Papst und die örtliche Geistlichkeit.

Die Mitra wurde eigens für die Ausstellung in der Schweizer Abegg-Stiftung in Riggisberg (Schweiz) restauriert. Da sie – ganz im Gegensatz zur Kaiserkrone – bislang unpubliziert ist, sei sie an dieser Stelle ausführlicher vorgestellt.

Die Mitra aus altem Museumsbestand ist – aufgrund ihres Erhaltungszustandes – zweifellos ein Grabfund. Unter den ungünstigen Bedingungen im Boden haben die Fasern der seidenen Fäden und Stoffe ihre Elastizität völlig verloren und eine einheitliche braune Färbung angenommen. Bestandteile aus Leinen oder anderen pflanzlichen Fasern, die noch wesentlich empfindlicher auf saures Milieu und Feuchtigkeit reagieren, sind sogar vollständig vergangen. Nur die Goldfäden – bestehend aus schmalen, um einen seidenen Kernfaden gewikkelten silbervergoldeten Metallstreifchen – haben einen Teil ihres ursprünglichen Glanzes bewahrt. Das heutige unscheinbare Aussehen der Mitra vermittelt somit kaum mehr einen Eindruck ihrer ehemaligen, kostbaren Schönheit. Die breiten, mit buntgewebtem Rankenwerk, Vögeln und Vierfüßlern verzierten Goldborten haben sich prunkvoll von dem weißen, bis auf geringe Reste verlorenen Grundstoff abgesetzt. Damit entspricht die Mitra dem charakteristischen Bild, das diese bischöfliche Insigne bis etwa um 1300 geprägt hat[1]. Erst aus dem späteren Mittelalter sind Mitren mit einer anderen als weißen Grundfarbe oder mit einem anderen als goldenen Schmuckbesatz erhalten.

Die Mitra als Kopfbedeckung von Bischöfen, Domherren oder Äbten ist in schriftlichen und Bildquellen seit der Mitte des 11. Jahrhunderts belegt[2]. Die ältesten erhaltenen Originale dagegen datieren erst aus dem 12. Jahrhundert. Manche sind wie Reliquien mit dem Namen eines verehrten oder heiligen Bischofs verbunden, zum Beispiel demjenigen Hartmanns von Brixen († 1164), andere wurden in Gräbern gefunden, so im Bremer Dom, in Trier oder in Braunschweig. Ihre einfach-geometrische Form, mit niedrigen Hörnern in Form gleichschenkligrechtwinkliger Dreiecke, entspricht der Mainzer Mitra; in der Regel sind sie sogar noch etwas niedriger als diese. Der Goldbortenbesatz läuft immer als Band um den unteren Rand *(Circulus)* und in der vorderen und hinteren Mitte senkrecht zur Spitze empor *(Titulus)*. Dazu kommt oft – wie hier – ein schmaleres Bändchen, das von der vorderen zur hinteren Spitze über den Scheitel verläuft. Die im Nacken herabhängenden Bänder, Infeln oder Fanones genannt, schmückt das gleiche Bändchen.

Als Grundstoff der Mainzer Mitra ist eine ungemusterte, in Samit-Bindung gearbeitete Halbseide verwendet worden. Von den zwei Kett- und zwei Schußsystemen des Gewebes bestand je eines aus pflanzlicher Faser, die vollständig vergangen ist. Solche Halbseidenstoffe haben im 12. und 13. Jahrhundert große Verbreitung gefunden. Meist sind sie farbig gemustert. Seltener sind die unspektakulären einfarbigen Vertreter der Gattung. Zweimal allerdings sind sie in dieser Zeit auch an Mitren belegt: an derjenigen aus einem Abtsgrab in St. Aegidien in Braunschweig und an der jüngeren der beiden Mitren im Salzburger Dom[3]. Auch die Goldborten lassen sich mit anderen erhaltenen vergleichen. Beide, die breite von Circulus und Titulus und die schmale über dem Scheitel und an den Fanones, gehören zur Gruppe der »Palermoborten«. Diesen Namen tragen sie nach Funden aus dem Grab Kaiser Heinrichs VI. († 1197) in Palermo und nach ihrem Vorkommen am Krönungsornat der deutschen Kaiser und Könige in Wien, an Gewandstücken, die ihrerseits von den sizilischen Normannenkönigen herstammen. Ob alle Borten dieser Gruppe auch wirklich in Italien entstanden sind oder ob nicht auch Produktionszentren in Deutschland in Frage kommen, konnte von der Forschung noch nicht eindeutig geklärt werden. Technisch gesehen handelt es sich um lancierte und über der Lancierung kettgemusterte Köpergewebe von raffiniert einfacher Konstruktion. Die Musterung der breiten Borten, mit abgesetzten Randstreifen und durch Schrägstreifen gegliedertem Hauptfeld, ist derjenigen der Borten an der Braunschweiger Mitra unmittelbar vergleichbar. Als Vorläufer dürfen beispielsweise die Borten aus dem Grab des Bischofs Amédée II. von Lausanne († 1159)[4] angesehen werden.

Aufgrund all dieser Vergleiche darf eine Entstehung der Mitra noch im 12. Jahrhundert, eher gegen dessen Ende, angenommen werden. Sie gehört damit zu den frühesten erhaltenen Exemplaren dieses liturgischen Gewandstückes, das erst im Anfang des 12. Jahrhunderts seine im wesentlichen noch heute gültige Form gefunden hatte. W. W./R. S.

Lit.: Zur Krone: M. Schulze-Dörrlamm, Die Kaiserkrone Konrads II. (1024–1039). Eine archäologische Untersuchung zu Alter und Herkunft der Reichskrone (Monographien des Römisch-Germanischen Zentralmuseums Mainz 23), Mainz 1991; G. Wolf, Die Wiener Reichskrone (Schriften des Kunsthistorischen Museums 1), Wien 1995. Zur Mitra: unpubliziert.

[1] L. von Wilckens, Überlegungen zu den fünf Salzburger Mitren des hohen Mittelalters, in: Anzeiger des germanischen Nationalmuseums, 1984, S. 13–20, hier S. 13.
[2] Allgemein zur Mitra: J. Braun, Die liturgische Gewandung im Occident und Orient. Nach Ursprung und Entwicklung, Verwendung und Symbolik, Freiburg 1907, S. 424–498.
[3] L. von Wilckens, Textilkundliche Anmerkungen zur Datierung von Grab 5, St. Aegidien, in: H. Rötting (Hrsg.), Stadtarchäologie in Braunschweig. Ein fachübergreifender Arbeitsbericht zu den Grabungen 1976–1984 (Forschungen zur Denkmalpflege in Niedersachsen 3), Hameln 1985, S. 295–297; A. Streiter/S. Wirth, Zum Arbeitsstand der Textilkonservierung von Grab 5, St. Ägidien, in: H. Rötting (Hrsg.), Stadtarchäologie in Braunschweig. Ein fachübergreifender Arbeitsbericht zu den Grabungen 1976–1984 (Forschungen zur Denkmalpflege in Niedersachsen 3), Hameln 1985, S. 295–305, hier S. 301 bzw. von Wilckens 1984, S. 18.
[4] M. Flury-Lemberg, Textilkonservierung im Dienste der Forschung. Ein Dokumentarbericht der Textilabteilung zum zwanzigjährigen Bestehen der Abegg-Stiftung (Schriften der Abegg-Stiftung Bern 7), Bern 1988, S. 248–250, 478.

Abb. 30 Bleiplatte aus dem Grab Heinrichs I., Einbeck, St. Alexandri

44
Krummstab des Mainzer Erzbischofs Heinrich I. (1142–1153)

Einbeck, 1153
Krümme: Buchenholz
Stab: ringporiges Laubholz (Esche?)
H.: 40,5 cm; Dm.: 8,5 cm

Einbeck, St. Alexandri

Ohne den Einsatz des Mainzer Erzbischofs Heinrich I. (1142–1153) wäre Hildegard heute wahrscheinlich vergessen. Er war es, der auf Bitten des Disibodener Abtes Kuno Papst Eugen III. auf der Synode von Trier über Hildegards Visionen informierte. Auf dieser Synode, die von November 1147 bis Februar 1148 tagte, waren Geistliche aus allen Teilen Europas, darunter auch Bernhard von Clairvaux, vertreten. Als eine Untersuchungskommission, die auf Wunsch des Papstes zu Hildegard geschickt wurde, mit einem positiven Ergebnis nach Trier zurückkehrte und die Echtheit von Hildegards Visionen bestätigte, liest der Papst selbst aus Teilen des ihm überreichten Liber Scivias vor. Hierdurch verbreitete sich rasch in ganz Europa der Ruhm der Seherin von der Nahe.
Heinrichs Eintreten für die unbekannte Nonne ist um so höher zu bewerten, da er zu jener Zeit politisch stark gefordert ist. Seit März 1147 war er für König Konrad III., der das Kreuz genommen hatte und sich auf dem Weg ins Heilige Land befand, als Reichsverweser (»custos regni et protector«) sowie als Vormund des Königssohnes Heinrich tätig. Dies mag einer der Gründe sein, warum er dem Aufruf Eugens zu einer weiteren Synode, die nur einen Monat nach der Trierer Versammlung im März 1148 nach Reims einberufen wurde, nicht nachkam. Gewichtiger wird das Unabhängigkeitsstreben des ranghöchsten geistlichen Fürsten nördlich der Alpen gewesen sein, der die sich im 12. Jahrhundert verfestigende Oberhoheit des Papstes nur widerwillig anerkannt haben dürfte. (Vordergründig) wegen dieses Nichterscheinens erklärt der Papst Heinrich seines Amtes für verlustig. Auf Drängen Königs Konrad hebt der Papst 1149 die Strafe wieder auf, doch Eugen bleibt zeitlebens sein Gegner. Als gegen den Widerstand des Mainzer Erzbischofs 1152 der Staufer Friedrich Barbarossa zum König gewählt wird – Heinrich favorisierte den noch unmündigen Sohn Konrads III., Friedrich –, ist das Ende da: An Pfingsten 1153 wird Heinrich auf der Wormser Reichsversammlung von zwei päpstlichen Kardinallegaten offiziell seines Amtes enthoben. Eugen III. folgte damit einem – sicherlich gerne erfüllten – Wunsch Barbarossas. Heinrich geht ins Exil in das welfisch gesinnte Einbeck bei Göttingen, wo er bereits am 3. Sep-

tember desselben Jahres verstirbt. Er findet seine letzte Ruhe in der dortigen Stiftskirche St. Alexandri.
Einbeck lag in jener Zeit an der Nordgrenze des Mainzer Erzbistums, am Schnitt wichtiger Heer- und Handelsstraßen. St. Alexandri, von dem Grafen Dietrich II. von Katlenburg (1056–1089) erbaut, erfreute sich der besonderen Gunst der Gemahlin Kaiser Lothars III. von Supplinburg, Richenza, die das Stift eifrig förderte. Über die romanische St. Alexandri-Kirche ist heute nur noch wenig bekannt, da sie in gotischer Zeit durch einen Neubau ersetzt wurde. Bei der Renovierung der Kirche und dem Einbau einer Fußbodenheizung in den Jahren 1974–78 wurde das Grab Heinrichs wieder entdeckt. Die Abdeckplatte des in späterer Zeit einmal geöffneten Sarkophags war zerbrochen, der Leichnam bis auf Schädel und Oberschenkel vergangen. Erhalten geblieben waren geringe golddurchwirkte Stoffreste, der – wohl speziell für die Bestattung angefertigte – hölzerne Krummstab sowie eine stark korrodierte Metalltafel (Abb. 30), deren Inschrift eine eindeutige Identifizierung des Toten erlaubte:
ANNO (DOMINICE) / INCARN.M.(C.L.III.) INDICT / I . III NONAS (SEP)T. HEIN / RICUS MAGV(NTIN)-IENSIS / ARCHIAE(PISCOPUS). (Im Jahre der Fleischwerdung des Herren 1153, 3. September, starb Heinrich, Erzbischof von Mainz). W. W.

Lit.: Franz Hoffmann, Grabungsfunde aus dem Gründungsbau der Stifskirche St. Alexandri in Einbeck (1975), in: Einbecker Jahrbuch 32, 1981, S. 39–52; Fritz Arens, Das Grab des Erzbischofs Heinrich I. von Mainz in Einbeck, in: Mainzer Zeitschrift 79/80, 1984/85, S. 76. Zur Person: Jürgensmeier 1988, S. 87–89 (mit weiterführender Lit.).

44 ▷

45
Kaiser Friedrich I. Barbarossa (1152–1190)

Pfennig
Prägeort: Mühlhausen (?), vor 1155
Silber (0,69 g); Dm.: 41,5 mm

Mainz, Stadtarchiv, MK 370 A 2

Friedrich I. Barbarossa war der erste König des deutschen Reiches, der sich auf Münzen zusammen mit seiner Gemahlin darstellen ließ. Der Brakteat zeigt Barbarossa mit Mantel, dreieckiger Krone, Lilienzepter in der Rechten und Reichsapfel in der Linken unter einem dreifachen, mit Architektur reich verzierten Bogen. Seine linke Seite wird von dem Profilbild der gekrönten Königin flankiert, seine rechte Seite von einem barhäuptigen Weltlichen mit geschultertem Schwert. Aus der Umschrift »FRIDERICV[S REX]« läßt sich schließen, daß die Münze vor der Kaiserkrönung Barbarossas am 18. Juni 1155 geprägt wurde.

Hildegard setzte große Hoffnungen auf Friedrich Barbarossa, der am 4. März 1152 in Frankfurt zum deutschen König gewählt wurde. Bereits vorher hatte er von seinem Onkel, dem sterbenden König Konrad, die Reichsinsignien empfangen. Aufgrund seiner Abstammung – Barbarossa war der Sohn von Friedrich II., Herzog von Schwaben, und dessen Gemahlin Judith von Bayern – gehörte er sowohl dem Geschlecht der Staufer als auch dem der Welfen an und schien somit, wie kein anderer, prädestiniert, den Konflikt zwischen den beiden Geschlechtern zu beenden. Dies hätte den Frieden im Reich entscheidend gestärkt.

Drei[1] gesicherte Schreiben Hildegards an Barbarossa sind uns erhalten geblieben, deren ursprüngliche Fassung uns der Zwiefaltener Codex (Kat. Nr. 47) authentisch überliefert. Hinzu kommt ein Brief des Kaisers an Hildegard, der ebenfalls in der Zwiefaltener Briefhandschrift erfaßt ist. In Hildegards erstem Brief an Friedrich, der wohl kurz nach der Königswahl verfaßt wurde[2], begrüßt Hildegard den neuen Herrscher als den kommenden Friedensstifter, von dem sie sich eine weise und gerechte Regierung erhofft (Abb. 31a/31b). Dies kommt in den Worten »*Nunc o rex*«, mit denen sie ihr Schreiben nach einem einleitenden Gleichnis fortsetzt, deutlich zum Ausdruck: »*Nun, o König, schau sorgsam zu! Alle Länder sind umdunkelt von den Ränken der vielen, die durch die Schwärze ihrer Sünden die Gerechtigkeit auslöschen. Räuber und Abirrende zerstören den Weg des Herrn. O du König, bezwinge mit dem Zepter der Barmherzigkeit die trägen, unsteten und wilden Sitten. Denn du hast einen ruhmreichen Namen, weil du König in Israel bist. Gar ruhmreich ist dein Name*«[3].

Nur kurze Zeit später, um 1153[4], wendet sich Hildegard wieder an den Kaiser. Doch jetzt ist der Ton ein völlig anderer. Mit scharfen Worten ergreift sie Partei in einer Sache, die ihr aus persönlichen, aber auch aus grundsätzlichen Gründen wichtig gewesen sein dürfte: der Absetzung des Mainzer Erzbischofes Heinrich (s. Kat. Nr. 44). Seinem Einsatz verdankte sie ihre Anerkennung als Seherin sowie die Unabhängigkeit und den Schutz ihrer Rupertsberger Neugründung. Aufgrund dieser persönlichen Verpflichtung, sicher aber auch aus Empörung über das Eingreifen Barbarossas in – seit dem Wormser Konkordat (s. Kat. Nr. 43) – innerkirchliche Angelegenheiten verurteilt sie das Handeln des Kaisers: »*O König, es ist dringend notwendig, daß du in deinen Handlungen vorsichtig bist. Ich sehe dich nämlich in der geheimnisvollen Schau wie ein Kind, einen unsinnig Lebenden vor den lebendigen Augen Gottes. Noch hast du Zeit, über irdische Dinge zu herrschen. Gib acht, daß der höchste König dich nicht zu Boden streckt wegen der Blindheit deiner Augen, die nicht richtig sehen, wie du das Zepter zum rechten Regieren in deiner Hand halten mußt. Darauf hab acht: Sei so, daß die Gnade Gottes nicht in dir erlischt*«[5].

Gleichzeitig – und dies stützt die hier vorgestellte Interpretation dieses Briefes[6] – verwendet sie sich auch bei Papst Eugen III. für Erzbischof Heinrich. Auch hier gibt der Zwiefaltener Codex als einziger den unverfälschten Originaltext wieder. Hildegards Brief an Eugen findet sich auf folio 34r bzw. 34v. Er bricht nach zwei Dritteln unvermittelt ab, und es folgt der unter Kat. Nr. 47 vorgestellte Brief von Eugen an Hildegard. Dann bemerkte der Schreiber offensichtlich, daß ihm das Ende von Hildegards Bittbrief entgangen war. Deshalb fügte er den entscheidenden Passus als Addendum am unteren Rand von folio 34v hinzu (47.2a). Hier bittet Hildegard den Papst um Güte und Mitleid für den Erzbischof: »*Darum, o Hirte der Schafe, vernimm folgendes über jenen Bischof, der von vielen schwer bedrängt wird. Das Licht spricht: Die Geheimnisse Gottes wissen um das Urteil über einen jeden nach seinem Verdienst. Viele Menschen hingegen lassen sich bei ihrem Nachforschen von ihrem bösen Eifer und schändlichen Gehabe bestimmen. Doch Mein Urteil kennen sie nicht. In ihrer Einschätzung betrügen sie sich selbst über alle Maßen wie Wölfe, die Beute rauben. Daher: obgleich der Mensch wegen seiner Missetaten verdient, vor Gericht gestellt zu werden, so gefällt es Mir doch nicht, daß der Mensch sich selbst das Urteil anmaßt nach seiner Willkür. Das will Ich nicht. Entscheide du vielmehr diese Rechtssache nach der tief*

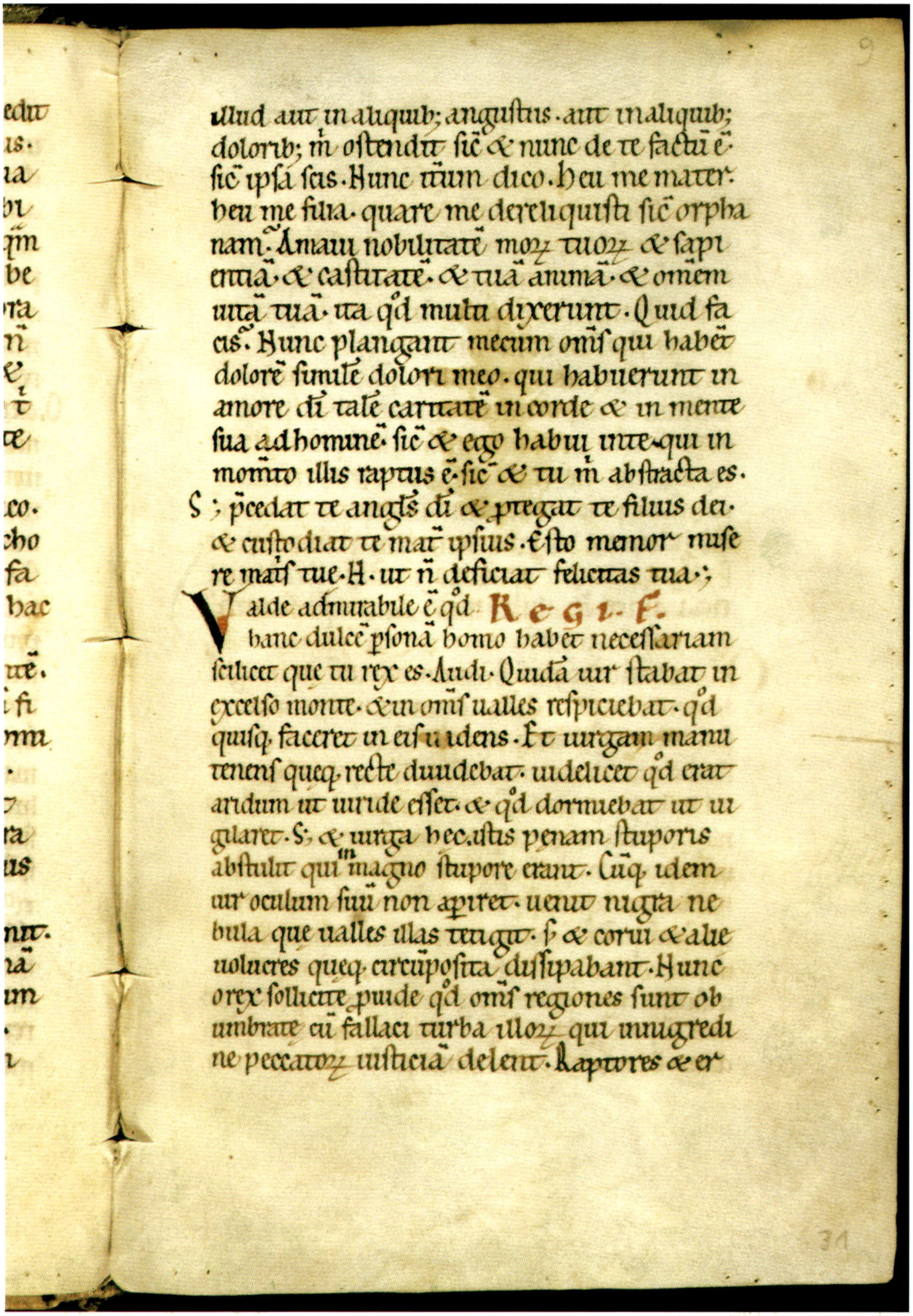

illud aut in aliquib; angustiis . aut in aliquib;
dolorib; m ostendit sic & nunc de te factu e.
sic ipsa scis. Nunc tuum dico. Heu me mater.
heu me filia. quare me dereliquisti sic orpha
nam. Amaui nobilitate mor tuor & sapi
entia. & castitate. & tua anima. & omem
uita tua. ita qd multi dixerunt. Quid fa
cis. Nunc plangant mecum omis qui habet
dolore simile dolori meo. qui habuerunt in
amore di tale caritate in corde & in mente
sua ad homine. sic & ego habui inte. qui in
momto illis raptus e. sic & tu m abstracta es.
S ; pcedat te angls di & ptegat te filius dei.
& custodiat te mat ipsius. Esto memor mise
re matr tue. H. ut n deficiat felicitas tua. ;

Valde admirabile e qd. Regi. F.
hanc dulce psona homo habet necessariam
scilicet que tu rex es. Audi. Quida uir stabat in
excelso monte. & in omis ualles respiciebat. qd
quisq; faceret in eis uidens. Et uirgam manu
tenens queq; recte diuidebat. uidelicet qd erat
aridum ut uiride esset. & qd dormiebat ut ui
gilaret. S; & uirga hec. istis penam stuporis
abstulit qui in magno stupore erant. Cuq; idem
uir oculum suu non apiret. uenit nigra ne
bula que ualles illas tetigit. s & corui & alie
uolucres queq; circuposita dissipabant. Nunc
o rex sollicite puide qd omis regiones sunt ob
umbrate cu fallaci turba illor qui in nigredi
ne peccator iusticia delent. Raptores & er

Abb. 31a Hildegards erster Brief an Friedrich I. Barbarossa, Zwiefaltener Briefhandschrift, 1154–1170, Stuttgart, Württembergische Landesbibliothek, Theol. Phil. 4° 253

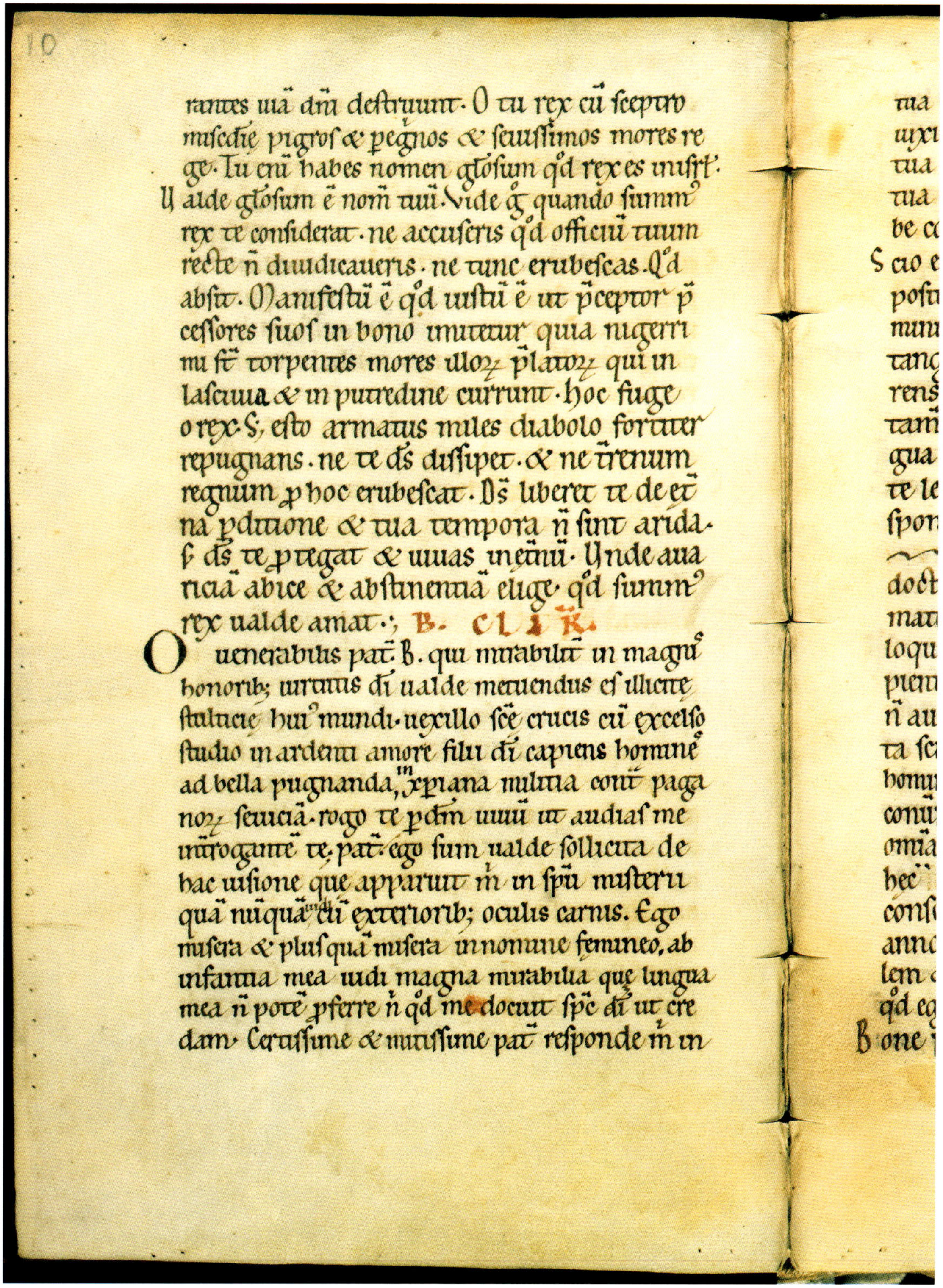
10

rantes uiam domini destruunt. O tu rex cum sceptro
misericordie pigros & peruersos & seuissimos mores re
ge. Tu enim habes nomen gloriosum quod rex es in israel.
Ualde gloriosum est nomen tuum. Uide ergo quando summus
rex te considerat. ne accuseris quod officium tuum
recte non diiudicaueris. ne tunc erubescas. Quod
absit. Manifestum est quod iustum est ut preceptor pre
cessores suos in bono imitetur quia nigerri
mi sunt torpentes mores illorum prelatorum qui in
lasciuia & in putredine currunt. hoc fuge
o rex. Sed esto armatus miles diabolo fortiter
repugnans. ne te deus dissipet. & ne terrenum
regnum per hoc erubescat. Deus liberet te de eter
na perditione & tua tempora non sint arida.
Sed deus te protegat & uiuas in eternum. Unde aua
riciam abice & abstinentiam elige. quod summus
rex ualde amat. B. CL R.
O uenerabilis pater B. qui mirabiliter in magnis
honoribus uirtutis dei ualde metuendus es illicite
stulticie huius mundi. uexillo sancte crucis cum excelso
studio in ardenti amore filii dei capiens homines
ad bella pugnanda, in christiana militia contra paga
norum seuiciam. rogo te per deum uiuum ut audias me
interrogantem te, pater. ego sum ualde sollicita de
hac uisione que apparuit michi in spiritu misterii
quam numquam uidi exterioribus oculis carnis. Ego
misera & plusquam misera in nomine femineo, ab
infantia mea uidi magna mirabilia que lingua
mea non potest proferre nisi quod me docuit spiritus dei ut cre
dam. Certissime & mitissime pater responde michi in

Abb. 31b

inneren mütterlichen Barmherzigkeit Gottes, der den Bettler und Dürftigen nicht von sich weist, denn Barmherzigkeit ist Ihm lieber als Opfer. In diesem Fall aber wollen die Schwarzen die Schwärze abwaschen durch ihre eigene Schändlichkeit, obgleich sie doch selbst beschmutzt sind und taub im Graben liegen. Diese richte auf und hilf dem Kleinen«[7].

Wußte Hildegard nicht, daß der Papst Heinrich feindlich gesinnt war? Überschätzte sie ihren Einfluß auf Eugen, oder zwang sie ihr Gerechtigkeitssinn zu diesem von vorneherein aussichtslosen Unterfangen[8]? Helfen konnte sie Erzbischof Heinrich jedenfalls nicht. Er ging 1153 ins Exil nach Einbeck, wo er noch im gleichen Jahr starb (s. Kat. Nr. 44).

Trotz dieses massiven Eingreifens Hildegards für den von Barbarossa ungeliebten Mainzer Erzbischof blieb das Verhältnis zwischen Friedrich und Hildegard in den folgenden Jahren ungetrübt. Dies belegt der einzige erhalten gebliebene Brief des Kaisers an Hildegard. In diesem um 1155 zu datierenden Schreiben versichert er Hildegard ausdrücklich seiner Gunst (gratiam suam). Darüber hinaus gibt uns dieser Brief Kenntnis von einer persönlichen Begegnung zwischen Kaiser und Äbtissin in der Pfalz zu Ingelheim. Hildegard scheint bei diesem Treffen für den Kaiser wichtige Voraussagungen gemacht zu haben, die tatsächlich eintrafen: *»Friedrich, durch Gottes Gnade römischer Kaiser und ständiger Mehrer des Reiches, entbietet Frau Hildegard von Bingen seine Gunst und alles Gute.*

Wir machen deiner Heiligkeit bekannt: Das, was du uns vorausgesagt hast, als wir dich bei unserem Aufenthalt in Ingelheim gebeten hatten, vor uns zu erscheinen, halten wir bereits in Händen. Aber trotzdem werden wir nicht aufhören, in allen Unternehmungen uns für die Ehre des Reiches abzumühen. Daher ermahnen wir deine Liebe aufs inständigste, du wollest mit deinen dir anvertrauten Schwestern für uns zum allmächtigen Gott deine Bitten emporsenden, damit, wenn wir uns in irdischen Geschäften abmühen, Er uns so zu Sich wende, daß wir Seine Gnade zu erlangen vermögen. Du darfst aber die sichere Überzeugung haben, daß wir bei jedwedem Anliegen, das du uns vorträgst, weder auf die Freundschaft noch auf den Haß irgendeiner Person Rücksicht nehmen werden. Vielmehr haben wir uns vorgenommen, einzig im Blick auf die Gerechtigkeit gerecht zu urteilen«[9].

Hiermit greift Barbarossa – sicher zur Befriedigung der Seherin – eine der zentralen Fragen des ersten Hildegardbriefes, die Sehnsucht nach gerechter Herrschaft, auf. Aufgrund der politischen Gegebenheiten trifft der Kaiser in der Folgezeit aber weiterhin Entscheidungen, die Hildegard aufs tiefste mißbilligt. Jetzt kann und will sie ihm nicht mehr folgen. Statt dessen fühlt sie sich verpflichtet, den Kaiser aufs schärfste zu mahnen, um als Sprachrohr Gottes dessen Willen durchzusetzen (s. Kat. Nr. 46). W. W.

Lit.: Zum Brakteaten: Buchenau/Pick 1928, Nr. 103; Nau 1977, S. 188, Nr. 25; Zu den Kaiserbriefen: Büttner 1960.

[1] Ein weiterer Brief Hildegards aus einer Berliner Handschrift ist vielleicht ebenfalls an Barbarossa gerichtet, jedoch fehlt der Adressat, der lediglich als »Diener Gottes« bezeichnet ist, vgl. Schrader/Führkötter 1956, S. 129 ff. bzw. Hildegard, Briefwechsel, S. 84 f.

[2] Die Datierung des Briefes ergibt sich aus dem Titel »rex«, König, mit dem Hildegard Barbarossa anredet. Am 18. Juni 1155 wurde Friedrich I. von Papst Hadrian IV. zum Kaiser gekrönt, danach stand ihm der Titel »Imperator« zu, der in den übrigen Hildegardbriefen auch verwendet wird, vgl. Büttner 1960, S. 63. Dieser erste Brief muß also zwischen 1152 und 1155 entstanden sein. Wahrscheinlich sind die Jahre 1152 und (Beginn) 1153.

[3] Hildegard, Briefwechsel, S. 82.

[4] Dieser Brief ist auf Grund seiner verschiedenen Redaktionen in seiner Datierung umstritten. Während spätere und überarbeitete Briefhandschriften an dieser Stelle Friedrichs Imperatorentitel in der Adresse führen und damit den Brief nach der 1155 erfolgten Kaiserkrönung datieren, verzeichnen die neben der Zwiefaltener Handschrift als besonders authentisch geltenden Handschriften aus Wien (Nationalbibliothek, Cod. 881) bzw. Berlin (Preußische Staatsbibliothek, Cod. Theol. Lat. fol. 699) noch die ursprüngliche Titulatur »Friderico regi« bzw. »Friderico Romanorum regi«. Damit ist der Brief eindeutig vor Juni 1155 datiert, vgl. van Acker 1989, S. 122 f. In der Zwiefaltener Handschrift ist der Brief zweimal vorhanden: das erste Mal ohne Anschrift, das zweite Mal mit der Adressatenbezeichnung »Friderico regi et imperatori«, was, wie bereits Büttner 1960, S. 63 mit Anm. 30 zu Recht vermerkt, auf eine Ergänzung des Kopisten zurückzuführen ist.

[5] Hildegard, Briefwechsel, S. 86.

[6] Schrader/Führkötter 1956, S. 128 f. interpretieren den Brief aufgrund ihrer Datierung um 1164 als Mahnschreiben gegen eine Verlängerung des Schismas infolge der Wahl des Gegenpapstes Paschalis III. (s. Kat. Nr. 46). Die Datierung und damit auch diese Deutung sind jedoch nicht mehr zu halten, vgl. die Hinweise in Anm. 4.

[7] Hildegard, Briefwechsel, S. 35.

[8] Wie wichtig ihr die Angelegenheit war, zeigt eine weitere briefliche Intervention aus dem Jahre 1153, in dem sie die vom Papst gesandten Kardinallegaten, die Heinrich verurteilten, in scharfen Tönen vor einer – in ihrem Sinne – falschen Entscheidung warnt: *»Nun, ihr Nachahmer des Allerhöchsten, das ruft der lebendige Quell euch zu. Eurer Würde steht es nicht an, Augen von Blinden zu haben, Schleichwege wie Schlangen zu kriechen, Raub und Diebstahl wie Altarschänder zu verüben. Warum tut ihr das? Weil ihr das tut, seid ihr nicht fähig, die Schuhriemen des Herrenleibes aufzulösen. Darum nehmt euch in Zucht!«* (Hildegard, Briefwechsel, S. 37).

[9] Hildegard, Briefwechsel, S. 83.

Abb. 32
Karl-Heinz Oswald, Hildegard von Bingen, 1998, Mainz, Bischöfliches Dom- und Diözesanmuseum

46
Porträtbüste des Kaisers Friedrich I. Barbarossa

Maasländisch (?), um 1155/60
H.: 31,4 cm
Bronze, vergoldet

Cappenberg, St. Johannes

Auf einem Sockel aus vier Drachenfüßen erhebt sich ein achteckiger, mit vier Ecktürmen besetzter Zinnenkranz, in den drei kniende Engel (von ursprünglich vier) eingestellt sind. Sie tragen einen weiteren, runden Zinnenkranz, auf dem die Büste Kaiser Friedrichs I. Barbarossas ruht. Sein gelocktes Haar wird von einer – heute verlorenen – silbernen Binde gehalten, deren mit dem Kopf zusammen gegossener Knoten im Nacken sichtbar ist. Ihr Vorbild liegt in den antiken Bildnissen römischer Kaiser. Der zierliche, in einzelne Wellen gelegte Kinnbart und der gezwirbelte Schnurrbart verleihen der Büste derart unverwechselbare, individuelle Züge, daß sie mit Recht als die »erste unabhängige Porträtdarstellung der abendländischen Kunst seit karolingischer Zeit« bezeichnet wird[1]. Dies wird auch durch das Testament Otto von Cappenbergs bestätigt, der anläßlich eines Vermächtnisses an das von ihm und seinem Bruder Gottfried gegründete Stift in Cappenberg von einem »caput argentum ad imperatoris formatum effigiem« sprach, einem »silbernen Haupt, geformt nach dem Antlitz des Kaisers«. Otto Graf von Cappenberg war der Taufpate Friedrich Barbarossas. Wie wir aus der Inschrift der sog. »Taufschale« Barbarossas wissen, erhielt er zahlreiche Geschenke vom Kaiser. Hierzu dürfte auch die Bildnisbüste gehört haben. Wie aus den Inschriften an der Büste hervorgeht, wurde sie von Otto zu einem Johannesreliquiar umgestaltet[2]: »*Was hier bewahrt wird, ist vom Haar des Johannes; erhöre, o Hl. Johannes, die Dich im Gebet bedrängen!*
Nimm, o Seher der Offenbarung, das Dir gegebene Geschenk als willkommen an und eile fromm durch Fürbitte dem Geber Otto zu Hilfe!«[3].
Das Verhältnis zwischen Hildegard und Barbarossa ist trotz Hildegards – sicher unwillkommener – Intervention zugunsten des Mainzer Erzbischofs Heinrich zunächst durchaus positiv zu nennen (vgl. Kat. Nr. 45). Selbst als der Kaiser auf Konfrontationskurs zum Papsttum geht, verschlechtern sich seine Beziehungen zu Hildegard zunächst nicht.
Bereits in den späten fünfziger Jahren treten zwischen Papst Hadrian IV. und Barbarossa erste Spannungen auf. Als Hadrian am 1. September 1159 stirbt, kommt es zum Schisma. Während die Mehrheit des Kardinalkollegiums mit Alexander III. einen Gegner des Kaisers wählt, erhebt eine kaisertreue Minderheit Viktor IV. zu päpstlichen Ehren. Dieses Schisma, das achtzehn Jahre andauern sollte, überschattet die beiden letzten Lebensjahrzehnte der Rupertsberger Äbtissin. Hildegard verhält sich in dieser Frage zunächst neutral. Ihr liegt vor allem am Schutz ihrer Klosterneugründung auf dem Rupertsberg, für die bereits 1158 Erzbischof Arnold von Mainz eine umfassende Bestätigungsurkunde ausgestellt hatte. 1163 erreicht sie auch den vollkommenen kaiserlichen Schutz, der ihr durch ein Privileg Barbarossas voll garantiert wird, ohne daß damit die Mainzer Rechte, die in Friedrichs Urkunde explizit anerkannt werden, beiseite geschoben werden (Kat. Nr. 32 bzw. 33). Bei den kriegerischen Handlungen im Rheingau im Jahre 1165 wird diese Schutzurkunde eine entscheidende Rolle spielen: Während kaiserliche Truppen zahlreiche Klöster und Güter in der Region zerstören, bleibt der Rupertsberg verschont.
Ab Mitte der sechziger Jahre aber verschlechtert sich das Verhältnis zwischen Hildegard und Barbarossa rapide. 1164 stirbt der erste Gegenpapst von Kaisers Gnaden, Viktor IV. Ihm folgt mit Billigung Barbarossas ein neuer Gegenpapst, Paschalis III., der aber bereits 1168 stirbt. Das Schisma setzt sich fort, denn ihm folgt der Gegenpapst Calixtus III., der von Friedrich I. allerdings erst 1170 anerkannt wird. Hildegard kann diesen Zustand, in dem durch die Eingriffe des Kaisers die gottgewollte Einheit der Kirche zerstört wird, nicht länger hinnehmen. Als »Posaune Gottes« verkündet sie dem Kaiser den göttlichen Zorn, falls er nicht von seinem Tun ablasse: »*Der da ist, spricht: Die Widerspenstigkeit zerstöre Ich, und den Widerstand derer, die Mir trotzen, zermalme Ich durch Mich selbst. Wehe, wehe diesem bösen Tun der Frevler, die Mich verachten! Das höre, König, wenn du leben willst! Sonst wird mein Schwert dich durchbohren!*[4]«. W. W.

Lit.: H. Fillitz, Der Cappenberger Barbarossa-Kopf, in: Münchner Jahrbuch der Bildenden Kunst, 3. Folge, 14, 1963, S. 39–50; H. Appuhn, Beobachtungen und Versuche zum Bildnis Kaiser Friedrichs I. Barbarossa in Cappenberg, in: Aachener Kunstblätter 44, 1973, S. 129–192; M. Hütt, »Quem lavat unda foris ...«. Aquamanilen. Form und Gebrauch, Mainz 1993, S. 138–207.

1 Ausst.-Kat. »Die Zeit der Staufer« 1977, Bd. I, S. 394.
2 Wie weit diese Umgestaltung ging, ist umstritten. Die ältere Forschung hielt den gesamten Unterbau für eine spätere Zutat

Ottos, während in jüngerer Zeit die originale Einheitlichkeit von Kopf und Unterbau befürwortet wird. Im Zuge dieser Umgestaltung wurde vielleicht auch der vierte Atlantenengel des Fußes durch eine Figur Ottos ersetzt, wie die Inschrift »Otto« wahrscheinlich macht.

3 »HIC Q(VO)D SERVETVR DE CRINE JOH(ANN)IS HABETVR TE P(RE)CE PVLSANTES EXAVDI SANCTI JOH(ANN)ES« bzw. »APOCALISTA DATVM TIBI MV(NVS) SVS(CIPE GR) ATVM (E)T P(I)VS OTTONI SVCCURRE PRECANDO DATORI«.

4 Hildegard, Briefwechsel, S. 86.

47
Zwiefaltener Briefhandschrift

Kloster Rupertsberg/Kloster Zwiefalten, 1154–1170
101 Pergamentseiten, Schweinsledereinband aus der zweiten Hälfte des 15. Jahrhunderts
H.: 23,8 cm; B.: 14,4 cm

Stuttgart, Württembergische Landesbibliothek, Cod. Theol. Phil. 4° 253

Schriften und damit auch Briefe von Hildegards eigener Hand sind uns nicht überliefert. Soweit wir wissen, diktierte Hildegard ihre Texte einem Sekretär oder schrieb, so z. B. ihre Visionen oder Teile davon, auf Wachstafeln. Diese Urtexte dürften dann von ihren jeweiligen Mitarbeitern auf Pergament ins reine geschrieben worden sein. Dabei kam es zu stilistischen, teilweise aber auch zu massiven inhaltlichen Umformungen; das Wie und Warum wird weiter unten detailliert behandelt werden. Nach ihrer Abfassung wurden die ins reine geschriebenen Briefe Hildegards an die jeweiligen Adressaten versandt. Ein Duplikat – sei es die unkorrigierte Urfassung oder eine eigens angefertigte Kopie – wurde jedoch zurückbehalten. Diese Duplikate von Hildegards Briefen sind uns in zahlreichen Handschriften überliefert. Einige dieser Codices verzeichnen Dutzende, andere nur einige wenige Briefe. Da die Redaktionen ein und desselben Briefes je nach Codex sehr unterschiedlich sein können, wurden viele dieser Schreiben in der Forschung in ihrer Echtheit angezweifelt. Seit den bahnbrechenden Untersuchungen von Schrader und Führkötter 1956 sowie der grundlegenden, zur Zeit aber leider noch nicht abgeschlossenen Edition der Hildegardbriefe hat sich unser Wissen um diese Briefe, ihre Entstehung, Bearbeitung und damit letztendlich auch um deren Echtheit, um ein Vielfaches erweitert.
Grundsätzlich lassen sich bei den erhaltenen Briefcodices zwei Großgruppen unterscheiden: eine ältere und eine jüngere Tradition. Die ältere gruppiert sich vor allem um die Zwiefaltener Briefhandschrift (1154–1170) sowie das im 13. Jahrhundert wahrscheinlich in Rommersdorf bei Bonn kopierte Manuskript Cod. Lat. 963 der Wiener Nationalbibliothek, das, wie die Forschungen van Ackers gezeigt haben, eine genaue Abschrift einer leider verlorengegangenen, aber textgetreuen Vorlage aus dem 12. Jahrhundert darstellt. Die jüngere Tradition gruppiert sich um den sog. »Wiesbadener Riesencodex« (zwischen 1180 und 1190), der zwar mehr Briefe als die vorgenannten Handschriften kennt, jedoch in Stil und Wortlaut stark überarbeitet ist und, so van Acker, als authentische Quelle für Hildegards Briefe deutlich an Wert verloren hat. Zwischen beiden Gruppen steht als Bindeglied das interessante Manuskript aus der Zisterzienserabtei im französischen Mezières[1], das den Werdegang der Briefüberarbeitung recht gut erkennen läßt. Als mithin ältestes Manuskript, das die Briefe Hildegards besonders authentisch wiedergibt, wird deshalb in der Ausstellung, stellvertretend für die vielen anderen Briefhandschriften, der Zwiefaltener Codex gezeigt.
Die Zwiefaltener Briefhandschrift wird heute in der Württembergischen Landesbibliothek in Stuttgart aufbewahrt. Hierher gelangte sie um 1810, nach der Auflösung des Klosters Zwiefalten, zu dessen Bibliothek der Codex seit seiner Entstehung im 12. Jahrhundert gehörte. Hildegards Briefe nehmen in dieser Sammelhandschrift folio 27r–59v bzw. folio 76r–93v ein. Die übrigen Seiten enthalten theologische Traktate anderer Autoren. Die Handschrift enthält 133 Briefe von Hildegard, in drei Briefen – einer Anfrage und zwei Antwortschreiben – ist sie die Adressatin. Ferner sind drei Lieder verzeichnet. Insgesamt lassen sich anhand des Schriftbildes mindestens 24 Hände unterscheiden, darunter auch solche, die, wie andere Codices belegen, in der Schreibstube auf dem Rupertsberg tätig waren. Andere Schreiber lassen sich nach Zwiefalten lokalisieren. Wie die Forschungen von Schrader und Führkötter wahrscheinlich machen, wurde Teil zwei der Handschrift auf dem Rupertsberg selbst angefertigt, während Teil eins nach einer vom Rupertsberg zur Verfügung gestellten Vorlage im wesentlichen in Zwiefalten (ab-)geschrieben wurde[2]. Dies erklärt auch die Tatsache, daß die Zwiefaltener Briefhandschrift sechs Briefe in doppelter Abschrift enthält: einen an Papst Eugen III., einen an Kaiser Friedrich I. Barbarossa, zwei an Erzbischof Hartwig von Bremen sowie zwei an Klöster in Trier bzw. Zwiefalten. Durch Vergleich mit anderen Briefhandschriften, vor allem Codex 881 in der Österreichischen Nationalbibliothek in Wien, wird wahrscheinlich, daß die hier vorliegenden Briefkopien direkt

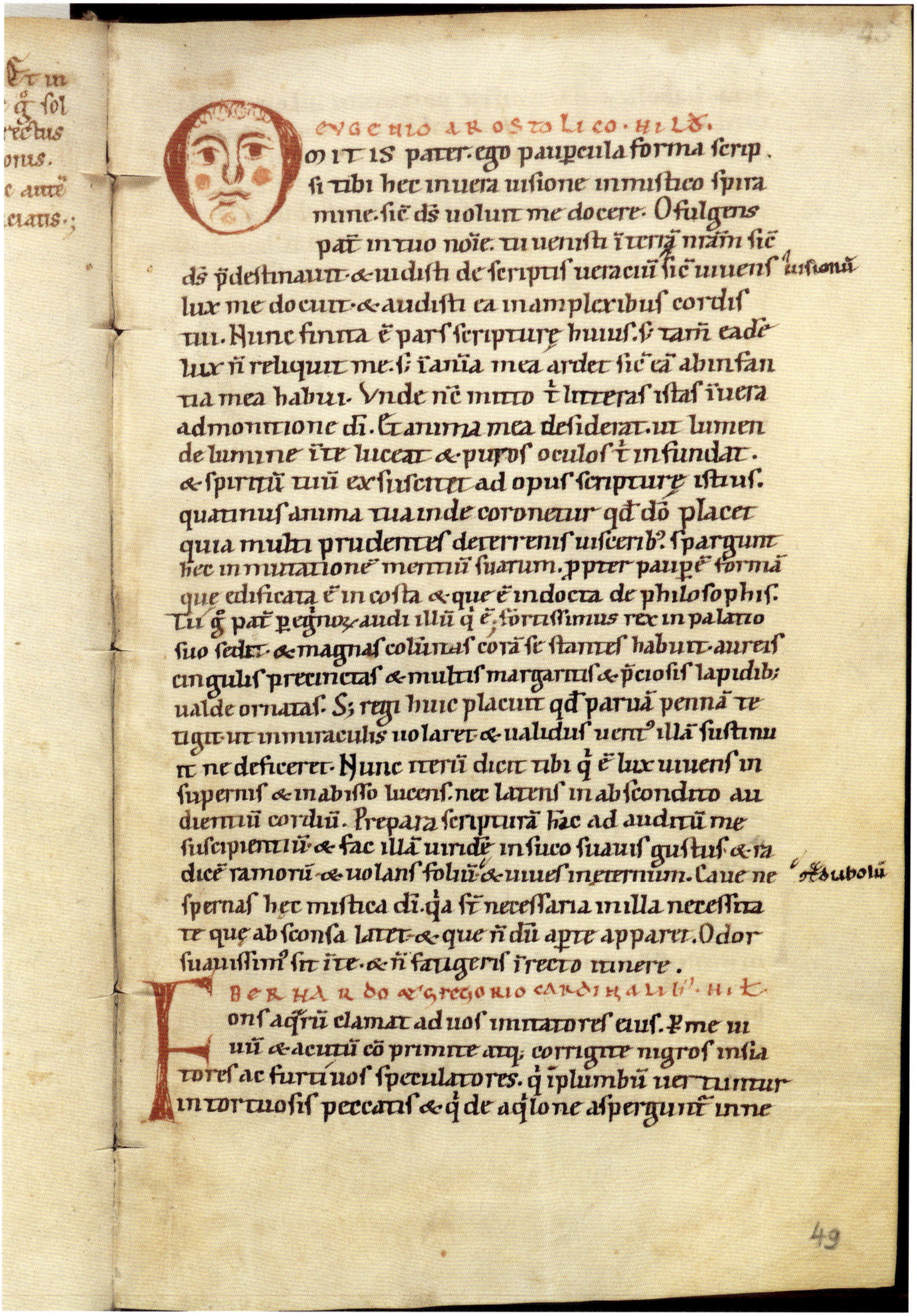
eugenio apostolico · hil'd.
O mitis pater. ego paupcula forma scrip
si tibi hec in uera uisione in mistico spira
mine. sic ds uoluit me docere. O fulgens
pat in tuo noie. tu uenisti i terrã nrãm sic
ds pdestinauit. & uidisti de scriptis ueraciũ sic uiuens uisionũ
lux me docuit. & audisti ea in amplexibus cordis
tui. Nunc finita ẽ pars scripture huius. s; tam eadẽ
lux ñ reliquit me. s; i aĩa mea ardet sic eã ab infan
tia mea habui. Vnde nc mitto t litteras istas i uera
admonitione di. Et anima mea desiderat. ut lumen
de lumine i te luceat & puros oculos t infundat.
& spiritũ tuũ exsuscitet ad opus scripture istius.
quatinus anima tua inde coronetur qd dõ placet
quia multi prudentes de terrenis uisceribus spargunt
hec in mutationẽ mentiũ suarum. pp̃ter paupẽ formã
que edificata ẽ in costa & que ẽ indocta de philosophis.
Tu g pat pegrinoz audi illũ q ẽ fortissimus rex in palatio
suo sedet. & magnas columnas corã se stantes habuit aureis
cingulis precinctas & multis margaritis & pciosis lapidib;
ualde ornatas. S; regi huic placuit qd paruã pennã te
tigit ut in miraculis uolaret & ualidus uent illã sustinu
it ne deficeret. Nunc iterũ dicit tibi q ẽ lux uiuens in
supernis & in abisso lucens. nec latens in abscondito au
dientiũ cordiũ. Prepara scripturã hac ad audituũ me
suscipientiũ & fac illã uiridẽ in suco suauis gustus & ra
dicẽ ramorũ & uolans foliũ & uiues in eternum. Caue ne
spernas hec mistica di. qa st necessaria in illa necessita
te que abscon sa latet & que ñ dũ apte apparet. Odor
suauissim sit i te. & ñ fatigeris i recto itinere.
Bernardo & gregorio cardinalib'. hil.
Fons aqrũ clamat ad uos imitatores eius. P me in
uũ & acutũ cõ primite atq; corrigite nigros insia
tores ac furtiuos speculatores. q i plumbũ uertuntur
in tortuosis peccatis & q de aqlone aspergunt inne
49

47.1

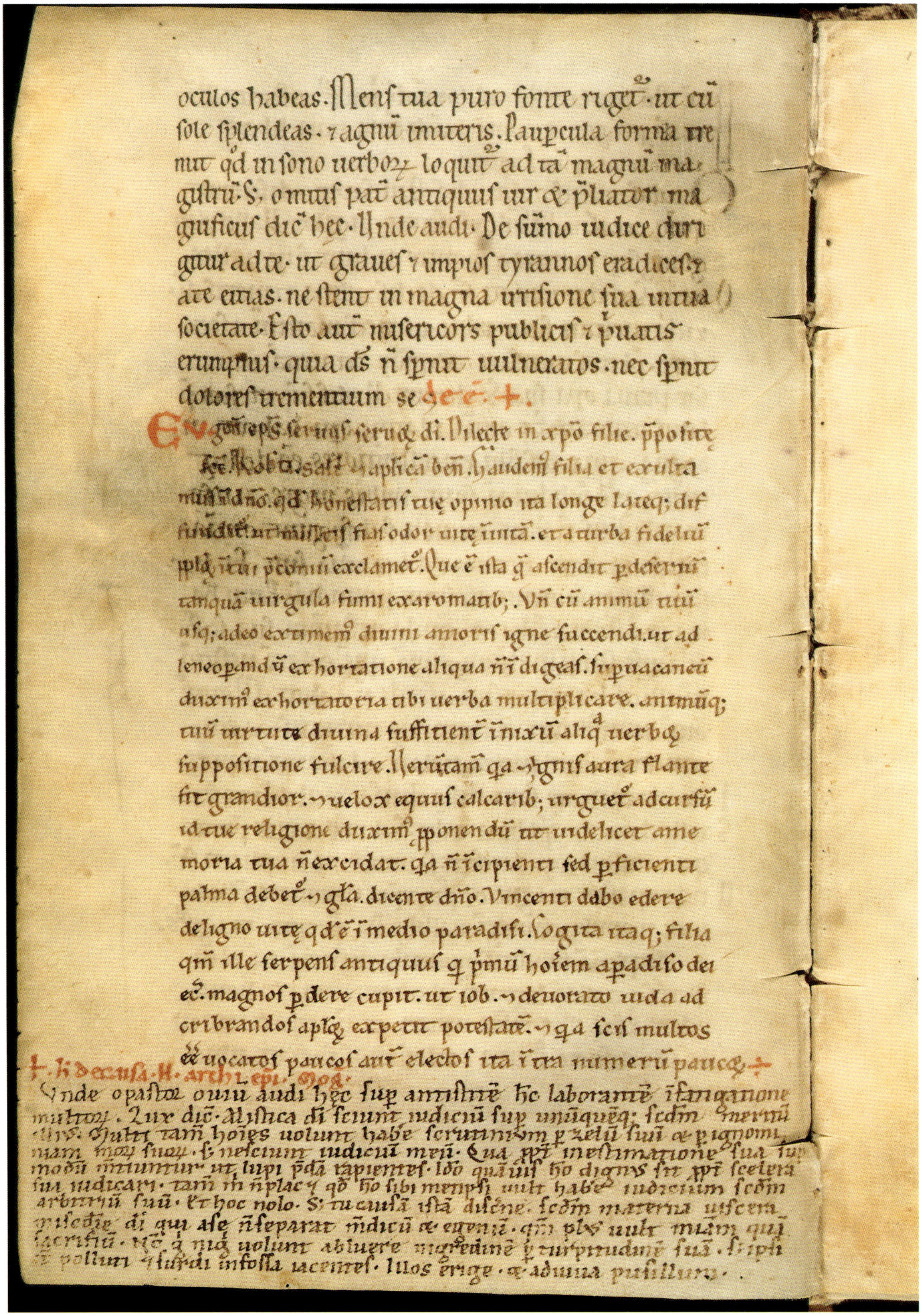

47.2a

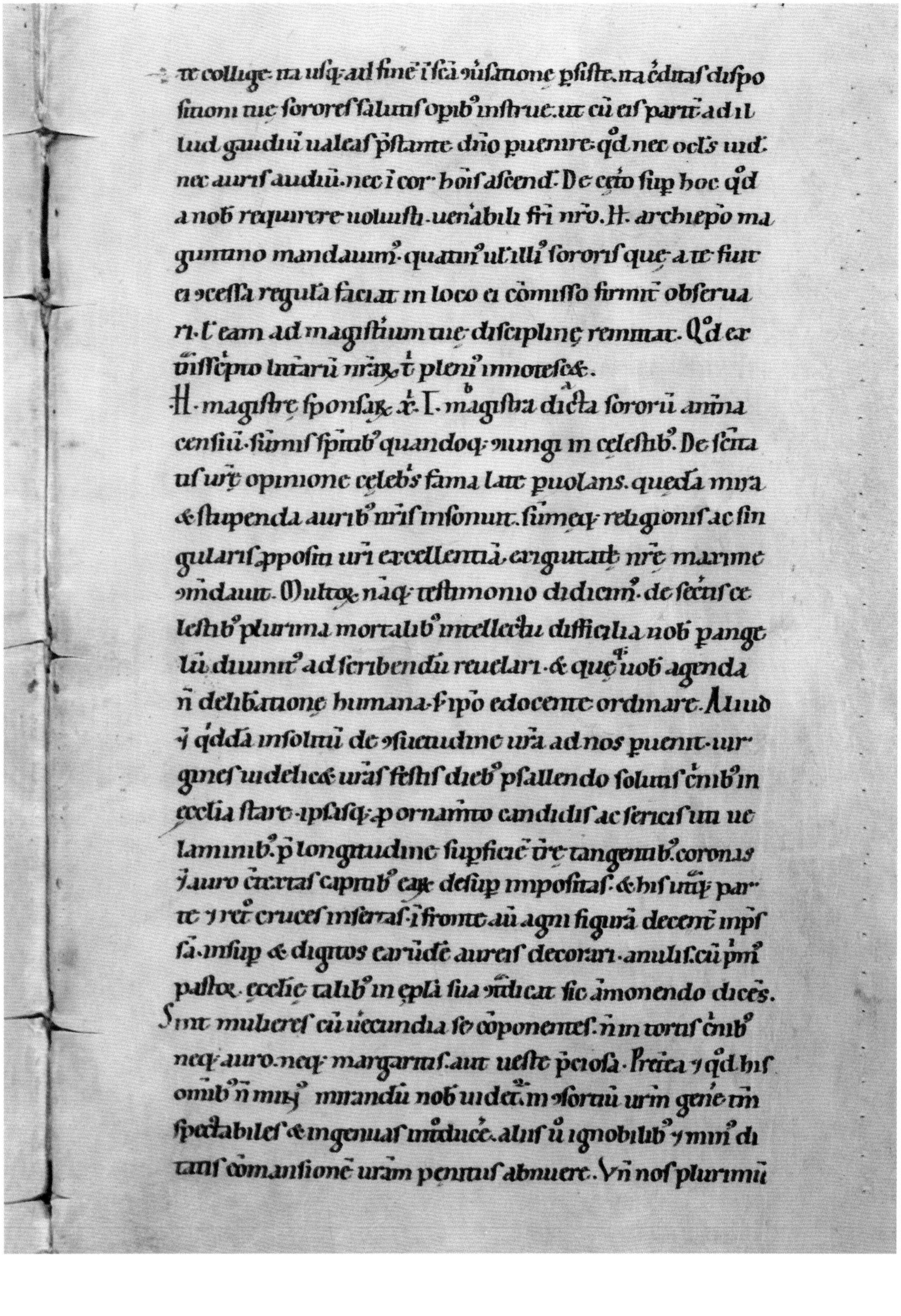

te collige. ita usque ad finem in sancta conuersatione persiste. ita caritas dispo
sitioni tue sorores salutis operibus instrue. ut cum eis pariter ad il
lud gaudium ualeas prestante domino peruenire. quod nec oculus uidit.
nec auris audiuit. nec in cor hominis ascendit. De cetero super hoc quod
a nobis requirere uoluisti. uenerabili fratri nostro. H. archiepiscopo ma
guntino mandauimus. quatinus ut illi sororis que a te fuit
ei concessa regula faciat in loco ei commisso firmiter obserua
ri. uel eam ad magisterium tue discipline remittat. Quod ex
transscripto litterarum nostrarum tibi plenius innotescet.
H. magistre sponsarum Christi. T. magistra dicta sororum anima
censium. summis spiritibus quandoque coniungi in celestibus. De sanctita
tis uestre opinione celebris fama late peruolans. quedam mira
& stupenda auribus nostris insonuit. simulque religionis ac sin
gularis propositi uestri excellentiam exiguitati nostre maxime
commendauit. Multorum namque testimonio didicimus. de secretis ce
lestibus plurima mortalibus intellectu difficilia nobis pange
lum diuinitus ad scribendum reuelari. & que nobis agenda
sint deliberatione humana sed ipso edocente ordinare. Aliud
etiam quiddam insolitum de consuetudine uestra ad nos peruenit. uir
gines uidelicet uestras festis diebus psallendo solutis crinibus in
ecclesia stare. ipsasque pro ornamento candidis ac sericis uti ue
laminibus. pre longitudine superficiem terre tangentibus. coronas
etiam auro contextas capitibus earum desuper impositas. & his utrique par
te et retro cruces insertas. in fronte autem agni figuram decenter impres
sam. insuper & digitos earundem aureis decorari anulis. cum primus
pastor ecclesie talibus in epistola sua contradicat sic amonendo dicens.
Sint mulieres cum uerecundia se componentes. non in tortis crinibus
neque auro. neque margaritis. aut ueste preciosa. Preterea et quod his
omnibus non minus mirandum nobis uidetur. in consortium uestrum genere tantum
spectabiles & ingenuas introducere. aliis uero ignobilibus & minus di
tatis comansionem uestram penitus abnuere. Vnde nos plurimum

47.2b

auf Konzepte oder erste Reinschriften der originalen Hildegardbriefe zurückgehen.
In einem Brief an ihren letzten Sekretär Wibert von Gembloux sowie in ihrer Vita sind die Grenzen, die Hildegard ihren Mitarbeitern bei der Überarbeitung ihrer Schriften setzte, genau dargelegt. Dort heißt es: »*Und auch dies ist groß und der Bewunderung würdig: daß sie* (Hildegard, Anm. d. Verf.) *das, was sie im Geiste hörte und sah, in der gleichen Bedeutung und mit den gleichen Worten umsichtig und lauteren Herzens eigenhändig niederschrieb oder mit eigenem Munde sprach, wobei sie sich mit einem einzigen zuverlässigen Mann als Symmysta* (Mitwisser der Geheimnisse, Anm. d. Verf.) *begnügte. Dieser stellte lediglich nach den Regeln der Grammatik, die sie nicht genügend kannte, die Fälle, Zeiten und Genera richtig. Doch nahm er sich nicht heraus, zum Sinn oder zum Verständnis irgend etwas hinzuzufügen oder wegzulassen*«[3].
Demnach bestand Hildegard auf größtmöglicher Authentizität ihrer Schriften. Mehrere der inhaltlich stark überarbeiteten Briefhandschriften, so z. B. die um 1173 zu datierende Vorlage des Wiener Codexes 963, entstanden aber noch zu Hildegards Lebzeiten in der Schreibstube auf dem Rupertsberg[4]. Die ältere Forschung nahm an, daß Hildegard diese Veränderungen verborgen geblieben seien und sie von ihren Sekretären »betrogen« worden wäre[5]. Art und Umfang der Veränderungen lassen dies jedoch kaum glaubhaft erscheinen.
Anders als in der Zwiefaltener Briefhandschrift und dem im dritten Viertel des 12. Jahrhunderts entstandenen Wiener Codex 881 wurden in den späteren Redaktionen die Briefe zunächst systematisch chronologisch und hierarchisch geordnet. So beginnt z. B. der die Systematisierung vorbereitende Codex aus Berlin zunächst mit Briefen an die hohe Geistlichkeit: am Anfang stehen die Päpste, gefolgt von den päpstlichen Kardinallegaten, den Erzbischöfen und den Bischöfen. Nachdem an dieser Stelle die Kaiserbriefe dazwischengeschoben werden, geht die Reihe weiter mit Äbten und Äbtissinnen sowie Mönchen und Priestern. Erst dann folgen die Schreiben an Adelige sowie an Gruppen (Konvente, Kleriker und Laien)[6]. Bei dieser Gruppierung werden konsequent bestimmte Prinzipien befolgt. Stets wird ein Briefwechsel von außen begonnen. Ratgeberin ist immer Hildegard, Ratsuchende sind stets die Außenstehenden. Selbst auf Zeiten, als Hildegard noch eine Unbekannte war, wird dieses Verfahren zurückprojiziert. So ist es im Wiesbadener Riesencodex oder in der Wiener Handschrift 963 Bernhard von Clairvaux, der sich als erster an (die ihm noch unbekannte) Hildegard wendet, und nicht die an ihrer Sehergabe Zweifelnde[7]! Ist kein Anfrageschreiben einer bestimmten Person vorhanden, wird ein ähnlich Gelagertes mit neuem Absender versehen oder ein neues Schreiben kompiliert. Hierbei wird auf eine möglichst umfassende Korrespondenz Wert gelegt: Ziel ist z. B. ein möglichst vollständiger beidseitiger Briefwechsel mit allen (rechtmäßigen) Päpsten, die seit Hildegards öffentlichem Wirken regierten, also auch z. B. mit Anastasius IV. oder mit Hadrian IV., die mit Hildegard in Wirklichkeit in keinem brieflichen Kontakt standen. Ähnlich gelagert ist die Sache bei den Kaiserbriefen. Idealfall ist ein Frage- und ein Antwortschreiben; liegen de facto mehrere Schreiben an oder von einer Person vor, so werden sie oft zu einem zusammengefaßt. Kritik von Absendern an oder Unangenehmes für Hildegard wird in den späteren Redaktionen unterschlagen, so z. B. die aggressiven Passagen, mit denen die Andernacher Äbtissin Tengswich die im Rupertsberger Kloster praktizierte Liturgie kritisiert[8].
Ziel all dieser »Korrekturen« war die Gewinnung eines möglichst großen Adressatenkreises wichtiger Persönlichkeiten, die sich Hildegards Rat und damit ihrer Autorität unterwarfen. Hierdurch ließ sich ein enormer Prestigegewinn, auch im Hinblick auf eine potentielle Heiligsprechung gewinnen. Änderungen dieser Größenordnung können nicht ohne Hildegards Wissen vor sich gegangen sein, da, wie die gesicherte Datierung der überarbeiteten (Brief-)Handschriften belegt, diese systematischen »Korrekturen« noch zu Lebzeiten Hildegards vor sich gegangen sein müssen. Wie van Acker nachweisen kann, wurden erste »Überarbeitungen« noch von Hildegards erstem Sekretär Volmar begonnen, mit dem Ziel, eine »möglichst überzeugende Beweisschrift für Hildegards Größe und Ruf auszuarbeiten«[9]. Dieses Vorhaben wurde dann von Wibert von Gembloux weitergeführt und im Wiesbadener Riesencodex zum Abschluß gebracht[10]. Das Fazit der textkritischen Edition von Hildegards Briefen lautet dementsprechend: »*Es gibt drei Möglichkeiten: Hildegard – und, nochmals, das ist kaum denkbar – hat sich um das weitere Schicksal ihres Briefwechsels nicht mehr gekümmert, oder man hat sie betrogen, oder sie hat bewußte Manipulationen, die ihren Ruhm zu vermehren beabsichtigten, genehmigt oder wenigstens geduldet*«[11].
Der Herausgeber von Hildegards Briefen bekennt sich zu der letztgenannten Meinung. Dem Leser und der Leserin sei das Urteil selbst überlassen.
Einer der interessantesten Briefwechsel, den uns die Zwiefaltener Briefhandschrift überliefert, ist derjenige mit Papst Eugen III. Er sei beispielhaft im folgenden näher vorgestellt.

Ohne die Unterstützung durch Papst Eugen III. wäre Hildegard nie zu der heutigen Bedeutung aufgestiegen. Durch das öffentliche Verlesen von Teilen ihrer Schrift Scivias auf der von zahlreichen in- und ausländischen Bischöfen besuchten Trierer Synode 1147/48 drückte er Hildegard seine Anerkennung als von Gott inspirierte Seherin aus und machte sie gleichzeitig zu einer Person des europäischen Interesses. Sicherlich tendenziell (im Hinblick auf eine potentielle Heiligsprechung)[12], aber lebendig berichtet die Hildegard-Vita von diesem entscheidenden Ereignis: »*Nachdem der Papst dies (die positiven Ergebnisse der von ihm zum Disibodenberg geschickten Untersuchungskommission) vernommen, ließ er sich die Schriften der heiligen Hildegard vorlegen, die ihm aus dem genannten Kloster überbracht worden waren. Er hielt sie mit eigenen Händen, übernahm das Amt des Vorlesers und trug dem Erzbischof, den Kardinälen und allen anwesenden Geistlichen öffentlich daraus vor*«[13].

Gleichzeitig, so die Vita, richtet Eugen an Hildegard ein persönliches Schreiben, in dem er ihre Sehergabe bestätigt und sie zur weiteren schriftlichen Abfassung ihrer Visionen ermutigt. Dieser Brief ist nicht erhalten. Damit beginnt ein Briefwechsel zwischen Hildegard und Eugen, von dem sich heute noch vier Schreiben Hildegards an den Papst sowie eines von Eugen an Hildegard erhalten haben. Der hier abgedruckte Hildegardbrief (47.1) aus dem Zwiefaltener Codex ist das erste erhaltene Zeugnis dieser Korrespondenz. Darin teilt Hildegard Eugen die Vollendung des zweiten Teiles des Scivias mit: »*O milder Vater, ich armseliges Gebilde habe dir dies geschrieben in wahrhafter Schau, im geheimnisvollen Hauch, so wie Gott es mich lehren wollte. O strahlender Vater, als Papst kamst du in unser Land, wie Gott es vorherbestimmt hat, und nahmst Einsicht in die Schriften der wahrhaftigen Gesichte, wie das lebendige Licht sie mich gelehrt. Du hörtest sie und nahmst sie in dein Herz. Nun ist dieser Teil der Schrift beendet. Doch hat das Licht mich nicht verlassen. Es brennt in meiner Seele, wie ich es von Kindheit an gehabt. Daher sende ich dir jetzt diesen Brief auf die wahrhaftige Ermahnung Gottes hin.*

Und meine Seele wünscht: das Licht vom Lichte leuchte in dir, erschließe dir reine Augen und mache deinen Geist wach für dieses Schriftwerk, damit deine Seele, wie es Gott gefällt, darob gekrönt werde. Denn viele irdisch gesinnte Kluge verwerfen sie in der Unbeständigkeit ihres Geistes, weil sie von einem armen Gebilde stammt, das aus der Rippe erbaut und nicht von Philosophen belehrt worden ist (...)«[14].

Dem folgenden Schreiben, das um 1152 verfaßt wurde, gebührt aus mehreren Gründen höchstes Interesse. Es handelt sich hierbei um den einzigen (erhaltenen?) Brief eines Papstes an Hildegard selbst[15]. Darüber hinaus nimmt er Stellung in einer Angelegenheit, die Hildegard persönlich sehr berührte und uns so einen direkten Einblick in die Gefühlswelt der Seherin ermöglicht: den Streit um den Weggang von Hildegards langjähriger Vertrauter Richardis von Stade, die durch ihren Bruder Hartwig, den Erzbischof von Bremen, zur Äbtissin im norddeutschen Kloster Bassum ernannt worden war. Da die von Hildegard erbetene Intervention des Mainzer Erzbischofs Heinrich ausblieb, wendet sie sich in einem nicht mehr erhaltenen Schreiben direkt an den Papst und bittet ihn um seine Mithilfe. Die Antwort Eugens (47.2) ist nur in der Zwiefaltener Briefhandschrift überliefert; andere Codices kennen zwar das Schreiben als solches, doch wird es dort unter dem Namen Hadrian IV. geführt. Zudem sind alle Richardis betreffenden Details weggelassen. Zunächst drückt Eugen seine Freude über die von Gott Erwählte aus und lobt ihren visionären Eifer: »*Eugen, Bischof, Knecht der Knechte Gottes, entbietet der in Christus geliebten Tochter, der Vorsteherin von St. Rupert, Gruß und apostolischen Segen.*

Wir freuen uns, Tochter, und jubeln im Herrn, weil dein ehrenvoller Ruf sich so in die Weite und Breite ergießt, daß du für viele ein ›Wohlgeruch des Lebens zum Leben‹ bist und die Schar der gläubigen Völker voll des Lobes über dich ausruft: ›Wer ist die, die da aus der Wüste gleich einer Rauchsäule aus Spezereien aufsteigt?‹ Wir sind daher der Überzeugung, deine Seele erglüht so sehr vom Feuer der göttlichen Liebe, daß du keines Anspornes zum guten Handeln bedarfst. Deshalb erachten wir es als überflüssig, dir noch viele ermahnende Worte zu sagen und deinen Geist, der sich ja ganz auf die göttliche Kraft stützt, noch durch ermunternde Worte zu festigen«.

Gleichzeitig ermahnt er die Seherin aber auch, sich in acht zu nehmen vor »*der alten Schlange*« und der von ihr verursachten Gefahr des Hochmutes, zu dem Hildegard durch ihre besondere Gabe verleitet werden könnte: »*(...) Bedenke also, Tochter, daß die alte Schlange, die den ersten Menschen aus dem Paradies vertrieb, danach trachtet, die Großen zu Fall zu bringen, wie Job, und daß sie, nachdem sie Judas verschlungen, nach der Macht strebt, die Apostel zu sieben. Und weil du weißt, daß ›viele berufen, aber wenige auserwählt sind‹, stelle dich so unter die Zahl der wenigen, harre so bis zum Ende im heiligen Wandel aus, unterweise die deiner Leitung anvertrauten Schwestern so in den Werken des Heiles, daß du unter dem Beistand des Herrn gemeinsam mit ihnen zu jener Freude gelangst, die ›kein Auge gesehen, kein Ohr gehört und die in keines Menschen Herz gedrungen ist‹*«.

Erst dann, am Ende des Schreibens, geht Eugen auf die für Hildegard so wichtige Angelegenheit des Verbleibes der Richardis ein. Er erteilt der Äbtissin die Weisung, sich der Entscheidung des Mainzer Erzbischofs Heinrich zu unterwerfen, egal ob dies den Weggang der geliebten Mitschwester oder ihr Bleiben auf dem Rupertsberg bedeutet. Die vorherige Mahnung vor möglichen Hochmut – mit dem Hildegard versuchen könnte, eine Entscheidung in ihrem Sinne zu erzwingen – kam also sicher nicht von ungefähr: »*Im übrigen: was deine an uns gerichtet Bitte betrifft, so haben wir unserem verehrungswürdigen Bruder, dem Erzbischof Heinrich von Mainz, die Weisung gegeben: Entweder soll die Regel von jener Schwester, die du ihm überlassen hast, an dem ihr übertragenen Ort streng beobachtet werden, oder er schicke sie unter die Leitung deiner Zucht zurück. Dies wird dir aus unserem Kanzleischreiben noch genauer bekannt werden*«[16]. W. W.

Lit.: Schrader/Führkötter 1956, S. 111–120; Büttner 1960, S. 60–64; van Acker.

[1] Um 1160/70?, 13. Jahrhundert (?), heute Berlin, Preußische Staatsbibliothek, Cod. Theol. Lat. fol. 699.

[2] Zur schwierigen Händescheidung bzw. zur Lokalisierungsfrage s. Schrader/Führkötter 1956, S. 73–78. Die Beziehungen zwischen Hildegard und dem Kloster Zwiefalten waren in vielfältiger Weise geknüpft und zeitweise sehr eng, vgl. Pretsch 1986.

[3] Hildegard, Vita, S. 69.

[4] Van Acker 1988, S. 166 f.

[5] P. von Winterfeld, Die vier Papstbriefe in der Briefsammlung der hl. Hildegard, in: Neues Archiv 27, 1902, S. 237–244 (hier S. 243 f.).

[6] Eine zweite, ähnlich gruppierte Staffel folgt, vgl. van Acker 1989, S. 119 mit Anm. 130.

[7] Van Acker 1988, S. 167.

[8] Vgl. die hervorragende textkritische Untersuchung von Haverkamp 1984.

[9] Van Acker 1989, S. 125.

[10] Van Acker 1989, S. 129–134.

[11] Van Acker 1988, S. 167.

[12] Obwohl nicht kanonisiert, wird bereits von der heiligen Hildegard gesprochen.

[13] Hildegard-Vita, S. 57.

[14] Hildegard, Briefwechsel, S. 30.

[15] Der als authentisch einzustufende Brief Papst Alexanders III., der Stellung im Streit zwischen Hildegard und den Mönchen des Disibodenberges bezieht, ist nicht an Hildegard selbst, sondern an ihren Neffen Wezelin, Propst von St. Andreas in Köln, gerichtet, s. Schrader/Führkötter 1956, S. 123.

[16] Alle drei Zitate Hildegard, Briefwechsel, S. 33. Zum weiteren Werdegang der Angelegenheit Richardis von Stade s. S. 7 f.

48
Disputatio (Abb. 29)

Klosterneuburg, 2. Hälfte 12. Jahrhundert
Pergament, 83 Seiten
Klosterneuburger Halbfranzband mit Golddruck von ca. 1840
H.: 28 cm; B.: 20 cm

Klosterneuburg, Museum des Chorherrenstiftes, Cod. 311

Die im Klosterneuburger Skriptorium wohl bald nach der Mitte des 12. Jahrhunderts entstandene Handschrift mit dem ersten Buch von *De sacramentis christianae fidei* des Hugo von Sankt Viktor († 1141) enthält nach dem Textende auf den gegenüberliegenden Blättern 82v und 83r eine rund 16 x 36 cm messende, in roter und schwarzer Tinte ausgeführte Federzeichnung einer gelehrten Disputation. Die Darstellung steht in keinem erkennbaren Zusammenhang zum vorangegangenen Text und ist möglicherweise erst einige Jahre oder wenige Jahrzehnte nach der Niederschrift des Textes eingesetzt worden.

Dem auf einem Faldistorium thronenden bärtigen Mann ist eine gleichfalls thronende weibliche Figur gegenübergestellt, die ein geöffnetes Buch in ihrer Linken hält. Beide Figuren haben ihre Rechte im Redegestus erhoben, die weibliche Figur hat zudem ihren Mund geöffnet. Die gegensätzliche Meinung der beiden Akteure wird durch die Beischriften »*est*« bzw. »*non est*« verdeutlicht. Die beiden Kontrahenten werden in ihrer Meinung von jeweils einer stehenden Figur (den *fautores*) unterstützt: Während der Jüngling zur thronenden Frau gewandt die Partei des Mannes mit den Worten »*male dicit*« ergreift, unterstützt die weibliche Begleitfigur die Meinung ihrer thronenden Geschlechtsgenossin mit »*bene dicit*«. Auf dem oberen Rand von folio 83r ist ein weitgehend gelöschter Besitzvermerk des Stiftes aus dem 12. Jahrhundert zu erkennen: »*Liber iste pertinet ad sanctam Mariam*«.

Die Zeichnung ist von einem der Hauptmeister der romanischen Buchmalerei des Stiftes Klosterneuburg ausgeführt; ihm sind aus stilistischen Gründen auch die figürlichen Federzeichnungen in den Codices 203, 219, 220, 253, 258 und 741 zuzuschreiben. A. H.

Lit. (Auswahl): H. Pfeiffer – B. Cernik, Catalogus codicum manu scriptorum, qui in bibliotheca canonicorum regularium s. Augustini Claustroneoburgi asservantur, Bd. II. Wien 1931, S. 74; E. Winkler, Die Buchmalerei in Niederösterreich von 1150–1250 (Artes Austriae. Studien zur Kunstgeschichte Österreichs 2), Wien 1923, S. 11; Ausst.-Kat. »Ornamenta Ecclesiae« 1985, Bd. I, S. 79 f.

Nachleben

Andacht zu Ehren der Hl. Hildegardis

*O sancta Hildegardis! * All rufen wir dich an, * durch dein gewaltig Flehen * erlanget Jedermann * von Gott Barmherzigkeit * und Trost in allen Wehen * für Zeit und Ewigkeit.*
Sei uns gegrüßt, Hl. Hildegardis, du verehrungswürdige Jungfrau und Aebtissin, du unsere liebe Mutter, unsere Beschützerin, unsere Lehrerin und Beispiel auf Erden, unsere getreue und mächtige Fürsprecherin bei Gott. Welch' großes Wunder hat Gott an dir gewirkt, daß er dich zu einer Prophetin erwählt, mit so vielen Gnadengaben geziert und dir so große Geheimnisse zum Heile der Menschen geoffenbaret hat. Mit diesem unserem Gebete wollen wir dich verehren und Gott preisen, wegen der großen Gnaden, so er dir erwiesen hat. O du gnadenreiche Heilige, demüthig werfen wir uns nieder und bekennen unsere Sünden und klagen dir unsere Noth. Wir flehen dich an um deine Fürsprache bei Gott, den wir so oft und schwer beleidigt haben. O du mächtige Fürsprecherin, zu dir nehmen wir unsere Zuflucht, nimm uns in deinen Schutz, führe uns zu Maria, unserer himmlischen Mutter, vor den Thron der allerheiligsten Dreifaltigkeit und bitte allda durch dein heiliges, tugend- und leidenvolles Leben, daß uns Gott Vergebung der Sünden, gänzliche Besserung unseres Lebens, Vermehrung der göttlichen Gnade, die Beharrlichkeit im Guten und endlich die Gnade einer glückseligen Sterbestunde verleihen wolle. Amen.
*Aus adeligem Stamme * gab Gott dir Fleisch und Blut, * doch seiner Liebe Flamme * aus Jesu Herzensgluth. * Ein Kind, noch klein und zart, * siehst du das Bild der Liebe * ein Licht – Sanct Hildegard!*[1]

[1] Wallfahrtsbüchlein für die Wallfahrten auf dem Rochusberg bei Bingen a. Rh., (2. Aufl.) Mainz 1883, S. 59.

Abb. 33 Die Seherin Hildegard, Hans Pfaff, 1888, Privatbesitz

Hildegard von Bingen: Nachleben[1]

Helmut Hinkel

Schon zu Lebzeiten Hildegards – vielleicht sogar bereits von ihr selbst – wurde eine potentielle Heiligsprechung ihrer Person ins Auge gefaßt. Spätestens ab den siebziger Jahren des 12. Jahrhunderts überarbeitete man auf dem Rupertsberg nicht nur ihre Schriften systematisch im Hinblick auf eine positive Selbstdarstellung[2]. Auch eine Vita, die sich noch auf autobiographisches Material stützen konnte, wurde von ihren Sekretären begonnen. Das erste Buch dieser Lebensbeschreibung verfaßte um 1174/75 der Mönch Gottfried vom Disibodenberg († 1175/76), das zweite und dritte wurde zwischen 1180 und 1190 von Theoderich von Echternach erarbeitet[3]. Eine zweite Vita verdanken wir der Anregung des Kölner Erzbischofs Philipp von Heinsberg (1167–1191), der den Mönch Wibert von Gembloux († 1213/14) beauftragte, Hildegards Leben darzustellen (begonnen 1179). Aus beiden Viten entstand dann im Kloster Gembloux (Belgien) eine dritte, die, aus dem 13. Jahrhundert stammend, in acht Lesungen unterteilt war, also zu liturgischen Zwecken für den Festtag der Heiligen geschrieben wurde[4]. Die, gleich den Mönchen von Gembloux und von St. Eucharius in Trier, mit Hildegard befreundeten Benediktiner von Villers (bei Brüssel) sandten im Jahre 1181 dem Rupertsberger Konvent einen Trostbrief, in dem sie die Verstorbene ein *»Beispiel der Heiligkeit«* nennen, der der Titel einer Heiligen gebühre. Außerdem fügten sie noch einen neunstrophigen Hymnus bei, der zweifellos für das Festoffizium gedichtet worden war.

Für die genannten Klöster bestand also kein Zweifel an Hildegards Heiligkeit, und sie bemühten sich, ihren Kult auszubreiten. So sicher war den Verehrern Hildegards und den Nonnen vom Rupertsberg die bevorstehende Kanonisation, daß sie ihre ehemalige Äbtissin auf dem berühmten Rupertsberger Antependium (Kat. Nr. 36), entstanden um 1230, erstmals als Heilige mit Nimbus darstellten. Tatsächlich beantwortete Papst Gregor IX. (1227–1241) am 27. Januar 1227 einen entsprechenden Antrag des Konventes vom Rupertsberg zustimmend. Propst Gerbod, Dekan Walter und Scholaster Arnold vom Mainzer St. Peter-Stift sollten Leben und Wunder der Verstorbenen prüfen. Doch die Kommissare versagten völlig. Ihren vom 16. Dezember 1233 datierten Bericht (Kat. Nr. 50) mußte der Papst zurückweisen, weil er zu ungenau und zu allgemein gehalten war. So fehlten Namen von Geheilten und Zeugen der Wunder ebenso wie genaue Orts- und Zeitangaben. In einem Schreiben vom 6. Mai 1237 befahl der Papst eine neuerliche Untersuchung und ernannte als Kommissare einen Dekan, einen Scholaster (beider Namen sind unbekannt) und einen Kanonikus Walter aus Mainz, die offenbar aber überhaupt nichts unternahmen, so daß Papst Innozenz IV. (1243–1254) am 24. November 1243 mahnen mußte. Eine neue Kommission verbesserte das Protokoll von 1233 an etwa 53 Stellen und machte noch ein nach 1233 geschehenes Wunder und einige damals vergessene Heilungen namhaft. Das überarbeitete Originalprotokoll vom Rupertsberg (Kat. Nr. 50) befindet sich heute im Landeshauptarchiv Koblenz, und es bleibt fraglich, ob überhaupt ein Bericht nach Rom gelangte. Jedenfalls unterblieb eine feierliche Kanonisation Hildegards[5]. Zu bedenken bleibt, daß der Prozeß in Mainz verschleppt wurde, vielleicht durch die Unfähigkeit der Kommissare, vielleicht aber auch aus Absicht, weil man auf dem Rupertsberg keine große Wallfahrtsstätte dulden wollte. Nicht zu vernachlässigen ist außerdem der grundsätzlich konservative Zuschnitt des Mainzer Heiligenkalenders, der seit dem 10. Jahrhundert im wesentlichen abgeschlossen war. Man widmete sich vorzugsweise einer angemessenen Vorbereitung der kirchlichen Hochfeste und öffnete sich »neuen« Heiligen nur widerwillig[6].

Trotz des Scheiterns der Kanonisation riß die Verehrung der Gläubigen am Grabe der Heiligen nicht ab. Besonders am Todestag (17. September) wallten viele Menschen dorthin. In ihrem Kloster selbst beging man neben dem Rupertstag und der Kirchweihe feierlich das Hildegardisfest. Zum Zeichen der Unterwerfung unter das Mutterkloster mußten die Eibinger Nonnen an den beiden letztgenannten Tagen den Gottesdienst auf dem Rupertsberg mitfeiern. Aber die liturgische Verehrung blieb zwangsläufig auf die von Hildegard gegründeten Konvente sowie befreundete Klöster, z. B. Villers, Gembloux oder St. Eucharius in Trier, beschränkt. Im Zisterzienserkloster Eberbach im Rheingau kannten und lasen die Mönche die Lektionen von Gembloux, das geht aus einer Andeutung des Priors Gebeno hervor, der zwischen 1220 und 1224 aus den Werken Hildegards ein »Speculum futurorum temporum« oder »Pentachronon« zusammenstellte. Dieses Buch – es ist in über 50 Handschriften erhalten – machte Hildegard im Mittelalter als Prophetin eigentlich erst berühmt. Gebeno schreibt immer nur von der *»heiligen«* Hildegard, und so wird sie auch von anderen mittelalterlichen Schriftstellern bezeichnet.

Im Jahre 1324 erbaten die Rupertsberger Nonnen einen Indulgenzbrief aus der damaligen päpstlichen Residenz Avignon, damit die Besucher ihrer Nikolauskapelle an bestimmten Tagen einen Ablaß gewinnen könnten. Am 5. Dezember 1324 gewährten zwölf Bischöfe je 40 Tage Ablaß; der Mainzer Erzbischof bestätigte den Brief am 18. Februar 1325 und fügte seinerseits 40 Tage hinzu. Unter den ausgezeichneten Festen befand sich auch der Hildegardistag. Die Heilige erscheint an prominenter Stelle zwischen der Hl. Mutter Anna und der ebenfalls vielverehrten Hl. Barbara. Eine noch ausdrucksvollere Bestätigung der nicht angezweifelten Heiligkeit Hildegards besitzen wir mit einem zweiten Indulgenzbrief aus Avignon vom 14. Juni 1342, in dem ein Erzbischof und elf Bischöfe je 40 Tage Ablaß für die Rupertsberger Marienkapelle ausstellten (Kat. Nr. 51). Auch für das 15. Jahrhundert künden einige Kunstwerke von der andauernden Verehrung Hildegards, so die Tonstatue in der Pfarrkirche von Bingerbrück oder das Wandgemälde in der Liebfrauenkirche von Oberwesel (Abb. 34), das die Heilige als Äbtissin mit Stab und geöffnetem Buch zwischen den Heiligen Erasmus und Theodor zeigt[7].

Außerordentlich wichtig für die weitere Verehrung Hildegards wurde die Aufnahme ihres Namens in eine Hagenauer Handschrift (1412) des Martyrologiums Usuardi. Auch in der Allerheiligen-Litanei der Mainzer Agende von 1480 wird Hildegard zum erstenmal in einem Mainzer liturgischen Text angerufen; sie erscheint zwischen der Hl. Katharina und der Hl. Margarethe. Dennoch bleiben beide Erwähnungen vorerst zufällig. Weder in den Mainzer Kalendarien, noch in den Missalen und Brevieren des Erzbistums findet sich ein Festtag zu ihren Ehren.

In den letzten Jahrzehnten vor der Reformation steigerten sich in Deutschland die Heiligenverehrung und besonders das Sammeln von Reliquien. So nimmt es nicht wunder, daß der Mainzer Erzbischof Berthold von Henneberg (1484–1504) am 17. November 1489 durch

Abb. 34 St. Hildegardis zwischen zwei Heiligen, 15. Jh., Oberwesel, Liebfrauenkirche

den Generalvikar Wolfgang von Bicken und Dr. Johann Bertram von Numberg im Beisein der Äbtissin Adelheid von Reifenberg (1469–1493) und des Kanonikus Peter Nothaft das Grab Hildegards öffnen ließ, in der vergeblichen Hoffnung, außer den Gebeinen auch die Heiligsprechungsurkunde zu finden[8].

Ein besonderer Verehrer entstand der Meisterin vom Rupertsberg in dem gelehrten Abt von Sponheim, Johannes Trithemius (1462–1516, Abb. 35). In mehreren seiner Werke erwähnt dieser sie rühmend, wenn er auch durch einige zweifelhafte oder falsche Angaben über ihr Leben den Historikern Mühe verursachte. Zweifellos auf seine Anregung hin erfolgte 1498 eine zweite Erhebung der Gebeine, bei der er und der ganze Konvent zugegen

Abb. 35 Johannes Trithemius, Hans Burgkmair, 16. Jh., Chantilly, Musée Condé

waren. Als Reliquie erbat der Abt einen Arm der Verehrten, *»mit dem sie viel Gutes während ihres Lebens getan hatte«*. Offenbar verwahrte man die restlichen Gebeine in einem Büstenreliquiar. Auf Bitten der Äbtissin Guda Specht von Bubenheim (1494–1501) stellte Trithemius im gleichen Jahr zu Ehren des Hl. Rupert und der Hl. Hildegard je ein Meßoffizium zusammen und dichtete Sequenzen dazu.

Mit dem Interesse an der Person der Seherin wuchs auch das Verlangen nach Ausgaben ihrer Werke, hatte doch Trithemius auch Listen ihrer Schriften veröffentlicht. Nachdem der Brief an den Kölner Klerus gegen die Katharer 1474 gedruckt worden war und 1493 Hartmann Schedel Hildegard in seiner berühmten Weltchronik erwähnt hatte (Kat. Nr. 53), kam 1509 der Humanist Faber Stapulensis († 1513) auf den Rupertsberg, wo er die Originalhandschriften studierte. Er veranstaltete dann in Paris den Erstdruck von »Scivias«, den er der Äbtissin Adelheid von Ottenstein (1502–1527) widmete. Einen wichtigen Beitrag zur populären Hildegard-Verehrung lieferte daneben der Oppenheimer Stadtschreiber Jacob Köbel im Jahre 1524 mit seiner deutschen Ausgabe der Rupertus-Vita[9], der er die erste deutsche Übersetzung der Hildegard-Vita von Gottfried und Theoderich *»Die Legend von der seligen/ jungfrawen Hildegard der Christlichen Sibilla/ und offenbarerin der heymlichen wunderwerck gotes/ die Aptißin uff sant Ruprechtsbergk gewesen ist«* beifügte. Köbel, der das Büchlein der Äbtissin Adelheid widmete, besaß persönliche Beziehungen zu dem Rupertsberger Konvent und wohl auch zu Trithemius.

Sehr wichtig für die Verehrung Hildegards wurde der Druck der Gottfried- und Theoderich-Vita durch Laurentius Surius (1523–1578) im fünften Buch seiner Heiligenlegende, denn dadurch gelangte Hildegard in die Ausgabe des Römischen Martyrologiums, die Caesar Baronius (1538–1607) im Jahre 1584 veranstaltete, womit sie ins offizielle Heiligenverzeichnis der Kirche aufgenommen war. Als Kurfürst Johann Philipp von Schönborn (1647–1673) im Mainzer Erzbistum das römische Brevier einführte, ließ er für die Mainzer Eigenfeste ein Proprium erstellen, in das etliche Feste aufgenommen wurden, die sich in den alten Mainzer liturgischen Büchern nicht fanden, wie z. B. das umstrittene Willigisfest. Höchstwahrscheinlich wurde das Hildegardis-Fest bereits in die erste Ausgabe dieses Propriums integriert, denn gegen eine Aufnahme Hildegards konnten von Rom keine begründeten Einwände erhoben werden, da ihr Name ja in dem von Baronius bearbeiteten »Martyrologium Romanum« stand. Ein genauer Nachweis läßt sich jedoch nicht erbringen, weil kein Exemplar der Drucke von 1664/65 und 1667 mehr vorhanden ist. Jedenfalls erscheint im ersten erhaltenen Proprium (1673/75) unter Kurfürst Lothar Friedrich von Metternich (1673–1675) im Kalendar am 17. September *»festum s. Hildegardis, virg. Bingae et per totam Ringaviam, duplex, alibi semiduplex«*. In dem neuen Römischen Missale, das Kurfürst Lothar Franz von Schönborn (1694–1724) für Mainz drucken ließ, wird im Stammteil am 17. September das Fest der Stigmatisation des Hl. Franziskus genannt. Im angehefteten Proprium der Mainzer Heiligen ist der Tag der Hl. Hildegard als »semiduplex« mit dem Text der Messe »Dilixisti« ausgewiesen.

So war aus dem lokalen Kult einiger Klöster ein regionaler Kult für das Mainzer Erzbistum geworden. Einen bedeutsamen Auftrieb erlebte die Verehrung der Heiligen dadurch aber nicht; schon die Dürftigkeit der liturgischen Texte deutet dies an. Lediglich an den Stätten ihres Wirkens läßt sich auch weiterhin von einer wirklichen Volksverehrung sprechen. Eine Reihe barocker Kunstwerke, die vor allem in und um Eibingen herum entstanden, legen hiervon Zeugnis ab. Im Jahre 1683 konnten die dortigen Nonnen die Vollendung ihrer neuen Klosterkirche feiern, die nunmehr als Patrone Rupert *und* Hildegard erhielt. Wohl für den Nonnenchor gab 1712 Äbtissin Maria Antonetta Mühl von Ulmen (1711–1740) zwei Gemälde in Auftrag, die beide Patrone darstellten. Auf den Bildern steht die Titelperson in der Mitte – Hildegard mit Kukulle, in der Rechten eine Feder, im Arm den Äbtissinnenstab haltend, zu ihren Füßen ein aufgeschlagenes Buch – umgeben von zehn Medaillons mit Szenen aus ihrem Leben. Am Deckengemälde des kleinen Saales im Kloster ließ sie (1732/40) das Sponheimer Wappen und den Namen St. Hildegardis anbringen. Auch die Altarbilder für die Seitenaltäre der Kirche, die 1770 unter Äbtissin Maria Benedikta von Dumont (1768–1780) gemalt wurden, zeigen in Lebensgröße die Patrone (Kat. Nr. 90.1 bzw. Abb. 96). Die Pfarrkirche von Fehlheim (Bergstraße) besitzt einige Holzbildwerke des 18. Jahrhunderts aus dem Kloster Eibingen, darunter eine Hildegardstatue. Barocke Kunstwerke in Kirchen der unmittelbaren Umgebung zeugen von ihrer Verehrung, so eine Holzstatue aus Geisenheim (Kat. Nr. 54).

Niemand hätte zu Beginn des 19. Jahrhunderts ahnen können, daß es *das* Jahrhundert der Hildegard-Verehrung werden würde. Zwar hatte noch 1767 Papst Clemens XIII. die »*Kirche der hl. Hildegard*« in Eibingen mit einem vollkommenen Ablaß ausgestattet, doch nur vier Jahrzehnte später, 1802, wird der Konvent im Zuge der Säkularisation aufgehoben; die letzten Nonnen verlassen 1814 das Kloster. Obwohl Hildegards Klöster nach 1802 nicht mehr innerhalb der Grenzen des klein gewordenen Bistums Mainz lagen, blieb ihr Fest doch in den Mainzer Proprien, da man einfach das alte erzbischöfliche von 1742 weiter benutzte. Die Nachfolgediözesen Limburg und Trier übernahmen den Tag dagegen vorerst nicht. So fiel der Aufschwung der Verehrung, der in der Mitte des Jahrhunderts vom nun limburgischen Eibingen ausging, vor allem in Bingen und in der Diözese Mainz auf fruchtbaren Boden. Beim ersten großen Hildegardfest 1857 beteiligten sich viele Mainzer Priester mit dem Generalvikar Adam Franz Lennig (1803–1866) an der Spitze. Um auch die »*Liebe und Andacht*« der Binger zur Hl. Hildegard zu wecken, »*die hier gelebt hat und heilig gestorben ist*« und »*die mit Recht die Perle der Stadt Bingen genannt wird*« ließ sich 1863 Pfarrer Johann Adam Wagner († 1873) eine Reliquie der Heiligen vom Limburger Bischof Peter Joseph Blum (1842–1884) schenken und führte 1864 das Hildegardisfest in der Rochuskapelle ein. Der Mainzer Bischof Wilhelm Emanuel von Ketteler (1850–1877), der an der Eibinger Feier nicht hatte teilnehmen können, pries die Heilige in einer Predigt bei der Rochuswallfahrt von 1874. Den 700. Todestag Hildegards (1879) beging die Mainzer Diözese in Bingen. Nachmittags bewegte sich eine Prozession von 8000 Menschen auf den Rochusberg, wo der spätere Mainzer Bischof Paul Leopold Haffner (1886–1899) predigte »*wie die Heilige zu einem heiligen Leben erwuchs, als Lehrerin und Führerin der Seelen weithin wirkte und zu der ewigen Seligkeit gelangte*«[10]. Seine Ausführungen sind deutlich geprägt vom damals besonders heftigen Kulturkampf und dem Widerstand gegen unchristliche Zeitströmungen. Das 19. Jahrhundert habe »*in vielfacher Hinsicht große Ähnlichkeit mit der Zeit der heil. Hildegardis. Auch in diesem Jahrhundert ringt die Wahrheit des Glaubens mit der falschen Wissenschaft, leidet die christliche Sitte unter der Gewalt entfesselter Leidenschaften, ringt die Kirche in bitterem Leiden um ihre Freiheit und ihr Recht. (…) Die Jungfrau aber, welche auf dem heiligen Rupertsberg in dem Glauben der heiligen katholischen Kirche dem dreieinigen Gott diente, hat die Liebe und die Verehrung nicht verloren, welche sie ehedem hier gepflanzt*«[11]. In der Binger Pfarrkirche errichtete man einen neugotischen Hildegardaltar mit einer überarbeiteten barocken Statue und einem Kreuzaltar, auf dem Hildegard als »*Wächterin heiliger Reliquien, wie sie die von Engeln aufgezeichnete Rupertuslegende verfaßte*« dargestellt war. Die 1895 neu aufgebaute Rochuskapelle erhielt als Seitenaltar einen neugotischen Flügelaltar mit einer großen Statue der Heiligen, umgeben von Reliefs mit Szenen aus ihrem Leben (Kat. Nr. 56); hier stellte man auch ihren neuen Reliquienschrein auf, und eine der neuen Glocken wurde nach ihr benannt.

Einen weiteren Höhepunkt erreichte die Anerkennung Hildegards in ganz Deutschland durch die Feier ihres 750. Todestages. Am Sonntag, dem 15. September 1929, fand eine Kundgebung mit 25 000 Teilnehmern auf dem Rochusberg statt, bei der der ehemalige österreichische Bundeskanzler Prälat Ignaz Seipel († 1932) die Festrede hielt (Abb. 36). Eine Reliquienprozession schloß sich an, die zum Rhein zog, um die von Eibingen herübergeführten Gebeine Hildegards zu begrüßen. Zweifellos durch das große Echo der Feiern veranlaßt, erhielt das neue

Abb. 36 Einladungskarte zur Binger Hildegardfeier am 15. 9. 1927, Mainz, Bischöfliches Dom- und Diözesanmuseum

Mainzer Gesangbuch von 1935 endlich auch ein Hildegard-Lied. Erstaunlicherweise fiel dieses bei der Neuausgabe von 1953 wieder fort. Hildegard wird nur als eine der Mainzer Heiligen erwähnt. Im Mainzer Anhang des »Gotteslob« (1975) erschien aber wieder ein neugestaltetes Lied zu ihren Ehren. Zur endgültigen römischen Anerkennung ihres Kultes (Abb. 37) kam es 1940 mit der Ausdehnung des Festes auf ganz Deutschland. Für das Offizium der »Missa propria« wurden die Texte des Mainzer Propriums vorgeschrieben. So wurde der 17. September 1941 zum erstenmal in ganz Deutschland als ihr Fest begangen.

Vorläufiger Höhepunkt der Würdigung Hildegards waren die Feiern anläßlich ihres 800. Todestages im Jahre 1979. Dieses Jubiläum wurde mit zahllosen Veranstaltungen aller Art begangen; Gottesdienste, Vorträge, Symposien oder Lesungen bzw. Aufführungen ihrer Werke brachten die immer populärer werdende Heilige einem großen Publikum nahe. Besonders hervorzuheben sind die Gedächtnisausstellung im »Haus am Rupertsberg« in Bingerbrück sowie die begleitende Festschrift, die eine Fülle neuer wissenschaftlicher Erkenntnisse zum Thema bot[12]. Seit dieser Zeit nimmt die Zahl der Verehrer Hildegards rapide zu. Im In- und Ausland entstanden und entstehen zahllose Vereinigungen, die sich mit Leben und Werk der vielseitig Gebildeten auseinandersetzen. Vor allem in Amerika wächst die »Fangemeinde« Hildegards, die sich zum Teil in Organisationen wie der Amerikanischen Hildegard-Gesellschaft in Boston oder der »International Society of Hildegard von Bingen Studies« in Muncie/Indiana zusammenschließt, ständig an. Dabei ist immer öfter eine Art von »Zweiteilung« der Auseinandersetzung mit Hildegard festzustellen. Auf der einen Seite wird intensiv und ernsthaft die Forschung, vor allem zu ihren Schriften, vorangetrieben. Dies äußert sich insbesondere in der verdienstvollen textkritischen Edition der Werke Hildegards innerhalb des »Corpus Christianorum«, die mittlerweile nahezu abgeschlossen ist. Im Zuge dieser Forschungen konnte eine Fülle neuer Erkenntnisse über Hildegard und ihr Werk gewonnen werden. Auf der anderen Seite steht eine schier unübersehbare Flut populärwissenschaftlicher, ja oft trivial zu nennender Publikationen, die Hildegards Werk unkritisch in jedweder Hinsicht ausschlachten: Heilen nach oder Fasten mit Hildegard ist ebenso modisch geworden und entsprechend zu kommerzialisieren wie Singen, Kochen oder Backen nach angeblich von ihr verfaßten Vorgaben. Der eigentliche Zugang zu Hildegard wird durch diese Art von »Informationen« eher verstellt als gefördert; gleichzeitig bestimmen sie das heutige Hildegardbild in der Öffentlichkeit aber sehr stark und tragen mit bei zu ihrer außerordentlicher Popularität kurz vor der Jahrtausendwende.

Es bleibt, nach dem Grund für diese stetige und in den letzten Jahren immer rascher gewachsene Popularität zu fragen. Esoteriker und New-Age-Anhänger finden bei Hildegard ebenso Antworten auf ihre Fragen wie Umweltbewegte oder Feministinnen; Theologen, Literaturwissenschaftler und Musiker setzen sich mit ihrem Werk auseinander, desgleichen Mediziner oder Historiker. In einer Zeit, in der die Sinnfrage eine immer zentralere

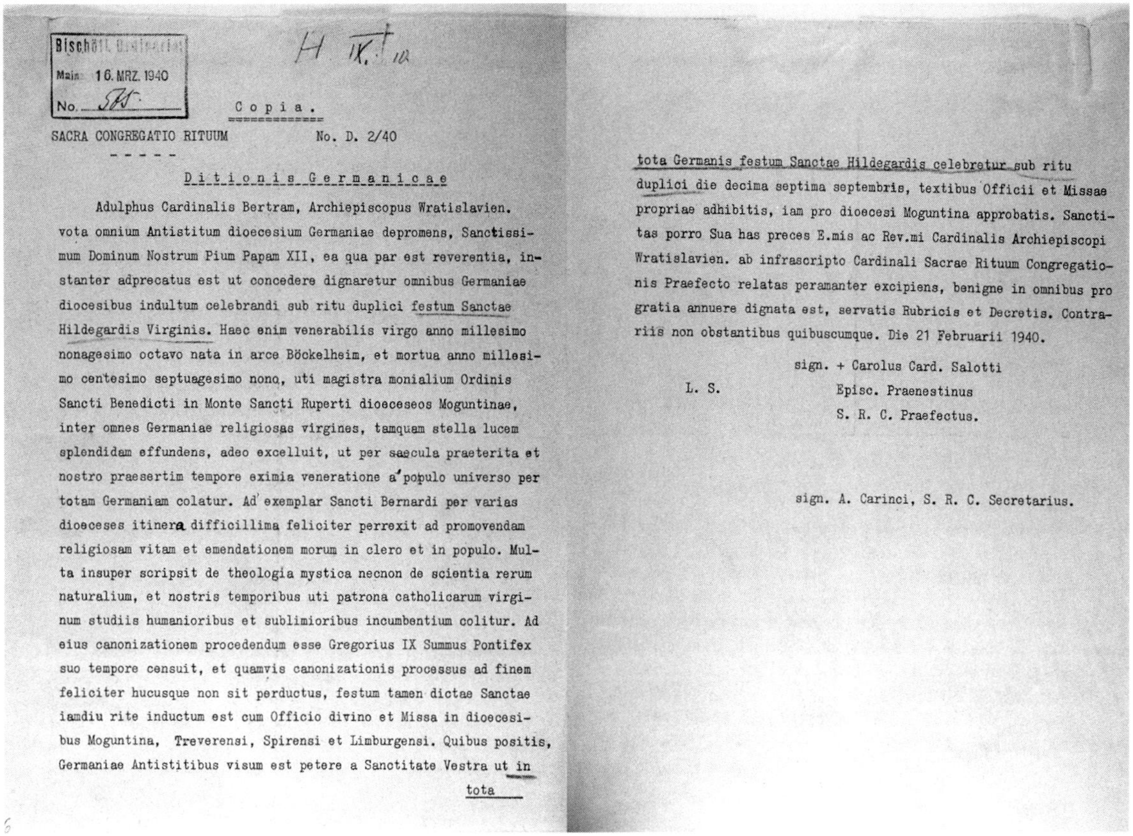

Bischöfl.
Mainz 16. MRZ. 1940
No. 585

H IX, 10

Copia.

SACRA CONGREGATIO RITUUM No. D. 2/40

Ditionis Germanicae

Adulphus Cardinalis Bertram, Archiepiscopus Wratislavien. vota omnium Antistitum dioecesium Germaniae depromens, Sanctissimum Dominum Nostrum Pium Papam XII, ea qua par est reverentia, instanter adprecatus est ut concedere dignaretur omnibus Germaniae diocesibus indultum celebrandi sub ritu duplici festum Sanctae Hildegardis Virginis. Haec enim venerabilis virgo anno millesimo nonagesimo octavo nata in arce Böckelheim, et mortua anno millesimo centesimo septuagesimo nono, uti magistra monialium Ordinis Sancti Benedicti in Monte Sancti Ruperti dioeceseos Moguntinae, inter omnes Germaniae religiosas virgines, tamquam stella lucem splendidam effundens, adeo excelluit, ut per saecula praeterita et nostro praesertim tempore eximia veneratione a populo universo per totam Germaniam colatur. Ad exemplar Sancti Bernardi per varias dioeceses itinera difficillima feliciter perrexit ad promovendam religiosam vitam et emendationem morum in clero et in populo. Multa insuper scripsit de theologia mystica necnon de scientia rerum naturalium, et nostris temporibus uti patrona catholicarum virginum studiis humanioribus et sublimioribus incumbentium colitur. Ad eius canonizationem procedendum esse Gregorius IX Summus Pontifex suo tempore censuit, et quamvis canonizationis processus ad finem feliciter hucusque non sit perductus, festum tamen dictae Sanctae iamdiu rite inductum est cum Officio divino et Missa in dioecesibus Moguntina, Treverensi, Spirensi et Limburgensi. Quibus positis, Germaniae Antistitibus visum est petere a Sanctitate Vestra ut in

tota

tota Germanis festum Sanctae Hildegardis celebretur sub ritu duplici die decima septima septembris, textibus Officii et Missae propriae adhibitis, iam pro dioecesi Moguntina approbatis. Sanctitas porro Sua has preces E.mis ac Rev.mi Cardinalis Archiepiscopi Wratislavien. ab infrascripto Cardinali Sacrae Rituum Congregationis Praefecto relatas peramanter excipiens, benigne in omnibus pro gratia annuere dignata est, servatis Rubricis et Decretis. Contrariis non obstantibus quibuscumque. Die 21 Februarii 1940.

sign. + Carolus Card. Salotti
L. S. Episc. Praenestinus
S. R. C. Praefectus.

sign. A. Carinci, S. R. C. Secretarius.

Abb. 37 Schreiben der Römischen Ritenkongregation vom 21. 2. 1940, Dom- und Diözesanarchiv Mainz, Bestand Bischöfliches Ordinariat, Nr. H IX, 10

Stellung einnimmt, vermag Hildegards ganzheitliche Sicht von Gott, Mensch und Kosmos für viele eine – stetig aktueller werdende – Antwort zu geben.

1 Der vorliegende Beitrag ist eine gekürzte, aber, vor allem in den Fußnoten, überarbeitete und aktualisierte Fassung meines Beitrages »St. Hildegards Verehrung im Bistum Mainz«, in: Hildegard-Festschrift 1979, S. 385–411. Genaue Nachweise zu einzelnen Passagen s. dort.

2 Van Acker 1988, S. 166 ff.

3 Newman 1997, S. 126 ff.

4 Zu Hildegards Vita, deren Überlieferung und Kompilation grundlegend die Edition von Klaes 1993.

5 Jüngster Beitrag zur Kanonisation: Krasenbrink 1997.

6 Im liturgischen Kalender des Mainzer Domes gab es um 1500 (!) im ganzen nur vier Heilige, die nach der Jahrtausendwende gelebt hatten: Gotthard von Hildesheim († 1038), Bernhard von Clairvaux († 1153), Thomas von Canterbury († 1170) sowie Elisabeth von Thüringen († 1231), vgl. Staab 1990, S. 38 f.

7 E. Sebald (Bearb.), Die Kunstdenkmäler des Rhein-Hunsrück-Kreises, Teil 2,2: Ehemaliger Kreis St. Goar. Stadt Oberwesel (Die Kunstdenkmäler von Rheinland-Pfalz 9), München/Berlin 1997, S. 199 f.

8 A. Simon OSB, Die Reliquien der hl. Hildegard und ihre Geschichte, in: Hildegard-Festschrift 1979, S. 371–383.

9 Jacob Köbel, Die Legend des heyligen hertzogen sant Ruprechts bey byngen uff san Ruprechts berg leyplich rastende, Oppenheim 1524 (Nachdruck Mainz 1887). Ein Originalexemplar befindet sich heute noch im Besitz des Hildegardisklosters in Eibingen.

10 P. Haffner, Die heilige Hildegard. Fest-Predigt bei der 700jährigen Gedächtnisfeier der Heiligen am 21. September 1879 auf dem Rochusberg gehalten, Mainz 1879, S. 7.

11 Haffner 1879, S. 17 bzw. 20 f.

12 Hildegard-Festschrift 1979.

49
Sarkophag

Mainz, 11./12. Jahrhundert
Sandstein
Sarkophag: H.: 60 cm; B.: 80 cm; L.: 230 cm
Sarkophagplatte: H.: 20 cm; B.: 65 bzw. 80 cm; L.: 220 cm

Mainz, Bischöfliches Dom- und Diözesanmuseum

Der ausgestellte Mainzer Sarkophag, eine mächtige monolithische Steinkiste, ist typisch für die Bodenbestattung hochgestellter Persönlichkeiten im 11. und 12. Jahrhundert[1]. Sarkophag und Sargdeckel gehörten ursprünglich nicht zusammen. Beide wurden zu unbekannter Zeit im unmittelbaren Bereich des Mainzer Domes aufgefunden. Der trapezförmige Deckel ist an der Oberseite in Flachrelief mit der Darstellung eines erzbischöflichen Palliums geschmückt. Der Sarkophag ist außen vollständig mit einem Zierschlag in Spitzmeißeltechnik überzogen, der mit seinen schräg aneinandergrenzenden Linien an das römische »opus spicatum«, übersetzt das »Ährenwerk«, erinnert, das auf deutsch fälschlicherweise »Fischgrätenmuster« genannt wird. Dieses Grätenmuster taucht im Mauerwerk verschiedener rheinischer Burgen des 11. und 12. Jahrhunderts auf und gibt somit einen Hinweis auf die Datierung des Sarkophags.
Der rohe Steinsarg aus einem Block, in welchem die Höhlung nach der ungefähren Körpergröße eingehauen und dessen Boden mit einer Öffnung zur Ableitung des Leichenwassers versehen war, ist in dieser Epoche häufiger als der antikisierende Sarkophag anzutreffen.
Nach Plinius wurde der Begriff Sarkophag (von σαρκοφάγος = fleischfressend) ursprünglich für einen die rasche Verwesung fördernden Kalkstein von Assos, (Griechenland) verwendet[2]. Unser heutiger Begriff »Sarg« leitet sich im engeren, gewöhnlicheren Sinn vom Sarkophag ab, der nunmehr als Synonym für ein monumentales, oft auch künstlerisch reich gestaltetes Leichenbehältnis gilt. Aus antiker Tradition haben die frühen Christen, soweit sie hochgestellt und wohlhabend waren, den Brauch der Sarkophagbestattung durchaus übernommen, mußten aber bei der Ausschmückung, bis eine eigene Produktion angelaufen war, in der künstlerischen Ausstattung auf unverfängliche Motive zurückgreifen. Erreicht die christliche Nutzung des Sarkophages im 4. Jahrhundert einen Höhepunkt, verflacht die Sitte in der Folgezeit jedoch völlig. Erst ab dem Frühmittelalter sind seltene Fälle von Sarkophagbestattungen wieder nachzuweisen, aber in der Regel nur für Bischöfe und Fürstlichkeiten. Als Sarkophage dienen den antiken nachgebildete oder einfache Steinkisten, mehrheitlich in Trapezform. Bedingt durch die einsetzende Bestattung im Boden der Kirchen und die damit verbundene Unsichtbarkeit entfällt der Zwang zur sorgfältigen Bearbeitung des Steines. Die künstlerische Ausarbeitung wird ebenfalls bis auf das Maß einfachster Muster zurückgenommen[3]. Gleichwohl stand diese Art der Bestattung, wie schon erwähnt, im 11. und 12. Jahrhundert meistens nur Bischöfen oder Äbten von Klöstern zu, wie die Verzierung einiger noch erhaltener Sarkophagdeckel nahelegt[4]. Sie zeigen Vortragekreuze, gelegentlich Bischofs- oder Abtsstäbe oder, wie bei dem hier vorgestellten Exemplar, ein stilisiertes Pallium.
Wir können durchaus davon ausgehen, daß der Äbtissin Hildegard von Bingen ihrem Rang gemäß eine Grablegung dieser Art zugestanden hat. W. Web.

Lit.: Unpubliziert.

[1] H. Otte, Handbuch der kirchlichen Kunst – Archäologie des deutschen Mittelalters, Leipzig 1854, S. 41 ff.; H. Bergner, Handbuch der kirchlichen Kunstaltertümer in Deutschland, Leipzig 1905, S. 292 ff.; Lexikon für Theologie und Kirche IX, Freiburg 1937, Sp. 185–187 (J. Sauer).
[2] Hist. Nat. 36. 131.
[3] Die Gotik wird den monumentalen Sarkophag in der vielseitig abgewandelten Tumben- oder Hochgrabform wiederbeleben.
[4] Auf Beigaben hat man in den meisten Fällen aus Angst vor der Grabschändung verzichtet, obwohl diese Tat mit hohen Strafen belegt war.

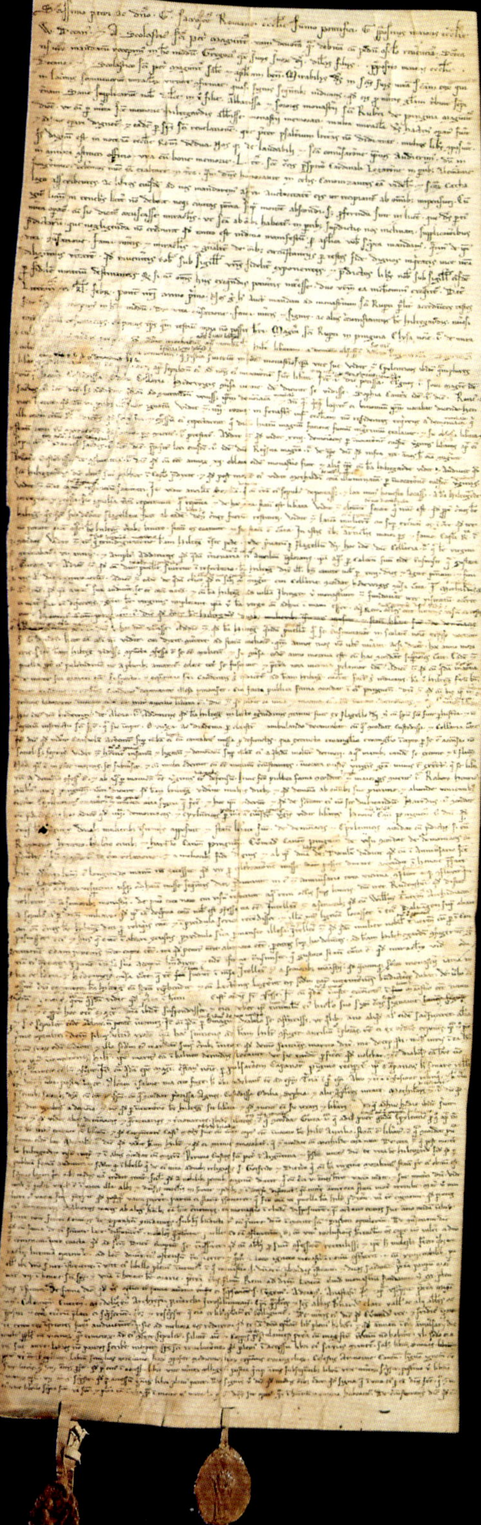

50

Protokoll zur Heiligsprechung Hildegards (Faksimile)

Mainz, 16. Dezember 1233 (mit späteren Ergänzungen)
Pergament
H.: 26,0 cm; B.: 77,5 cm

Koblenz, Landeshauptarchiv

Als Hildegard 1179 stirbt, setzt rasch ihre lokale Verehrung ein. Zahlreiche Gläubige ziehen zu ihrem Grab. Die Nonnen des Rupertsberges arbeiten intensiv auf ihre Heiligsprechung hin: Hildegards Schriften werden gesammelt, im Hinblick auf einen möglichst positiven Gesamteindruck überarbeitet und neu abgeschrieben (vgl. hierzu auch Kat. Nr. 47). Um die Kanonisation ihrer ehemaligen Äbtissin zu erreichen ist mittlerweile, anders als noch in früheren Jahrhunderten, ein formaler Untersuchungsprozeß notwendig, der vom Papst positiv beschieden werden muß[1]. Am 27. Januar 1227 nimmt Papst Gregor IX. (1227–1241) einen entsprechenden Antrag des Konventes vom Rupertsberg an und setzt den Informativprozeß in Gang. In seiner Bulle teilt Gregor mit, daß er sich darauf freue: »*(...) auf Erden die zu erhöhen, die der Herr im Himmel geehrt hat, d.h. sie heiligzusprechen und ihren Namen in die Liste der Heiligen einzutragen*«[2]. Als »ausführende Instanz« wurde das Mainzer Domkapitel mit der Untersuchung beauftragt. Erst sechs Jahre später, 1233, liegt das Ergebnis dieser Untersuchung vor. Es ist in dem hier vorgestellten Protokoll festgehalten.

Die Vorderseite der Urkunde wird ganz, die Rückseite zu einem Fünftel von dem Protokoll von 1233 eingenommen. Viele Zeilen dieses Textes sind oben durch zahlreiche Zusätze von anderer Hand ergänzt. Dieser zweite Schreiber hat auch auf der Rückseite des Protokolles halbseitig noch etwa drei Viertel des Pergamentes für weitere Informationen genutzt. Am Anfang des Protokolls ist der noch aus dem Jahre 1227 stammende Auftrag des Papstes an die Untersuchenden vermerkt. Sie alle gehören dem Mainzer Klerus an: Propst Gerbod, Dekan Walter sowie der Scholaster Arnold aus St. Peter. Der Auftrag des Papstes lautet dahingehend, das Leben Hildegards zu überprüfen: ihren Leumund und ihre Verdienste, vor allem aber die Wunder, die sie noch zu ihren Lebzeiten, aber auch nach dem Tode an ihrem Grabe wirkte. Tatsächlich beschreibt das Protokoll mehrere Wunder der lebenden und toten Hildegard. Trotz der lange Untersuchungsdauer sind die Angaben vergleichsweise dürftig: es bleibt bei allgemeinen Formulierungen;

konkrete Hinweise zu beteiligten Personen oder zu Ort und Zeit der Geschehnisse fehlen zumeist ganz. Über Hildegards Leben werden kaum nähere Aussagen getroffen; über ihr teilweise gespanntes Verhältnis zum Amtsklerus finden sich gar keine Angaben. Des weiteren werden ihre Schriften, von Gutachtern beurteilt, aufgeführt.

Papst Gregor scheint entsprechend unzufrieden gewesen zu sein. Am 6. Mai 1237 beauftragt er einen Kanonikus Walter sowie einen Dekan und einen Scholaster aus Mainz mit einer zusätzlichen Untersuchung. Auch sein Nachfolger, Papst Innozenz IV., versuchte durch ein Schreiben vom 24. November 1243, den Fall wieder aufzurollen. Das Ergebnis einer dieser beiden Untersuchungen sind die Eintragungen oberhalb der Zeilen des eigentlichen Protokolls[3], die aber wenig Zusätzliches berichten und sich meist darauf beschränken, daß Näheres zum Sachverhalt unbekannt sei. Lediglich der Wunderbericht, der auf der Rückseite fortgesetzt wird, wird vertieft. Da dieses ergänzte Protokoll in Mainz verblieb und von hier aus im 19. Jahrhundert nach Koblenz gelangte, ist anzunehmen, daß es als Konzept für eine neu abgeschriebene und dann nach Rom geschickte Fassung diente. Da diese Reinschrift aber nicht erhalten ist, läßt sich dies nur vermuten. Vielleicht wurde auch gar kein Bericht mehr erstattet.

Mehreres am Ablauf des Vorganges ist auffällig. Trotz des offensichtlichen Interesses des Papstes an Hildegard, das er unmittelbar nach seinem Amtsantritt mit seiner Anfrage vom 27. Januar 1227 bekundet, läßt ihn die Untersuchungskommission erst einmal sechs Jahre warten, ehe sie sich zu einer – dürftigen und letztendlich unbefriedigenden – Antwort bequemt. Auch die erst auf Nachfrage überarbeitete zweite Fassung scheint die päpstlichen Erwartungen nicht erfüllt zu haben, da der Kanonisationsprozeß am Ende im Sande verlief. Vom Mainzer Erzbistum wurde das Verfahren jedenfalls nicht forciert. Dies dürfte mehrere Gründe gehabt haben. Spätestens seit dem 10. Jahrhundert findet der Mainzer Heiligenkalender im wesentlichen seinen Abschluß; die Aufnahme neuer Heiliger geht nun nur noch sehr zögerlich – wenn überhaupt – vonstatten[4]. Zudem dürfte die den kirchlichen Institutionen stets kritisch gegenüberstehende Hildegard in den Augen der Mainzer Kirche als »neue« Heilige kaum besonders empfehlenswert gewesen sein. Auch an einer Konkurrenz für die Mainzer Stadtklöster und -kirchen durch eine neue, blühende Wallfahrtsstätte mit entsprechendem Zulauf und – demzufolge von Mainz abgezogenen – Einnahmen wird in der Bischofsstadt niemand Interesse gehabt haben. Auf

der anderen Seite ist die nicht erfolgte Kanonisation so ungewöhnlich nicht, wenn man bedenkt, daß von 72 Heiligsprechungsprozessen, die zwischen 1198 und 1431 von der Kurie durchgeführt wurden, nur 32 erfolgreich waren. Von dreizehn auf dem Prüfstand stehenden Frauen wurden wiederum nur sechs heiliggesprochen, von 26 männlichen und weiblichen Ordensangehörigen wiederum nur ganze zwölf, darunter kein(e) Benediktiner(in) und überhaupt nur eine einzige Frau (die Hl. Klara)[5].

So gesehen verwundert es nicht, daß trotz großer Anstrengungen der Rupertsberger Nonnen und des grundsätzlichen Wohlwollens des Papstes noch einmal fast genau siebenhundert Jahre vergingen, bis der Kult der Hl. Hildegard 1940 endgültig anerkannt wurde. W. W.

Lit.: Hinkel 1979, S. 386 f.; Newman 1997.

[1] A. Angenendt, Heilige und ihre Reliquien (2. überarb. Aufl.), Augsburg 1997, S. 189–192.
[2] Zit. nach Newman 1997, S. 141 f.
[3] Laut Newman 1997, S. 151, Anm. 70 handelt es sich um das derjenigen von 1243.
[4] Staab 1990, S. 38 ff.
[5] Newman 1997, S. 142.

51
Ablaßurkunde für das Kloster Rupertsberg (Faksimile)

Avignon, 14. Juni 1342
Pergament
H.: 52,0 cm; B.: 72,0 cm

Koblenz, Landeshauptarchiv

Ablaß bedeutet den von der kirchlichen Leitung gewährten Nachlaß der zeitlichen Sündenstrafen, die nach bereits vergebener Sündenschuld noch im Jenseits abzubüßen sind. Ein solcher Ablaß war in der Regel an einen bestimmten Altar oder an ein besonderes Kultbild gebunden. Er konnte in Extremfällen mehrere zehntausend Jahre umfassen. Die Ablässe wurden festgehalten in sog. »Ablaßbriefen«, die vom Papst oder einem Bischof ausgestellt wurden.

Auch die Rupertsberger Nonnen erbaten sich vom Papst mehrmals einen solchen Ablaßbrief. Ein erster wurde ihnen im Jahre 1324 vom Papst in Avignon ausgestellt. Er verhieß den Besuchern ihrer Nikolauskapelle 12 x 40 Tage Ablaß, ein Zeitraum, der vom Mainzer Erzbischof im folgenden Jahr noch einmal verdoppelt wurde. Bereits zwei Jahrzehnte später bemühten sich die Nonnen um eine weitere Urkunde. Sie wurde am 14. Juni 1342 von Clemens VI. in der päpstlichen Residenz von Avignon ausgestellt. Anlaß, so die Legende, war ein Blutwunder, das sich bei einer Darstellung der Muttergottes in der Marienkapelle des Binger Klosters ereignet haben soll: »*Als im Jahre 1301 König Albrecht die Stadt Bingen belagerte, erlebte das Kloster Rupertsberg schwere Drangsale. Die Nonnen flüchteten nach Eibingen, die Klostergebäude dienten als Pferdeställe. Während der Belagerung schlichen sich in dunkler Nacht zwei Strolche in die Klosterkirche und brachen mit einem Dolchmesser fünf Kristalle aus einem Marienbilde, das in eine Mauernische gemalt war. Als der Verwegenste den letzten Stein ausbrach, der auf der Brust der Gottesmutter glänzte, quoll es wie Milch und Blut aus der Wunde. Entsetzt eilte der Räuber aus der Kirche und stürzte sich in die vorüberfließende Nahe, der andere entfloh. Ein Priester fing später die wunderbare Flüssigkeit mit einem leinernen Tüchlein auf, verwahrte sie in einem Glasgefäß und stellte dies zu den übrigen Klosterreliquien. Große Volksscharen strömten herzu, um das Wunder zu sehen. Selbst König Albrecht fand sich mit seinen Heerführern und dem Erzbischof von Mainz ein. Zum ewigen Andenken an den wunderbaren Vorfall entstand beim Kloster eine neue Kapelle zu Ehren der seligen Jungfrau*«[1].

Um dieses Ereignis entsprechend zu würdigen und dem wundertätigen Marienbild die gebührende Verehrung zu zollen, verleihen in dieser Urkunde der Erzbischof von Mainz sowie elf weitere Bischöfe der Marienkapelle einen jeweils vierzigtägigen Ablaß, der an allen Marienfesten und allen kirchlichen Feiertagen gelten soll. Auch diejenigen, die für die Kapelle stiften oder die dreimal vor dem wundertätigen Bild knien und ihre Gebete verrichten, kommen in den Genuß dieses Ablasses.

Die Initiale des Textes, ein »U«, ist, obwohl sie offensichtlich nicht vollendet wurde, reich geschmückt. Sie zeigt in der Mitte in den typisch gelängten Proportionen der Hochgotik Maria mit Kind. Die Muttergottes wird rechts vom Hl. Rupertus flankiert. Links von Maria steht die mit einem Heiligenschein ausgezeichnete Hildegard in benediktinischer Tracht. Sie trägt in ihrer Rechten einen Palmenzweig und reicht mit ihrer Linken Maria ein Buch, mit dem vielleicht eine ihrer Visionsschriften gemeint ist.

Trotz ihrer bescheidenen künstlerischen Qualität ist die Miniatur von besonderer Bedeutung, da es sich um eine der frühesten Abbildungen von Hildegard überhaupt

handelt. Aus dem 12. Jahrhundert hat sich außerhalb der Autorenbilder in ihren Visionsschriften überhaupt keine Hildegarddarstellung erhalten. Auch in den beiden folgenden Jahrhunderten wird sie lediglich dreimal im Bild wiedergegeben. Das erste Mal wird sie im Rupertsberger Antependium dargestellt (Kat. Nr. 36.2). Mit einem Heiligenschein ausgezeichnet, trägt sie als Attribut ein Kirchenmodell, das auf ihre Rolle als Klosterstifterin verweist. Im weiteren Verlauf des 13. Jahrhunderts finden wir darüber hinaus nur noch eine einzige Wiedergabe von Hildegard, diesmal in der »Chonica regia Coloniensis« aus der Mitte des 13. Jahrhunderts[2]. Die – ebenfalls mit Nimbus ausgestattete – Heilige vom Rupertsberg steht in der Kleidung einer Benediktinerin unter einem mit Vierpässen besetzten Rundbogen. Ihre Hände sind – als Teil eines visionären Geschehens? – in sprechender Geste nach oben gewandt. Ein besonderes Attribut ist ihr hier nicht beigegeben; auffällig sind jedoch die bloßen Füße, denen vielleicht ein attributiver Sinn beigemessen ist: bei einer Gotteserscheinung nahen sich ein Prophet oder eine Prophetin in aller Regel barfuß, um den geheiligten Boden, auf dem die Vision stattfindet, nicht zu profanieren. So wird Moses bei seiner Erscheinung Gottes im brennenden Dornbusch mit demonstrativ bloßen Füßen dargestellt. Falls das vorliegende Bilddetail in diesem Sinne zu interpretieren ist, wäre die Deutung dieser Miniatur als eine Darstellung der Visionärin Hildegard gesichert.

Die Miniatur der Ablaßurkunde erweitert das Spektrum der Hildegardikonographie zusätzlich: Das beigegebene Buch in ihrer Linken hebt zum einen ihre Rolle als Verfasserin hervor. Die Palme in der Rechten, die normalerweise den Märtyrern vorbehalten ist, spielt vielleicht auf die vielen Krankheiten und das Leiden an, von dem Hildegard zeit ihres Lebens und vor allem zu Beginn ihrer Visionen heimgesucht wurde. Alle drei Darstellungen zusammen entwickeln ein breitgefächertes ikonographisches Angebot, aus dem die folgenden Jahrhunderte infolge der stark zurückgehenden Hildegardverehrung nicht mehr zu schöpfen wußten. W. W.

Lit.: Lehrbach 1979, S. 62; Hinkel 1979, S. 389.

[1] Katholischer Kirchenkalender der Pfarreien des Dekanats Bingen 30, 1951, S. 18.

[2] Brüssel, Bibliothèque Royale, Cod. 467.

52
Hildegardstatue (ehemals Hl. Ottilie)

Mittelrhein (?), 2. Hälfte 15. Jahrhundert
Holz, alte Fassung
H.: 120 cm

Frankfurt-Niederrad, Katholische Kirchengemeinde Mutter vom Guten Rat

Die Heilige ist ihrem Stand entsprechend als Nonne dargestellt. Ihr Gesicht umgibt rahmend ein auf die Schultern fallender Weihel und Schleier sowie ein Kinn und Hals bedeckender Wimpel. Über der langen, am Boden aufliegenden Talartunika trägt sie ein schmales Skapulier. Der vorne offene Mantelumhang berührt beinahe die Erde. Sein langes Ende wird von der linken Hand aufgenommen, von einem Gürtel gerafft und fällt in Körperbreite schürzenartig bis zu den Knien herab. Der geschlossenen Kontur der Standfigur entsprechen der weiche, beinahe traurige Gesichtsausdruck und die ruhigen Bewegungsmotive. Die Körperhaltung erscheint nur wenig ponderiert, wobei das Haupt leicht nach rechts geneigt und das linke Bein etwas nach vorn geschoben ist.
Die rechte Hand, 1985 ergänzt, hielt vermutlich ehedem einen Äbtissinnenstab. Das der Linken aufgelegte und gegen die Brust erhöht gelehnte Buch ist vermutlich ein Grund, weswegen die Skulptur in jüngerer Vergangenheit immer wieder als eine Darstellung der Hl. Hildegard angesehen wurde. Spuren auf dem Buchdeckel sprechen jedoch zweifelsfrei für ein ehemals vorhandenes Augenpaar, das Attribut der Hl. Ottilie. Mit welcher Absicht und wann eine Entfernung dieses Attributes erfolgte, ist nicht geklärt. Es fehlt jedenfalls seit mindestens fünfzig Jahren[1]. Über die Herkunft und den ursprünglichen Standort der Skulptur ist ebenfalls nichts bekannt.
Die Umarbeitung der Ottilie in eine Hl. Hildegard, als die die Skulptur die letzten Jahrzehnte über angesehen wurde, ist ein interessanter Beleg für eine stetig wachsende Popularität der Binger Äbtissin im späten 19. und frühen 20. Jahrhundert, der auch originale gotische Skulpturen zwischenzeitlich weniger verehrter Heiliger »geopfert« wurden. G. H.

Lit.: L. Peter, Pfarrführer der Katholischen Kirchengemeinde Mutter vom Guten Rat, Frankfurt/Main-Niederrad, Frankfurt 1963; H.-J. Kotzur, Gotische Bildwerke im Bistum Limburg, Limburg 1987 (unveröffentlicht).

[1] Freundliche Auskunft Walter Kinkel, Frankfurt/Main.

53
Schedelsche Weltchronik

Nürnberg, 1493
300 Papierfolio
H.: 49,0 cm; B.: 33,5 cm

Mainz, Bibliothek des Priesterseminares

Im Jahre 1493 gibt der Nürnberger Arzt, Humanist und Verleger Hartmann Schedel ein Buch heraus, das, vor allem aufgrund seiner Städteansichten, bis heute unvergessen geblieben ist: das »Registrum huius operis libri cronicarum cum figuris & imaginibus ab initio mundi«, besser bekannt als »Schedelsche Weltchronik«. Die lateinische Ausgabe erscheint am 12. Juli, eine deutsche Übersetzung liegt unter dem Titel »Register Des buchs der Chroniken und geschichten mit figure und pildnussen von anbegin der welt bis auf diese unsere zeit« nur wenige Monate später, am 23. Dezember, vor. Einige Bücher, so auch das hier ausgestellte lateinische Exemplar, wurden handkoloriert.
Ausgehend von der biblischen Schöpfungsgeschichte schildert dieses Geschichtswerk die sechs Zeitalter der Welt, die mit dem siebten, endzeitlichen Erdalter und der Apokalypse zu Ende geht. Nach der Schöpfung der Erde in sechs Tagen beginnt das erste Weltalter mit der Erschaffung Evas; es folgen, auf die einzelnen Weltalter aufgeteilt, die Ereignisse des Alten Testamentes, teilweise um Mythisches, wie z. B. die Ereignisse um Troja, oder um Historisches (griechische bzw. römische Geschichte) bereichert. Die Epoche des Autors, die beiden nachchristlichen Jahrtausende, beginnen mit der Passion und enden im Jahre 1493. Es ist das sechste Weltalter, das Zeitalter der Päpste und Kaiser, aber auch das der Märtyrer und Heiligen.
Hildegard, von Schedel mit einer bildlichen Darstellung gewürdigt und mit einem Nimbus ausgezeichnet, findet sich auf einer Seite vereint mit den Heiligen Petrus Lombardus, Gratian oder Wilhelm von Norwich. Als Halbfigur schwebt sie oberhalb einer Wolke, ihre linke Hand zum Segensgestus erhoben. Die Rechte hält einen Palmzweig. Ihr weiter Mantel wird über der Brust von einer Agraffe gehalten. Das auffallendste Kennzeichen dieser Darstellung ist aber das offen getragene, weit über die Schultern herabfallende Haar, das sie als Jungfrau – denn nur solche trugen im 15. Jahrhundert das Haar offen – charakterisiert.
Der in seiner Qualität als durchschnittlich zu bezeichnende Holzschnitt kann nicht einem bestimmten Meister zugeschrieben werden; an dem Gemeinschaftsunter-

Hildegardis

nehmen »Weltchronik«, das über 1800 bildliche Darstellungen enthält, waren mehrere ausführende Künstler beteiligt, darunter so prominente Meister wie Michael Wolgemut, der Lehrer Dürers, und Wilhelm Pleydenwurff, die gemeinsam eine Werkstatt betrieben. Diese Werkstatt griff teilweise auf graphische Vorbilder anderer Künstler bzw. andere Buchvorlagen zurück, so z. B. auf den Reisebericht des Mainzer Domherrn Bernhard von Breidenbach, die »Peregrinatio in terram sanctam« (Wallfahrt ins Heilige Land), die 1486 in Mainz erschien und mit Holzschnitten von Erhart Reuwich illustriert war. Ob, und wenn ja, welches Vorbild für die eher schematisch zu nennende Hildegarddarstellung vorlag oder ob sie eine originäre Schöpfung der Wolgemut-/Pleydenwurff-Werkstatt ist, muß offenbleiben.

Schedel schreibt nur wenige Zeilen zu der ihm ansonsten sicherlich unbekannten Heiligen. In der deutschen Ausgabe vermerkt er folgendes: »*Hildegardis ein iunckfraw guets alters hat in teutschen landen bey dem Rheyn wunderperlicher weyse gereichßnet* (geblüht, Anm. d. Verf.). *unnd hot auß götlicher kraft die gnad. das sie (wiewol sie ein layin und ungelert was) offt wunderperlich im schlaff entzugt. lernet nicht allain latein reden sunder auch schreyben und tichten. also das sie ettliche bücher christenlicher lere machet. von der sagt man, das sie künftige ding verkünndet hab. ir hat auch sannt bernhart ettliche brieff geschriben. so hab sie auch an die von Cölne von künftiger betrübnys der pfafheit geschriben. wie die pfafheit ere und ruom on verdienst. Und verdienstnus on das werck haben wullen*«[1].

Schedels Hauptquellen für diese Informationen waren die Schriften des Trithemius von Sponheim, von denen er mehrere besaß, so den »Catalogus illustrium virorum Germanicae« und »De scriptoribus ecclesiasticis«. Beide standen in brieflichem Kontakt[2], deshalb war Trithemius wiederum gut über die Schedelschen Projekte unterrichtet, so unter anderem auch über die »Weltchronik«, von der ihm ein Exemplar vorgelegen haben muß, denn er bezeichnet sie lobend als »opus grande et insigne«[3].

Mit der Aufnahme in die Schedelsche Weltchronik wurde Hildegard der humanistisch gebildeten Leserschaft bekannt. Auch wenn die Chronik selbst aufgrund der hohen Kosten nur wenige Abnehmer fand, der 1497 von dem Augsburger Drucker Johann Schönsperger herausgegebene, vom Inhalt her identische Raubdruck – und damit auch Hildegard – erreichte ein breites Publikum. W. W.

Lit.: E. Rücker, Hartmann Schedels Weltchronik. Das größte Buchunternehmen der Dürer-Zeit, München 1988.

1 In der lateinischen Ausgabe ist folgendes zitiert: »hildegardis in regione alemanie apud wingiam e(t) iuxta rhenu(m) virgo admirabilis virgo floruit. p(er)fecte etatis cui tanta(m) divina virtus gratia(m) contulerat. ut cu(m) laica et illiterata esset mirabiliter t(ame)n rapta freque(n)tius in somnis disceret no(n) solum quod verbis effunderet. sed etia(m) quo scribe(n)do latine dictaret. ut dictando catholice doctrine libros co(n)ficeret. Que multa fert(ur) p(rae)dixisse de futuris. Ad qua(m) scripsisse decit(ur) etia(m) beat(us) bernhard(us) clarevalle(n)sis hec ad colonie(n)ses scribe(n)s de futura clericor(um) tribulat(i)o(n)e. dicict q(uo) clerici gloria(m) abs(qu)e merito habere volu(n)t e(t) meritu(m) abs(qu)e ope(re).

2 Zum Briefkontakt zwischen Schedel und Trithemius sowie zu den Trithemiusschriften in Schedels Bibliothek vgl. K. Arnold, Johannes Trithemius (1462–1516), (Quellen und Forschungen zur Geschichte des Bistums und Hochstiftes Würzburg 23), Würzburg 1991 (2. Aufl.), S. 96.

3 Schedel selbst wird von Trithemius beschrieben als »Bürger von Nürnberg, Doktor der sieben freien Künste und der Medizin, in der Hl. Schrift nicht unbekannt und vortrefflichst und von klarer Beredsamkeit, hat neben seinen anderen Arbeiten ein großes Geschichtswerk verfaßt« (zit. nach Rücker 1988, S. 83).

54
Hildegardisstatue

Mittelrheinisch (Burkhard Zamels?), 18. Jahrhundert
Holz, farbig gefaßt
H.: 80 cm (Sockel 5 cm)

Geisenheim, Pfarrkirche zur Kreuzauffindung

Um 1964 entdeckte der Geisenheimer Küster auf dem Speicher der Sakristei der Katholischen Pfarrkirche zur Kreuzauffindung eine bis dato unbeachtet gebliebene Barockskulptur[1], die in der Folgezeit gereinigt und restauriert wurde. Dabei wurde ihre hohe Qualität sichtbar.

Es handelt sich um die Darstellung einer stehenden Frau, deren Gewand mit Schleier und Wimpel sie eindeutig als Nonne ausweist. Schwungvoll wendet sie sich nach rechts; zu dieser Seite hin ist auch der erhobene Kopf mit dem nach oben gerichteten Blick gewendet. Ihr linker Arm ist angewinkelt; in der Hand trägt sie ein geschlossenes Buch, dessen Rücken sie am Körper abstützt. Tief und schwungvoll bewegt fällt der Ärmel herab. Ihr rechter Arm, über den ebenfalls ein weiter Ärmel fällt, ist leicht angebeugt; wie der Gestus der Hand wahrscheinlich macht, hielt die Nonne hier ursprünglich einmal einen Stab. Hierbei dürfte es sich, wie Analogien (s. u.) vermuten lassen, um einen Äbtissinnenstab gehandelt haben. Stab und Buch sind Attribute der Hl. Hildegard, als die die Figur gemeinhin gedeutet wird. Dies bestätigt auch die auf originalen Befund zurückgehende Inschrift am Sockel.

Ursprünglich dürfte die Figur einmal Teil eines Altares gewesen sein, wie Haltungsmotiv, Blick und Gestus deutlich machen. Hier wäre ihr Platz auf der linken Seite des Altarblattes, zur Mitte hin orientiert, gewesen. Als Pendant hat sich die Skulptur einer Hl. Theresia erhalten, die gleichfalls um 1964 zusammen mit der Hildegardisstatue aufgefunden wurde[2].

Es ist anzunehmen, daß die Figur aus der säkularisierten Eibinger Klosterkirche stammt und zu unbekanntem Zeitpunkt nach Geisenheim verbracht wurde. Sie kann nicht Teil des Hochaltares gewesen sein: dessen flankierende Skulpturen – links die Heiligen Bernhard von Clairvaux bzw. Benedikt sowie rechts Hildegard bzw. Johannes der Täufer[3] – befinden sich heute in der Pfarrkirche St. Bartholomäus in Fehlheim (Kreis Bergstraße)[4]. Deren durchschnittliche Größe von 156 cm schließt aus, daß die Geisenheimer Hildegardisstatue ursprünglich einmal zu diesem Ensemble gehörte, zumal die originale Hildegard des Hochaltares in Fehlheim ja noch erhalten ist. Laut Krasenbrink soll aber eine Hildegardisfigur in der Binger St. Martinsbasilika die ehemalige Hildegardisstatue des Hochaltares sein[5]. Als Beleg führt er eine Aufnahme in der 1895 erscheinen Jubiläumspublikation anläßlich der Einweihung der Binger Rochuskapelle an: dort sei die Figur aus der Binger Pfarrkirche abgebildet[6]. Bei genauem Hinschauen erkennt man jedoch, daß es sich dabei um die Figur aus Fehlheim handelt: deutlich ist deren geöffnetes Buch in der linken Hand zu sehen, während die Binger Figur ein geschlossenes Buch hält. Diese Figur aus St. Martin (Abb. 38) entpuppt sich bei genauerer Betrachtung statt dessen als eine Kopie der Geisenheimer Statue. Stand, Neigung, Kopfhaltung, die weit herabfallenden Ärmel, Fall und Ausformung des Schleiers oder die Lage des geschlossenen Buches: die Hildegardis aus der Basilika in Bingen ist eine leicht vereinfachende und anders gefaßte Nachahmung des Geisenheimer Vorbildes und stammt wahrscheinlich aus dem 19. Jahrhundert. Die Geisenheimer Figur ist unzweifelhaft das Original; dies belegt ihre gut erhaltene Barockfassung. Sie muß also im 19. Jahrhundert einmal einem Kopisten als Vorbild vorgelegt worden sein, bevor sie zu unbekanntem Zeitpunkt in Geisenheim auf dem Dachboden verschwand. Ihre vergleichsweise geringe Höhe weist darauf hin, daß sie zu einem kleineren Altar gehört haben muß. Ob dies einer der Seitenaltärer der Eibinger Klosterkirche war oder der einer anderen Kirche dies- oder jenseits des Rheins, muß, solange keine weiteren gesicherten Auskünfte über die Stationen ihres Verbleibs bekannt sind, offenbleiben. W. W.

Lit.: Hinkel 1979, S. 400.

1 Hinkel 1979, S. 400.
2 Wir danken Herrn Eugen Duell, Geisenheim, für die freundliche Auskunft.
3 Krasenbrink 1997, S. 505.
4 W. Einsingbach (Bearb.), Die Kunstdenkmäler des Landes Hessen: Kreis Bergstraße, München 1969, S. 170 (mit Abb.).
5 Krasenbrink 1997, S. 505 mit Anm. 56: »Die Figur der heiligen Hildegard (vom Eibinger Hochaltar, Anm. d. Verf.) befindet sich heute im Chorraum der Binger Basilika St. Martin«.
6 Krasenbrink 1997, S. 503, Anm. 46; es handelt sich dabei um eine Aufnahme bei Engelhardt 1895, S. 26.

Abb. 38 Hildegardisfigur, 19. Jh., Bingen, St. Martin

55
Glasfenster mit Darstellung der Hl. Hildegard

Bernhard Kraus, 1900
Glas
H.: 170 cm; B.: 43 cm

Ober-Hilbersheim, Pfarrkirche St. Josef

Ober-Hilbersheim, ca. 15 km südöstlich von Bingen gelegen, besaß bis zum späten 19. Jahrhundert eine mehrfach umgebaute, in wesentlichen Teilen barocke Pfarrkirche, in der seit den Zeiten des Simultaneums sowohl katholischer als auch evangelischer Gottesdienst gefeiert wurde. Im 19. Jahrhundert mehren sich die Nachrichten über verschiedene Reparaturen der baufällig geworden Kirche, und immer wieder wird ein Neubau der Kirche ins Auge gefaßt. Im Jahre 1880 wird der bauliche Zustand unhaltbar. Am 2. Juni 1880 verfügt Kreisrat Kekule vom zuständigen Kreisamt in Oppenheim: *»die Simultankirche mit Ausnahme des Thurmes sofern dieser (...) einen eigenen Eingang hat, polizeilich zu schließen und das Betreten derselben zu verbieten«*[1]. Innerhalb der nächsten vier Jahre wurden daraufhin sowohl eine neue evangelische als auch eine neue katholische Kirche errichtet. Für letztere, dem Hl. Josef geweiht, wurde am 17. Juli 1882 der Grundstein gelegt. Bereits am 2. Juni 1884 konnte die Kirche durch den Mainzer Domdekan Dr. Heinrich benediziert werden. Sie wurde nach Plänen des Mainzer Dombaumeisters Lukas errichtet. Die Gesamtkosten beliefen sich auf insgesamt 30 000 Mark.

Im Gegensatz zu der raschen Bauausführung ließ die Ausrichtung der Glasmalereien der Fenster noch über ein Jahrzehnt auf sich warten. Erst im Sommer des Jahres 1900 wurden, so ein Schreiben des damaligen Ober-Hilbersheimer Pfarrers Glanz an das Bischöfliche Ordinariat in Mainz, die Fenster des Langhauses eingebaut: *»Bei der Ausmalung der Pfarrkirche in diesem Sommer* (des Jahres 1900, Anm. d. Verf.) *wurden (...) 14 Stationen an die Filialkirche Appenheim abgegeben u. für die hiesige Pfarrkirche ein dem Style der Kirche entsprechender Kreuzweg aus Ölgemälden angeschafft. (...) In die Fenster des Langschiffes wurden die Bilder von 8 Heiligen unseres Landes (St. Rupert und Wendelin, Wigbert und Bonifatius, St. Lioba und Hildegard, Elisabeth und Bilhildis) eingesetzt«*[2].

Wie die im Grundstein niedergelegte Urkunde mitteilt, wurden erste Glasarbeiten von dem Glasermeister Franz Hubert aus Mainz ausgeführt[3], die späteren Entwürfe dürften aber von Bernhard Kraus, der auch den Hildegardzyklus in Bingen-Dietersheim schuf (s. Kat. Nr. 57), stammen.

Das Fenster zeigt eine innerhalb einer Baldachinnische stehende Hildegard. Ihr Kopf wird von einem großen, goldfarbenen Nimbus hinterfangen, der durch zarte, dünne Einzelstrahlen noch einmal akzentuiert wird. Über einem langen, weißen Unterkleid trägt die Heilige einen blau-grünen Mantel, der auf den Schultern von einem braunen, über den Kopf gelegten Schleier überfangen wird. In ihrer Linken trägt sie einen Stab, der am oberen Ende in einer Blattkrümme endet; ihre Rechte hält, mit verhüllter Hand, ein Buch. Der Stab weist sie als Äbtissin aus; mit dem Buch dürfte eine ihrer Visionsschriften gemeint sein. Hierauf deutet auch die Taube links hin, die symbolisch für den Hl. Geist steht. Ähnlich wie in mittelalterlichen Darstellungen Gregors des Großen, in denen dem Heiligen von einer neben seinem Ohr schwebenden Hl.-Geist-Taube ein göttlicher Text diktiert wird, so ist auch hier Hildegard als göttlich inspirierte Autorin ausgewiesen. W. W.

Lit.: Ober-Hilbersheim. Gedenkschrift aus Anlaß der 100. Wiederkehr der Einweihung der St. Josefskirche in Ober-Hilbersheim (Beiträge zur Geschichte des Gau-Algesheimer Raumes, Heft 8, 1983), Gau-Algesheim 1983; S. Grathoff, Ober-Hilbersheim. Geschichte eines rheinhessischen Dorfes von dem 8. bis in das 20. Jahrhundert, Ingelheim 1995 (vor allem S. 154 ff.).

[1] Grathoff 1995, S. 155.
[2] Mainz, Bischöfliches Dom- und Diözesanarchiv, Pfarrakten Ober-Hilbersheim.
[3] Grathoff 1995, S. 156.

S. HILDEGARD
Gest. von Fräulein

56
Zwei Reliefs des Hildegardisaltares der Binger Rochuskapelle: 1. Hildegards Eintritt in die Klause 2. Hildegards Tod

Jakob Busch, 1898
Holz, farbig gefaßt
H.: 55 cm; B.: 75 cm

Bingen, Rochuskapelle

Gleichzeitig mit dem Neubau der Rochuskapelle in neugotischem Stil wurden auch Pläne zu deren Ausstattung geschmiedet. Vieles, so vor allem die unverzichtbaren Bildfenster, konnte bereits zur Weihe im Jahre 1895 realisiert werden. Anderes, darunter auch die im wesentlichen ebenfalls neugotischen Altarretabel, wurde erst in den folgenden Jahren aufgestellt. Dieses Formprinzip wurde auch bei dem neu zu errichtenden Hildegardretabel verfolgt. Obwohl das alte, noch aus Kloster Eibingen stammende und 1814 aufgestellte barocke Altarblatt (Kat. Nr. 90.1) beim Brand von 1889 aus den Flammen gerettet werden konnte, fand es keine weitere Verwendung. Statt dessen beauftragte man die »Anstalt für christliche Kunst und Kunstgewerbe« mit der Ausführung des neuen Altars. Diese »Kunstanstalt« wurde 1863 von Georg Busch in Groß-Steinheim gegründet. 1888 übernahm der Sohn Jakob Busch die Werkstatt seines Vaters, die er bis zu seinem Tod im Jahr 1916 fortführte.
1895, anläßlich der Einweihung der Kirche, ist der damalige Dekan Joseph Engelhardt noch guten Mutes, auch die Altäre der Kirche rasch mit Bildwerken ausstatten zu können. Im Vertrauen auf eine Stiftungszusage präzisiert er in der Festschrift anläßlich der Weihe der Kirche seine Vorstellungen auch zu den Seitenaltären: *»Die beiden Nebenaltäre sind wie früher der Hl. Hildegard und dem Hl. Rupertus geweiht und erhalten genau ihre frühere Stelle. Es sind spätgothische Baldachinaltärchen, welche einen festen Verschluß und eine wirkungsvolle Exposition der Reliquienschreine ermöglichen und auf ihren Holzflügeln die Darstellungen aus dem Leben der betreffenden Heiligen aufnehmen sollen. Die Reliquien werden hier nur zeitweise, an den hohen Festen der Rochuskapelle aufbewahrt. Sonst sind sie in dem diebssicheren Reliquienaltar der Pfarrkirche verschlossen. Einer der Altäre ist gestiftet und wird bald aufgestellt werden können«*[1].
Hiermit ist der Hildegardis-Altar gemeint, der von der Witwe Margarethe Krug, geb. Merz, gestiftet wurde. Es handelt sich um einen Schnitzaltar, der in der Mitte eine Statue Hildegards sowie vier Reliefs mit Szenen aus ihrem Leben beherbergt, während auf den Innenseiten beider Flügel je zwei weitere Lebensstationen der Heiligen geschildert werden. Im einzelnen handelt es sich um folgende Themen: Hildegard schaut als Kind ein geheimnisvolles Licht; Hildegard wird von ihren Eltern in die Obhut der Magistra Jutta in die Klause auf dem Disibodenberg gebracht; Hildegard verfaßt den Scivias; der Mainzer Erzbischof Heinrich liest Papst Eugen und Bernhard von Clairvaux auf dem Trierer Konzil von 1147 aus Hildegards Schriften vor; Hildegard begegnet Bernhard von Clairvaux (ein Ereignis, das nie stattfand); Begegnung zwischen Hildegard und Kaiser Friedrich I. auf dem Hoftag zu Ingelheim; Hildegard predigt vor Klerus und Volk sowie, als achte und letzte Szene, Hildegards Tod im Kloster Rupertsberg 1179[2]. Die Außenseiten der Flügel zeigen den Ecce homo bzw. den vom Kreuz abgenommenen Leichnam Christi. In die Predella ist der Schrein mit den Reliquien Hildegards eingestellt, flankiert von Büsten der Hl. Berta, des Hl. Wigbert, des Hl. Bernhard und des Hl. Rupertus.
Beide Szenen sind auf volkstümlich-erzählende Weise dargestellt. Von ihrer Mutter empfohlen, steigt die kleine Hildegard die Treppe zum Eingang der Klause empor, an der die Magistra Jutta, von zwei Inklusinnen begleitet, bereits auf das Kind wartet. Vertrauensvoll legt Hildegard ihre Hand in diejenige ihrer zukünftigen Lehrerin. Der Vater greift sich, wohl vor Trennungsschmerz, an die Brust; ein Diener bringt in einem großen Koffer den persönlichen Besitz der Kleinen heran. Jahrzehnte später: Hildegard, auf ihrem Totenbett liegend, ist von zahlreichen Mitschwestern sowie einem hinter dem Bett stehenden Priester umgeben, der ihr die letzte Ölung erteilt. Durch einen Rundbogen im Hintergrund wird der Himmel sichtbar: Dort erscheint, wie es in der Vita in legendären Zügen überliefert ist, ein Kreuz am Himmel. W. W.

Lit.: Krasenbrink 1995, S. 59–61.

[1] Engelhardt 1895, S. 44. Wohl aus Kostengründen wurde der Altar nicht bis ins letzte Detail fertiggestellt. Das Mittelteil einschließlich der Predella wurde nur summarisch gearbeitet und besitzt lediglich Modellcharakter. Hierauf verweist auch dessen Material: es wurde nicht in Holz, sondern in Gips ausgeführt, der dann bemalt wurde.
[2] Nach Krasenbrink 1995, S. 60.

56.1 △

▽ 56.2

57
Vier Glasfenster mit Szenen aus dem Leben Hildegards

Bernhard Kraus, 1911/12
Glas
H.: 204 cm; B.: 65 cm

Bingen-Dietersheim, Pfarrkirche St. Gordianus und Epimachus

Einer der bedeutendsten Zyklen neugotischer Glasfenster mit Szenen aus Hildegards Leben befindet sich in der zwischen 1910 und 1912 errichteten Pfarrkirche St. Gordianus und Epimachus in Bingen-Dietersheim. Glasfenster jener Epoche, so z. B. das Fenster aus Ober-Hilbersheim (Kat. Nr. 55) zeigen Hildegard in der Regel als Äbtissin oder als Visionärin; manchmal wird sie auch als Autorin von theologischen Schriften oder von Musikalien dargestellt wie in der Binger Rochuskapelle (Kat. Nr. 62). Der Dietersheimer Zyklus hingegen zeigt in epischer Breite die wichtigsten Wendepunkte aus Hildegards Leben. Aufgrund seiner narrativen Erzählstruktur darf dieser Zyklus als einer der bedeutendsten und innovativsten Beiträge zur Hildegardikonographie des 19. bzw. frühen 20. Jahrhunderts angesehen werden.
Das erste Fenster[1] zeigt die Aufnahme Hildegards in die Klause auf dem Disibodenberg (Abb. 4). Hier wird die noch junge Hildegard von ihren Eltern der Magistra Jutta von Sponheim anvertraut, die das Kind mit ausgebreiteten Armen vor einem gotischen Portal empfängt. »Dissibodenberg« steht oberhalb des Tores. Der ritterlich gekleidete Vater weist mit der Rechten auf seine Tochter und empfiehlt sie der Klausnerin, desgleichen die rechts auf die Knie gesunkene Mutter. Obwohl Hildegard lediglich von hinten dargestellt ist, zieht sie als Mittelpunkt der Bildkomposition die Blicke auf sich. Unterstrichen wird diese zentrale Stellung durch die Farbgebung des blonden Haarschopfes, der vor einem weißen Nimbus, in den »St. Hildegardis« einbeschrieben steht, hell und markant aufleuchtet.
Das zweite Fenster (57.1) zeigt Hildegards Auszug vom Disibodenberg. Dieses Kloster, wiederum inschriftlich mit »Dissibodenberg« bezeichnet, ist im oberen Teil des Fensters dargestellt. Darunter weist ein rotgeflügelter Engel Hildegard den Weg »nach Bingen!«, wie das imperative Spruchband in seinen Händen unmißverständlich klar macht. Der Widerstand, der Hildegard bei der Neugründung des Klosters auf dem Binger Rupertsberg durch die Mönche vom Disibodenberg entgegengesetzt wurde, wird durch diesen göttlichen Befehl eindeutig als

◁ 57.1

Unrecht erklärt. Hildegards hartnäckiges Streben nach Unabhängigkeit ist hierdurch legitimiert. Energisch schreitet sie auf dem ihr vorgezeichneten Weg voran. Nur zwei Dinge nimmt sie mit in ihre neue Heimat, die durch die Brücke zu ihren Füßen angedeutet wird: den Stab, das Zeichen ihrer Äbtissinnenwürde und den Codex in ihrer Rechten, bei dem es sich, wie das Kreuz auf dem Deckel wahrscheinlich macht, um die Bibel handelt. Hinter Hildegard sind die Gesichter dreier Mitschwestern erkennbar; die vorderste hat die Hände in einer Demutsgeste über der Brust gefaltet und folgt ihrer Äbtissin vertrauensvoll. Dahinter sind die mit Schleiern bedeckten Köpfe weiterer sieben Nonnen zu erkennen. Wie die Tafel links unten kenntlich macht, wurde dieses Fenster »Gestiftet von Familie Mart. Stumm«.
»St. Hildegardis spricht auf dem Reichstag in Ingelheim vor Kaiser Friedr. Barbarossa« ist, so das Spruchband am unteren Rand, das Thema des dritten Fensters (Abb. 14). Diese Begegnung ist historisch verbürgt. Barbarossa selbst spielt in einem seiner als authentisch gesicherten Schreiben an Hildegard auf diese Begegnung an (s. Kat. Nr. 45). Der Kaiser, ganz in Rot gekleidet, sitzt auf einem erhöhten Thron. In seiner Rechten hält er das Szepter, das Symbol seiner Macht. Hildegard steht furchtlos vor ihm. Mit angewinkelten Armen hebt sie nach Art einer Seherin die geöffneten Hände nach oben, dorthin, wo auch ihr Blick sein Ziel sucht. Sie scheint, wie es Barbarossa in dem genannten Schreiben selbst bestätigt, dem Kaiser eine Prophezeiung auszusprechen. Die beiden Ritter links und rechts des Thrones, die Höflinge links, aber auch der vor Hildegard in die Knie gesunkene Mainzer (?) Erzbischof lauschen ergeben. Unterhalb des Erzbischofs ist wiederum ein Stiftungsvermerk »Dem Andenken meines Vaters W. Garber (?)« sowie die Jahreszahl »191(2?)« vermerkt. Dieses Datum, das uns die Entstehungszeit des Fensters mitteilt, sowie die bislang noch nicht erwähnte Signatur im ersten Fenster (»Bernh. Kraus MAINZ« sowie das darunterliegende Mainzer Rad) ermöglichen die Datierung des Zyklus sowie die Identifizierung des entwerfenden Künstlers (s. u.).
Im letzten Fenster sehen wir Hildegard bei der Niederschrift ihrer ersten Visionsschrift (57.2). Die auch hier im Nimbus inschriftlich als »St. Hildegardis« bezeichnete Nonne sitzt auf einer Bank an einem Schreibpult, an dessen Vorderseite ein Rotulus herabhängt, der den Titel des im Entstehen begriffenen Werkes, »Scivias«, festhält. Ähnlich wie im Fenster von Ober-Hilbersheim ist auch hier in Höhe der Ohren die Taube des Heiligen Geistes dargestellt, die Hildegard ihre Visionen diktiert. Das Geschehen spielt sich zwischen seitlich gerafften Vor-

57.2 ▷

hängen in einer engen Kammer, wohl Hildegards Zelle, ab. Am vorderen Rand des Raumes bzw. dem unteren der Scheibe ist ein mit Neumen versehenes Schriftband mit den Worten »O virga ac diadema« entrollt. »Gestiftet von Familie Ph. Schneider« vermerkt eine weitere, darunter befindliche Tafel.
Entworfen wurden die Fenster von dem Glaskünstler Bernhard Kraus (1867–1935), der 1896 in Mainz einen Gewerbebetrieb zur Herstellung von Glasfenstern (Kunstverglasungen und figürliche Darstellungen) gründete. Der Betrieb gliederte sich in zwei Teile: ein Atelier, in dem die Entwürfe erstellt wurden, sowie eine Werkstatt, die die Fenster nach diesen Entwürfen ausführte. Das Geschäft florierte, und selbst der Erste Weltkrieg hemmte die Entwicklung des Betriebes nur wenig. Anhand bildlicher und schriftlicher Quellen, vor allem der zum Teil noch erhaltenen »Maßbücher«, in denen die technischen Daten der Fenster notiert wurden, lassen sich für Bernhard Kraus, über ganz Deutschland verstreut, noch 270 Kirchenbauten nachweisen, die er mit seinen Fenstern belieferte. Vor allem in den Diözesen Mainz, Limburg, Münster, Paderborn und Essen lassen sich seine Fenster belegen. Die Publikation eines Werkverzeichnisses, das neben den Arbeiten von Bernhard Kraus auch die seines Sohnes Fritz (1897–1978) umfassen wird, der die Werkstatt übernahm und weiterführte, ist in Arbeit. W. W. / G. K.

Lit.: Unpubliziert.

[1] In der Kirche sind die Hildegardfenster im nördlichen Seitenschiff in der nachfolgenden numerischen Reihenfolge (vom Altar aus gesehen) angeordnet.

58
Reliquienostensorium

Ohne Marken, um 1750
Silber, Silber vergoldet, Messing vergoldet, Schmucksteine, Glas
H.: 29,5 cm; B.: 15,2 cm; Dm.: 11,5 cm (Fuß)

Limburg, Diözesanmuseum

Das kleine elegante Ostensorium entspricht seiner Gestalt nach einer großen eucharistischen Strahlenmonstranz. Sein geschweifter, hochgewölbter Fuß ist in acht Kompartimente gegliedert, die mit asymmetrischen Rocaillegebilden verziert sind. Auch der birnenförmige Nodus zeigt Rocaillen, und zwar in seiner ganzen Oberfläche. Zum Strahlenaufsatz leitet eine bewegte Muschelform über. In dreifacher Weise erfährt die zentrale, hochovale Glaskapsel, und damit die Reliquie selbst, wirkungsvoll gesteigerte Betonung. Sie wird nämlich gerahmt von einer goldenen Rocaille- und Strahlenkartusche. Diese wird ihrerseits hinterfangen von einer größeren durchbrochenen, silbernen Ornamentplatte aus C- und S-Bögen sowie Rocaillegebilden. Bunte Schmucksteine setzen hier Akzente. Ein goldener Strahlenkranz bildet sodann die bewegte Außenkontur.
Die Glaskapsel in der Mitte birgt auf einem roten seidenbezogenen Kartonträger eine kleine Knochenreliquie der Hl. Hildegard. Die beigegebene, gedruckte Cedula verzeichnet dies in lateinischer Sprache: »Ex ossibus S. Hildegardis Virg.«. Das beigefügte Siegel des Marienstätter Zisterzienserabtes Dominikus Willi, der nachmalig Bischof von Limburg wurde (1898–1913), bestätigt die Echtheit der Reliquie. Die formal beinahe identische Rückseite des Ostensoriums zeigt eine Reliquie des Hl. Lubentius. Das Reliquier entstammt dem Nachlaß des verstorbenen Limburger Bischofs Wilhelm Kempf (1949 bis 1981). G. H.

Lit.: Unpubliziert.

Hildegard von Bingen
Werk

Musik

De confessoribus

O vos imitatores excelsae personae
in pretiosissima et gloriosissima significatione.
O quam magnus est vester ornatus,
ubi homo procedit
solvens et stringens in Deo
pigros et peregrinos,
etiam ornans candidos et nigros,
et magna onera remittens.

Nam et angelici ordinis officia habetis,
et fortissima fundamenta praescitis,
ubicumque constituenda sunt,
unde magnus est vester honor.
Etiam ornans candidos et nigros,
et magna onera remittens.[1]

An die Bekenner

O ihr, die ihr darstellt den Höchsten
im kostbaren, herrlichen Zeichen,
wie ist eure Würde so groß!
Denn dies unternimmt hier ein Mensch:
Er löset und bindet in Gott
die träg sind und ferne der Heimat,
er kleidet in Schönheit die Hellen und Finstren,
die Lasten, die schweren, er nimmt sie hinweg.

Ihr vollbringt euren Dienst in der Ordnung der Engel,
und wo Fundamente, sehr feste, gelegt werden müssen,
wißt ihr sie voraus.
Daher ist groß eure Ehre.
Er kleidet in Schönheit die Hellen und Finstren,
die Lasten, die schweren, er nimmt sie hinweg.

[1] Responsorium »De Confessoribus«, Wiesbaden, Hessische Landesbibliothek, Hs 2, folio 470v.

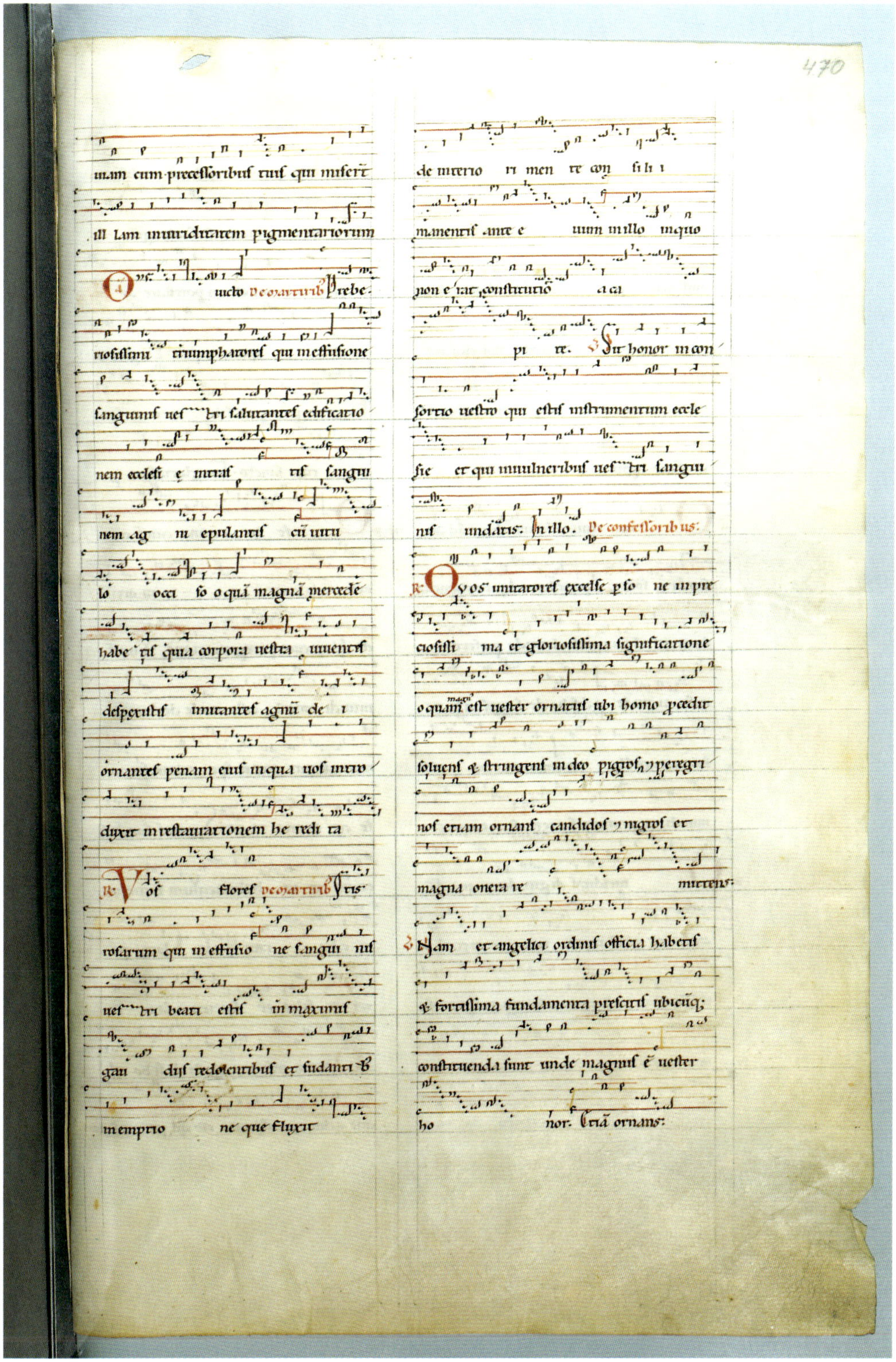

Abb. 39 De confessoribus (O vos imitatores), »Riesencodex«, um 1180/90, Wiesbaden, Hessische Landesbibliothek, Hs. 2

Musik im 12. Jahrhundert

Barbara Stühlmeyer

1. Die Grundlagen

Wer im Mittelalter musiziert oder über Musik nachdenkt, tut dies in einem allgemein anerkannten Bezugssystem. Die Grundlagen der mittelalterlichen Musiktheorie sind durch die Schrift »De institutione musica« des Boethius aus der Antike überliefert. Darin wird gelehrt, daß es drei Arten von Musik gibt (Abb. 40):
musica mundana (= Weltenmusik),
musica humana (= Menschenmusik) und
musica instrumentalis (= Vokal- und Instrumentenmusik).
Diese Theorie vermittelt zugleich ein Weltbild. Sie geht davon aus, daß der ganze Kosmos in harmonischen Proportionen angeordnet ist. Diese Proportionen gleichen dem Verhältnis der Töne einer Tonleiter zueinander. Zugleich wird vorausgesetzt, daß jede Bewegung Klänge erzeugt. Wenn also zwei Planeten, die in einem harmonischen Verhältnis zueinander stehen, sich auf ihren Bahnen bewegen, entsteht ein Klang. Von manchen Menschen wird erzählt, daß sie diese Weltmusik wahrnehmen können, die meisten jedoch hören sie nicht. Da der Mensch als kleiner Kosmos angesehen wird, gilt auch für ihn, daß er eine ebenfalls unhörbare Musik hervorbringt. Der dritte Teil dieser Theorie beschäftigt sich mit der hörbaren Musik. Die musica instrumentalis hat die Funktion, an die unhörbare Musik in der Welt und im Menschen zu erinnern. Zudem hat sie die Macht, die »Stimmung« des Menschen zu beeinflussen. Mit diesem Punkt setzen sich die Musiktheoretiker des Mittelalters besonders intensiv auseinander (Abb. 41).
Jede der Tonarten hat einen eigenen Charakter. Sie gelten als aktivierend, klagend oder stimmungsaufhellend. Mitunter schreiben die verschiedenen Theoretiker den gleichen Tonarten auch höchst unterschiedliche Eigenschaften zu. Einigkeit besteht jedoch darin, daß sie die Fähigkeit haben, die Gefühle der Menschen zu beeinflussen. Deshalb ist es sehr wichtig, für einen Text die Tonart zu finden, die seinen Inhalt am besten in Klang umsetzt.
Musik ist im ganzen Mittelalter ein eigenes Studienfach innerhalb der Sieben Freien Künste. Gemeinsam mit Arithmetik, Geometrie und Astronomie zählt sie zu den vier rechnenden Künsten.

Abb. 40 Musica mundana, humana und instrumentalis, 13. Jh., Florenz, Biblioteca Medicea Laurenziana, Ms. Plut. 29,1

2. Geistliche Musik

Ein großer Teil der Musik ist für den Gottesdienst bestimmt. An die Kompositionen werden verschiedene Anforderungen gestellt. Handelt es sich um ein Graduale oder ein Alleluja, stehen diese Gesänge für sich. Sie sind selbst gottesdienstliche Handlungen. Handelt es sich um einen Gesang zu Beginn des Gottesdienstes, während der Gabenbereitung oder des Abendmahles, hat dies Einfluß auf die Form der Komposition. Weil der Gesang die gottesdienstliche Handlung begleiten soll, dauert er so lange, bis sie vollzogen ist. Die Komposition muß also so gestaltet sein, daß man sie verlängern oder kürzen kann. Dies geschieht durch die Kombination einer gleichbleibenden Antiphon (Kehrvers) mit wechselnden Psalmenversen.

Der Gregorianische Gesang ist ein Repertoire von Kompositionen für den Gottesdienst, das im 12. Jahrhundert bereits seine feste Form gefunden hatte. Für festliche Anlässe wurden die Gesänge in verschiedener Form bearbeitet. Eine weitverbreitete Kompositionsform sind die Tropen. Sie sind Einschübe in eine bestehende Komposition, die den Inhalt weiter ausführen und den Bezug zur Gegenwart herstellen. Ebenso verbreitet waren die Sequenzen. Der Ursprung dieser Komposition liegt in den langen Schlußmelodien der Allelujakompositionen. Sie wurden mit Text unterlegt, um sie nachher besser einstudieren zu können. Nach und nach verselbständigte sich die Form, so daß eigene Kompositionen entstanden. Die Sequenzen werden im Gottesdienst nach dem Alleluja gesungen.

Eine für die Musikgeschichte wegweisende Form der Bearbeitung ist die Entwicklung mehrstimmiger Kompositionen. Zunächst werden hierzu die Melodien mit parallelen Oktaven, Quinten oder Quarten versehen. Später wird die Melodie dann zur Unterstimme, über der sich eine sehr virtuose zweite und dann auch dritte Stimme erhebt.

Abb. 41 Mittelalterliche Musikanschauung in Form eines Bilderbogens, 13. Jh., München, Bayerische Staatsbibliothek, Clm 17403

3. Weltliche Musik

Ein großer Teil der hochmittelalterlichen Musik des Alltags ist nicht überliefert. Dies gilt besonders für die Instrumentalmusik, deren Spielweisen in unserem Jahrhundert wieder ganz neu erschlossen werden mußten. Ein wesentlicher Bereich der weltlichen Musik des 12. Jahrhunderts ist die der Troubadoure und Trouvère. Die Bezeichnung »Troubadour« leitet sich von dem französischen Wort »troubar« ab, das »finden« bedeutet. Gemeint ist hier das Erfinden einer Melodie. Die Komponierenden waren Männer und Frauen, die ihre Lieder oft selbst vortrugen. Einige, wie z. B. Wilhelm von Aquitanien, waren reiche Adelige, andere zogen von Hof zu Hof und lebten von ihrem Gesang. Die Themen dieser Dichtungen war die Verehrung einer schönen und immer unerreichbaren Dame, der Herrin. Es gibt einige Parallelen zur Marienverehrung der Zeit, wie überhaupt die Trennung zwischen geistlich und weltlich nicht sehr streng war.

4. Die Kompositionen Hildegards

Hildegards Tätigkeit als Komponistin ist in den Quellen mehrfach bezeugt. Ihre Sekretäre Wibert und Volmar erwähnen sie ebenso wie der Pariser Magister Odo, und auch sie selbst gibt im Vorwort ihres zweiten Visionswerkes »Liber vitae meritorum« Auskunft darüber, daß sie sich in den fünfziger Jahren des 12. Jahrhunderts neben der Zusammenstellung ihres medizinischen Wissens auch der Redaktion ihrer Kompositionen gewidmet habe.

4.1. Entstehung und Verbreitung

Die Entstehung der Kompositionen Hildegards steht in engem Zusammenhang mit der Arbeit an ihren visionären Werken. Ein größerer Teil der Texte ihrer Gesänge ist im Buch »Scivias« enthalten. Dies gilt auch für die Urfassung des Ordo Virtutum. Ob Dichtung und Komposition zeitgleich entstanden oder ob Hildegard erst später einzelne Texte vertonte, ist nicht geklärt. Im Zusammenhang mit ihrer Anerkennung als Visionärin auf der Synode von Trier 1147 werden auch ihre Gesänge europaweit bekannt. Hildegard schreibt für die Liturgie in ihrem Kloster und auf Anfrage bald auch für andere Klöster, wie z. B. für St. Matthias in Trier.

Abb. 42 Die Engelschöre, Rupertsberger Scivias, um 1165 (Kopie 20. Jh.), Eibingen, Abtei St. Hildegard

4.2. Themen

Wie im 12. Jahrhundert üblich, komponiert sie dort, wo Gesänge fehlen, z.B. zu Ehren der Heiligen Disibod und Rupert. Besonders viele Gesänge entstehen für die Hl. Ursula sowie die Gottesmutter Maria. Beide werden im 12. Jahrhundert mit besonderer Intensität von vielen Menschen verehrt. Elisabeth von Schönau, eine Visionärin, die mit Hildegard in Briefwechsel steht, sorgt durch zahlreiche Schauungen für eine weite Verbreitung der Ursula-Legende.

4.3. Formen

Hildegard komponiert Antiphonen (Kehrverse), Responsorien (Antwortgesänge), Sequenzen, Hymnen, eine Symphonie, ein Kyrie, ein Alleluja und das geistliche Singspiel Ordo Virtutum. Obwohl sie die herkömmlichen Bezeichnungen für ihre Kompositionen wählt, weichen sie in der Gestaltung häufig von deren Form ab. Am stärksten ist dies bei den Hymnen der Fall, die keine Ähnlichkeit mit den zeitgenössischen vierzeiligen und zumeist einen Ton pro Silbe verwendenden Melodien haben. Hildegards Hymnen sind deutlich länger, sie haben keine Einteilung in Strophen, einen nicht-metrischen Text und verwenden häufig mehrere Töne über einer Silbe. Ähnlich ist es bei ihren Sequenzen. Auch hier finden sich mehrere Töne über einer Silbe. Auffällig ist auch, daß sie nicht, wie in zeitgenössischen Werken üblich, jeden Melodieteil (bis auf den Schluß) wörtlich wiederholt. Ihre »Wiederholungen« variieren die Melodie sehr stark. Dies hängt damit zusammen, daß die Textteile unterschiedlich lang sind. Zudem überträgt sie nicht einfach die Melodie Ton für Ton, sondern paßt sie dem neuen Text und seiner Aussage an. Auch die Antiphonen und Responsorien Hildegards unterscheiden sich von zeitgenössischen Kompositionen im Hinblick auf ihre Länge und ihren Schwierigkeitsgrad.

4.4. *Tonumfang*

Die Gesänge haben durchweg einen großen Tonumfang, der in dem Responsorium »O vos angeli« zweieinhalb Oktaven (Abb. 42) erreicht. Für den Ordo Virtutum gilt dagegen ein in der Regel geringerer Tonumfang. Auch sind die Antiphonen des Ordo deutlich kürzer und schlichter.

4.5. *Tonarten*

Wie im 12. Jahrhundert üblich, verwendet Hildegard häufig den tiefen und den hohen Bereich einer Tonart, die im Gregorianischen Choral als zwei selbständige Ausprägungen der Tonart gelten, gemeinsam. Die meisten Gesänge stehen im E-Modus, eine ebenfalls große Zahl ist im D-Modus komponiert.

4.6. *Überlieferung*

Alle Gesänge sind in Neumen auf vier Linien notiert. Zwei dieser Linien sind farbig markiert: die F-Linie rot, die C-Linie gelb. Die Markierung erleichtert also das Auffinden der Halbtonschritte. Neben einigen Codices, die einzelne Gesänge enthalten, überliefern zwei von ihnen die Kompositionen als Sammlung. Der Dendermonder (oder auch Villarenser) Codex (Kat. Nr. 67) ist 1175 als Geschenk für die Mönche des Klosters Villers entstanden; der Wiesbadener Riesencodex wurde hingegen später, schon bald nach Hildegards Tod zusammengestellt (um 1180/90). Der Riesencodex enthält bis auf zwei alle Gesänge, die auch der Dendermonder Codex überliefert, und darüber hinaus zwanzig weitere Gesänge sowie den Ordo Virtutum. Da sich der Dendermonder Codex zum Zeitpunkt der Niederschrift des Riesencodex nicht mehr im Kloster Rupertsberg befand, geht man davon aus, daß es eine – möglicherweise aus losen Blättern bestehende – Vorlage gab. Die Anordnung der Gesänge weicht in den beiden Hauptquellen voneinander ab. Der unter Hildegards Aufsicht entstandene Dendermonder Codex enthält eine Reihenfolge, die darauf hinweist, daß sie einigen Heiligen, wie z. B. Maria und Disibod, einen besonderen Rang zuweist. Dies wurde im Riesencodex, vermutlich im Hinblick auf das erwartete Heiligsprechungsverfahren, der üblichen liturgischen Ordnung angepaßt.

4.7. *Warum komponierte Hildegard?*

Wie aus dem Brief an die Mainzer Prälaten hervorgeht, sieht sich Hildegard als Prophetin beauftragt, zu komponieren. Die Aufgabe der Propheten ist es, die Menschen an ihren Ursprung zu erinnern. Hierfür ist die Musik gemäß der mittelalterlichen Musiktheorie besonders geeignet, da die hörbare »musica instrumentalis« die Menschen auf die unhörbare »musica humana« und »musica mundana« verweist. Hildegard sagt, daß es die eigentliche Aufgabe der Menschen ist, Gott zu loben. Dies mache sie zu Gefährten der Engel. Die »Symphonia armonie caelestium revelatiorum« soll den Menschen bei ihrer Suche nach der »Stimme des lebendiges Gottes« helfen.

59
Zwiefaltener Briefhandschrift

(s. Kat.-Nr. 47)

folio 40v: »De confessoribus«

Hildegards musikalisches Schaffen ist mehrfach bezeugt. Sowohl ihr Sekretär Volmar als auch der Pariser Magister Odo von Soissons erwähnen, daß Hildegard als Komponistin tätig war: »*Man sagt, daß du zum Himmel erhoben wirst und vieles schaust und ausführlich schriftlich veröffentlichst, sowie Melodien für einen ungewöhnlichen Gesang schaffst, da du doch nichts davon gelernt hast*«[1].

In einem Selbstzeugnis der Vita betont Hildegard den göttlichen Ursprung ihrer Musik: »*Aber auch Lieder und Melodien zum Lobe Gottes und der Heiligen verfaßte und sang ich ohne die Belehrung eines Menschen, obwohl ich niemals Neumen noch Gesang erlernt hatte*«.

In einem anderen Teil der Vita heißt es: »*Wer aber würde nicht darüber staunen, daß sie Gesänge mit schönsten Melodien in wunderbarem Zusammenklang komponiert (…) hat?*»[2].

Auch das Protokoll zur Heiligsprechung (Kat. Nr. 50) berichtet von Hildegards Liedern: »*Caelestis harmoniae cantum – cantum euis*« und betont, daß Hildegard das Lied »*O virga ac diadema*« mehrfach gesungen habe[3].

Der Dendermonder Codex (Kat. Nr. 67) sowie der Wiesbadener Riesencodex überliefern Hildegards musikalisches Werk umfassend. Aber auch der Zwiefaltener Codex enthält neben Hildegards Briefen auf folio 28r bzw. 40v drei Lieder, darunter auch »*De confessoribus*«. Der Titel des Liedes ist hier aber, anders als im Wiesbadener Riesencodex (Abb. 39), nicht beigegeben.

Immer wieder hat sich auch Hildegard selbst zu ihrem musikalischen Schaffen geäußert. Das aussagekräftigste Dokument in diesem Zusammenhang ist ihr umfangreiches Schreiben an die Mainzer Prälaten, das sie anläßlich der Verhängung des Interdiktes über ihr Kloster verfaßte. Detailliert berichtet sie hier über die Bedeutung der Musik, die Gott dem Menschen zu seinem Lobpreis schenkte. Musik ist immer Gotteslob: »*Wie der Leib Jesu Christi vom Heiligen Geist aus der unversehrten Jungfrau Maria geboren wurde, so hat auch in der Kirche das Singen des Gotteslobes als Widerhall der himmlischen Harmonie seine Wurzeln vom Heiligen Geist. Der Leib aber ist das Gewand der Seele, die der Stimme Leben gibt. Darum muß der Leib seine Stimme im Einklang mit der Seele zum Gotteslob erheben. So befiehlt auch – symbolhaft – der Geist des Propheten: Gott solle mit schallenden Zimbeln gelobt werden, mit Zimbeln hellen Jubels und mit den übrigen Musikinstrumenten, die kluge und fleißige Leute hergestellt haben. Denn alle Künste, die dem Nutzen und der Notdurft der Menschen dienen, sind von dem Hauch ersonnen, den Gott in den Leib des Menschen gesandt hat. Und darum ist es gerecht, daß Gott in allem gelobt werde*«[4].

W. W.

[1] Storch 1997, S. 94.
[2] Hildegard, Vita, S. 73 bzw. 69.
[3] Schrader/Führkötter 1956, S. 21.
[4] Hildegard, Briefwechsel, S. 239 f.

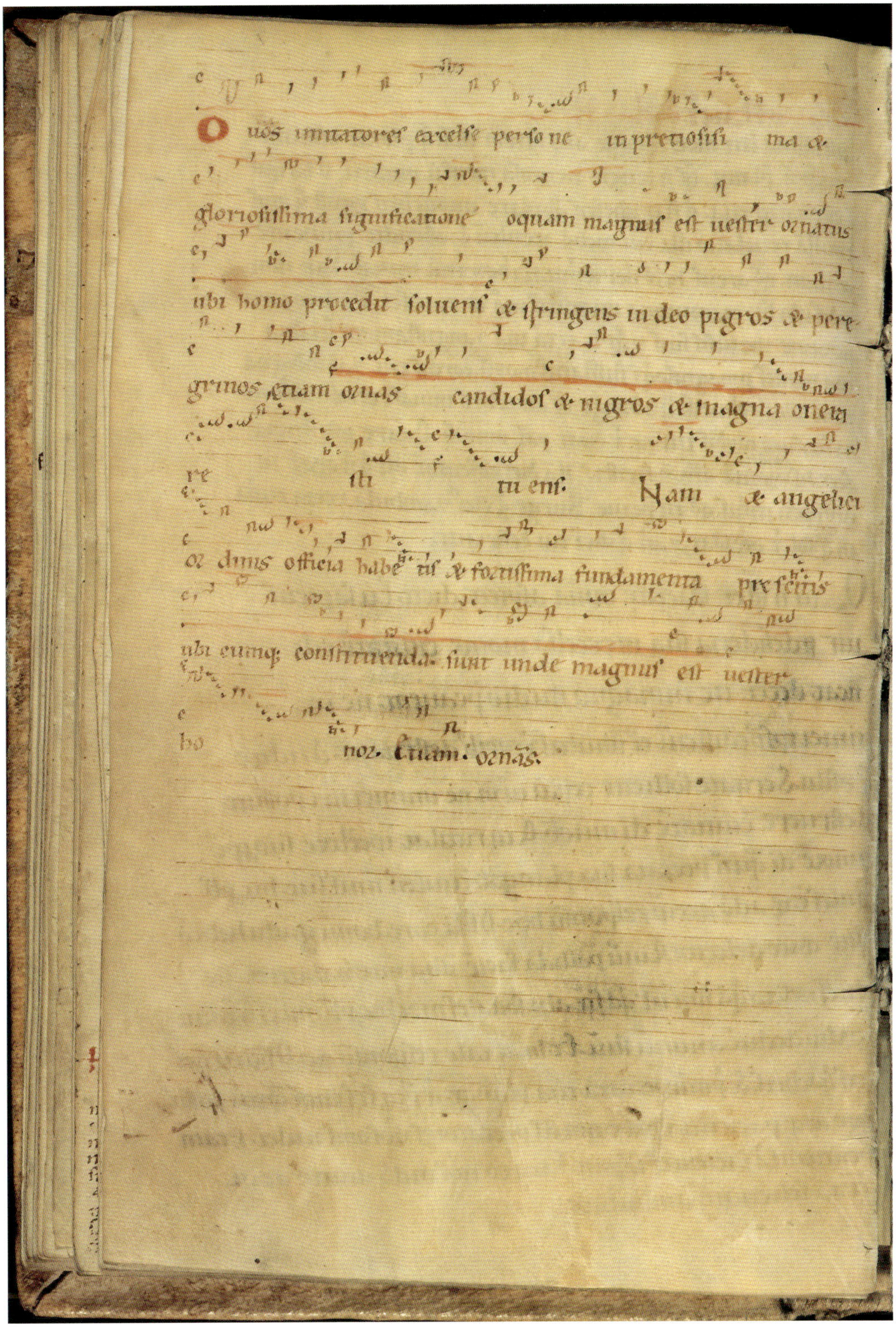
O vos imitatores excelse persone in pretiosissima et
gloriosissima significatione o quam magnus est vester ornatus
ubi homo procedit solvens et stringens in deo pigros et pere-
grinos etiam ornas candidos et nigros et magna onera
re mi ttens. Nam et angelici
ordinis officia habetis et fortissima fundamenta prescitis
ubi cumque constituenda sunt unde magnus est vester
ho nor. Etiam. ornas.

60

1. Fidel mit Bogen

Nachbau von Dieter Möckel, Nidderau, 1997
Elsbeere/Fichtenholz/Eschenholz
Bezug aus ungebleichtem Roßhaar
H.: 93 cm; B.: 30 cm

Mainz, Bischöfliches Dom- und Diözesanmuseum

2. Rahmenharfe

Nachbau von Dieter Möckel, Nidderau, 1997
Eschenholz
H.: 74 cm; B.: 34,5 cm

Mainz, Bischöfliches Dom- und Diözesanmuseum

Musik war für Hildegard der höchste Ausdruck des Gotteslobes. In ihrem berühmten Brief an die Mainzer Prälaten, den sie am Ende ihres Lebens anläßlich des über sie verhängten Interdiktes schrieb, äußert sie sich ausführlich über Sinn und Ziel der von ihr verfaßten Lieder sowie die Bedeutung der dafür benötigten Musikinstrumente. Als Ausgangspunkt ihrer Betrachtung wählt sie Psalm 150: »*Und ich vernahm eine vom lebendigen Licht ausgehende Rede über die verschiedenen Arten* (der Musikinstrumente) *beim Gotteslob, von denen David spricht: Lobt Ihn im Schalle der Posaunen, lobt Ihn mit Harfe und Zither (...) Alles was Odem hat, lobe den Herrn. In diesen Worten werden wir durch Äußeres über Inneres belehrt, nämlich wie wir entsprechend dem Material und der Eigenart der Instrumente unsere innere Hingabe am besten in das Lob des Schöpfers hineinlegen und zum Ausdruck bringen sollen*«[1].
Die Instrumente für Hildegards Musik sind also nicht allein als rein mechanische Klangkörper für die Erzeugung von Tönen zu verstehen. Als Produkt einer von Gott gesandten Kunstfertigkeit, die für ihre Herstellung notwendig war, verweisen sie auf Höheres, auf den Schöpfer selbst. Dies war, so Hildegard, bereits bei den Propheten der Fall: »*(...) damit auch sie zum Gotteslob angeregt würden, verfaßten die heiligen Propheten, von dem gleichen Geist belehrt, den sie auch empfangen hatten, nicht nur Psalmen und Lieder, um die Andacht der Zuhörer zu entflammen, sondern sie erfanden auch verschiedene Musikinstrumente zu klangvoller Begleitung. (...) In Nachahmung dieser Propheten haben eifrige und weise Männer auch ihrerseits durch menschliche Kunstfertigkeit vielerlei Musikinstrumente erfunden, um in Herzensfreude singen zu können*«[2].
Die hier vorgestellten, anhand von mittelalterlichen Vorlagen nachgebauten Musikinstrumente sind selbstverständlich nicht direkt auf die Propheten zurückzuführen. Hildegards Ansicht über die prophetische Entstehung der von ihr geschätzten Instrumente ist jedoch nicht ganz falsch: Viele der abendländischen Musikinstrumente, so auch die hier vorgestellte Fidel und die Rahmenharfe, gehen auf die antiken Hochkulturen des Mittelmeerraumes und des Nahen Ostens zurück. Viele gelangten erst im frühen Mittelalter aus dem Vorderen Orient über Byzanz bzw. das islamische Spanien in unseren Raum.
Harfe und Fidel sind neben der Flöte zweifellos die wichtigsten Instrumente des hohen Mittelalters. Sie gehören zur Gruppe der Chordophone, d.h., sie sind Saitenklinger. Die Tonerzeugung geschieht durch Zupfen, Schlagen oder Streichen: hierdurch werden die Saiten, die aus Pflanzenfasern, Haar oder Tiersehnen bestehen können, in Schwingung gebracht. Die Saiten sind auf einem – hier aus Holz bestehenden – Körper, dem Resonator, befestigt, in dem die Luft zum Schwingen gebracht wird. Art und Form des Resonators bestimmen wesentlich Klangstärke und Klangfarbe. Die Saitenebene verläuft bei der Fidel parallel zum Resonator, bei der Harfe steht sie senkrecht zu ihm.
Die hier nachgebaute romanische Rahmenharfe (germ. Harpo, lat. cithara) besitzt im Gegensatz zur schlanken, filigranen Harfe aus gotischer Zeit einen gedrungeneren Corpus mit stärker nach außen gebogener Vorderstange. Es gab Harfen mit gebogenen oder geraden Vorderstangen sowie mit nach außen gewölbtem oder – wie hier – S-förmigem Saitenhalter. Manche, so auch hier, waren während des Spiels tragbar, andere mußten aufgestützt werden. Auch der Saitenumfang war entsprechend variabel. Am häufigsten war eine Harfe dieser Art entweder mit sieben, neun oder, wie hier, mit fünfundzwanzig Saiten bespannt. Aufgrund des Formenreichtums und der mangelhaften Quellenlage – es sind nur einige wenige Instrumente erhalten, und die bildlichen Darstellungen sind meist zu ungenau und abstrahierend – ist grundsätzlich keine Systematisierung möglich.
Die Harfe besaß vor anderen Instrumenten einen besonders hohen Stellenwert, galt sie doch als das Instrument des alttestamentarischen Königs David (Abb. 43). Der junge David spielte, so der biblische Bericht, dem kranken König Saul auf der Harfe vor; der König genas. Die Harfe wurde im Mittelalter deshalb auch des öfteren zur Therapie, vor allem bei melancholischen Krankheiten, eingesetzt: Mit Gottes Hilfe bannte sie, so glaubte man, das Böse. Wir wissen von Hildegard selbst, daß sie der Harfe einen ähnlich hohen Stellenwert beimaß. Für

sie ist die Harfe, im Gegensatz zur niederen Zither, ein Instrument des Geistes: »*Beim Hören eines Liedes pflegt der Mensch manchmal tief zu atmen und zu seufzen. Das gemahnt den Propheten daran, daß die Seele der himmlischen Harmonie entstammt. Im Gedenken daran wird er sich bewußt, daß die Seele selbst etwas von dieser Musik in sich hat und fordert sie im Psalm auf: Lobet den Herrn mit Zitherspiel und psallieret Ihm mit der zehnsaitigen Harfe. Die Zither mit ihren tieferen Tönen weist auf die Zucht des Körpers hin, die Harfe mit ihren höheren Tönen auf die Ausrichtung des Geistes*«[3].

Neben der Harfe spielte man im Mittelalter auch besonders gerne auf der Fidel.

Der Name »Fidel« (ahd. fidula, lat. viola) bezeichnet ganz allgemein ein Streichinstrument. Eine Fidel zeichnet sich durch einen vom Corpus abgesetzten Hals aus. Sie kann entweder kastenartig in Zargenbauweise mit flachem Boden und flacher Holzdecke hergestellt werden, oder sie wird aus einem Stück Holz gestochen und, so hier, mit einer Holzdecke versehen. Zuerst wurde das Werkstück in seiner äußeren Form aus dem Block herausgearbeitet und dann wie ein Trog ausgehöhlt[4].

Es gibt bis heute nur wenige mittelalterliche und meist auch nur in Bruchstücken erhaltene Instrumente. Die ältesten Fideln, zwischen 1050 und 1380 entstanden, stammen aus Grabungen in Nowgorod. Die Fidel als solche ist aber sicher älter. Die früheste bekannte Abbildung einer Fidel findet sich in einem byzantinischen Codex aus dem 10. Jahrhundert[5]. Dies ist ein Hinweis auf ihre Entstehung in den östlichen, außereuropäischen Kulturkreisen, wahrscheinlich in Mittelasien (9. Jahrhundert?). Die Entwicklung der Fidel dürfte aus dem Wunsch heraus entstanden sein, Töne in einer ununterbrochenen Reihenfolge zu erzeugen.

Ähnlich der Harfe tritt auch die Fidel im Mittelalter in den verschiedensten Formen auf. Ihr Corpus kann acht- oder spatenförmig, oval, länglich oder nach Art einer Keule gestaltet sein; die Schallöffnungen sind (halb-) rund oder c-förmig. Die Saiten befestigte man am unteren Ende an einem Saitenhalter; am Halsende steckten die Stimmwirbel in einer flachen Platte. Sie konnten aber auch durch Löcher an der Unterseite der Platte geführt werden. Auch der Steg wurde variiert: flache, längliche Holzstückchen wurden quer zum Instrument in geringem Abstand zum Saitenhalter unter die Saiten geschoben; die Saiten liegen alle auf einer Ebene. Bei anderen Fideln, so die bildliche Überlieferung, wurde der Keil direkt unter den Saitenhalter geklemmt. Neben glatten Stegen wurden auch gewölbte Stege verwendet, die es erlaubten, eine einzelne Saite zu fassen – dies, so die Bildquellen, aber wohl erst ab dem 13. Jahrhundert. Der mittelalterliche Bogen bestand, so wie hier, aus einer Stange und Roßhaarbezug, der direkt an die Stange geknüpft wurde. Die zur Zeit Hildegards gebräuchlichsten Fideln waren ovale oder, wie hier, achtförmige Instrumente. Sie wurden meist mit drei oder fünf Saiten bespannt. Aufgrund der für den Nachbau vorliegenden Miniaturen aus romanischer Zeit sowie des bekannten Liedrepertoires der Hildegard von Bingen wurde für diesen Nachbau aber eine Bespannung mit drei Saiten gewählt. Ob und wie Hildegard die Fidel spielte, wissen wir nicht; in der Regel wurde sie zwischen den Beinen (da gamba), aber auch auf der Schulter (da braccio) gespielt. H. H. H.

Lit.: L. Finscher, Die Musik in Geschichte und Gegenwart, Bd. III, Kassel 1995, Sp. 434–446 (s. v. »Fidel«) bzw. Bd. IV, Kassel 1996, Sp. 39–116 (s. v. »Harfe«).

1 Hildegard, Briefwechsel, S. 238.
2 Hildegard, Briefwechsel, S. 239.
3 Hildegard, Briefwechsel, S. 240.
4 Diese frühe Bauweise hat sich bei einigen Volksinstrumenten, so z. B. bei den Iglauer Bauernfideln (Nürnberg, Germanisches Nationalmuseum) bis ins 19. Jahrhundert erhalten.
5 Rom, Bibliotheca Apostolica Vaticana, MS graec. 752.

Abb. 43 König David mit sechs Musizierenden, um 1175, Glasgow, University Library, Ms. Hunter 229

61
Portativ

Nachbau von Prof. Dr. Reinhardt Menger, 1963/64
Eichenholz, Zinn (Knöpfe), Blei (Pfeifen)
H.: 61 cm; B.: 34,5 cm; T.: 9,5 cm

Mainz, Bischöfliches Dom- und Diözesanmuseum

Abb. 44 Musizierende Heilige (Detail), Liber Divinorum Operum, um 1220/30, Lucca, Biblioteca Statale, Cod. 1942

Das Portativ ist eine Kleinform der Orgel. Bereits der Name (von lat. portare, tragen) verweist auf seine Handhabung: Es wurde zumeist, so die Bildquellen, im Stehen gespielt; in selteneren Fällen wird es beim Spiel im Sitzen auf dem Oberschenkel abgestützt. Bei Prozessionen oder bei Umzügen wurde es zur musikalischen Begleitung mitgetragen. Quellen zur Entstehung des Portativs fehlen; es tritt wahrscheinlich erstmals in der Hildegardzeit auf. Im 13. Jahrhundert ist es vielfach durch bildliche Darstellungen belegt, vor allem als Instrument der Engel, aber auch der Heiligen (s. Abb. 44). Im 15. Jahrhundert vielfach verwendet, wird es zu Beginn der Neuzeit von (Tisch-)Positiv verdrängt.

Die Dimension des Portativs ergibt sich aus seiner Handhabung: die Armlänge des Spielers bestimmt die Anordnung der Tasten und Pfeifen, die meist, wie auch hier, zweireihig aufgestellt sind und 1–2 Oktaven umfassen. Im vorliegenden Instrument bedienen Druckknöpfe – es können ansonsten auch kurze Tasten sein – eine direkte Stechermechanik zur Windlade. Es kann (in der Regel mit der linken Hand) nur ein einziger Balg bedient werden; bei dessen Atemholen tritt eine Musikpause ein. Der vorliegende Balg ist eine Einfalten-Konstruktion zum »Nachatmen« wie bei einer Vokalstimme. Der Tonumfang erstreckt sich von fis° bis f'' (bezogen auf 4').

Die ersten nachweisbaren Orgeln des Mittelalters – und zu dieser Gattung zählt ja auch das Portativ – entstanden ausnahmslos in Klöstern. Der erste Orgelbaumeister des Abendlandes, von dem wir Kenntnis besitzen, der Venezianer Georgius (9. Jahrhundert), war Geistlicher. Zu dieser Zeit sollen in Klöstern, z. B. auf der Reichenau, angeblich Orgeln vorhanden gewesen sein; sicher belegt sind sie aber erst 1060 in St. Ulrich und Afra in Augsburg oder 1077 im Kloster Weltenburg an der Donau. Für den Wormser Dom ist Mitte des 12. Jahrhunderts eine Orgel belegt. Es wäre nicht unmöglich, daß auch die Klosterkirche Hildegards eine Orgel besaß; wahrscheinlich ist dies jedoch nicht, da die Quellen hierzu schweigen, statt diese sicher aufsehenerregende Tatsache zu vermelden. Bei Hildegards großem Interesse an allen musikalischen Dingen ist es aber durchaus denkbar, daß sie im Besitz eines Portatives war. Sein Vorkommen auf einer Miniatur des Lucca-Codexes (s. Abb. 44) wäre, sofern dessen Entstehung auf dem Rupertsberg gesichert werden könnte, zumindest ein Hinweis hierfür.

H. H. H.

Lit.: L. Finscher (Hrsg.), Die Musik in Geschichte und Gegenwart, Bd. VII, Kassel 1997, Sp. 882–1048 (s. v. »Orgel«).

62
Hildegard als Komponistin

Francis W. Dixon, 1895
Glas
H.: 80 cm; B.: 120 cm

Bingen, Rochuskapelle

Oberhalb von Bingen erhebt sich als weithin sichtbarer, markanter Punkt in der Landschaft eine neugotische Wallfahrtskapelle, die dem Beschützer vor Pest und Krankheit, dem Hl. Rochus, geweiht ist. Sie geht zurück auf eine Gründung des Jahres 1666. Damals wütete in Bingen die Pest. Um von diesem Übel erlöst zu werden, gelobten die Binger eine alljährliche Prozession, deren Ziel eine Kapelle werden sollte, die auf dem »Hesseligen«, dem heutigen Rochusberg zu errichten sei. Immer wieder wurde diese, wahrscheinlich bereits 1667 fertiggestellte Kapelle durch kriegerische Einwirkungen oder durch Feuer zerstört, bis, nach einer Brandkatastrophe im Jahre 1889 (s. Kat. Nr. 90), von 1891 (Grundsteinlegung) bis 1895 (Konsekration) der jetzige Kirchenbau durch den Frankfurter Architekten Max Meckel (1847–1910) errichtet wurde[1]. Entsprechend dem Äußeren wurde auch die Ausstattung im Inneren im neugotischen Stil gestaltet. Dies betrifft auch die Glasfenster.
Als einer der wenigen Kirchenbauten der Neugotik am Mittelrhein besitzt die Rochuskapelle noch fast ihren gesamten Bestand an originaler Glasmalerei. Lediglich zwei der Chorfenster fehlen. Teilzerstört sind die Fenster der Orgelbühne sowie diejenigen des Obergeschosses des Turmes. Hier war die wundersame Heilung eines blinden Kindes durch Hildegard anläßlich einer Rheinüberquerung dargestellt. Dieses Fenster ist heute bis auf ein Fragment ganz verloren[2].
Das Fenster der Orgelbühne war dem Thema »Musik« gewidmet. Zwischen König David mit der Harfe und dem Vertreter des Kirchengesanges, Papst Gregor d. Gr., war: *»im Couronnement (...) sehr passend die »Perle von Bingen«, die hl. Hildegard, die Gotterleuchtete, dargestellt«*, so der Binger Dekan Joseph Engelhardt, der Herausgeber der Festschrift anläßlich der Errichtung des Meckelbaues. Die Qualität dieses Fensters erregte so großes Aufsehen, daß man es, wohl als Vorbild für andere Künstler, zur jährlichen Ausstellung christlicher Kunst gab: *»Auf Wunsch des Vorstandes der Katholikenversammlung, welche bekanntlich in diesem Jahre in München tagt, hat man das Glasgemälde z. Z. der Kunstausstellung derselben überlassen und soll es dort viele Bewunderer finden und der Kunstanstalt recht großes Lob eintragen«*[3].
Fragmente dieses Fensters, das teilweise im Zweiten Weltkrieg zerstört wurde, konnten anläßlich dieser Ausstellung in der Werkstatt Schillings (Frankfurt) zusammengesetzt und restauriert werden. Sie werden ab 1999 wieder ihren alten Platz in der Rochuskapelle einnehmen. Dies ist um so begrüßenswerter, als es sich, wie das zitierte Lob von Dekan Engelhardt deutlich macht, um eines der qualitätvollsten Fenster der Kapelle handelt. Es zeigt Hildegard als Komponistin. Die durch einen Nimbus gekennzeichnete Heilige kniet vor einem Schreibpult. Hier liegt ein Rotulus mit bereits vorgezeichneten Notenlinien, in die Hildegard bereits mehrere Neumen eingezeichnet hat. Auffällig ist die Schreibweise von rechts nach links. Konzentriert, so als ob sie einer höheren Eingebung lausche, blickt sie auf das Pergament nieder. Dieses Horchen dürfte sich auf das Bild im Parallelfenster beziehen: hier kniet ein Engel, der auf einer Laute musiziert. Beide Personen müssen idealiter im gleichen Raum gedacht werden, da die Kennzeichnung der Bodenfliesen ebenso auf eine gemeinsame Kammer verweist wie die durch beide Fenster durchlaufende Hintergrundarchitektur mit dem aufgehängten Teppich.
An der Ausarbeitung der Glasfenster der Rochuskapelle waren zahlreiche Werkstätten beteiligt. Die Hildegardscheiben wurden von zwei unterschiedlichen Ateliers gefertigt: das Fenster der Orgelempore gestaltete der englische Glasmaler Francis William Dixon (1848–1928), der seit 1894 in der von Engelhardt erwähnten *»Kunstanstalt«*, der königlichen Hofglasmalerei Franz Mayer in München, tätig war; von ihm stammen neben den Fenstern der Eingangshalle des Rijksmuseums in Amsterdam auch die Chorfenster von St. Ursula in Köln. Für die Fenster des Turmoratoriums zeichnete der Schweizer

Johann Albrecht Lüthi (1859–1909) verantwortlich, der auch Glasgemälde im Rathaus in Frankfurt oder in der Christuskirche in Karlsruhe schuf[4].
Hildegard wurde und wird auf dem Rochusberg sehr verehrt. Einer der gleichfalls neugotischen Seitenaltäre, der in der Nachfolge des 1889 verbrannten Altares aus Kloster Eibingen (s. Kat. Nr. 56) steht, ist ihr geweiht und beherbergt ihre Reliquien. Hier sind zahlreiche Szenen aus ihrem Leben thematisiert. Darüber hinaus war neben ihrer mehrfachen Darstellung in den Glasfenstern auch an eine Hildegardskulptur an der Außenseite der Kirche, oberhalb des Portales, gedacht. Dieses Bildwerk konnte jedoch, ebenso wie das Pendant, eine Darstellung des Hl. Rupertus, aus Kostengründen nicht realisiert werden; beide dafür vorgesehenen Baldachinnischen sind bis heute leer[5].

W. W.

Lit.: Engelhardt 1895, S. 42 f.; R. Otto, Die farbigen Fenster der St. Rochuskapelle von 1895, in: J. Krasenbrink 1995, S. 46–56 (grundlegend).

1 Zur Geschichte der Rochuskapelle und deren baulichen Veränderungen bis heute Krasenbrink 1995 (grundlegend).
2 Zur Zerstörung der Fenster 1942/45 sowie zur Restaurierung bzw. zum Umfang der Wiederherstellung Krasenbrink 1995, S. 82 ff.
3 Beide Zitate nach Engelhardt 1895, S. 42 f.
4 Otto 1995, S. 53 ff.
5 Krasenbrink 1995, S. 44. Die Gemeinde Büdesheim, die sich zur Stiftung dieser Figuren verpflichtet hatte, konnte lediglich die überlebensgroße Figur des Hl. Rochus oberhalb des Portales finanzieren, s. Engelhardt 1895, S. 46.

Visionen

Von meiner Kindheit aber, als meine Knochen, Nerven und Adern noch nicht erstarkt waren, bis heute erfreue ich mich stets dieser Schau in meiner Seele, da ich doch schon mehr als siebzig Jahre bin. Mein Geist jedoch steigt, je nachdem, wie Gott es will, in dieser Schau bis zur Höhe des Firmaments empor und erhebt sich in die verschiedenen Luftregionen. Und sie erstreckt sich auf verschiedenartige Menschen, mögen sie auch weit entfernt von mir in fernen Gegenden und Orten sein. Und weil ich das auf solche Weise schaue, erblicke ich es auch gemäß der Veränderlichkeit der Wolken und der anderen Kreaturen. Dies aber höre ich weder mit leiblichen Ohren noch in der Phantasie meines Herzens und empfange es auch nicht durch Vermittlung meiner fünf Sinne, sondern nur in meiner Seele, mit offenen äußeren Augen, so daß ich dabei niemals den Erschöpfungszustand einer Ekstase erleide. Vielmehr sehe ich es wach, Tag und Nacht. Und beständig werde ich von Krankheiten gelähmt und bin derart von großen Schmerzen gefesselt, daß sie mich zu Tode bringen drohen. Doch hat Gott mich bis jetzt erhalten.

Das Licht, das ich also sehe, ist nicht räumlich, sondern viel strahlender als eine Wolke, die die Sonne trägt, und ich vermag seine Höhe, Länge und Breite nicht zu ermessen. Und es wird mir als Schatten des Lebendigen Lichts bezeichnet. Und wie Sonne, Mond und Sterne im Wasser erscheinen, so strahlen Schriften, Worte, Tugenden und manche Werke der Menschen – in ihm dargestellt – für mich wider.

Was immer ich jedoch in dieser Schau gesehen oder erfahren habe mag, behalte ich lange Zeit im Gedächtnis, so daß ich mich erinnere, weil ich das einmal gesehen oder gehört habe. Und ich sehe, höre und weiß es gleichzeitig und lerne gleichsam in einem Augenblick das, was ich weiß. Was ich aber nicht sehe, das weiß ich nicht, weil ich ungebildet bin. (…) Die Worte, die ich in dieser Schau sehe und höre, sind nicht wie Worte, die aus Menschenmund ertönen, sondern wie eine blitzende Flamme und wie eine Wolke, die in klarer Luft dahinzieht. Die Gestalt dieses Lichts vermag ich überhaupt nicht zu erkennen, wie ich auch den Sonnenball nicht ganz anschauen kann[1].

[1] Storch 1997, S. 207 f.

Abb. 45 Hildegards Vision (Detail), Liber Divinorum Operum, um 1220/30, Lucca, Biblioteca Statale, Cod. 1942

Visio bei Hildegard

Scholastika Steinle OSB

Ansatz für die Einschätzung von Hildegards Texten in ihren Visio-Schriften ist deren Form. Auffallend ist der in seinen wesentlichen Teilen gleichbleibende Aufbau. Er besteht aus einer Bildbeschreibung, der freien Wiedergabe eines Glaubenssatzes und einem Kommentar, in dem Elemente des theologischen Teils solchen der Bildbeschreibung zugeordnet werden.

In der Geistesgeschichte findet sich diese Struktur in der Visio-Theorie des Augustinus. Er unterscheidet drei Stufen: visio corporalis, visio spiritualis und visio intellectualis. Er meint damit die Folge von sinnlicher Wahrnehmung, Vorstellung und Begriffsbildung. Begegnet man einem Phänomen auf diese Weise, so steht am Ende dessen Erkenntnis. Mit anderen Worten: Der Mensch hat dann ein Phänomen erkannt, wenn er es sinnlich wahrgenommen, mit seiner Erfahrung verglichen und mit dem entsprechenden Begriff belegt hat.

Um Erkenntnis ging es auch Hildegard, um zwar um Gotteserkenntnis. Dabei darf der Begriff »erkennen« nicht eingeengt werden auf ein rein verstandesmäßiges Erkennen mit dem Ziel, mehr über das Erkenntnisobjekt zu wissen. Gemeint ist vielmehr eine Zugeneigtheit, die eine Annäherung an das Wesen des anderen ermöglicht. Hildegard will ihrem Leser Freude an Gott vermitteln, Freude daran, Gottes Wesen zu betrachten und von dieser Anschauung her sein Leben leiten zu lassen.

Das Material, das Hildegard ganz überwiegend sowohl in Wortwahl als auch im Inhalt verwendet, ist die Heilige Schrift. Deren Text ist Hildegard durch ständiges Wiederholen vom achten Lebensjahr ganz und gar vertraut. Es handelt sich dabei nicht nur um eine geistige Vertrautheit, sondern auch um eine körperliche, da Texte in dieser Zeit nicht nur still mit den Augen gelesen, sondern auch ausgesprochen und damit vom Leser zusätzlich noch gehört wurden. Damit waren am Lesevorgang nicht nur Augen und Gehirn, sondern darüber hinaus Ohren, Zunge und Atem beteiligt. Die Texte prägten sich so unabhängig vom Verständnis des Inhalts materiell dem Menschen ein. Das führte dazu, daß die Silbenfolgen im Menschen ständig verfügbar waren. Nach und nach konnten dann die Texte zeitweise auch das Handeln des Menschen bestimmen. Nicht nur durch das Lesen der Heiligen Schrift, sondern auch durch das Singen der Schrifttexte in den liturgischen Gebetszeiten, das mindestens wöchentlich wiederholt wird, sind die Texte Hildegard zu eigen geworden. Und sie verwendet sie ganz selbstverständlich, wenn sie selbst Aussagen machen will. Je komplexer der Inhalt ist, um so häufiger muß die Wiederholung erfolgen, damit der Text behalten wird und sich im Laufe der Zeit im Unterbewußten festsetzt. Das häufige Aufnehmen von gleichen Silbenfolgen führt zu einem inneren Mitschwingen und zur Fähigkeit, den Text eigenständig zu wiederholen. Dieser Vorgang scheint der menschlichen Verfaßtheit zu entsprechen und daher zu allen Zeiten und an allen Orten gültig zu sein. Dem Menschen kommt dabei die Auswahl dessen zu, von dem er sich so intensiv prägen und sein Handeln bestimmen lassen will.

Das Entstehen der Visio-Texte dürfte damit hinreichend beschrieben sein. Die Frage nach dem Visio-Geschehen ist dagegen noch nicht beantwortet. Geht dem Visio-Text überhaupt ein Visio-Geschehen voraus? Und wenn ja, wodurch zeichnet es sich aus? Hildegard beschreibt es als den Blick in das Licht, ihr Sein im lebendigen Licht, das ihr die Erkenntnis Gottes, also das Betrachten und Beurteilen des Lebens im Blick auf Gott, ermöglicht. Visio könnte dann als Durchblick, als Zusammenschau verstanden werden.

63
Transluzide Architekturskulptur

Winfried Mühlum-Pyrápheros, 1989 (Entwurf und Modell)
Aluminium, polierter Edelstahl, Kristallglas

Eltville, Kloster Eberbach

»Das Licht, das ich schaue, ist nicht an den Raum gebunden. Es ist viel, viel lichter als eine Wolke, die die Sonne in sich trägt. Weder Höhe noch Länge noch Breite vermag ich an ihm zu erkennen«[1].

Mit diesen Worten beschreibt Hildegard die geschauten Visionen, aus denen die *»Stimme des himmlischen Lichts«* zu ihr spricht. Dem metaphysischen Licht der Hildegard von Bingen die Lichtplastiken von Winfried Mühlum-Pyrápheros gegenüberzustellen mag zunächst befremden und auf Unverständnis stoßen. Doch wer sich ohne Vorbehalt unmittelbar darauf einläßt, wird diese Form

der Kunst als zeitgenössischen Versuch gelten lassen, Hildegards visionäre Lichterfahrung nachzuerleben und nachempfinden zu können.
Der 1941 in Bad Kreuznach geborene Künstler begann nach einem Studium der Philosophie und Psychologie mit seiner experimentellen Arbeit an dem Phänomen Licht. Die physikalische Eigenschaft des Lichtes wird von ihm nicht zur Betrachtung eines Gegenstandes eingesetzt, das Licht ist vielmehr selbst zum Gegenstand der Betrachtung geworden. Der vom Künstler angenommene Namenszusatz Pyrápheros (Feuerbringer) ist somit Programm. Die Suche nach neuen Ausdrucksmöglichkeiten der künstlerischen Sichtbarmachung von Licht führte Winfried Mühlum-Pyrápheros zu einer Gestaltung, für die er die Bezeichnung »transluzide Architekturskulptur« fand. Schmale Einzelformen tragen als Kernstück ein »Lichtkapitell«, das natürliches Tageslicht ebenso wie Kunstlicht aufnimmt, es transformiert und verändert abstrahlt und unmittelbar oder als Projektion sichtbar macht. Der Künstler bedient sich dabei nur weniger Materialien. Neben Aluminium und Edelstahl steht vor allem das Glas, das, in altmeisterlicher Art mundgeblasen, an die Farbenglut mittelalterlicher Kathedralfenster denken läßt; Prismen und geschliffenes Kristallglas in reinem Weiß haben daneben eine wichtige Aufgabe. Die Strenge, die der Materialreduktion innewohnt, korrespondiert mit dem Purismus der Formen. Schlanke Aluminiumrohre mit quadratischem Querschnitt werden einzeln aufgestellt oder in unendlicher Variationsbreite ensemblehaft gereiht oder gebündelt. Dominiert werden sie von den Lichtkapitellen, in deren Stahlgehäuse geschliffene Gläser ein magisch funkelndes, warmes oder kaltes unergründliches Feuer entfalten. Transparent überlagern sich die einzelnen Lichtebenen und lassen einen reliefartigen Bildcharakter entstehen, verbunden mit einer Tiefendimension, die ohne Ende scheint. Ein stärkerer Gegensatz ist kaum vorstellbar als der zwischen dem glatten, kühlen, mathematisch konstruierten Metall und der Lichtglut der Kapitelle, die sich fortwährend wandelt, die changiert und immer neue leuchtende Bilder entstehen läßt, bedingt durch die Eingangsstrahlung der Sonne und des variablen Tageslichtes oder der künstlichen Lichtquelle. Der Aktivität des Betrachters, seiner eigenen Bewegung, die den Bildern Dynamik und eine beinahe kinetische Beweglichkeit gibt, kommt große Bedeutung zu. Die Lichtskulpturen sind ein Faszinosum in dieser bunten, lichtüberfluteten Zeit. Während Leuchtreklamen, Lichtorgeln und Fernsehbilder eine Fülle von begrenztem Licht und geformten Farben ausgießen und sich in einer Oberflächlichkeit erschöpfen, bei der der Zuschauer Statist bleibt, wird er vor den Lichtkapitellen der transluziden Architekturplastiken von Winfried Mühlum-Pyrápheros zum Mitgestalter, der Einfluß nimmt und sich als Teil eines um ihn herum entstehenden metaphysischen Lichtraumes begreifen kann, in welchem es weder Höhe noch Länge, noch Breite gibt. G. P. F.

Lit.: U. Hoffmann, Moderne Mystik, in: Schott-Information 78, 1996, S. 18 ff.; P. Jesberg, Aus mittelalterlicher Tradition, in: Licht und Architektur 15, 1996, S. 90 f.; Kunst im Altenstift – zwei Welten ergänzen sich. Die Lichtkunstwerke von Winfried Mühlum-Pyrápheros im Caritas-Altenzentrum Albertus-Stift Gau-Algesheim, Gau-Algesheim o. J. (1996); M. Stollenwerk, Wege zur Kunst, Lichtprojekte der Sidereal-Art. Transluzierende Architekturskulpturen, in: Baukultur, H. 1, 1994, S. 63.

[1] Storch 1997, S. 208.

64
Visionsfenster

Entwurf und Gestaltung: Prof. Dr. Johannes Schreiter, 1997
Ausführende Werkstatt: Derix Glasstudios, Taunusstein
Glas
Dm.: 320 cm

Mainz, Memorie des Domes

Das eigens für die Ausstellung bei Johannes Schreiter in Auftrag gegebene Visionsfenster steht in der Ausstellung nicht für eine spezielle Schau Hildegards, sondern stellvertretend für die Gesamtheit ihrer Visionswelt. Ebenso wie die Miniaturen des Lucca-Codex in ihrer freien und originären Gestaltung kongenial und sinnstiftend an die Seite des ihnen vorgegebenen Textes treten, so erlaubt die kosmische Scheibe von Schreiter dem Besucher eine Vielzahl von freien Assoziationen zu Hildegards Visionswerk, Assoziationen, denen es sich im stimmungsvollen Halbdunkel der spätromanischen Memorie nachzugehen lohnt.
Als Hilfestellung seien dem mit Hildegards Visionswelt nicht vertrauten Besucher mehrere – und bewußt inhaltlich sehr unterschiedliche – Auszüge aus ihrer nicht illustrierten Visionsschrift »Liber vitae meritorum« an die

Hand gegeben, die, wie viele andere Sentenzen aus Hildegards Visionsschriften, im freien Spiel der Gedanken reiche Bezüge zum Abgebildeten herzustellen vermögen. Positive Empfindungen angesichts des Fensters lassen sich vielleicht mit folgenden Sentenzen in Verbindung bringen: »*Ich bin die Kraft der Gottheit vor aller Ewigkeit und vor aller Zeit. Keinen Ursprung einer Zeit trage Ich in Mir. Denn Ich bin der Gottheit Kraft, durch die Gott alles aus seiner Entscheidung und mit Seiner Bestätigung erschaffen hat. Ich bin auch der Spiegel der Vorsehung für alles. Mit allgewaltiger Kraft ertöne Ich, in der Ich das tönende Wort bin, jenes ›Es werde‹ nämlich, durch das die ganze Welt hervorging. Mit lebendigen Augen habe Ich die Zeiten der Zeit unterteilt, wohl bewußt, was sie sein könnten und wie das alles sei. Mein Mund gab Meinem eigens berufenen Werk den Kuß, jenem Gebilde, das Ich aus dem Erdenlehm machte. In einzigartiger Weise habe Ich dieses Werk liebend umarmt. Und so habe Ich es durch den feurigen Geist verwandelt zu einem Leibe. Und ihm gab Ich alle Welt zu Diensten*«[1].

»*Der Heilige Geist ist wahrhaft unauslöschliches Feuer, das nie erlöschen kann. Er schenkt alle Güter, entzündet alle Werte, erweckt alle Güte und lehrt alles Gute, und Er gibt in Seiner Flamme den Menschen die Sprache. Er selbst ist es, der durch die starken Kräfte des Feuers in seiner Glut die Demut zeigt, die sich allen unterwirft und sich als die letzte von allen dünkt. Auch schließt diese Glut eine kühlende Ruhe in sich, die Geduld nämlich, sowie die Feuchtigkeit im Wohlwollen, das sich nach allen Seiten wendet. Das Werk der Demut bedeutet dies, wie es auch das Fundament ist, worauf die Heiligkeit ihren Bau durch die Luft in die Höhe führt, wodurch dann die bösen Geister derart erschüttert werden, daß sie in Nichts verfallen*«[2].

Angesichts des Fensters empfindet der eine oder andere Betrachter aber vielleicht auch Angst oder Schmerz: »*Ich sah noch weitere tiefschwarze, entsetzliche und unermeßliche Finsternisse, die völlig ohne den Kern einer Flamme brannten und denen die geschilderten Finsternisse auflasteten, da sie ihre innere Kraft bildeten. Mitten darin lag die Hölle, die jede Art von Qual, Elend, Gestank und Folterung in sich schloß. Doch konnte ich nichts von alledem, was sich darin wie auch in jener Finsternis zutrug, erblicken, da ich diese Düsternis nicht von innen, sondern nur von außen sah. Und ich wollte auch nicht in die Hölle selber sehen*«[3]. W. W.

[1] Hildegard, Verantwortung, S. 286.
[2] Hildegard, Verantwortung, S. 273.
[3] Hildegard, Verantwortung, S. 269.

Lobt ihn mit Trompetenschall; lobt ihn mit Harfe und Zither; lobt ihn mit Pauken und Reigen; lobt ihn mit Saitenspiel und Flöte; lobt ihn mit wohlklingenden Zimbeln. Alles, was Odem hat, lobe den Herrn (Ps. 150, 3–6). Das ist so: Die ihr Gott in einfältiger Absicht und reiner Hingabe kennt, anbetet und liebt, lobt ihn mit Trompetenschall, d. h. mit dem Sinn der Vernunft. Denn als der verworfene Engel mit seiner Anhängerschaft ins Verderben stürzte, beharrten die Chöre der seligen Geister vernunftgemäß auf der Wahrheit und hingen in treuer Ergebenheit Gott an.

Und lobt ihn mit der Harfe tiefer Ergebenheit und mit der Zither lieblich tönenden Gesanges. Denn dem Posaunenschall folgt das Harfenspiel und dem Harfenspiel die Zither, wie sich auch nach den seligen Engeln, die in der Liebe zur Wahrheit verharrten, nach der Erschaffung des Menschen die Propheten mit wunderbaren Stimmen erhoben, denen die Apostel mit gewinnenden Worten folgten.

Und lobt ihn mit der Pauke (der Bereitschaft) zum Sterben und mit dem Reigen der Freude; denn nach der Zither frohlockt die Pauke und nach der Pauke der Reigen(gesang). Wie nämlich die Apostel über das Heil predigten, so erduldeten die Märtyrer zur Ehre Gottes viele Martern an ihrem Leib, und ihnen folgten dann die wahren Lehrer im priesterlichen Dienst.

Und lobt ihn mit dem Saitenspiel der menschlichen Erlösung und mit der Flöte des göttlichen Schutzes. Denn den Freudenreigen begleiten die Stimmen des Saitenspiels und der Flöte, wie auch den Lehrern der Wahrheit, die im Dienst der Glückseligkeit die Wahrheit aufzeigten, die Jungfräulichen vorangingen. Sie liebten den Sohn Gottes als wahren Menschen – gleichsam mit Saitenspiel – und beteten ihn als wahren Gott wie mit Flötenspiel an, da sie an ihn als wahren Gott und wahren Menschen glaubten. Was bedeutet das? Als der Sohn Gottes für das Heil der Menschen Fleisch annahm, verlor er nicht die Herrlichkeit der Gottheit. Daher erwählten sich ihn die seligen Jungfrauen zum Bräutigam in bräutlicher Liebe als wahren Menschen und in keuscher Enthaltsamkeit als wahren Gott und ergriffen ihn in gläubiger Hingabe.

Lobt ihn aber auch mit wohlklingenden Zimbel, d. h. mit solcher Zustimmung, die einen guten Klang in wahrer Freude ergibt, wenn Menschen, die in den Abgründen der Sünden liegen, vom göttlichen Hauch durchdrungen, sich aus der Tiefe empor zur himmlischen Höhe erheben.

Lobt ihn mit jubilierenden Zimbeln, nämlich mit zustimmendem göttlichem Lob, wenn die starken Tugendkräfte tapfer den Sieg erringen und die Laster in den Menschen bezwingen, um sie in starkem Verlangen zur Seligkeit wahrer Belohnung zu führen, wenn sie beharrlich im Guten sind. Daher lobe alles, was Odem hat und guten Willens ist, an Gott zu glauben und ihn zu ehren, den Herrn, d. h. jenen, welcher der Herr über alles ist. Denn es ist recht, daß der, welcher das Leben ersehnt, den verherrlicht, der das Leben ist[1].

[1] Hildegard, Wisse die Wege, S. 610–612.

Post hec
uidi. & ecce
omīa elemēta
& oms crea
turę. diro
motu ɔcus
sa sunt. ignis
aer. & aqua eru
perunt. & t̃ram moueri fece
runt. fulgura & tonitrua con
crepuerunt. montes. & siluę ce
ciderunt. ita ut omē q̃d mor
tale erat uitam exalaret. Et
omīa elemēta purgata sunt. ita
ut qcq̄d in eis sordidum fuerat.
tali m̃ euanesceret q̃d amplius
n̄ appareret. Et audiui uocem ma
ximo clamore p̃ totū orbē t̃rarum
uociferantē & dicentē. O uos filiī ho
minū qui int̃ra iacetis. surgite oms.
Et ecce omīa ossa hominū in q̃cuq;
loco t̃rarum erant. uelut ĩuno mo
mento ɔgregata. & sua carne obtec
ta sunt. & oms homines integris
mbris & corporib; suis in sexu suo sur
rexerūt. boni in claritate fulgentes.
& mali in nigredine apparentes. ita
ut & opus cuiq; in ipso apte uide
ret̃. Et quidam ex eis ĩ fide signati
erant. quidam aut̃ non. ita ut

Die Theologie der Hildegard von Bingen

Peter Walter

1. Hildegards theologische Eigenart

Hildegards Theologie unterscheidet sich in ihrer Vorgehensweise von der an den Domschulen ihrer Zeit, den Vorläuferinnen der späteren Universitäten, betriebenen wissenschaftlichen Theologie schon allein dadurch, daß die Äbtissin vom Rupertsberg ihre Äußerungen auf göttliche Offenbarungen zurückführt. Die Schultheologie ist hauptsächlich auf die begriffliche Durchdringung und argumentative Erfassung des Glaubensinhaltes durch das intellektuelle Vermögen des Menschen hin ausgerichtet und besteht im methodisch geleiteten Studium der Hl. Schrift und der theologischen Literatur. Die Theologie Hildegards hingegen erwächst aus der geistlichen Lesung der Bibel und der monastischen Quellen, vor allem der Regel ihres Ordensvaters Benedikt, wie aus dem Vollzug der Liturgie, besonders des Stundengebetes, und der Meditation. Insofern gehört Hildegard zu der theologischen Strömung des Mittelalters, die man, im Unterschied zur Schultheologie, monastische Theologie genannt hat. Hildegard war, auch wenn sie kein formelles Theologiestudium absolviert hat, mit der Theologie der Kirchenväter und der ihrer Zeitgenossen vertraut. Dies zeigen uns zahlreiche Anspielungen auf deren Werke. Ihre Weise der Verarbeitung ist aber dennoch durchaus originell zu nennen. Hildegard entfaltet ihre Theologie nicht in erster Linie mit Hilfe von Begriffen, welche auf die Lösung von Problemen und auf den intellektuellen Diskurs hin geprägt werden, sondern mittels Bildern, in denen sie die Geheimnisse der Erlösung schaut. Mit ihrer Bildsprache vermag Hildegard ausdrucksstärker und lebendiger zu formulieren als die auf gedankliche Präzision hin orientierte Schultheologie ihrer Zeit. Daß es bei Hildegards Theologie aber keineswegs um etwas begrifflich nicht Faßbares oder gar Irrationales geht, zeigt die häufige und durchaus eigenständige Verwendung des kaum übersetzbaren Wortes »rationalitas« (Vernunft-Sein), mit dem sie nicht nur, wie die philosophisch-theologische Tradition vor ihr, die endliche Vernunft, sondern auch die göttlichen Personen und die Gottesmutter Maria bezeichnet. Die rationale Struktur ihrer Theologie wird gleichfalls daran deutlich, daß Hildegard ihre Visionen erklärt und theologisch zu erhellen versucht. Hildegards Lehrautorität gründet nicht auf einem ihr als Frau ohnehin verschlossenen akademischen Lehramt, sondern auf ihrem aus ihrer geistlichen Erfahrung kommenden Charisma. Bei der Behandlung ihrer Themen zeichnet sich Hildegard sowohl durch Tradionsverbundenheit wie durch Originalität aus. Sie verarbeitet hauptsächlich biblische Motive, die sie durch ihre bildkräftige Sprache in einzigartiger Weise zum Leuchten bringt, was durch die ihren Werken teilweise beigefügten Miniaturen noch unterstrichen wird.

2. Hildegards theologische Themen

Zentrales und immer neu variiertes Thema Hildegards ist das Verhältnis von Gott und Mensch. In ihrem Frühwerk »Scivias« entfaltet sie dies mit dem Bild des Weges, auf dem Gott den von ihm geschaffenen Menschen zu sich zurückführt. Der Mensch wird dabei nie isoliert gesehen, sondern innerhalb des Kosmos. Dreh- und Angelpunkt der Vermittlung zwischen Gott und Mensch ist der Erlöser Jesus Christus, der das von ihm gewirkte Heil durch die Kirche und ihre Sakramente vergegenwärtigt, vor allem durch Taufe, Firmung und Eucharistie. Bei aller realistischen Einschätzung der Macht des Bösen und der Sünde, die gelegentlich recht drastisch dargestellt werden, zeichnet Hildegard jedoch ein von der Hoffnung auf die ewige Vollendung bestimmtes Bild der Heilsgeschichte.

2.1. Die Trinität

Die Welt hat ihren Ursprung und ihr Ziel im dreifaltigen Gott (Abb. 47), der sich von Ewigkeit her in der Liebe

◁ *Abb. 46 Der neue Himmel und die neue Erde, Rupertsberger Scivias, um 1165 (Kopie 20. Jh.), Eibingen, Abtei St. Hildegard*

Abb. 47 *Der dreieinige Gott, Rupertsberger Scivias, um 1165 (Kopie 20. Jh.), Eibingen, Abtei St. Hildegard*

von Vater und Sohn im Heiligen Geist verströmt und der der Ursprung allen Lebens ist. Hildegard sieht in der Tradition des Kirchenvaters Augustinus die gesamte Wirklichkeit triadisch strukturiert und damit als Hinweis auf den dreieinen Gott: Dies gilt sowohl für die niederen Geschöpfe wie etwa den Stein und die Flamme als auch für den des Wortes fähigen Menschen. Selbst die menschliche Geschlechtskraft dient Hildegard als Hinweis auf die göttliche Dreieinigkeit. Der Makrokosmos wie der Mikrokosmos sind für sie Abbild des dreifaltigen Gottes. Während die Schultheologie ihrer Zeit sich darin erging, in immer neuen logischen Operationen Einheit und Dreiheit in Gott zusammen zu denken und dabei Gefahr lief, den Bezug des dreifaltigen Gottes zur Schöpfung aus den Augen zu verlieren, hat Hildegard in ihrer bildhaften Denkweise die Zusammengehörigkeit von Gott und Welt in den Mittelpunkt gestellt: Die Welt ist Abbild der dreifaltigen Fülle Gottes, aus der sie hervorgegangen ist und in der sie ihre Vollendung findet.

2.2. Christus

Die Zuwendung Gottes zur Welt bleibt für Hildegard nicht abstrakt, sondern wird im menschgewordenen Gottessohn, Jesus Christus, konkret (Abb. 48). Ihrem Gottes- und Weltbild entspricht es, daß sie den Grund für die Menschwerdung des Sohnes Gottes nicht in der menschlichen Sünde erblickt. In der Inkarnation sieht sie keine Reaktion Gottes auf den Fall des Menschen, sondern betrachtet den Willen Gottes, Mensch zu werden und dadurch die Schöpfung zu vollenden, als von Ewigkeit her gegeben: *»Als Gott (...) die Welt erschuf, hatte er schon in Seinem ewigen Ratschluß festgesetzt, daß Er Mensch werden wollte«*.
Auch hier geht Hildegard einen anderen Weg als die Schultheologie, in der nur eine Minderheit von Theologen ihre Ansicht teilt. Das Ziel der Menschwerdung Gottes ist die Vergöttlichung des Menschen. Hildegard steht mit dieser Auffassung in der Tradition der Kirchenväter, die ähnlich kühn formulierten: Gott wurde

Abb. 48 *Richtender Christus (Detail), Rupertsberger Scivias, um 1165 (Kopie 20. Jh.), Eibingen, Abtei St. Hildegard*

Abb. 49 Maria, Rupertsberger Scivias, um 1165 (Kopie 20. Jh.), Eibingen, Abtei St. Hildegard

Mensch, damit der Mensch Gott werde. Die in Christus geschenkte Vollendung ist freilich nicht nur für den Menschen bestimmt, sondern der ganze Kosmos, der nach dem Bild Christi geschaffen ist, soll an ihr teilhaben.

2.3. Maria

Maria nimmt in der Theologie Hildegards einen besonderen Ort ein (Abb. 49). Die jungfräuliche Mutter des menschgewordenen Gottessohnes, das Geschöpf, das paradoxerweise seinen Schöpfer gebiert, ist für Hildegard zugleich das Urbild des erlösten Menschen. Im Hinblick auf ihre Mutterfunktion ist Maria von Ewigkeit erwählt. Ihre Jungfräulichkeit bedeutet nach Hildegard zum einen Unversehrtheit und Gottzugewandtheit, das heißt eine wunderbare Erneuerung des von Eva verspielten Urzustandes, zum anderen höchste Fruchtbarkeit, die sich nicht nur auf die Geburt des Gottessohnes, sondern auch auf die Verwirklichung des Göttlichen im Menschen durch die Tugenden bezieht. Hildegard sieht Maria nicht nur wie die Tradition als passiv Empfangende, sie ist für sie auch aktiv Handelnde, Vorbild des Menschen, der seine Gottebenbildlichkeit durch sein von Gottes Gnade ermöglichtes Mitwirken an der Vollendung der Schöpfung verwirklicht. Maria in ihrer Schönheit ist zugleich Urbild dieser Vollendung.

2.4. Die Kirche

Die Kirche ist für Hildegard, obwohl oder gerade weil sie die konkreten Amtsträger heftig kritisiert, in erster Linie Mysterium. Sie ist die Gemeinschaft derer, die, vom Heiligen Geist erleuchtet, die Menschwerdung Gottes erkennen. Denn nur so kann in der Menschheit Christi seine Gottheit wahrgenommen werden. Die Lehre von der Kirche ist bei Hildegard, die hierin mit der zeitgenössischen Schultheologie einig ist, von der Christologie her entfaltet. Aber Hildegard geht über die Schultheologie hinaus, wenn sie im Anschluß an die Kirchenväter von der Präexistenz der Kirche spricht; denn auch die Kirche ist für Hildegard, ebenso wie Christus und Maria, noch vor der Erschaffung der Welt von Gott gewollt. Sie erscheint wie der Mond, der sein Licht nicht aus sich hat, sondern von der Sonne. Hildegard greift hier ein Bild auf, das schon die Kirchenväter auf die Kirche bezogen, nach denen diese von der Sonne Christi erleuchtet wird. Die Kirche wird als Gebärende dargestellt – auch dies eine seit der Patristik geläufige Vorstellung –, welche durch das Sakrament der Taufe immer wieder neues geistliches Leben hervorbringt. In den Heiligen, besonders den Märtyrern, hat die Kirche ihre Vollendung vor Augen und empfängt durch deren Vorbild Ansporn für ihren Kampf. Die jungfräulich lebenden Glieder der Kirche, die Bischöfe, Priester und Ordensleute, bilden dabei die Vorhut. Trotz des zu ihren Lebzeiten erneut aufbrandenden Antijudaismus sind Kirche und Synagoge (Abb. 50/51) für Hildegard miteinander verbunden. Sie nennt die Synagoge »Mutter der Inkarnation des Sohnes Gottes« (Scivias 1,5,1) und betrachtet die Erwählung Israels als eine bleibende.

2.5. Die Sakramente

In der Taufe gebiert die Kirche die Gläubigen, die dadurch Anteil am Leben des dreifaltigen Gottes erhalten. In der Firmung werden diese für ihre Aufgaben gestärkt

Abb. 50 Ecclesia, Rupertsberger Scivias, um 1165 (Kopie 20. Jh.), Eibingen, Abtei St. Hildegard

Abb. 51 Synagoge, Rupertsberger Scivias, um 1165 (Kopie 20. Jh.), Eibingen, Abtei St. Hildegard

durch die Kraft des Heiligen Geistes, der die Kirche als Ganzes durchseelt. In der Eucharistie, die von Hildegard als Frucht des Kreuzesopfers Christi gedeutet wird, werden sie tiefer mit Gott verbunden. Die Eucharistie hat ihren Ursprung und ihre bleibende Mitte im Kreuz Jesu Christi. Die Kirche wird unter dem Kreuz von Christi Blut überströmt, das sie in einem Kelch auffängt (Abb. 52). In der Eucharistiefeier werden Christus und sein Heilswerk auf die Bitte der Kirche hin durch das Wirken des Heiligen Geistes in den Gaben gegenwärtig.

2.6. Der Mensch

Dem Menschen kommt für das Gelingen des göttlichen Werkes eine hohe Verantwortung zu. Vielfach angefochten, kann er sich der Gnade verschließen und des Heiles verlustig gehen. Er verfehlt dann nicht nur sein eigenes Ziel, er hindert auch den Kosmos an seiner Vollendung. Umgekehrt kann er sich dem Wirken der Gnade öffnen, an der Vollendung der Welt mitwirken und selber das Heil erlangen. Gerade diesem Widerstreit zwi-

Abb. 52 Das Opfer Christi und der Kirche, Rupertsberger Scivias, um 1165 (Kopie 20. Jh.), Eibingen, Abtei St. Hildegard

Abb. 53 Fünf Tugenden, Rupertsberger Scivias, um 1165 (Kopie 20. Jh.), Eibingen, Abtei St. Hildegard

schen den Tugenden und Lastern, zwischen denen der Mensch sich zu entscheiden hat, widmet Hildegard weite Teile ihre Werkes. Sie nutzt, da es ihr hierbei vor allem um eine Motivation zum Guten und eine Abschreckung vom Bösen geht, die literarischen Mittel der Personifikation von Tugenden und Lastern (Abb. 53) und der szenischen Darstellung (»Ordo virtutum«).
Ein zentrales Thema der theologischen Anthropologie Hildegards bildet das Verhältnis der Geschlechter zueinander. In der Schultheologie wird die »Minderwertigkeit« der Frau vielfach mit der Verführbarkeit Evas begründet, die zudem vor Adam als erste gesündigt hat. Im Gefolge der platonischen Abwertung des Körpers gegenüber dem Geist nutzen viele Theologen außerdem den Vergleich von Mann und Frau mit Seele und Leib dazu, den Vorrang des Mannes vor und seine Überlegenheit gegenüber der Frau zu unterstreichen. Hildegard dagegen hebt mit diesem Vergleich die Ebenbürtigkeit von Mann und Frau und ihre gegenseitige Ergänzung hervor. Nicht nur bei der Zeugung von Nachkommen, sondern auch bei vielen anderen Gelegenheiten wirken Mann und Frau zusammen. Während die Bibel den Namen der Frau (»Männin«) von ihrem Geschaffensein aus dem Mann ableitet (vgl. Genesis 2, 23), sieht Hildegard die Namen «Mann« und »Frau« als korrelative Begriffe. Einmal mehr zeigt sie sich als unkonventionelle Denkerin.

65
Scivias (Rupertsberger Codex)

Original (verschollen):
Kloster Rupertsberg, um 1165
235 Pergamentfolio; mit Leder überzogener Holzdeckel mit Eckbeschlägen aus Messing
H.: 32,1 cm; B.: 23,1 cm

Kopie:
Kloster Eibingen, 1927–1933
235 Pergamentfolio; mit Kalbsleder überzogener Holzdeckel mit vier Halbedelsteinen auf Goldplatten und einem Brustbild Hildegards in Email
H.: 34,0 cm; B.: 24,0 cm

Kloster Eibingen

»Ein altes Manuscript, die Visionen der heiligen Hildegard enthaltend, ist merkwürdig«. Mit diesen Worten beschreibt Johann Wolfgang von Goethe die um 1165 im Skriptorium des Klosters Rupertsberg entstandene Handschrift, die Hildegards erste Visionsschrift »Scivias« (Wisse die Wege) verzeichnet. Wie der im 13. Jahrhundert verfaßte Eintrag »LIBER . SCI . RUPERTI . APUT . BINGA« auf der Innenseite des Vorderdeckels belegt, befand sich jenes Manuskript in diesem und wohl auch noch in den folgenden Jahrhunderten auf dem Rupertsberg. 1632, im Jahr der Zerstörung des Klosters durch die Schweden, konnte der Codex nach Eibingen gerettet werden. Den dortigen Aufenthalt verzeichnet der Eibinger Klosterpropst Edmund Watzelhahn (1731–1768): *»Es ist annoch ein buch liber Scivias genannt vorhanden, der h. Hildegardis mit figuren oder bildern in pergament«*. Mit der Säkularisation gelangte der Codex in die Zentrale Regierungsbibliothek (die heutige Nassauische Landesbibliothek) nach Wiesbaden[1].
1927–1933 stellten die Nonnen der Abtei Eibingen eine detailgetreue Nachbildung des Originals auf Pergament in Originalgröße her. Die Miniaturen fertigte Schwester Johanna Knipp. Dieser Nachbildung kommt – zusammen mit einem in den zwanziger Jahren angefertigten Photosatz in schwarzweiß – heute eine besondere Bedeutung zu, da das Original in den Wirren des Zweiten Weltkrieges verlorenging. Bereits 1942 war die Handschrift zum Schutz gegen Luftangriffe von Wiesbaden nach Dresden gebracht worden. Hier lagerte sie im Tresor der Girozentrale Sachsen, wo sie laut Zeugenaussagen alle Bombenangriffe überstanden haben soll. Sowjetische Truppen besetzten die Bank und leerten alle Depots. Seitdem ist die Handschrift verschwunden[2].
Der vollständige Text des Scivias liegt heute noch in zehn verschiedenen Handschriften vor; hinzu kommen zahlreiche Exzerpt-Überlieferungen[3]. Die einzigen mit Miniaturen geschmückten Fassungen – der hier vorgestellte Rupertsberger sowie der Salemer Codex (Kat. Nr. 66) – werden beide in der Ausstellung gezeigt.
In der Einleitung des Scivias schildert Hildegard die näheren Umstände der Entstehung des Werkes. Demnach wurde ihr im Alter von 42 Jahren – und 7 Monaten, wie einige Handschriftenfassungen verzeichnen – der göttliche Auftrag zur Abfassung dieses Visionswerkes erteilt: *»Und es geschah in meinem 43. Lebensjahr: Voller Furcht und zitternd vor gespannter Aufmerksamkeit blickte ich gebannt auf ein himmlisches Gesicht. Da sah ich plötzlich einen überhellen Glanz, aus dem mir eine Stimme vom Himmel zurief: Du hinfälliger Mensch, du Asche, du Fäulnis von Fäulnis, sage und schreibe nieder, was du siehst und hörst. (...) Schreibe es nicht nach eigenem Gutdünken oder dem eines anderen Menschen, sondern wie es dem Willen dessen entspricht, der alles weiß, alles sieht und alles in der Verborgenheit seiner Geheimnisse anordnet«*[4].
Trotz dieses Befehles weigert sie sich zunächst, der Stimme zu folgen. Die Angst zu versagen vor Mißgunst und Unverständnis ihrer Umwelt nimmt ihr den Mut, diese große Aufgabe anzugehen: *»Obwohl ich dies alles sah und hörte, weigerte ich mich zunächst doch, zu schreiben. Nicht aus Hartnäckigkeit, sondern wegen des Argwohns, des Vorurteils und wegen der Vieldeutigkeit der menschlichen Worte, im Dienst der Demut«*[5].
Doch Gott zwingt sie dazu, seine Anordnungen zu erfüllen und sich die nächsten zehn Jahre ihres Lebens, d.h. von 1141 bis 1151, der Abfassung dieser ersten Visionsschrift zu widmen. Er schlägt Hildegard mit Krankheit, die erst mit Beginn der Niederschrift, bei der Hildegards Sekretär Volmar sowie ihre Mitschwester und Vertraute Richardis von Stade mithelfen, von ihr weicht: *»Da zwang mich Gottes Geißel auf das Krankenlager. Und endlich legte ich Hand ans Schreiben, bezwungen durch so viele Krankheiten. Das können ein wohlerzogenes adeliges Mädchen und der erwähnte, heimlich gesuchte und gefundene Mensch bezeugen. Als ich mich daranmachte und, wie gesagt, erfuhr, daß sich mir der tiefste Sinn der Schriftaussagen erschloß, kam ich wieder zu Kräften und erhob mich vom Krankenlager. Mit Anstrengung brachte ich dieses Werk in zehn Jahren zustande und vollendete es«*[6].
In einem Schreiben an ihren letzten Sekretär, Wibert von Gembloux, erklärt Hildegard den Titel ihrer Schrift: *»In der Schau sah ich auch, daß das erste Buch meiner Visionen Scivias genannt werden sollte, weil es auf dem Wege des lebendigen Lichtes kundgetan wurde und nicht aus der Lehre stammt«*[7].

Der Weg ist denn auch der Leitgedanke der Schrift: der Weg des Menschen zu Gott, der über Schöpfung und Sündenfall letztendlich wieder zur Erlösung führt. Dabei sind alle Teile der Schöpfung durch die Weisheit Gottes miteinander verflochten: Mensch und Kosmos, Synagoge und Kirche, Sünde und Erlösung. Im Scivias entfaltet sich dieses theo-kosmologische Lehrgebäude in drei Teilen (Partes). Der erste Teil widmet sich dem Mysterium des dreieinigen Gottes und der durch ihn hervorgebrachten Schöpfung, die, so der zweite Teil, trotz des Sündenfalls des Menschen mit Hilfe der Kirche der Erlösung wieder teilhaftig werden kann. Die Arbeit des Menschen an dieser Erlösung und deren Vollendung schildert Teil drei. Zentrales Thema aller Teile – und dies verbindet den Scivias mit den beiden anderen Visionsschriften – ist der Kampf zwischen Gut und Böse, zwischen Gott und dem Teufel. Der – allzu leicht verführbare – Mensch mit seiner Freiheit der Entscheidung steht, verantwortlich für sich selbst, aber auch für Gottes Schöpfung, zwischen diesen beiden Mächten.

Jeder Teil des Scivias gliedert sich in einzelne Visionen, die wiederum in einzelne Kapitel von unterschiedlicher Zahl und Länge unterteilt sind. In jeder Vision schildert Hildegard zunächst das, was sie sieht. Das Gesehene wird dann von der göttlichen Stimme erläutert. Oft, vor allem im ersten und zweiten Teil des Scivias, wird hierbei mit dem Schema von Frage und Antwort gearbeitet: »*Was bedeutet das? Auf welche Weise? Das heißt*« etc. Häufig werden auch erklärende theologische oder anthropologische Abschnitte eingearbeitet. Auch hierin steht der Scivias Hildegards übrigen Visionsschriften nahe.

Der Rupertsberger Scivias ist mit 35 Miniaturen geschmückt, die, wenn auch von verschiedenen Malern, entweder gleichzeitig oder innerhalb von nur kurzer Zeit nacheinander gearbeitet wurden. Dies belegt die Tatsache, daß der Schreiber des Textes auf die jeweiligen, sicherlich bereits im Vorfeld im Detail geplanten Miniaturen Rücksicht nahm, indem er den entsprechenden Raum aussparte und erst dann im Schreiben des Textes fortfuhr, ohne daß es zu größeren Text- oder Bildlücken, geschweige denn späteren Nachtragungen kam. Ob, wie verschiedentlich postuliert wurde, Mönche aus dem Skriptorium von St. Eucharius/St. Matthias, der dem Kloster Rupertsberg in Freundschaft verbundenen Trierer Abtei, beteiligt waren, läßt sich nicht zweifelsfrei belegen[8].

Wie die in den letzten Jahren besonders intensiv betriebenen Forschungen zum Verhältnis von Text und Bild in den illuminierten Hildegard-Handschriften herausgearbeitet haben, stehen sich beide Bestandteile gleichberechtigt gegenüber. Sowohl der Text als auch die Bildgestaltung greift dabei in vielen Fällen auf ältere Vorlagen zurück, die aber in einen völlig neuen Kontext gesetzt werden und so eine einzigartige, sozusagen hildegardspezifische Ikonographie schaffen. Die Freiheit der Miniaturisten kann dabei sogar so weit gehen, daß im Bild Details wiedergegeben werden, von denen in der Vision nicht explizit die Rede ist. Ob die Bildgestaltung von Hildegard »überwacht« wurde und in welche Details sie korrigierend eingegriffen haben könnte, ist in der Forschung umstritten und, jedenfalls mit dem heutigen Kenntnisstand, nicht eindeutig zu klären[9]. Auf diesem Gebiet dürfte, Hildegard betreffend, eines der wichtigsten kunsthistorisch-ikonographischen Forschungsgebiete der Zukunft liegen[10]. W. W.

Lit.: Otto 1972/73; Führkötter/Carlevaris 1978, S. X–LX, vor allem XXXII–XXXVII; H. Schönfeld (Hrsg.), Hildegard von Bingen. Scivias. Die Miniaturen vom Rupertsberg, Bingen 1979; Saurma-Jeltsch 1997, S. 340–358.

1 Schrader/Führkötter 1956, S. 45 f. mit Nachweisen.
2 Schönfeld 1979, S. 9 ff.
3 Führkötter/Carlevaris 1978, S. XXXII–LVI mit ausführlicher Beschreibung aller Handschriften.
4 Hildegard, Wisse die Wege, S. 5.
5 Hildegard, Wisse die Wege, S. 6.
6 Hildegard, Wisse die Wege, S. 7.
7 Hildegard, Briefwechsel, S. 226.
8 Führkötter/Carlevaris 1978, S. XXXIV.
9 Zusammenfassender Überblick zu dieser Frage bei Saurma-Jeltsch 1997, S. 343 f.
10 Forschungsbericht zu diesem Gesichtspunkt bei Führkötter/Carlevaris 1978, S. XXXIV f.; wichtige Teilergebnisse auch bei C. Meier 1997 (mit zahlreichen weiteren neueren Hinweisen). Abzuwarten bleibt das von Frau Meier in Anm. 80 angekündigte Buch zum Thema Verhältnis Text und Bild, das »demnächst in Druck gehen wird« sowie die Dissertation von Frau Antje Kohnle zum Salemer Scivias, die auch für den Rupertsberger Scivias neue Erkenntnisse erwarten läßt.

aliam profunditatem expositionis librorum
ut predixi sentiens. viribusque receptis. de
egritudine me erigens vix opus istud
decem annis consummans ad finem
perduxi. In diebus autem Heinrici
Moguntini archiepiscopi et Conradi Roma-
norum regis et Cunonis abbatis in
monte beati Dysibodi pontificis.
sub papa Eugenio he visiones et verba
facta sunt. Et dixi et scripsi hec non secundum
adinventionem cordis mei aut ullius ho-
minis. sed ut ea in celestibus vidi. audivi
et percepi per secreta misteria dei. Et iterum
audivi vocem de celo michi dicentem.
Clama ergo et scribe sic.

Incipiunt capitula libri Scivias
simplicis hominis.
Capitula prime visionis prime partis.

I. De fortitudine et stabilitate eternitatis
regni dei.
II. De timore domini.
III. De his qui pauperes spiritu sunt.
IIII. Quod virtutes a deo venientes timentes deum
et pauperes spiritu custodiunt.
V. Quod agnitioni dei abscondi non possunt
studia actuum hominum.
VI. Salemon de eadem re.

65.1

Erste Vision des ersten Teils: Der Leuchtende

Ich sah etwas wie einen großen, eisenfarbenen Berg. Darauf thronte eine Gestalt von solchem Glanz, daß ihre Herrlichkeit meine Augen blendete. Zu ihren beiden Seiten erstreckte sich ein lichter Schatten, wie Flügel von erstaunlicher Breite und Länge. Und vor ihr, am Fuße des Berges, stand eine Erscheinung über und über mit Augen bedeckt. Ich konnte vor lauter Augen keine menschliche Gestalt erkennen. Und davor sah ich eine andere kindliche Gestalt in farblosem Gewand, doch mit weißen Schuhen. Auf ihr Haupt fiel ein solch heller Glanz von dem, der auf dem Berge saß, daß ich ihr Antlitz nicht anzuschauen vermochte. Doch von dem, der auf dem Berge thronte, ging ein sprühender Funkenregen aus, der die Erscheinungen mit lieblichem Licht umgab. Im Berg selbst konnte ich viele kleine Fenster sehen, in denen teils bleiche, teils weiße menschliche Häupter erschienen[1].

[1] Hildegard, Wisse die Wege, S. 10.

Zweite Vision des ersten Teils: Der Sündenfall

Dann sah ich eine große Anzahl lebendiger Leuchten. Sie gaben einen hellen Schein, empfingen blitzendes Feuer, und verbreiteten so einen ruhigen Glanz. Und plötzlich erschien ein See von großer Breite und Tiefe. Er hatte eine brunnenartige Öffnung und sandte feurigen, stinkenden Qualm aus. Auch ein abscheulicher Nebel entquoll ihr, der sich ausbreitete und etwas wie eine Ader berührte, die verführerisch ausschaute. Er hauchte eine strahlendweiße Wolke in einer Lichtregion an, die von einer schönen Menschengestalt ausgegangen war und unzählige Sterne enthielt. Und er vertrieb Wolke und Menschengestalt aus diesem Gebiet. Da umringte ein heller Schein dieses Gebiet, so daß alle Elemente der Erde, die bisher in tiefer Ruhe lagen, in Aufruhr gerieten und einen schreckerregenden Anblick boten[1].

[1] Hildegard, Wisse die Wege, S. 16.

xxi Quod uir non nisi in forti ętate.
non nisi nubilem uxorem ducat.
xxii De uitanda illicita ⁊ libidinosa
pollutione.
xxiii Quare mulier post partum uel
a uiro corrupta in occulto mane-
at ⁊ ab ingressu templi abstineat.
Qui in coitu pregnantis se pollu-
unt. homicidę sunt.
xxiiii Osee de eadem re.
xxv De commendatione castitatis.
xxvi Iohannes de eadem re.
xxvii Qđ expulso adam đs paradysū
muniuit.
xxviii Qđ quia homo deo rebellis exsti-
tit. creatura ei prius subiecta se
illi opposuit.
xxix. De amenitate paradysi quę su-
cum ⁊ uim terrę tribuit. ut
anima corpori.
xxx Quare đs hominem talem fecit
quod peccare potuit.
xxxi Qđ homo non debet summa ꝑ
scrutari cum nec infima ualeat
examinare.
xxxii Qđ homo nunc clarior fulget
quam prius in celo.
xxxiii Similitudo horti. ouis. ⁊ marga-
ritę ad hominem.
xxxiiii De commendatione humilitatis
⁊ caritatis. que clariores ceteris
uirtutib' existunt.

65.2

Dritte Vision des ersten Teils: Das Weltall

Danach sah ich ein riesiges dunkles Gebilde (instrumentum) *wie ein Ei, oben spitz zulaufend, in der Mitte breiter und sich unten wieder verengend. Die äußerste Schicht bestand rundum aus leuchtendem Feuer, und darunter lag etwas wie eine dunkle Haut. Und in diesem Feuer befand sich ein rötlich schimmernder Feuerball von solcher Größe, daß dieses Gebilde ganz von ihm erleuchtet wurde. Darüber waren drei Fackeln in der Höhe angeordnet, die mit ihrem Feuer den Ball hielten, damit er nicht herunterfalle (...).*
Von dem Feuer, daß dieses Gebilde umgeben hatte, ging auch ein Wind mit seinen Stürmen aus; und von der Haut, die darunter war, wehte ein anderer Wind mit seinen Stürmen, die sich in diesem Gebilde nach allen Seiten verteilten. In der Haut aber befand sich ein düsteres Feuer, das so schrecklich war, daß ich es nicht anschauen konnte (...).
Doch unter der Haut befand sich ganz reine Luft, und keine Haut war unter dieser. In ihr erblickte ich jedoch einen größeren, weißglänzenden Feuerball, über dem deutlich zwei Fackeln in der Höhe angeordnet waren; sie hielten den Ball, damit er seine Laufbahn nicht überschreite. Und in dieser Luft gab es überall viele helle Kugeln (...). Und inmitten dieser Elemente befand sich eine sehr große Sandkugel. Die Elemente hielten sie so umfaßt, daß sie nach keiner Seite herabfallen konnte. Doch wenn die Elemente zuweilen mit den Winden zusammenstießen, brachten sie manchmal durch ihren Zusammenprall auch die Kugel ein wenig in Bewegung[1].

[1] Hildegard, Wisse die Wege, S. 40 f.

65.3

Erste Vision des zweiten Teils: Der Erlöser

Und ich, ein Mensch, der nicht heißblütig nach Art starker Löwen und auch nicht von dem, was sie aussagen, unterrichtet war, sondern zart wie eine zerbrechliche Rippe blieb, sah, von geheimnisvollem Hauch befruchtet, ein helleuchtendes Feuer, unendlich, unauslöschlich, ganz lebendig und voller Leben. Es hatte eine himmelblaue Flamme in sich, die in sanftem Hauch glühend brannte. Sie war so untrennbar mit diesem leuchtenden Feuer verbunden, wie es die Eingeweide mit dem Menschen sind. Und ich sah, wie diese blitzende Flamme weißglühend wurde. Und plötzlich entstand eine dunkle Luftkugel von gewaltiger Größe, der diese Flamme mehrmals entgegenschlug und jedesmal einen Funken hervorbrachte, bis die Luftkugel vollendet war und Himmel und Erde in vollständiger Ausstattung erstrahlten. Dann züngelte diese Flamme inmitten von Feuer und Glut in Richtung eines kleinen Lehmklumpens, der am Grunde dieser Luftkugel lag, und erwärmte ihn: So wurde er zu Fleisch und Blut. Sie hauchte ihn an, und es erhob sich ein lebendiger Mensch. Als das geschehen war, bot das leuchtende Feuer dem Menschen mittels der in sanftem Hauch glühend brennenden Flamme eine blendendweiße Blüte an; sie hing – wie Tau am Grashalm – an dieser Flamme. Der Mensch verspürte zwar ihren Duft mit der Nase, doch er verkostete sie nicht mit dem Mund, noch berührte er sie mit den Händen. Er wandte sich nämlich ab und fiel in dichteste Finsternis, aus der er sich nicht mehr zu erheben vermochte. Diese Finsternis aber wuchs und breitete sich in dieser Luftkugel mehr und mehr aus. Dann erschienen in dieser Finsternis in großem Glanz drei sehr große Sterne und nach ihnen viele andere, kleine und große, in hellem Schein funkelnd, und schließlich ein riesengroßer Stern, der wunderbaren Glanz verbreitete und sich blitzend der erwähnten Flamme zuwandte. Doch auch auf der Erde erschien ein Licht wie Morgenröte (...).

Und ich sah aus dem Licht der besagten Morgenröte einen ganz lichten Menschen hervorgehen; er goß seinen Glanz über die erwähnte Finsternis aus, wurde aber von ihr so zurückgestoßen, daß er, blutrot und erbleichend, die Finsternis mit so großer Kraft zurückschlug, daß der andere Mensch, der in ihr darniederlag, durch diese Berührung sichtbar aufleuchtete und aufrecht aus ihr hervorging. Und so erschien der Lichtmensch, der aus der erwähnten Morgenröte hervorging, in so großer Herrlichkeit, daß es eine menschliche Zunge nicht ausdrücken kann. Er gelangte auf den höchsten Gipfel unermeßlicher Herrlichkeit, wo er in der Fülle erhabener Fruchtbarkeit und des Wohlgeruchs wunderbar erstrahlte[1].

[1] Hildegard, Wisse die Wege, S. 104 f.

Quod homo secreta di ñ debet
plus scrutari quã ipse uult manife
Quod fili di nat⁹ in stare.
mundo morte sua diabolũ supauit
7 electos suos ad hereditatẽ suã re
Verba osee de eadẽ re. duxit
Qd corp⁹ filii di in sepulchro
p tduu iacens resurrexit. 7 homi
ni uia ueritatis de morte ad uitã
ostensa ẽ. diu eos apparuit.
Qd fili di a morte resurgens. di
cipulis suis frequent⁹ ad corroboran
Qd filio di ascendente ad pa
trẽ. sponsa eĩ diuersis ornamtis sun
datã ẽ.

65.4

Siebte Vision des zweiten Teils: Der gefesselte Feind

Dann sah ich ein brennendes Licht, so groß wie ein gewaltiger, hoher Berg. Es teilte sich an seinem höchsten Punkt gleichsam in viele Zungen. Und vor diesem Licht stand eine Schar weißgekleideter Menschen. Von der Brust bis zu ihren Füßen war etwas wie ein Schleier – durchsichtig wie Kristall – vor ihnen ausgebreitet. Doch vor dieser Schar lag auf dem Weg rücklings etwas wie ein ungeheurer großer und langer Wurm, der so schrecklich und wild aussah, daß es kein Mensch zu sagen vermag (...). Der Wurm aber war schwarz und borstig, voller Geschwüre und Blattern. Fünf verschiedene Farbstreifen trug sein Leib, vom Kopf über den Bauch bis zu den Füßen zogen sie sich hin; ein grüner, ein weißer, ein roter, sowie ein gelber und ein schwarzer war zu sehen, voll von tödlichem Gift. Sein Haupt aber war so zerschmettert, daß seine linke Backe schon auseinanderzufallen schien. Seine Augen, äußerlich blutunterlaufen, glühten von innerem Feuer, seine Ohren waren kugelrund und struppig, Nase und Maul aber glichen denen einer Viper, und sein Schwanz sah kurz und furchterregend aus. Um seinen Hals war eine Kette gelegt, die ihm auch Hände und Füße fesselte. Diese Kette band ihn so fest an den Felsen im Abgrund, an dem sie befestigt war, daß er sich nach keiner Seite seinem bösen Willen gemäß bewegen konnte. Aus seinem Maul kam ein Flammenmeer, das sich in vier Flammen teilte. Die eine züngelte bis zu den Wolken hinauf, die zweite ergriff die weltlich gesinnten Menschen, die dritte die geistlich Lebenden; die vierte aber loderte bis in den Abgrund hinab. Die Flamme aber, die bis zu den Wolken hinaufzüngelte, bedrängte die Menschen, welche zum Himmel gelangen wollten[1].

[1] Hildegard, Wisse die Wege, S. 290.

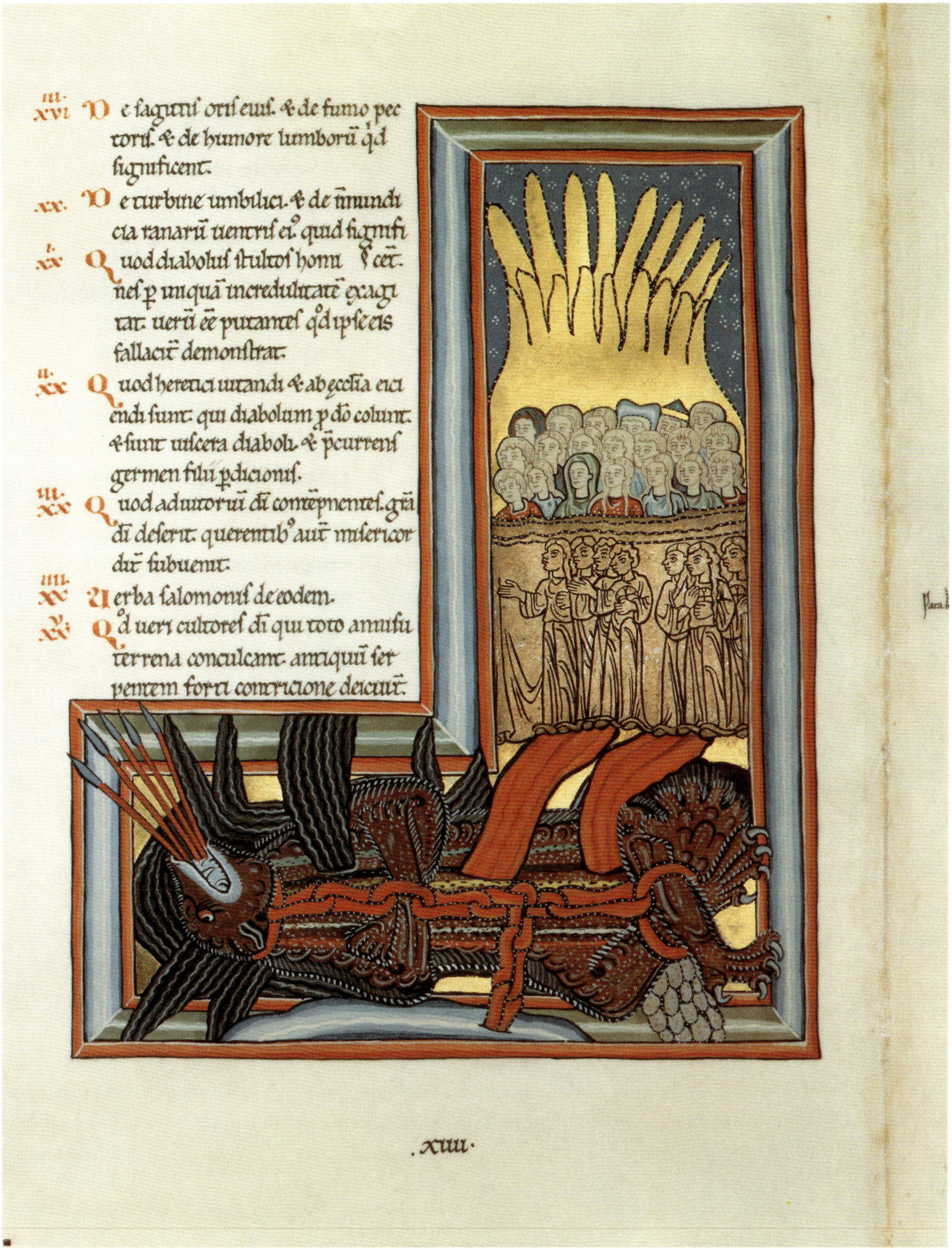
iii. xvi De sagittis oris eius. & de fumo pectoris. & de humore lumborũ q͞d significent.
xx. De turbine umbilici. & de ĩmundicia ranarũ uentris ei⁹. quid significet.
i. xx Quod diabolus stultos homines ꝑ iniquã incredulitatẽ exagitat. uerũ ee͞ putantes q͞d ipse eis fallacit͞ demonstrat.
ii. xx Quod heretici uitandi & ab ecclesia eiciendi sunt. qui diabolum p͞ dõ colunt. & sunt uiscera diaboli. & p͞currens germen filii p͞dicionis.
iii. xx Quod adiutoriũ dĩ contẽpnentes. grã dĩ deserit. querentib⁹ aũt misericordia subuenit.
iiii. xx Verba salomonis de eodem.
v. xx Q͞d ueri cultores dĩ qui toto annisu terrena conculcant. antiquũ serpentem forti contricione deiciunt.
.xviii.

65.5

Zweite Vision des dritten Teils: Das Heilsgebäude

Dann sah ich innerhalb des Lichtkreises, der sich vom Thronenden ausbreitete, etwas wie einen großen Berg, dicht am Fuße jenes ungeheuren Felsens, über dem auf der Wolke der Thronsitz stand. Der Fels schien hoch hinaufzuragen, der Berg in die Breite zu gehen. Und auf dem Berg stand ein sozusagen rechteckiges Gebäude, ähnlich einer rechtwinklig angelegten Stadt. Es lag etwas schräg, so daß eine Ecke nach Osten, die andere nach Westen, eine nach Norden und eine nach Süden schaute. Die Mauer rings um das Gebäude aber war von zweifacher Art: teils von hellem Glanz wie das Licht des Tages, teils wie aus Stein gefügt. Sie trafen an der östlichen und an der nördlichen Ecke so zusammen, daß sich der leuchtende Teil der Mauer ganz unversehrt und ohne irgendeine Unterbrechung von der Ostecke bis zur Nordecke erstreckte. Und der andere, nämlich der steinerne Teil, lief von der nördlichen Ecke zur westlichen und zur südlichen und endete an der östlichen. Sie hatte zwei Lücken, nämlich zwischen der West- und der Südecke.

Die Länge dieses Gebäudes aber war hundert Ellen, seine Breite fünfzig Ellen und seine Höhe fünf Ellen. So hatten die beiden gegenüberliegenden Längsmauern und die beiden Mauern vorn und hinten die gleiche Länge. Die vier Wände des Gebäudes hatten aber auch allerseits und überall die gleiche Höhe, mit Ausnahme seiner Bollwerke, die ein wenig über diese Höhe hinausragten.

Der Abstand zwischen dem Gebäude und dem erwähnten, sich bis in die Tiefe des Abgrundes ausbreitenden Lichtglanz betrug an der Ostecke jedoch nur eine Handbreit, an den anderen Stellen aber, d.h. an der nördlichen, westlichen und südlichen Seite, war überall ein so großer Abstand, daß ich seine Weite überhaupt nicht ermessen konnte[1].

[1] Hildegard, Wisse die Wege, S. 328.

xxiii Q[uo]d homo ex quatuor elem[en]tis co[n]stans.
fide catholica equali deuotione-
xxiiii Q[uo]d fidelis homo ascendat & colat.
de uirtute i[n] uirtutem.
xxv. Q[uo]d filius d[e]i missus e[st] in mundum
sec[un]d[u]m temp[us] p[re]ordinatu[m] a patre.
ut p[er]ficeret uoluntate[m] pat...
& sup[er]bia mali uel fine ei[us] i[n] op[er]ante
c[re]atura aut uiciu[m] aut fine sup[er]ne
iusticie iusta q[ue] distributione
uoluntatis d[e]i null[us] ho[m]i[n]um p[re]
seruari potest.

65.6

Fünfte Vision des dritten Teils: Der Eifer Gottes

Danach sah ich plötzlich, wie an der nördlichen Ecke, wo die beiden verschiedenen Mauern des erwähnten Gebäudes zusammentreffen, etwas wie ein seltsam geformtes Haupt erschien. Unbeweglich ruhte es auf dem Hals außen an dem Mauerwinkel; es war nämlich so weit über der Erde, als die Mauer hoch war, überragte sie jedoch nicht, sondern war nur genauso hoch wie sie. Und dieses Haupt war feuerrot und loderte wie eine Feuerflamme. Es hatte ein furchterregendes Menschenantlitz und blickte sehr zornig zum Norden.

Vom Hals abwärts sah ich nichts mehr von dieser Gestalt, denn sein übriger Leib war ganz verborgen und verdeckt von der besagten Mauerecke. Das Haupt selbst aber sah ich gleichsam in der Gestalt eines bloßen Menschenkopfes. Es war weder mit Haaren nach Männerart noch mit einem Schleier nach Frauensitte bedeckt, war jedoch mehr männlich als weiblich und sehr schrecklich anzusehen.

Es besaß aber drei Flügel von erstaunlicher Breite und Länge. Sie waren weiß wie eine lichte Wolke und zeigten nicht nach oben, sondern waren nur einzeln waagerecht ausgebreitet, und zwar so, daß das Haupt sie ein wenig überragte. Der erste von der rechten Wange ausgehende Flügel spannte sich nach Nordosten, der zweite aber, der auch der mittlere war, ging von der Kehle aus nach Norden; der dritte jedoch erstreckte sich von der linken Wange nach Westen. Zuweilen gerieten sie furchtbar schreckerregend in Bewegung und schlugen in diese Richtungen aus; zuweilen jedoch hörten sie auf zu schlagen. Ich hörte dieses Haupt kein Wort sprechen; es ruhte nur unbeweglich in sich und schlug – wie gesagt – ab und zu mit seinen Flügeln dorthin, wohin die Flügel zeigten[1].

[1] Hildegard, Wisse die Wege, S. 390.

153

sanguine homicidium uel fornicatione polluit. et qui signatum lapidem in sacrificio non habent. et qui decimas uel res templi diripuit. o ue illis o ue miseris illis.

xxii Qui res ecclesie canibus et porcis. id est peruis hominibus diuidunt. hos uel semen eorum de summo gradu usque ad infimum zelus dei percutiet.

xxiii Quomodo deus ultione sua cedit credulos et incredulos.

xxiiii Qui putant se sapientes. et potestatem suam per iniusta iudicia eleuant. quam miserabiliter hos zelus dei exurit.

xxv Quod in zelo dei non est clamor minantis uocis sed immobilis et firma potestas iusti iudicii. §. iustum est.

xxvi Quod scientia in homine est quasi speculum in quo latet desiderium boni uel mali.

xxvii Quomodo ex metu procedit timor. §. li. mor. et de timore tremor. et quomodo homo per hec tria debet operari quod

xxviii De prima radice. id est discretione hominis. et de ignea super addita gratia in christo.

xxviiii Quod nemo in excusatione peccati sui debet insistere contra creatorem suum.

Achte Vision des dritten Teils: Die Mitarbeit am Erlösungswerk

Und dann sah ich an der Südseite in der erwähnten Steinmauer des beschriebenen Gebäudes jenseits der besagten Säule der wahren Dreieinigkeit noch eine hohe Säule; sie war im Schatten und innerhalb und außerhalb dieses Gebäudes zu sehen. Für meinen Blick erschien sie allerdings so umschattet, daß ich weder ihre Stärke noch ihre Höhe erkennen konnte (…).
In dieser Säule aber war eine leiterartige Treppe vom Fuß bis zur Spitze. Auf ihr stiegen alle göttliche Tugendkräfte auf und nieder; ich sah, daß sie mit Steinen für ihren Bau beladen an ihre Arbeit gingen und eifrig bestrebt waren, dieses Werk zu vollenden. Und ich hörte den Leuchtenden, der auf dem Thron saß, sagen: »Das sind die allerstärksten Werkleute Gottes«[1].

[1] Hildegard, Wisse die Wege, S. 460.

178
eius & quid significet.
xvii. Specialit̄ de caritate & habitu ei(us) & quid significet.
xviii. Specialit̄ de timore d(omi)ni & habitu eius & quid significet.
xviiii. Specialit̄ de obedientia & habitu ei(us) & quid significet.
xx. Specialit̄ de fide & habitu eius. & quid significet.
xxi. Specialit̄ de spe & habitu eius & quid significet.
xxii. Specialiter de castitate & habitu eius & quid significet.
xxiii. Specialit̄ de gr(ati)a d(e)i & statu & habitu ei(us) & quid significet.

65.8

Elfte Vision des dritten Teils: Das Ende der Zeiten

Dann schaute ich nach Norden: Siehe, da standen dort fünf wilde Tiere. Das eine war wie ein feuriger, aber nicht brennender Hund, eines wie ein dunkelgelb gefärbter Löwe, ein anderes glich einem fahlen Pferd, das nächste einem schwarzen Schwein und ein weiteres einem grauen Wolf. Sie wandten sich nach Westen; und dort im Westen erschien vor diesen Tieren etwas wie eine Anhöhe mit fünf Gipfeln. Und aus dem Rachen eines jeden Tieres reichte ein Seil bis zu jeder einzelnen Spitze des Hügels; sie alle waren schwärzlich gefärbt, mit Ausnahme des Seils, das aus dem Wolfsrachen kam. Dieses schien teils schwarz, teils weiß zu sein. Und plötzlich sah ich im Osten wiederum jenen jungen Mann, den ich früher über der Verbindungsecke zwischen der erwähnten Licht- und Steinmauer des besagten Gebäudes mit einer purpurroten Tunika bekleidet gesehen hatte, über diesem Winkel. Jetzt erschien er mir aber von seinem Nabel an abwärts, und zwar so, daß er vom Nabel bis zu der Stelle, an der man den Mann erkennt, wie das Morgenrot leuchtete; dort lag eine Leier quer mit ihren Saiten. Und von dieser Stelle an abwärts war er, bis zu zwei Fingerbreit über seinem Knöchel, umschattet; und von diesem Streifen an, der von oben bis an den Knöchel reichte, erschienen seine ganzen Füße weißer als Milch.

Doch auch die Frauengestalt (…) wurde mir jetzt wiederum dort gezeigt, und zwar so, daß ich auch sie nur von der Mitte ihres Leibes an abwärts sah. Sie hatte nämlich von ihrem Nabel bis zu der Stelle, an der man die Frau erkennt, verfärbte und schuppige Flecken. An derselben Stelle des weiblichen Erkennungsmerkmals erschien ein unförmiges pechschwarzes Haupt mit feurigen Augen, eselsgleichen Ohren und mit Nase und Rachen wie ein Löwe sie hat. Mit weit aufgerissenem Maul knirschte es und wetzte schreckenerregend die furchtbaren eisenartigen Zähne. Doch von diesem Haupt an bis zu ihren Knien war die Gestalt weiß und rot und wie von vielen Schlägen hart mitgenommen; von den Knien jedoch bis zu den beiden Querstreifen, die oben an den Knöchel rührten und weiß erschienen, sah sie blutig aus.

Und plötzlich löste sich dieses unförmige Haupt mit so großem Getöse von seiner Stelle, daß die ganze Frauengestalt in all ihren Gliedern davon erzitterte. Aber auch eine Unmenge von Kot befand sich um das Haupt; es erhob sich daraus wie über einen Berg und versuchte, zur Himmelshöhe aufzusteigen. Und da ertönte plötzlich etwas wie ein Donnerschlag und traf das Haupt mit solcher Wucht, daß es von diesem Berge herabstürzte und seinen Geist im Tode aushauchte. Da ergriff sogleich ein übelriechender Dunst den ganzen Berg und das Haupt wurde darin von so großem Schmutz bedeckt, daß das dabeistehende Volk in größten Schrecken versetzt wurde[1].

[1] Hildegard, Wisse die Wege, S. 554 f.

65.9

Zwölfte Vision des dritten Teils: Der Tag der grossen Offenbarung

Danach schaute ich: und plötzlich wurden alle Elemente und Geschöpfe von einem schrecklichen Beben erschüttert. Feuer, Luft und Wasser brachen hervor und brachten die Erde in Aufruhr. Es dröhnte von Blitzen und Donnerschlägen. Berge und Wälder fielen, so daß alles Sterbliche das Leben aushauchte. Und alle Elemente wurden gereinigt, so daß auf diese Weise alles Schmutzige an ihnen verschwand und nicht mehr auftauchte. Und ich hörte eine Stimme mit lautem Ruf über den ganzen Erdkreis erschallen; sie rief: »O ihr Menschenkinder, die ihr in der Erde ruht, erhebt euch alle!«. Und siehe da! Alles menschliche Gebein an jedem Ort der Erde sammelte sich augenblicklich und bedeckte sich mit seinem Fleisch; und alle Menschen erstanden mit ihren unversehrten Gliedern und Leibern, je nach ihrem Geschlecht. Die Guten leuchteten in Herrlichkeit und die Bösen erschienen schwarz, so daß man das Werk eines jeden an ihm wahrnahm. Und einige von ihnen waren mit dem Glauben besiegelt, manche aber nicht. So trug ein Teil der Besiegelten einen goldenen Glanz auf ihrem Antlitz, die andern gleichsam einen Schatten; das war ihr Kennzeichen.

Doch plötzlich flammte vom Osten her ein mächtiger Blitz auf. Und ich erblickte dort auf einer Wolke den Menschensohn mit demselben Antlitz, das er auf Erden trug, und mit offenen Wunden. Er kam mit den Chören der Engel und thronte auf einer Flamme, die glühte, aber nicht brannte. Unter ihm tobte ein gewaltiger Sturm zur Reinigung der Welt, und die Besiegelten wurden wie von einem Wirbelwind ergriffen, der sie ihm entgegen entrückte, dorthin, wo ich schon früher jenen Glanz erblickt hatte, der das Geheimnis des himmlischen Schöpfers versinnbildet. Dort wurden die Guten nämlich von den Bösen getrennt[1].

[1] Hildegard, Wisse die Wege, S. 580.

no ululatu absorbet.
xiiii Euangeliu de eodem.
xv Quom elemta & sol. & luna. & stelle
finito iudicio i meli mutant. & nox
non erit.
xvi. Verba iohis de eodem.
225

65.10

66
Scivias (Salemer Codex)

Wahrscheinlich Kloster Salem, um 1200
H.: 41,5 cm; B.: 29,0 cm
Satzspiegel: 29 x 20 cm, zweispaltig, meist 37–39 Zeilen
Pergament, 200 folio; Holzdeckel mit Schweinsleder überzogen, mit Stempeln verziert

Heidelberg, Universitätsbibliothek, Cod. X,16

Der Codex befand sich im Besitz des Klosters Salem, ein Eintrag aus dem 17. Jahrhundert »B. Mariae in salem« (folio 2) bezeugt dies ebenso wie auch der für Salem typische Weißenauer Einband mit aufgeklebtem Pergamentzettel »visiones pulcherrime cuiusdam religiose femine que Scivias intitulantur« (15. Jahrhundert). Nach der Säkularisierung wurde er 1826 zusammen mit anderen Salemer Handschriften von der Heidelberger Universitätsbibliothek aufgekauft.

Der Schreiber des Codex stand seiner Schrift nach dem Kloster Zwiefalten nahe. Auch zwei vorgebundene ganzseitige Miniaturen mit Darstellungen der Schöpfung und des Sündenfalls – deren kompilatorischer Bezug auf die Visionen I,2; I,6; II,1 von Scivias in Frage gestellt werden muß – sowie ein Annusbild deuten ikonographisch auf Zwiefalten hin, da wohl das gleiche Vorbild kopiert wurde wie im Zwiefaltener Codex hist. fol. 415, 17r und 17v (Württ. Landesbibliothek, Stuttgart). Auch die den Bildern einbeschriebenen Texte stimmen überein. Andererseits weisen zisterziensische Interpunktionen und dreizehn kunstvolle, farbige Initialen an den Anfängen der Visionen auf Salem hin. Hildegard hatte Verbindung zu beiden Klöstern. Von Abt Gottfried von Salem (1165–1168) ist ein Brief an sie erhalten: *»Ich sah und las die großartigen Gesichte Gottes, die der Herr der Wissenschaften durch dich in dem von dir verfaßten Buch den unwürdigen Menschen offenbart hat«.*

Die Datierung der Handschrift ist umstritten. Werner könnte sich einen älteren Schreiber, der noch keinerlei Anzeichen gotischer Schrift beherrschte, und einen jüngeren Rubrikator, der schon deutliche Übergangsformen benutzte, in der Zeit um 1200 vorstellen, vielleicht etwas früher wegen der mit Sägeblattfleuronnée verzierten Buchstaben. In späterer Zeit wohl wurden die zwölf kunstvollen farbigen Initialen der Visionsanfänge hinzugefügt, die man in dieser Art in Salem noch bis etwa 1240 malte.

Als textliche Besonderheit findet sich im Salemer Codex ein »summarium« vor dem Kapitelverzeichnis des ersten Teils, in dem der Schreiber kurz den Inhalt der Visionen aller drei Teile skizziert. Eine Abschrift dieser Zusammenfassung ist nur noch einmal in einem in Fulda aufbewahrten Codex von 1331 erhalten, dem der Salemer als Vorbild gedient haben muß; in allen anderen Handschriften, auch der vom Rupertsberg, findet sie sich nicht. Nach dem Verlust des Rupertsberger Originals verblieb uns als einzige illuminierte Scivias-Handschrift der Salemer Codex. Aber die Intention seiner Illustrationen, der Einsatz von bisweilen nicht ganz textgetreuen ikonographischen Formeln, die Maltechnik – kolorierte fein differenzierte Federzeichnungen statt Deckfarbenmalerei, kein Bemühen um die Wiedergabe der so bedeutungsvollen Farbbeschreibungen Hildegards – und das fehlende Bestreben nach Vollständigkeit sind von großer Andersartigkeit: die Rupertsberger Handschrift ist prachtvoll, ein Werk mit hohem Anspruch, die Salemer scheint mehr für den Gebrauch des Klosters gedacht, ihre Bilder ein eigener künstlerischer Versuch zur Thematik einzelner Visionen. Fast ausschließlich der dritte Teil ist illuminiert, aber auch er nicht vollständig. So fehlen Bilder zu den Visionen 12 und 13; 5 und 7 bekamen nur kleine, skizzenhafte Randzeichnungen. Lediglich das Bild des an den Abgrund gefesselten Drachen auf folio 106r setzt die 7., die letzte Vision des zweiten Teils ins Bild.

Nach schon in der Antike geübtem Brauch ist dem Textbeginn ein Autorenbild vorangestellt (folio 3v, 66.2). Der Maler zeigt Hildegard in einem erhöhten Raum; ihre Arme erhoben und geöffnet, lauscht sie auf die göttliche Eingebung. Mit einem Griffel in der rechten und wachsgefüllten Schreibtafeln in Form eines Diptychons in der linken Hand ist sie bereit zur schnellen Niederschrift der Offenbarungen. Im Raum darunter sitzt der von ihr beauftragte Mönch vor einem auf kunstvollem Schreibpult aufgeschlagenen Pergamentcodex; in der Rechten hält er die Feder, in der Linken das Radiermesser. Und so überträgt er die flüchtig in Wachs geschriebenen Visionen Hildegards in korrigierter und endgültiger Form auf das die Zeiten überdauernde Pergament. Auf der gegenüberliegenden Seite (folio 4r, 66.1) wird das Titelblatt als Zierseite gestaltet. Auch dies ist alte Tradition schon seit der Karolingerzeit. Das gewichtigere I (Incipit), der Beginn des ganzen Buches Scivias, ist über eine Spalte hinweg zur Darstellung einer verkürzten Wurzel Jesse (Jes 11, 1.10) gewandelt, die nur Maria als Patronin des Klosters, nicht aber alle anderen Vorfahren Christi darstellt. Im oberen Medaillon thront der Auferstandene auf dem Regenbogen, darüber die Taube des Heiligen Geistes. Bescheidener zeigt sich das I als Anfang der Kapitel des ersten Teils in Form einer Drolerie: aus dem geöffneten Maul eines Bestienkopfes hängt ein Band, gefüllt mit kleinen Ornamentfeldern auf grünem Grund, das einem Menschen wie eine Leiter zum Heraufklettern dient und um das sich unten ein Drache windet, der von rückwärts seinen Kopf hindurchsteckt. Die unizialen Kapitalisbuchstaben sind mit Sägeblattfleuronnée in verschiedenen Farben feierlich geschmückt.

Von den vier ganzseitigen Bildern illustrieren zwei untereinander bzw. nebeneinander je zwei Visionen: folio 111v die zweite und dritte, folio 176v die vierte und zehnte. Vision 6 und 11 zeichnen sich durch ein eigenes, ganzseitiges Bild aus (66.3). Die restlichen Darstellungen gleichen eher Randzeichnungen, die, auf freien oder teilweise freien Spalten eingefügt, oft den vorgezeichneten Satzspiegel überschneiden; auch fehlt ihnen ein Rahmen. Trotz zugefügter Beischriften, auch dies ist eine Besonderheit des Salemer Codex, die der Rupertsberger nicht kennt, sind die Bilder schwer verständlich. Hildegards allegorische Denkweise, die sich auf typologisch-tropologischem Weg der Eschatologie nähert, gab dem Maler die gleichen Probleme auf wie dem Betrachter; erst der erläuternde Visionstext ermöglicht den Zugang.

66.1

Vision III, 1: »Gott und der Mensch« (folio 111r, 66.4)
Hildegard sieht im Osten, der Himmelsrichtung des aufgehenden wahren Lichtes, Christus (nach mittelalterlicher Auffassung oben im Bild), *»den lebendigen Gott, der über alles herrscht«*. Statt auf einen Thron wie in der Visio setzt der Maler ihn als Gekrönten auf den Regenbogen nach Art des auferstandenen Christus. Der Lichtkreis der Schöpfung umgibt ihn. Umgürtet ist er mit Lehm: *»der Mensch, schwarz in der Schwärze seiner Sünden und schmutzig«*, der aber geschmückt ist von Perlen und Edelsteinen, den *»Märtyrern und heiligen Jungfrauen«*. Aus diesem Lichtkreis heraus fällt ein großer Stern zusammen mit einer Menge kleinerer Sterne, die der Maler nach Hildegards Erklärungen als *»Luzifer und sein Gefolge«* als kleine herabstürzende Teufelchen darstellt. *»Wegen ihres Hochmuts wurden sie in den Abgrund des ewigen Todes gestürzt«*, in die »Hölle«; sie breitet sich unten im Bild aus mit züngelnden Flammen, die zwei der Teufelchen ergreifen, mit noch leuchtenden und erloschenen, nur als Kreise dargestellten Sternen.

Vision III; 4: »Die Säule des Wortes Gottes« (folio 176v, linke Spalte, 66.5)
Ganz links erhebt sich als Säule *»das unaussprechliche Geheimnis des Wortes Gottes«*. Sie hat drei scharfe Kanten: das Alte Testament, das Evangelium des Neuen Testamentes und die *»ersten Lehrer aus der Glut des Heiligen Geistes«*. Deshalb sieht Hildegard auf der Seite die Patriarchen und Propheten in ihrer zeitlichen Anordnung *»vom Beginn des Gesetzes bis zur Offenbarung seines Sohnes«*. Ein Schein wunderbarer Helligkeit geht von der zweiten Kante aus, in ihm *»erblickst du Apostel, Märtyrer, Bekenner, Jungfrauen und viele andre Heilige, die sich in großer Freude ergehen«*, rechts oben neben der Säule sind sie zu sehen. Die dritte Kante ist in der Mitte erweitert wie ein gespannter Bogen, in ihr zeigt sich die *»Weisheit der Heiligen«*, die die Heilige Schrift erforschten *»und sie zum Wissen der vielen machten«*; am Anfang, unten, war das Interesse daran nicht groß, und am Ende, oben, *«wird die Liebe vieler erkalten«*. An der Spitze der Säule erscheint im Lichterglanz die Taube des Heiligen Geistes. Rechts unten vor der Säule steht die gestalthafte Personifikation des *»Erkennen Gottes«*, umgeben von den Engeln. Der Maler stellte sie aus Platzmangel darüber dar.

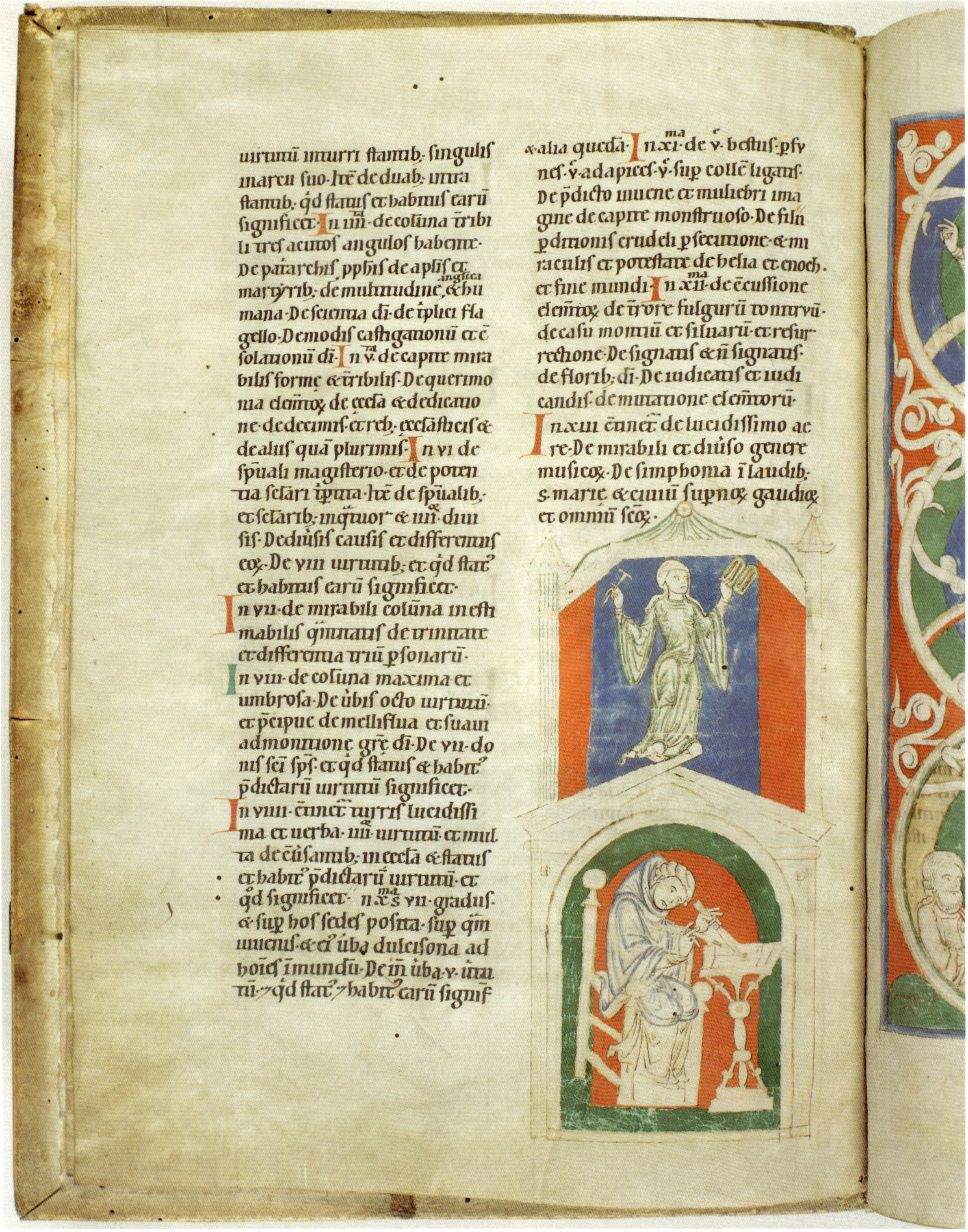

uirtutu in turri stantib; singulis
in arcu suo. hic de duab; uirtu
stantib; qd status et habitus earu
significet. In iiii. de columna tribi
li tres acutos angulos habente.
De patriarchis pphis de aplis et
martyrib; de multitudine angelica et hu
mana. De scientia di. de triplici fla
gello. De modis castigationu et c
solationu di. In v. de capite mira
bilis forme et tribilis. De querimo
nia elemtoru de eccla et dedicatio
ne. de decimis. et reb; ecclasticis et
de aliis qua plurimis. In vi de
spuali magisterio. et de poten
tia sclari inpura. hic de spualib;
et sclarib; in quatuor et iiii. diui
sis. De diusis causis et differentiis
eoru. De viii uirtutib; et qd stat
et habitus earu significet.
In vii. de mirabili columna inesti
mabilis quantitatis de trinitate
et differentia triu psonaru.
In viii. de columna maxima et
umbrosa. De ubis octo uirtutu.
et pcipue de melliflua et suaui
admonitione gre di. De vii. do
nis sci sps. et qd status et habit
pdictaru uirtutu significet.
In viiii. continet turris lucidissi
ma. et uerba. iiii. uirtutu. et mul
ta de ctisantib; in eccla et status
et habit pdictaru uirtutu. et
qd significet. In x ma s vii. gradus.
et sup hos sedes posita. sup qm
iuuenis. et ei uba dulcisona ad
hoies in mundu. De in uba. v. uirtu
tu. et qd stat et habit earu signif

et alia quedã. In xi ma de v. bestiis. psv
nes. v. ad apices. v. sup colle ligatis.
De pdicto iuuene et muliebri ima
gine de capite monstruoso. De filii
pditionis crudeli psecutione. et mi
raculis et potestate de helia et enoch.
et fine mundi. In xii ma de ccussione
elemtoru de trore fulguru tonitruu.
de casu montiu et siluaru. et resur
rectione. De signatis et n signatis.
de florib; di. De iudicatis et iudi
candis. de mutatione elemtoru.
In xiii continet de lucidissimo ae
re. De mirabili et diuso genere
musicoru. De simphonia i laudib;
s. marie et ciuiu supnoru gaudioru
et omniu scoru.

66.2

Vision III, 10: »Der Menschensohn (folio 176v, rechte Spalte, 66.5)
Oben im Osten sieht Hildegard über sieben *»schilddachförmigen«* Stufen, dem *»Aufstieg aus der Kraft des Glaubens«*, den auf dem Thron sitzenden Christus, Eckstein des Heilsgebäudes der Endzeit; vor ihm, auf dem Pflaster des Gebäudes, stehen als Personen *(imagines)* fünf *»Tugenden«*, die seinen mystischen Leib vollenden: oben *»Beständigkeit«*, *»himmlisches Verlangen«* und *»Herzenszerknirschung«*; links neben ihnen das Rad mit der personifizierten *»Weltverachtung«*, rechts unten *»Eintracht der Seligen und Gläubigen«*.

Vision III,11: »Das Ende der Zeiten« (folio 177r, 66.6)
Dem Zeitenende eilen unaufhaltsam fünf Erdreiche voraus, von Hildegard als fünf Tiere geschaut: das Reich des feurigen Hundes, in dem die Menschen *»nicht in der Gerechtigkeit Gottes brennen«*, das kriegerische Reich des Löwen, das Reich des Schweines, in dem Führer sich in Unreinheit wälzen und durch Unzucht göttliche Gebote zur Seite schieben, und das Reich des Wolfes, das von Macht- und Erfolgsstreben regiert wird. Am Ende der Zeiten erscheint vor den Tieren eine Anhöhe mit fünf Gipfeln, *»fünf Höhepunkte«* des Ausbruchs fleischlicher Begierden, ein Seil verbindet das Maul jeden Tieres mit ihnen als Zeichen der *»Dauer der Entwicklung«*. Danach erblickt Hildegard im Osten, dem Ort des Heils, wiederum die Gestalt des Menschensohnes mit einer Lyra quer auf dem Schoß, die Freudenlieder der nach Verfolgung durch den *»Sohn der Bosheit«* zur Ruhe Eingegangenen. Die große Frau rechts steht als Allegorie der Kirche, vor ihrem Schoß das unförmige Haupt des Antichrist, das *»Haupt der Bosheit«*, mit *»eselsgleichen Ohren und mit Nase und Rachen wie ein Löwe«*, der den Menschen zur Gottesleugnung veranlaßt. Nachdem sechs Zeitalter vergangen sind, löst es sich; wie vom Maler unten in narrativer Weise dargestellt, erhebt es sich in Stolz und Anmaßung über einem Berg von Kot: *»Listen der teuflischen Nachstellung«* und *»versucht, zur Höhe des Himmels aufzusteigen«*. Vom Donnerschlag der sich offenbarenden Macht Gottes getroffen, stürzt es tot herab; umgeben von einer übelriechenden Dunstwolke, die Augen geschlossen, liegt es unten in der Mitte des Bildes. Hildegards Erklärungen entsprechend sind als Zeugen der Ereignisse Henoch und Elias dargestellt, die Gott bis zu dieser Endzeit aufbewahrt hat: Henoch, der der Welt entrückt wurde (Gn 5,24), und Elias, der gen Himmel fuhr (I V Rg 2,11). Sie weisen links unten auf den gestürzten Antichrist und werden *»die Irrenden zum Weg der Wahrheit zurückführen«*. A. K.

Lit.: A. von Öchelhäuser, Die Miniaturen der Universitäts-Bibliothek zu Heidelberg, 1. Teil, Heidelberg 1887, S. 75–107; J. Schomer, Die Illustrationen zu den Visionen der hl. Hildegard als künstlerische Neuschöpfung, Bonn 1937; C. H. Kessler, A problematic illumination of the Heidelberg liber Scivias, in: Marsyas 8, 1959, S. 7–21; Ausst.-Kat. »Suevia sacra«, 1973, S. 47–50 bzw. 187 f., Nr. 191; W. Werner, Cimelia heidelbergensia, Wiesbaden 1975, S. 53–57; Führkötter/Carlevaris 1978, S. XIX–XXXI, XXXIX–XLII; G. Plotzek-Wederhake, in: Die Zisterzienser, Ausstellungskatalog Aachen/Köln 1980, S. 562–565, Nr. F 27.

66.3

filii designat. xiii. Sedu.
Quod psymphonia racionalitatis
torpens anima excitatur ad uigilan
Quod symphonia dura corda emol. xiiii.
lit et humore conpunctionis in
ducit et spm scm aduocat. xv.
Quod fidelis omni deuotione inces
santer iubilare debet. Scivias. xvi
Verba dauid de eadem re. xvii.
Expliciunt capla tercie partis libri
Expliciunt capla. libri ciuias sim
plicis hominis.

66.4

columba
abacuc
Daniel
Jeremias
Esaias
Dauid
Samuel
Iosue
Moyses
Abraham

66.5

66.6

67
Liber Vitae Meritorum (Dendermonder oder Villarenser Codex)

Kloster Rupertsberg, um 1175
H.: 28,8 cm; B.: 19,7 cm
173 Pergamentblätter, Kalbsledereinband aus dem 18. Jahrhundert

Abtei Dendermonde, Codex 9

Der Codex aus der Abtei Dendermonde in Belgien ist ein 173 Seiten umfassender Sammelband verschiedener Schriften. Auf folio 1 bis 121v ist, so der Titel, der »Liber Vitae Meritorum S. Hildegardis« verzeichnet, gefolgt vom »Liber viarum Dei« der Hl. Elisabeth von Schönau, einer Zeitgenossin Hildegards (folio 121v–152v). Die Seiten 153r bis 170v beinhalten Hildegards mit Neumen versehene »Symphonia«, während die letzten drei Seiten einen unbetitelten Dialog zwischen einem Priester und dem Teufel verzeichnen, der keine Verbindung zu Hildegard erkennen läßt.

Aus der Anordnung der Lagen läßt sich schließen, daß der »Liber Vitae Meritorum« und die »Symphonia« als in sich geschlossene Schriften von außerhalb übernommen und mit den übrigen Teilen zusammengebunden wurden. Wie im folgenden dargelegt werden wird, spricht vieles dafür, daß die hier vorliegende Fassung des Liber Vitae Meritorum noch zu Lebzeiten Hildegards und damit unter ihrer Aufsicht im Rupertsberger Skriptorium entstand.

Der Weg der Handschrift läßt sich bis ins 12. Jahrhundert zurückverfolgen. Auf folio 1r findet sich der Besitzervermerk »Monasterii Haffligemensis«. Gemeint ist die belgische Abtei Afflighem, die im Jahre 1796 aufgehoben wurde. Aus ihr wurde der Codex an die Abtei von Dendermonde übergeben. Doch auch Afflighem war nicht der ursprüngliche Besitzer: auf folio 173v findet sich der ins 12. Jahrhundert zu datierende Besitzervermerk »Lib. Sce Mar(ie de) Villari«. Hiermit ist die Zisterzienserabtei Villers in Brabant gemeint, deren Mönche in engem Briefkontakt mit Hildegard standen. In zwei dieser Briefe wird auch die hier ausgestellte Handschrift ausdrücklich erwähnt. Im ersten, in dem Wibert von Gembloux im Namen der Mönche von Villers Hildegard um die Beantwortung bestimmter theologischen Fragen bittet, dankt er der Rupertsberger Äbtissin nachdrücklich für ein (kürzlich?) übersandtes Buch: *»Das von deiner Heiligkeit herausgegebene und uns übersandte Buch empfingen wir freudig. Wir lesen es eifrig, halten es hoch in Ehren und preisen den Spender aller Gnade. Wir sagen Ihm Dank für die Gaben, mit denen Er euch auf jede Weise stützt und zum Heil herausfordert. Was in diesem Buch gesagt wird, hat Er dir in seiner Güte zur Zurechtweisung der Leser und Hörer eingegeben«*[1].

In einem zweiten Brief stattet Wibert der Abtei an der Nahe wiederum seinen Dank ab für das übersandte Buch. Jetzt nennt er auch dessen Titel: *»Das Buch der Lebensverdienste, das von eurer heiligen Mutter selbst herausgegeben und uns durch eure Barmherzigkeit übersandt wurde, haben wir mit dem Gefühl geschuldeter Verehrung empfangen; wir halten es der höchsten Bewunderung für würdig«*[2].

Die hier zitierten Briefe sind auch deshalb für die Hildegard-Forschung von besonderer Bedeutung, weil sie die Autorenschaft Hildegards für die genannte Schrift ausdrücklich vermerken: »Liber … ab ipsa sancta matre editum«! Hildegard erwähnt die Arbeit an dieser Schrift selbst, und zwar in der Vorrede ihrer letzten Visionsschrift, des »Liber Divinorum Operum«. Sie schreibt, daß sie sich *»fünf Jahre lang mit wunderbaren und wahren Visionen abgemüht hatte. In diesen Visionen hatte eine wahre Schau des unvergänglichen Lichtes mir, einem völlig ungebildeten Menschen, die Mannigfaltigkeit der verschiedenen Lebensweisen gezeigt«*[3].

Vom Liber Vitae Meritorum sind fünf vollständige Handschriften sowie zwei Teilfragmente erhalten geblieben[4]. Da Hildegard die hier vorgestellte Abschrift für die Mönche in Villers selbst veranlaßte und sicher auch überwachte, muß die in diesem Codex vorliegende Textredaktion des Liber Vitae Meritorum als besonders zuverlässig gelten. Solange die wahrscheinlich verlorene Urschrift nicht aufgefunden ist, darf der Dendermonder Codex deshalb die größte Authentizität des Werkes für sich beanspruchen.

Der Liber Vitae Meritorum wurde nach Hildegards eigener Aussage zwischen 1158 und 1163, das heißt nach dem Scivias, aber vor dem Liber Divinorum Operum niedergeschrieben. Er nimmt daher zeitlich, aber auch inhaltlich, eine Mittlerstellung zwischen diesen beiden Schriften ein. Nach der Schau des Scivias 1141–1151 werden Hildegard zunächst keine theologisch-göttlichen, sondern »lediglich« Visionen anderer Art zuteil. Erst neun Jahre später, *»zu Beginn meines einundsechzigsten Lebensjahres also, im Jahre 1158 nach der Menschwerdung des Herrn, da der Apostolische Stuhl bedrängt war und Kaiser Friedrich das Römische Reich regierte«*[5], ermahnt sie die himmlische Stimme zu einer neuen Anstrengung, die ein halbes Jahrzehnt andauern sollte: *»Und es geschah im*

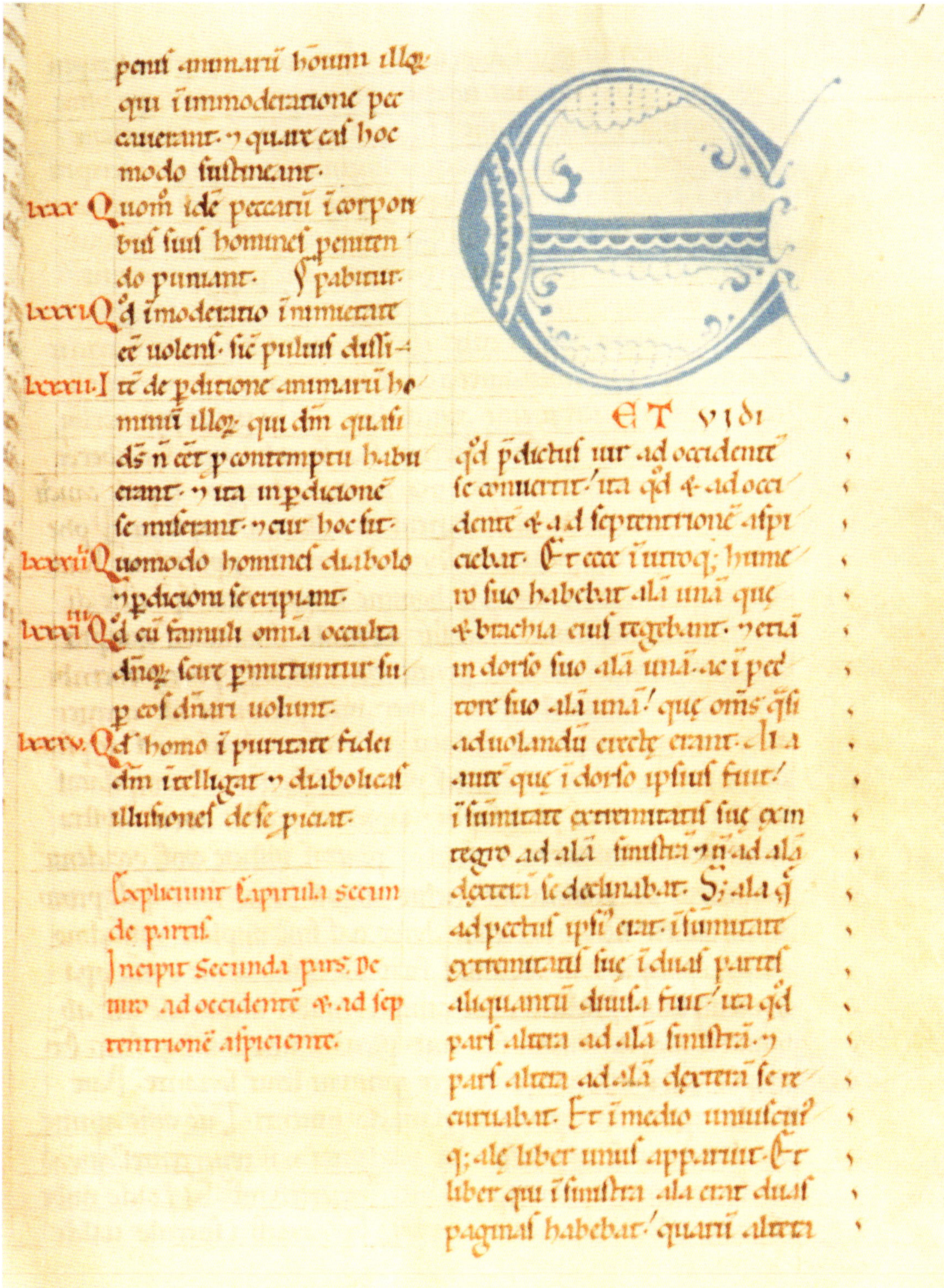
penis animarum hominum illorum
qui in immoderatione pec-
caverant. et quare eas hoc
modo sustineant.
lxxx Quomodo idem peccatum in corpori-
bus suis homines peniten-
do puniant. Superabitur.
lxxxi Quod immoderatio in inmuietate
esse volens. sic pullus discu-
lxxxii Item de perditione animarum ho-
minum illorum qui deum quasi
deus non esset per contemptum habu-
erant. et ita in perditione
se miserant. et cur hoc fit.
lxxxiii Quomodo homines diabolo
et perditioni se eripiant.
lxxxiiii Quod cum famuli omnia occulta
dominorum sciunt permittuntur su-
per eos dominari volunt.
lxxxv Quod homo in puritate fidei
deum intelligat et diabolicas
illusiones de se piciat.

Expliciunt capitula secunde partis.
Incipit secunda pars. De
viro ad occidentem et ad sep-
tentrionem aspiciente.

ET vidi
quod predictus vir ad occidentem
se convertit. ita quod et ad occi-
dentem et ad septentrionem aspi-
ciebat. Et ecce in utroque hume-
ro suo habebat alam unam que
et brachia eius tegebant. et etiam
in dorso suo alam unam. ac in pec-
tore suo alam unam. que omnes quasi
ad volandum erecte erant. Ala
autem que in dorso ipsius fuit.
in summitate extremitatis sue ex in-
tegro ad alam sinistram et non ad alam
dexteram se declinabat. Sed ala que
ad pectus ipsius erat. in summitate
extremitatis sue in duas partes
aliquantum divisa fuit. ita quod
pars altera ad alam sinistram. et
pars altera ad alam dexteram se re-
curvabat. Et in medio uniuscuius-
que ale liber unus apparuit. Et
liber qui in sinistra ala erat duas
paginas habebat. quarum altera

neunten Jahr, nachdem eine wahre Schau mir, einem einfältigen Menschen, jene wahrhaften Visionen (des Scivias, Anm. d. Verf.) *gezeigt hatte, unter denen ich mich zehn Jahre lang abmühen mußte. Es war das erste Jahr, nachdem dieses Gesicht mir folgende Schriften zu erklären gegeben hatte: ›Die Feinheiten der verschiedenen Naturen der Geschöpfe‹, ferner Antworten und Ermahnungen an zahlreiche Personen hohen und niederen Standes, alsdann die ›Sinfonie der Harmonie himmlischer Offenbarungen‹ und die ›Unbekannte Sprache‹, schließlich die Briefe mit einigen anderen Erklärungen, unter denen ich insgesamt acht Jahre lang nach den erwähnten Visionen ausgeharrt hatte, durch viel Kranksein und starke körperliche Beschwernisse belastet. Als ich nun sechzig Jahre alt geworden, erlebte ich eine gewaltige und wunderbare Schau, und auch mit diesem Gesicht hatte ich ein halbes Jahrzehnt hindurch zu tun«*[6].

Die innerhalb von fünf Jahren erfolgten Visionen offenbaren Hildegard die Verantwortung des Menschen für die göttliche Schöpfung, seinen Kampf um die rechte Entscheidung zwischen Gut und Böse, zwischen dem bewußten Annehmen oder der Verweigerung von Gottes Liebe und Gerechtigkeit. Im Mittelpunkt der Schau steht ein Mann (Gott), der von den höchsten Höhen bis zu den tiefsten Tiefen reicht und reihum in alle Himmelsrichtungen und in das All schaut. Er ist umgeben von der Schar der Seligen und der Menge der Feuergeister. Es folgt der Auftritt verschiedener Laster, deren werbende Rede die körperlosen Stimmen der dazu passenden Tugenden bekämpfen. Daraufhin erklärt die göttliche Stimme die Figuren und deren Attribute. Es folgt eine Darlegung des Wesens der einzelnen Laster und deren potentieller Bestrafung im Jenseits, verbunden mit dem Hinweis auf diesseitige Bußmöglichkeiten. Am Ende steht die Beschreibung der verschiedenen Orte der Verdammnis, aber auch der Seligkeit.

Jeden Tag aufs neue hat sich der Mensch dem Kampf um sein Heil zu stellen, der in dieser Visionsschrift sinnbildlich in einem Zwiegespräch zwischen jeweils 35 Tugenden und Lastern geführt wird. Es handelt sich dabei im einzelnen um:

Laster	*Tugenden*
Weltliebe (Amor saeculi)	Liebe zum Himmlischen (Amor caelestis)
Ausgelassenheit (Petulantia)	Zucht (Disciplina)
Vergnügungssucht (Joculatrix)	Schamhaftigkeit (Verecundia)
Herzenshärte (Obduratio)	Barmherzigkeit (Misericordia)
Feigheit (Ignavia)	Gottes Sieg (Divina victoria)
Zorn (Ira)	Geduld (Patientia)
Ausschweifung (Inepta laetitia)	Sehnsucht nach Gott (Gemitus ad Deum)
Schlemmerei (Ingluvies ventri)	Enthaltsamkeit (Abstinentia)
Engherzigkeit (Acerbitas)	Freigebigkeit (Vera Largitas)
Gottlosigkeit (Impietas)	Frömmigkeit (Pietas)
Lüge (Fallacitas)	Wahrheit (Veritas)
Streitsucht (Contentio)	Friede (Pax)
Schwermut (Infelicitas)	Seligkeit (Beatitudo)
Maßlosigkeit (Immoderatio)	Maß (Discretio)
Verstocktheit (Perditio animarum)	Seelenheil (Salvatio animarum)
Hochmut (Superbia)	Demut (Humilitas)
Mißgunst (Invidia)	Liebe (Charitas)
Ruhmsucht (Inanis gloria)	Gottesfurcht (Timor Domini)
Ungehorsam (Inobedientia)	Gehorsam (Obedientia)
Unglaube (Infidelitas)	Glaube (Fides)
Verzweiflung (Desperatio)	Hoffnung (Spes)
Wollust (Luxuria)	Keuschheit (Castitas)
Ungerechtigkeit (Injustitia)	Gerechtigkeit (Justitia)
Stumpfsinn (Torpor)	Tapferkeit (Fortitudo)
Gottvergessenheit (Oblivio)	Heiligkeit (Sanctitas)

Unbeständigkeit (Inconstantia)	Beständigkeit (Constantia)
Sorge für das Irdische (Cura terrenorum)	Sehnsucht nach Himmlischem (Caeleste desiderium)
Verschlossenheit (Obstinatio)	Zerknirschung (Compunctio cordis)
Habsucht (Cupiditas)	Weltverachtung (Contemptus mundi)
Zwietracht (Discordia)	Eintracht (Concordia)
Spottsucht (Scurrilitas)	Ehrfurcht (Reverentia)
Umherschweifen (Vagatio)	Stetigkeit (Stabilitas)
Magische Kunst (Maleficium)	Gottes Dienst (Cultus Die)
Geiz (Avaritia)	Genügsamkeit (Sufficientia)
Weltschmerz (Tristitia saeculi)	Himmlische Freude (Coeleste gaudium)[7].

Im Gegensatz zu Hildegards übrigen Visionsschriften ist keine einzige der Fassungen des Liber Vitae Meritorum illustriert. Dabei bot das Hauptthema der Schrift, der Kampf zwischen Tugenden und Lastern eine Illuminierung geradezu an, da die mittelalterliche Kunst mit Themen wie der Tugendleiter oder dem Tugendkampf auch im 12. Jahrhundert entsprechende Bildformeln bereits ausreichend zur Verfügung stellte. Auch dem Rupertsberger Skriptorium war die Visualisierung dieser Themen nicht unbekannt, da in der um 1165 entstandenen Scivias-Handschrift vom Rupertsberg (Kat. Nr. 65) in mehreren Miniaturen einzelne oder in Gruppen zusammengefaßte Tugenden oder Laster dargestellt sind, die sich mitunter auch bekämpfen oder gegebenenfalls zu Gott emporsteigen. Die Gründe für diese Sparsamkeit im bildlichen Bereich lassen sich heute leider nicht mehr nachvollziehen. Vielleicht nicht zuletzt deshalb – sowie aufgrund seines spröden, in Zwiegesprächen entfalteten Aufbaus – ist der Liber Vitae Meritorum eine der unbekanntesten und am wenigsten rezipierten Schriften Hildegards. W. W.

Lit.: Schrader/Führkötter 1956, S. 49 ff.; Carlevaris 1995, S. XLIV–XLVI.

[1] Hildegard, zit. nach Storch 1997, S. 232.
[2] Eigene Übersetzung, da der Brief nicht bei Storch 1997 enthalten ist. Im lateinischen Original heißt es: »Librum meritorum uite, ab ipsa sancta matre uestra editum et a caritate uestra nobis transmissum, debite uenerationis affectu suscepimus, summa ammiratione dignum ducimus« (Derolez 1988, S. 253).
[3] Hildegard, Welt und Mensch, S. 21.
[4] Carlevaris 1995, S. XLIV–LVII.
[5] Hildegard, Verantwortung, S. 27.
[6] Hildegard, Verantwortung, S. 27.
[7] Hildegard, Verantwortung, S. 16.

68
Liber Divinorum Operum (Genter Codex)

Kloster Rupertsberg, 1170–1174
H.: 25,5 cm; B.: 16,0 cm
197 Pergamentfolio sowie ein Rückblatt, Kalbsledereinband des 19. Jahrhunderts

Gent, Universitätsbibliothek, Codex 241

1173 verfaßt Hildegard einen Brief an Ludwig, den Abt des Trierer Klosters St. Eucharius (heute St. Matthias)[1]. In diesem Brief geht sie auch auf die Abfassung ihrer letzten großen Visionsschrift »Liber Divinorum Operum«[2] (»Buch von den göttlichen Werken«) ein: »*Gott und auch Dir, milder Vater* (Ludwig, Anm. d. Verf.), *sage ich Dank, daß du dich gewürdigt hast, mit meiner Schwachheit und meinem Schmerz – bin ich doch ein so armseliges Wesen – Mitleid zu haben. Denn ich arbeite jetzt allein, wie ein Waisenkind, am ›Werke Gottes‹, da mein Helfer, wie es Gott gefiel, mir genommen ist. Das Buch aber, das ich durch die Gnade des Heiligen Geistes in wahrhaftiger Schau mit seiner Hilfe geschrieben habe und das noch nicht vollendet ist, werde ich dir zum Verbessern vorlegen, sobald es vollendet ist*«[3].
Am Anfang dieses Zitates nimmt Hildegard Bezug auf den Tod ihres Sekretärs Volmar, der ihr seit 1141 bei der Abfassung ihrer Visionsschriften zur Seite stand. Sein Tod trifft sie hart, da sie gerade, wie aus der Briefstelle deutlich wird, intensiv an der Vollendung einer neuen Schrift, dem »Buch von den göttlichen Werken«, dem Liber Divinorum Operum, arbeitet. Auf diesen Brief hin bleibt Abt Ludwig nicht untätig: er schickt, wie Hildegard in ihrem Epilog des Liber Divinorum Operum dankbar vermerkt, Hilfe: »*In jener Zeit hatte ich in der wahren Schau an der Niederschrift des Buches* (Vom Wirken Gottes, Anm. d. Verf.) *unter der Mithilfe eines gottesfürchtigen Mönches, der nach der Regel St. Benedikts lebte, gearbeitet. Da durchbohrte Traurigkeit mir Seele und Leib, weil ich, durch das Geschick des Todes dieses Mannes beraubt, eine Waise in dieser Welt war. Denn im Dienste für Gott hatte er alle Worte dieser Schau mit großer Sorgfalt in ununterbrochener Mühe aufgenommen und sie korrigierend durchgesehen. (…) Dann aber war der hochwürdigste Abt Ludwig von St. Eucharius in Trier, ein höchst weiser Mann vor Gott und den Menschen, über meinen Schmerz von so großem Mitleid bewegt, daß er mir in ständiger Bereitschaft durch sich persönlich und durch andere kluge Männer zuverlässig Hilfe gewährte. (…) Und so ist dank der Gnade Gottes mit Hilfe der ehrwürdigen Männer die Niederschrift dieses Buches vollendet worden*«[4].

Im Prolog des Liber Divinorum Operum teilt Hildegard die genauen Entstehungsumstände der Schrift mit. Demnach begann sie die Arbeiten daran im Jahre 1163. Wieder nimmt sie ihr Werk über lange Zeit gefangen: »*Sieben Jahre lang schrieb ich an dieser Vision und konnte kaum damit fertig werden*[5]«. In den folgenden drei Jahren arbeitet sie zusammen mit Volmar an einer ersten Abschrift dieser Visionen, die nach dem Tode ihres Sekretärs dank der Hilfe des Abtes von St. Eucharius wohl im Jahre 1174 abgeschlossen werden kann.
Als diese erste Abschrift gilt der Liber Divinorum Operum in der Universitätsbibliothek in Gent. Mehrere Besitzeintragungen (folio 2 bzw. 3) nennen das Kloster, für das die Handschrift bestimmt war: Ludwigs Kloster St. Eucharius (St. Matthias) in Trier, so auch der noch ins 12. Jahrhundert zu datierende und deshalb besonders wertvolle Vermerk auf folio 27: »Codex sancti Eucharii sancti Mathie apostoli«[6]. Der Text ist einspaltig geschrieben. Die beiden nachweisbaren Schreiber[7] gehörten, der Händescheidung nach, der Schreibstube auf dem Rupertsberg an. Das mit 396 Seiten sehr umfangreiche Werk verzeichnet darüber hinaus auf der letzten Seite, von einer wohl noch dem 12. Jahrhundert angehörenden Hand, Hildegards Vision der fünf Weltalter aus dem Scivias.
Die Handschrift zeigt auffallend viele Korrekturen. Einzelne Worte, aber auch ganze Satzteile sind durchgestrichen, ergänzt oder durch Neuformulierungen ersetzt. Schreiber eins arbeitete noch einmal das ganze fertige Werk durch und verbesserte dabei auch den Text seines Kollegen[8]. Die Änderungen dürften auf die direkten Wünsche Hildegards bzw. deren autorisierte Vorlage zurückgehen, so daß hier der Urtext des Liber Divinorum Operum besonders präzise greifbar ist. Derolez nimmt sogar an, daß die Abschrift des Genter Codex unmittelbar auf die von Hildegard selbst in Wachstafeln niedergelegten Worte zurückgeht[9].
Während der französischen Besetzung des Rheinlandes Ende des 18. Jahrhunderts wurde die Handschrift nach Paris gebracht. Bis dahin dürfte sie in der Bibliothek des Trierer Klosters St. Eucharius/St. Matthias verblieben sein. Nach der Niederlage der französischen Truppen bei Waterloo wird sie durch den Königlich-Niederländischen Kommissar P. P. C. Lammens in die Niederlande verbracht und der Städtischen Bibliothek Gent, der späteren Universitätsbibliothek, inkorporiert. W. W.

Lit.: Schrader/Führkötter 1956, S. 47 ff.; A. Derolez, The Genesis of Hildegard of Bingen's »Liber Divinorum Operum«: The Codicological Evidence, in: Litterae Textuales. Essays

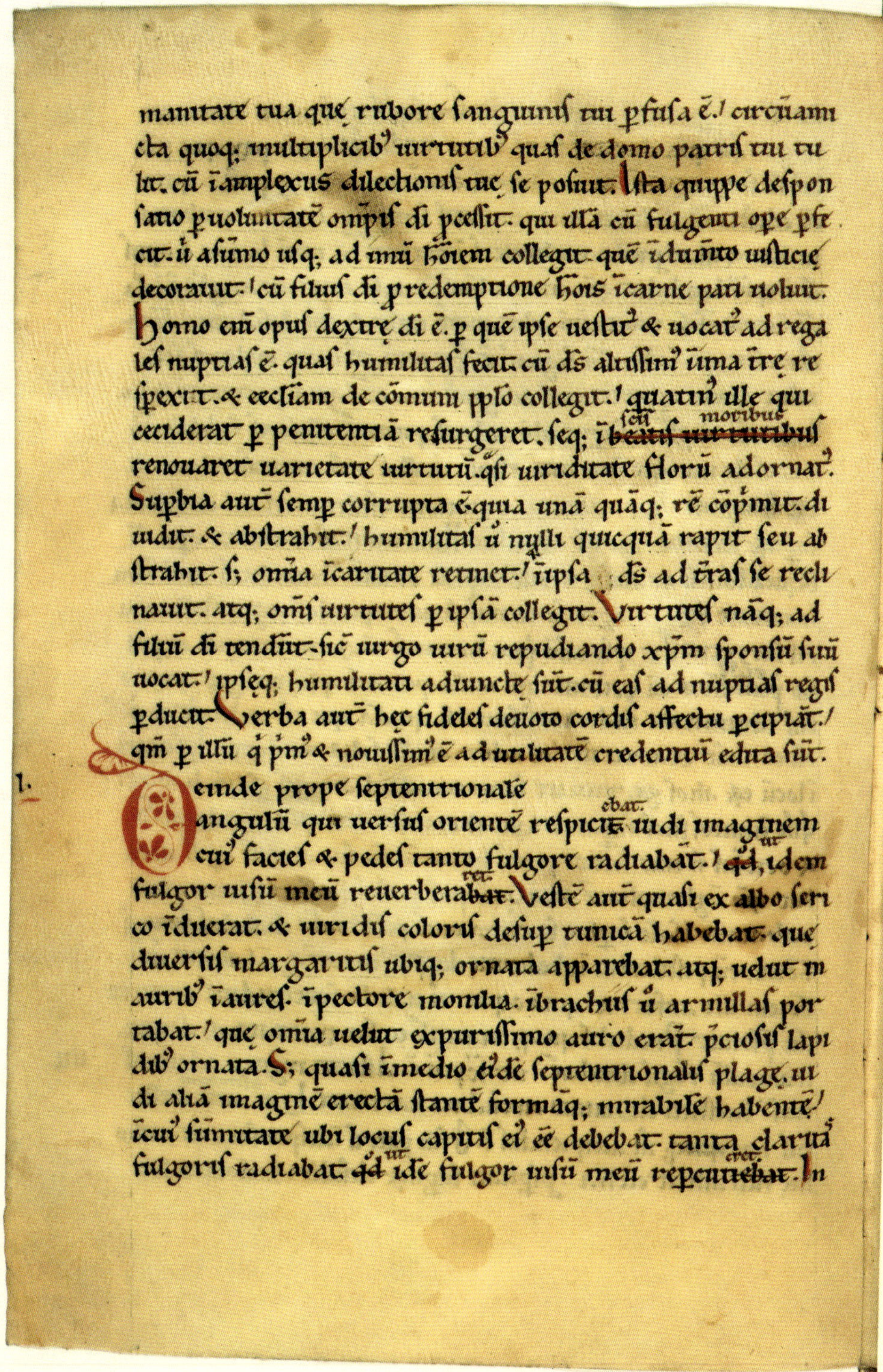

manitate tua que rubore sanguinis tui perfusa est. circumami
cta quoque multiplicibus virtutibus quas de domo patris tui tu
lit. cum in amplexus dilectionis tue se posuit. Ista quippe despon
satio per voluntatem omnipotentis dei processit. qui illam cum fulgenti opere perfe
cit. et a summo usque ad imum hominem collegit. quem in indumento iustitie
decoravit. cum filius dei pro redemptione hominis in carne pati voluit.
Homo enim opus dextre dei est. per quem ipse vestitur et vocatur ad rega
les nuptias est. quas humilitas fecit. cum deus altissimus in ima terre re
spexit. et ecclesiam de communi populo collegit. quatinus ille qui
ceciderat per penitentiam resurgeret. seque in sanctis moribus
renovaret varietate virtutum quasi viriditate florum adornatus.
Superbia autem semper corrupta est quia unamquamque rem comprimit. di
vidit. et abstrahit. humilitas vero nulli quicquam rapit seu ab
strahit. sed omnia in caritate retinet. In ipsa deus ad terras se recli
navit. atque omnes virtutes per ipsam collegit. Virtutes namque ad
filium dei tendunt. sicut virgo virum repudiando Christum sponsum suum
vocat. ipseque humilitati adiuncte sunt. cum eas ad nuptias regis
perducit. Verba autem hec fideles devoto cordis affectu percipiant.
quoniam per illum qui primus et novissimus est ad utilitatem credentium edita sunt.
1. Deinde prope septentrionalem
angulum qui versus orientem respiciebat vidi imaginem
cuius facies et pedes tanto fulgore radiabant. ut idem
fulgor visum meum reverberet. Veste autem quasi ex albo seri
co induerat. et viridis coloris desuper tunicam habebat. que
diversis margaritis ubique ornata apparebat. atque velut in
auribus inaures. in pectore monilia. in brachiis vero armillas por
tabat. que omnia velut ex purissimo auro erant. preciosis lapi
dibus ornata. Sed quasi in medio eiusdem septentrionalis plage vi
di aliam imaginem erectam stantem formamque mirabilem habentem.
in cuius summitate ubi locus capitis eius esse debebat. tanta claritas
fulgoris radiabat. ut idem fulgor visum meum repercuteret. In

Presented to G. I. Lieftinck, II, Amsterdam 1972, S. 23–33; Derolez 1995, 21 ff.; Derolez/Dronke 1996, S. LXXXVI–XCVII.

[1] Der Brief ist weder datiert noch mit Adressat versehen. Dank der Forschungen von Schrader/Führkötter 1956, S. 143 ff. konnten aber sowohl der Empfänger als auch das Datum des Briefes ermittelt werden.

[2] Der Genter Codex trägt auf folio 2 den ins 15. Jahrhundert zu datierenden Titelvermerk »Hildegardis de operacione Dei«. Alle anderen Handschriften nennen das Werk »Liber Divinorum Operum«, s. Derolez/Dronke 1996, S. XCI.

[3] Hildegard, Briefwechsel, S. 164.

[4] Hildegard, Briefwechsel, S. 165.

[5] Hilkdegard, Welt und Mensch, S. 21.

[6] Derolez/Dronke 1996, S. XCI.

[7] In Ergänzung zu Schrader/Führkötter 1956 nehmen Derolez/Dronke 1996, S. LXXXVII zu diesen beiden hauptsächlich Tätigen noch zwei weitere, aber nur am Rande mit der Abfassung beschäftigte Schreiber an.

[8] Zu den Schwierigkeiten der Händescheidung bei den Korrekturen s. Derolez/Dronke 1996, S. LXXXIX ff.

[9] Derolez/Dronke 1996, S. LXXXIX.

69

Liber Divinorum Operum (Lucca-Codex)

Rheinland/Kloster Rupertsberg (?), um 1220/30
164 Pergamentfolio sowie 1 Frontispiz und drei Rückblätter, Einband modern
H.: 39,0 cm; B.: 26,0 cm

Lucca, Biblioteca Statale, Codex 1942

Im Alter von 65 Jahren, so Hildegard, wird sie wiederum von der göttlichen Stimme heimgesucht. Nachdem sie sich *»bereits fünf Jahre lang mit wunderbaren und wahren Visionen abgemüht hatte«*, befiehlt ihr die Stimme, diese Schau schriftlich niederzulegen: *»Armes Wesen, du Tochter vielfacher Mühsal, die du von so zahlreichen und schweren körperlichen Leiden gleichsam durchgekocht bist: Dich hat trotz allem die Tiefe der Geheimnisse Gottes durchströmt! Übermittle du zum Nutzen der Menschen mit festhaltender Schrift, was du mit inneren Augen siehst und mit den inneren Ohren deiner Seele vernimmst. Die Menschen sollen dadurch ihren Schöpfer erkennen lernen und sich nicht länger weigern, Ihn in Ehrfurcht würdig anzubeten. Deshalb schreibe dies auf, nicht wie dein Herz es möchte, sondern wie Mein Zeugnis es will, der Ich ohne Anfang und Ende des Lebens bin. Diese Schau ist nicht von dir erfunden, noch von einem anderen Menschen je ersonnen, sondern Ich habe alles vor Beginn der Welt festgesetzt. Und wie Ich vor der Erschaffung des Menschen diesen schon im voraus kannte, so sah Ich auch all das voraus, was ihm nottut«*[1].

Auf diesen Befehl hin entsteht Hildegards dritte große Visionsschrift »Liber Divinorum Operum« (Buch der göttlichen Werke), die uns heute noch in 4 Fassungen sowie mehreren Fragmenten überliefert ist[2]. Als früheste, noch dem 12. Jahrhundert angehörende Handschrift gilt der gleichfalls ausgestellte Genter Codex 241 (vgl. Kat. Nr. 68). Die künstlerisch bedeutendste und zugleich prachtvollste Ausgabe hingegen ist unbestritten der sogenannte »Lucca-Codex«, der nach seinem jetzigen Standort in der Biblioteca Statale in Lucca benannt ist. Diese Handschrift ist zwar einige Jahrzehnte später als der Genter Codex entstanden, im allgemeinen wird sie aus stilistischen Gründen um 1220/30 datiert. Dennoch – oder gerade deshalb? – gehört sie aufgrund ihres Miniaturenschmuckes zu den aufwendigsten und schönsten Hildegardhandschriften. Anlaß für ihre Entstehung war, so wird des öfteren vermutet[3], vielleicht das Bemühen des Rupertsberger Konventes um die Heiligsprechung Hildegards. Die Bücher, die hierzu auf ausdrücklichen Wunsch Gregors IX. dem Papst selbst vorzulegen waren, hätten durch allzu bescheidene Ausstattung Anstoß erregen und das – letztendlich doch gescheiterte – Projekt zu Fall bringen können.

Der Entstehungsort des Lucca-Codexes ist nicht gesichert. In der Regel wird vermutet, daß er im Skriptorium auf dem Rupertsberg entstand. Hierfür spricht die Identität des anonymen Schreibers, von dessen Hand ein weiterer Hildegard-Codex, die Berliner Briefhandschrift, erhalten ist und der somit auf mehrere Hildegardhandschriften Zugriff gehabt haben muß[4]. Derolez/Dronke vermuten eine unbekannte rheinische Abtei, die die Kanonisation Hildegards nachdrücklich unterstützte[5]. Auch der weitere Weg der Handschrift ist unklar. Den einzigen schriftlichen Hinweis gibt eine Eintragung des 18. Jahrhunderts auf folio 1r. Sie vermerkt den Besitzer »Sanctae Mariae Curtis Orlandingorum«, das Kloster Santa Maria Corteorlandini in Lucca. Davor befand sich die Handschrift nachweislich im Besitz des Luccheser Erzbischofs Giovanni Domenico Mansi (1692–1769), der sie 1761 edierte[6]. Mansi bezeichnet den Codex als ein Werk aus seiner Bibliothek (bibliothecae meae). Drei mögliche Hypothesen lassen sich hieraus ableiten: der Codex gehörte seit jeher zur Bibliothek des Luccheser Klosters, die Mansi aufgrund einer langjährigen Verbundenheit als seine eigene bezeichnete, oder aber Mansi erwarb die Handschrift auf einer seiner zahlreichen Reisen durch Europa. Die dritte Hypothese besitzt die größte

Wahrscheinlichkeit: Der Codex befand sich seit Jahrhunderten im Besitz der Familie Mansi, die aus der Nähe von Mainz stammte und zu einem unbekanntem Zeitpunkt Eigentümer der Prunkhandschrift wurde. Falls sich diese These erhärten ließe, wäre die Entstehung des Codex auf dem Rupertsberg wahrscheinlich. Als Vorbild dürfte eine illuminierte, heute verlorene Handschrift aus des späten 12. Jahrhundert gedient haben, deren Motive zwar im Detail getreu, aber dennoch mit Anklängen an den neuen, nun frühgotischen Zeitstil nachgeahmt wurden. Komposition, Silhouette und Raum entsprechen noch dem romanischen Verständnis, während vor allem Hoheit, Stofflichkeit und Körperlichkeit der Figuren bereits auf die beginnende Gotik verweisen.

Im Liber Divinorum Operum verherrlicht Hildegard den Schöpfer und sein Werk: Mensch und Kosmos, Diesseits und Jenseits, Geschichte, Zeit und Raum vergehen zusammen mit dem Zwiespalt, den der Sündenfall des Menschen hervorrief, im dreieinigen Gott. Die Schrift gliedert sich nach der Vorrede in drei Teile mit insgesamt zehn Visionen. Im ersten Teil, der vier Visionen umfaßt, stehen Mensch und Welt im Mittelpunkt, während im zweiten Teil, der aus einer einzigen Vision besteht, die Räume des Jenseits vorgestellt werden. Die fünf Visionen des dritten Teils widmen sich der Geschichte der Schöpfung, die am Ende aller Zeiten in Christus aufgehen wird[7].

In der ersten Vision schaut Hildegard den »Urlebendigen« (69.1), der war, ist und immer sein wird, den Anfang und das Ende allen Seins. Er, der ewige dreieinige Gott, offenbart sich Hildegard als schöner, junger Mensch in der Gestalt der »Liebe« bzw. als »Güte« in Form eines Greisenhauptes, das die »Liebe« krönt. Als Überwinder des Bösen zertritt er die Schlange. In der zweiten Vision umfaßt die gleiche Gestalt vor ihrem Leib die Scheibe des Kosmos (69.2). Mikro- und Makrokosmos gehen hier eine unvergleichliche Einheit ein, denn inmitten der kosmischen Scheibe steht, die Arme kreuzförmig ausgebreitet, der Mensch. Er wird umgeben von den kosmischen Kräften: den Winden, den sechs Spären, der Erde, den sieben Planeten und den Sternen. Das Wirken der kosmischen Winde, die symbolisch für das Wirken der Gotteskräfte (virtutes) stehen, schaut Hildegard in der dritten Vision (69.3). Sie verändern die Säfte des Menschen: nur bei einer ausgewogenen Mischung von Winden und Säften bleibt er körperlich gesund. Aber auch die psychische und moralisch-sittliche Gesundheit hängt vom harmonischen Verhältnis zwischen göttlichem Hauch und dessen bereitwilliger Aufnahme und Akzeptanz durch den Menschen ab. Verweigert er sich dem göttlichen Befehl, wird er unglücklich. In der den ersten Teil abschließenden vierten Vision (69.4) wird Hildegard die Einheit von Makro- und Mikrokosmos noch einmal unter verschiedenen Aspekten vor Augen geführt. Himmel, Luft und Erde finden ihre Parallelen in den Gliedmaßen des menschlichen Körpers; darüber hinaus entspricht der Erde das menschliche Fleisch, den Steinen die marklosen Knochen und den Bäumen die mit Mark gefüllten Knochen. Neben dem Raum ordnet Hildegard in dieser Vision dem menschlichen Mikrokosmos aber auch die Zeit zu. Der wache und schlafende Mensch entspricht demnach der Zweiteilung des Jahres in Sommer und Winter sowie der Teilung in Tag und Nacht. Die zwölf Monate werden den einzelnen, von oben nach unten aufgerufenen Körperteilen zugeordnet: vom Kopf, dem ersten Monat, bis hin zu den Füßen, die dem Dezember entsprechen. Somit ist der Mensch, gemäß dem göttlichen Willen, innerhalb eines klar strukturierten Ordo, in dem alles auf jeden bezogen ist, unlösbar mit Zeit und Raum verflochten. Nichts steht isoliert, Mikro- und Makrokosmos sind eins mit dem »Urlebendigen«.

Im zweiten Buch, das Vision fünf umfaßt, schaut Hildegard im Jenseits die Orte der Buße und der Strafe, die Stätten der Läuterung, aber auch den Ort des Lichtes (69.5). Auch der jenseitige Kosmos ist streng geordnet. Die Erde liegt in Form eines eingedrückten Quadrates in der Mitte. Um sie herum entfaltet sich das kreisrunde Jenseits. Die Erde ist in drei Abschnitte aufgeteilt: je eine unbewohnbare heiße bzw. kalte Zone sowie die gemäßigte Mitte. Symmetrisch rings herum angeordnet liegen die einzelnen Jenseitsräume: im lichten Osten (links) die Stätte der Seligen, im Westen (rechts) der Ort der Läuterung für leichtere Vergehen, im Süden (oben) und Norden (unten) schließlich die Bußorte für die nachlässigen bzw. die Lasterhaften. Der Schlund der Hölle ist außerhalb des Kreises rechts unten placiert. Links beschirmen die Flügel des »Eifers Gottes« die Jenseitsräume.

Im dritten Buch steht wieder der trinitarische Gott im Mittelpunkt. Vision sechs (69.6) zeigt Gottes strenge Gerechtigkeit in Form eines harten, hoch aufragenden Berges bzw. Christus als unversehrten Marmorblock (Vision sieben, 69.7). Durch die Öffnung dieses Blockes fällt das Sonnenlicht, Zeichen der vollendeten Harmonie zwischen dem Willen Gottes und seiner Weltordnung. Propheten, die von der Menschwerdung des Gottessohnes künden, nähern sich dem Marmor (Christus). In diesen beiden sowie den noch folgenden drei Visionen spielen sich die Geschehnisse vor den Mauern einer »gewaltigen Stadt«, ab. In Vision acht treten die Gestalten der Liebe (Caritas), der Demut (Humilitas) und des Friedens (Pax) auf (69.8), in der neunten Vision erscheinen die Weisheit (Sapientia, links) und die Allmacht Gottes (Omnipotentia Dei, 69.9). In Vision zehn schließt sich der Kreis. Hildegard schaut, wie in der ersten Vision, Gott, den Ursprung aller Dinge, durchläuft noch einmal Zeit und Geschichte und erlebt dann das Ende aller Zeiten (69.10). Im Osten taucht ein unendlicher Kreis, ein Rad, auf: Bild des allgewaltigen Schöpfers. In der Mitte des Rades manifestiert sich die Caritas, die Liebe, als Anfang und Ende der schöpferischen Kraft des Kosmos. Hierauf weist auch die Kristalltafel in ihrer Rechten hin, die das Vorher-Wissen um alle Dinge symbolisiert. Dann erscheint in seiner ganzen Herrlichkeit Christus: Anfang und Ende des Kosmos zugleich, Herr der Schöpfung, der welterrichtende Logos[8]. W. W.

Lit.: A. Masetti/G. Regoli, Sanctae Hildegardis Revelationes, Lucca 1973; Otto 1976/77; Riedel 1997.

[1] Hildegard, Welt und Mensch, S. 21.
[2] Derolez/Dronke 1996, S. LXXXVI–CXIII.
[3] Otto 1976/77, S. 110; Riedel 1997, S. 416.
[4] Berlin, Staatsbibliothek, MS Lat. 4 674, s. Schrader/Führkötter, S. 79 f.
[5] Derolez/Dronke 1996, S. CVII.
[6] Diese Edition wiederum diente ihrerseits als Vorbild für Mignes großes Corpuswerk christlicher Autoren, die »Patrologia Latina«.
[7] Beste Zusammenfassung und Deutung des Liber Divinorum Operum bei A. Führkötter, Die Gotteswerke. Vom Sinn und Aufbau des Liber Divinorum Operum der heiligen Hildegard, in: Benediktinische Monatsschrift 29, 1953, S. 195–204 bzw. 306–314.
[8] In den hier geschilderten Endzeitvisionen sind deutliche Bezüge zum Scivias feststellbar.

Die erste Schau: Vom Ursprung des Lebens

Und ich schaute im Geheimnisse Gottes inmitten der südlichen Lüfte ein wunderschönes Bild. Es hatte die Gestalt eines Menschen. Sein Antlitz war von solcher Schönheit und Klarheit, daß ich leichter in die Sonne hätte blicken können als in dieses Gesicht. Ein weiter Reif aus Gold umgab ringsum sein Haupt. In diesem Reif erschien oberhalb des Hauptes ein zweites Gesicht, wie das eines älteren Mannes. Dessen Kinn und Bart rührten an den Scheitel des ersten Kopfes. Vom Hals der Gestalt ging beiderseits ein Flügel aus. Die Flügel erhoben sich über den erwähnten Reif und vereinigten sich oben. Am obersten Teil der Krümmung des rechten Flügels erschien der Kopf eines Adlers. Dessen Augen waren wie Feuer, und es erstrahlte in ihnen wie in einem Spiegel der Engel Glanz. Auf dem obersten Teil der Krümmung des linken Flügels war ein Menschenhaupt, das leuchtete wie der Sterne Funkeln. Beide Gesichter waren nach dem Osten gewandt. Von den Schultern dieser Gestalt ging ein Flügel bis zu den Knien. Sie war gewandet in ein Kleid, das der Sonne gleich erglänzte. In ihren Händen trug sie ein Lamm, das leuchtete wie ein lichtklarer Tag. Mit ihren Füßen zertrat die Gestalt ein Ungetüm von entsetzlichem Aussehen, giftig und schwarz, und eine Schlange. Diese hatte sich in das rechte Ohr des Ungetüms verbissen. Ihr Leib schlang sich quer um den Kopf des Ungetüms; ihr Schwanz reichte auf der linken Seite bis an die Füße[1].

[1] Hildegard, Welt und Mensch, S. 25.

69.1

Die zweite Schau: Vom Bau der Welt

Alsdann erschien mitten in der Brust der erwähnten Gestalt, die ich inmitten der südlichen Luft erschaut hatte, ein Rad von wunderbarem Aussehen. Es hatte Zeichen an sich, die es jenem Bilde ähnlich machten, das ich vor achtundzwanzig Jahren, damals in der Gestalt von einem Ei, gesehen hatte, so wie es in der dritten Vision des Buches ›Scivias‹ geschildert wurde (65.3). *(…)*
Inmitten dieses Riesenrades erschien die Gestalt eines Menschen. Sein Scheitel ragte nach oben, die Fußsohlen reichten nach unten bis zur Sphäre der starken weißen und leuchtenden Luft. Rechts waren die Fingerspitzen der rechten Hand, links die der linken Hand nach beiden Seiten in Kreuzform zu der Kreisrundung hin ausgestreckt. Genauso hielt die Gestalt die Arme ausgebreitet. In Richtung dieser vier Seiten erschienen vier Köpfe: der Kopf eines Leoparden, eines Wolfes, eines Löwen und eines Bären. Über dem Scheitel der Gestalt, in der Sphäre des reinen Äthers, sah ich am Haupte des Leoparden, wie dieser aus seinem Munde einen Hauch ausblies. Der Hauch krümmte sich an der rechten Mundseite etwas zurück, zog sich in die Länge und nahm auf diese Weise die Gestalt eines Krebskopfes mit zwei Scheren an, gleichsam zwei Füße bildend. Aus der linken Mundseite bildete dieser Hauch die Figur eines Hirschkopfes. Aus dem Krebsmunde kam wiederum ein Hauch heraus, der bis zur Mitte des Raumes, der zwischen dem Leoparden- und dem Löwenkopf war, vordrang. Der Hauch aus dem Hirschkopfe dehnte sich bis zur Mitte des Raumes, der zwischen dem Leoparden und dem Bären blieb. (…)
Oberhalb des Hauptes dieser Menschengestalt waren die sieben Planeten nach oben gegeneinander abgezeichnet: drei im Kreise des leuchtenden Feuers, einer in der darunterliegenden Sphäre des schwarzen Feuers, drei nochmals darunter in dem Kreis des reinen Äthers (…) Alle Planeten sandten ihre Strahlen in Richtung auf die Tierköpfe wie auch auf die Gestalt des Menschen (…) Im Umlauf des Kreises, der wie leuchtendes Feuer erschien, zeigten sich nunmehr sechzehn Hauptsterne: vier zwischen den Köpfen des Leoparden und des Löwen, vier zwischen den Köpfen des Löwen und des Wolfes, vier zwischen den Köpfen des Wolfes und des Bären und vier zwischen den Köpfen des Bären und des Leoparden. Acht von ihnen, die als mittlere Sterne jeweilig einander beistanden, befanden sich zwischen den Köpfen, und zwar so, daß zwei zwischen zwei Köpfen ihre Strahlen einander entgegengesetzt auf das Bild der dünnen Luftschicht entsandten; die übrigen acht aber, ihrerseits benachbart den anderen Tierköpfen, schickten ihren Strahl zu dem schwarzen Feuerkreis[1].

[1] Hildegard, Welt und Mensch, S. 35 f.

69.2

Die dritte Schau: Von der Natur des Menschen

Ich schaute – und siehe: Der Ostwind und der Südwind setzten mit ihren Nebenwinden durch ihr gewaltiges Brausen das Firmament in Bewegung und ließen es sich um die Erde vom Osten zum Westen hinwälzen. Hier im Westen wurde es vom Westwind und vom Nordwind mit ihren Nebenwinden aufgefangen, von deren Brausen es nunmehr fortgetrieben ward und vom Westen nach dem Osten unter der Erde zurückgeworfen wurde. (…) Auch sah ich, wie in dem oberen Feuer ein Kreis erschien, der vom Osten zum Westen das ganze Firmament umgürtete. Aus diesem Kreis ging von der Westseite ein Wind aus, der die sieben Planeten zwang, entgegen der Bewegung des Firmaments zu wandeln. Er wie auch die übrigen Winde bliesen nicht gegen die Erde hin; sie mäßigten lediglich, wie gesagt, den Lauf der Planeten.

Daraufhin bemerkte ich, wie die Säfte im menschlichen Organismus durch die verschiedenen Qualitäten der Winde und der Luft, sobald sie miteinander in Streit geraten, erschüttert und verändert werden, indem sie deren Qualitäten aufnehmen. Zu jedem der oberen Elemente gehört ja ein Luftanteil, der seiner Qualität entspricht und durch jenes Element mittels der Kraft der Winde zur Umwälzung angetrieben wird, sonst könnte es nicht bewegt werden. Mit Unterstützung von Sonne, Mond und den Gestirnen wird dann aus jedem von ihnen der Luftanteil ausgestoßen, der die Welt richtig leitet. Wenn aber einmal – sei es infolge der Glut der Sonnenbahn, sei es auf Gottes Geheiß – irgendeines der Elemente in Richtung einer der Weltgegenden hin angerührt wird, dann gerät es an der Stelle infolge der Eigenbewegung der Luft selber in Bewegung und entsendet aus dieser Luftschicht einen Hauch, den man Wind nennt, zu der erwähnten unteren Luftschicht. Dieser Wind mischt sich alsbald mit jener Luft, da er ja zu einem Teil aus dieser Luftsubstanz stammt und ihr einigermaßen ähnlich ist.

Und so berührt er den Menschen. Bei einer solchen Berührung wurden oftmals auch die Säfte in diesem Menschen nach Art jenes Windes und der Luft, die beide von gleicher Beschaffenheit sind, verändert, sei es zu seiner Schwächung, sei es zur Stärkung.

Und wiederum sah ich, wie einer der Winde der oben genannten Qualitäten an irgendeiner Stelle der Erde, sei es infolge des regelwidrigen Verlaufs von Sonne und Mond oder durch Gottes Geheiß, erregt wurde, so daß er nach entsprechender Beimischung des Luftanteils seinen Hauch dorthin aussandte. Dieser Wind streicht alsdann durch die Welt. Und wie er mit seiner mäßigenden Kraft alles Leben in der Welt erhält, so gibt dieser Hauch auch dem Menschen zufolge seiner Säfteveränderung eine veränderliche Existenz. Wenn der Mensch, dessen natürliche Verfassung jenem Welthauch entspricht, diese veränderte Luft in sich aufnimmt und sie wieder ausstößt, und zwar so, daß die Seele den Hauch aufnimmt und ihn ins Körperinnere weiterleitet, dann werden die Säfte des Organismus verändert und bringen dem Menschen, wie weiter oben erwähnt, oftmals Krankheit oder Gesundheit[1].

[1] Hildegard, Welt und Mensch, S. 61 f.

69.3

Die vierte Schau: Von der Gliederung des Leibes

Und ich sah das Firmament mit seinen einzelnen Gebilden von seinem höchsten Punkt bis zum Scheitel der Erde in einer solchen Dichte, wie sie auch die Erde in ihrem Durchmesser besaß. Ich sah auch, wie das obere Feuer des Firmaments von Zeit zu Zeit erschüttert wurde und gleichsam Schuppen wie Glutasche ausstieß und zur Erde entsandte, die dann Menschen und Tieren wie auch den Früchten der Erde Brandmale und Verwundungen brachten. Auch sah ich aus dem schwarzen Feuerbereich eine gewisse Nebelschicht zur Erde sinken, die die Grünkraft der Erde ausdörrte und die Feuchtigkeit des Ackerlandes vertrocknen ließ. Der reine Äther aber leistete jenen Schuppen wie auch dem Nebel Widerstand, auf daß sie die genannten Geschöpfe nicht über das Maß mit Unheil schlügen.

Ich sah ferner, wie aus dem Bereich der starken und weißen Klarluft sich eine Nebelschicht über die Erde ausdehnte und Mensch wie Tier mit einer verheerenden Pestilenz schlug, so daß viele deshalb an verschiedenen Krankheiten litten, viele auch dem Tod verfielen. Diesem Nebel trat die wäßrige Luftschicht entgegen, indem sie den Giftnebel im Zaum hielt, damit er nicht übermäßig die Geschöpfe verletze.

Und schließlich sah ich, wie aus der zarten Luftschicht eine Feuchtigkeit über die Erde hin entströmte, welche die Grünkraft der Erde wiedererweckte und alle Früchte keimträchtig und zeugungskräftig werden ließ. Diese Feuchte führte im oberen Bereich gewisse Wolkenschichten mit sich, die alle oberen Schichten unterstützen, wie sie auch von diesen wiederum gekräftigt wurden. In eben dieser Luftschicht erblickte ich auch eine Wolke von reiner Klarheit, die an ihren beiden Enden mit den anderen Wolken des Firmaments, gleichsam verbunden, zusammenhing. Ihr mittlerer Teil war wie ein Bogen gekrümmt und erstreckte sich in die besagte Luftschicht[1].

[1] Hildegard, Welt und Mensch, S. 79.

69.4

Die fünfte Schau: Die Stätten der Läuterung

Alsdann sah ich den Erdkreis in fünf Gebiete aufgeteilt: Ein Teil lag nach Osten, ein anderer nach Westen, der dritte nach Süden, der vierte nach Norden, der fünfte in der Mitte. Ost- und Westteil waren gleich groß im Umfang und hatten jeder die Gestalt eines gespannten Bogens. Ebenso hatten der Süd- und Nordteil das gleiche Maß; ihre Länge und Breite glichen den ersten beiden Bögen, nur erschienen sie in ihren Innengrenzen wegen der bogenförmigen Gestalt der ersten Bögen wie abgestumpft. Auch sie glichen, von diesen Verkürzungen abgesehen, einem gespannten Bogen. (…)
Der erwähnte Ostteil leuchtete mit großer Helligkeit, der Westteil war etwas von Finsternis überdeckt und daher dunkler, während der südliche Teil in drei Bezirke zerfiel. Die beiden Randgebiete waren angefüllt von Strafen, während die dritte mittlere Partie zwar frei war von Strafen, sich dafür aber durch andere furchtbare Ungeheuer als entsetzlich erwies. Der nördliche Erdteil hatte ebenfalls drei Bezirke, deren beide äußersten Abteilungen sich von den verschiedensten Strafen erfüllt zeigten, während der mittlere Teil sich mit seinen zahlreichen Schrecken und Strafen als entsetzlich erwies. Gegen Osten hin sah ich über die Rundung der Erde in einer gewissen Erhebung eine rote Kugel, die ein saphirfarbener Kreis umgab. Von der rechten und linken Seite der Kugel gingen je zwei Flügel aus, von denen sich auf jeder Seite des Kreises je einer in die Höhe erstreckte, so daß diese beiden sich einander zubeugten und sich ansahen, während die beiden anderen von den beiden unteren Teilen bis zur Mitte der Erdenrundung herniederstiegen, so daß sie diese außerhalb des Firmaments umfaßten und bedeckten. (…)
Gegen Westen erschienen außerhalb der Rundung der Erde Finsternisse, die von beiden Teilen dieser Rundung bis zu ihrer Mitte, zu der auch die beiden Flügel heruntergingen, sich wie ein Bogen ausspannten. Zwischen der West- und Nordecke klafften zwei andere dichtere und noch gewaltigere Finsternisse wie ein entsetzliches Maul, das zum Verschlingen aufgerissen war. Außerhalb davon hafteten an ihnen noch andere äußerst dichte und schlimme Finsternisse, als wären sie deren Maul und Rachen. Von diesen unermeßlichen Finsternissen wußte ich nur, konnte sie aber nicht sehen[1].

[1] Hildegard, Welt und Mensch, S. 187 f.

69.5

Die sechste Schau: Vom Sinn der Geschichte

Und wiederum schaute ich: eine gewaltige Stadt. Sie war im Viereck angelegt und teils von einem besonderen Glanze, teilweise von gewissen Finsternissen ringsum wie von einer Mauer umgeben. Auch war sie mit einigen Bergen und Figuren ausgeschmückt. Inmitten der östlichen Gegend erblickte ich einen gewaltigen hochragenden Berg aus hartem und hellem Gestein, in der Form eines feuerspeienden Berges, von dessen Gipfel gleichsam ein Spiegel von solcher Herrlichkeit und Reinheit aufleuchtete, daß er der Sonne Glanz zu überstrahlen schien. In dem Spiegel erhob sich eine Taube mit ausgebreiteten Flügeln, als wolle sie auffliegen. Dieser Spiegel barg zahlreiche Geheimnisse in sich. Er entsandte einen Glanz von großer Breite und Höhe, in dem zahlreiche Mysterien und vielfältige Gestalten verschiedenster Figuren erschienen.

In dem gleichen Glanze, nach Süden hin, erschien eine Wolke, oben leuchtendweiß und unten schwarz. Auf ihr erglänzte eine große Schar von Engeln, von denen einige wie Feuer, andere klar leuchtend, die dritten wie Sterne strahlten. Sie alle wurden von einem Windhauche wie brennende Leuchten bewegt. Auch sie waren voll von Stimmen, die wie das Brausen des Meeres ertönten.

Und jener Wind ließ seine Stimme mit Zornesgewalt erschallen und entfesselte damit ein Feuer gegen die geschilderte Schwärze der Wolke. Hierdurch entbrannte jene Wolke ohne Flamme auf die Schwärze zu. Bald aber blies er in sie hinein und ließ sie wie dichten Rauch entschwinden und vergehen. Auf diese Weise jagte er die Wolke in ihrer Auflösung vom Süden über den besagten Berg gegen Norden in einen unermeßlichen Abgrund. Sie konnte sich von nun an nicht mehr erheben, ließ vielmehr nur noch eine Nebelschicht über die Erde hinziehen.

Und ich hörte Posaunen vom Himmel erschallen und tönen: Was ist doch das, was bei aller Stärke seiner Eigenkraft verfiel? Und so erstrahlte der weiße Teil der genannten Wolke noch herrlicher als zuvor. Dem Winde aber, der mit seiner dreifachen Stimme die Schwärze dieser Wolke verjagt hatte, konnte nunmehr keiner widerstehen[1].

[1] Hildegard, Welt und Mensch, S. 245.

69.6

Die siebente Schau: Vorbereitung auf Christus

Alsdann erblickte ich im östlichen Winkel, gleich zu Beginn des Ostens, einen marmornen Stein, der wie ein gewaltiger Berg dalag, sehr hoch und ganz eins. Nur ein Tor war hineingehauen – wie bei einer großen Stadt. Heller Glanz wie von der Sonne überflutete ihn ganz, dehnte sich aber nicht darüber hinaus. Von diesem Felsen bis etwa zum östlichen Ende gegen den Süden zu erschienen Menschengestalten, Kinder und Jünglinge und Greise, so wie Sterne hinter einer Wolke erscheinen. Ihre Stimmen drangen bis weit zum Westen hin, so wie wenn im schäumenden Meer der Sturm wütet. Von oben her überflutete sie ein Glanz, der alle Schönheit menschlichen Empfindens überstrahlte. Er durchdrang mit einem Strahl, der aber gleich wieder zurückgezogen wurde, die ganze Erscheinung.

Dicht an dieser östlichen Grenze standen, einander benachbart, zwei andere Gestalten. Die erste hatte Kopf und Brust wie ein Leopard, Arme wie ein Mensch, während die Hände den Klauen eines Bären glichen. Eine weitere Ausformung konnte ich an ihr nicht erblicken. Bekleidet war sie mit einem steinernen Mantel, der sich nicht bewegen ließ; den Blick hatte sie rückwärts nach Norden gerichtet.

Die zweite Gestalt in der Nachbarschaft hatte Gesicht und Hände eines Menschen, und diese gefaltet, während sie Klauen wie bei einem Habicht zeigte. Gewandet war sie mit einem Kleid aus Holz, das von oben bis zum Nabel weiß war, darunter bis zu den Lenden rötlich, von den Lenden bis zum Knie grau, von den Knien bis zum Fußende unruhig bewegt. Quer über die Hüfte gelegt, trug diese Gestalt ein Schwert. Unbeweglich stand sie da, ihren Blick gen Westen gerichtet.

Daraufhin erblickte ich überall in der südlichen Gegend eine Menge von Menschen, die wie eine Wolke in den Lüften aufwehte. Einige trugen goldene Kronen auf dem Haupte, andere schwangen Palmzweige in den Händen, wieder andere hielten Flöten, Zithern oder Blasinstrumente, und der Klang dieser Instrumente ertönte wie lieblicher Schall in den Wolken[1].

[1] Hildegard, Welt und Mensch, S. 250.

69.7

Die achte Schau: Vom Wirken der Liebe

Ich schaute in der Mitte der beschriebenen südlichen Region drei Gestalten. Zwei davon standen in einem ganz lauteren Brunnen, der rings umgeben und oben gekrönt war von einem runden, durchbrochenen Stein. Sie schienen gleichsam in ihm verwurzelt zu sein, so wie Bäume mitunter scheinbar im Wasser wachsen. Die eine Gestalt war umgeben von purpurnem Schimmer, die andere von blendendweißem Glanz, so sehr, daß ich sie nicht vollkommen anzuschauen vermochte. Die dritte Gestalt stand außerhalb des Brunnens über dem genannten Stein, angetan mit einem blendendweißen Gewand; ihr Antlitz strahlte von solcher Herrlichkeit, daß mein Gesicht davor zurückwich. Vor diesen dreien erschienen – gleich Wolken – die seligen Stände der Heiligen, die sie aufmerksam anblickten[1].

[1] Hildegard, Welt und Mensch, S. 264.

69.8

Die neunte Schau: Vollendung des Kosmos

Darauf sah ich nahe dem nördlichen Winkel gegen Osten gewandt eine Gestalt, deren Gesicht und Füße von einem solchen Glanze erstrahlten, daß dieser Glanz meine Augen blendete. Sie trug ein Kleid aus weißer Seide, darüber einen Mantel in grüner Farbe. Dieser war mit den verschiedensten Edelsteinen reich geschmückt. An den Ohren trug sie ein Gehänge, auf die Brust fiel ein Halsband, an den Armen hatte sie Ringe, und alles war aus purem Gold und mit edlem Gestein verziert.
In der Mitte der nördlichen Region sah ich eine weitere Gestalt, aufrecht stand sie da – eine wunderbare Erscheinung: Oben an ihres Hauptes Stelle erglänzte sie in solcher Herrlichkeit, daß dieser Glanz meinen Blick blendete. Mitten auf ihrem Bauch sah man das Haupt eines Menschen mit grauen Haaren und einem Barte; die Füße aber glichen den Klauen eines Löwen. Sechs Flügel hatte sie, von denen zwei von den Schultern aufwärts stiegen, indem sie sich wieder rückwärts schwingend vereinigten und die genannte Herrlichkeit bedeckten. Zwei weitere Flügel erstreckten sich von der Schulter auf den Nacken des erwähnten Hauptes; die beiden letzten schließlich fielen von den Hüften dieser Gestalt bis zur Fußsohle nieder. Sie erhoben sich bisweilen, als ob sie sich zum Fliegen ausspannen wollten. Der übrige Körper aber war ganz und gar bedeckt von den Schuppen eines Fisches und nicht den Flügeln eines Vogels.
Auf den beiden Flügeln, die auf den Nacken des erwähnten Hauptes fielen, erschienen fünf Spiegel, einer davon auf der Höhe des rechten Flügels, und auf ihm stand geschrieben: »Weg und Wahrheit.« Der zweite, mittlere Spiegel trug die Inschrift: »Ich bin die Pforte aller Geheimnisse Gottes.« Auf dem Spiegel am Flügelende war geschrieben: »Ich weise hin auf alles Gute.« Der Spiegel oben am linken Flügel trug die Inschrift: »Ich bin der Spiegel, in dem sich die gute Absicht der Auserwählten betrachtet.« Und am Ende dieses Flügels stand über dem Spiegel: »Künde uns, wenn du es bist, der über das Volk Israel regieren soll.« Die Gestalt stand mit dem Rücken nach Norden. Über der ganzen westlichen Gegend erblickte ich schauerliche Nachtschwaden; aus dem nördlichen Winkel entquoll ein schwärzliches Gemisch von Feuer und Schwefel aus dichten Finsternissen und krümmte sich fast bis zur Mitte der nördlichen Region[1].

[1] Hildegard, Welt und Mensch, S. 268.

69.9

Die zehnte Schau: Das Ende der Zeiten

Darauf erblickte ich neben dem Berg in der Mitte der östlichen Gegend ein Rad von wunderbarem Umfang, das einer blendendweißen Wolke glich; nach Osten hin sah ich auf der linken Seite eine dunkle Linie wie den Atem eines Menschen sich quer nach rechts hin erstrecken. Auf des Rades Mitte, oberhalb dieser Linie, erschien eine weitere Linie, schimmernd wie die Morgenröte, die von der Höhe des Rades bis auf die Mitte der ersten Linie herabkam. Der obere Teil dieser Radhälfte sandte von der linken Seite aus bis zur Mitte einen grünen Glanz aus, während von der rechten Seite bis zur Mitte hin ein rötliches Scheinen erglänzte, und zwar so, daß diese beiden Farben den gleichen Raum innehatten. Die Hälfte des Rades aber, die quer unterhalb der Linie lag, zeigte eine weißliche, mit Schwärze vermischte Farbe.
Und siehe da: Mitten in diesem Rade erblickte ich auf der beschriebenen Linie abermals die Gestalt, die mir eingangs als die ›Liebe‹ genannt worden. Ich sah sie jetzt aber in einem anderen Schmuck, als sie mir früher erschienen war. Ihr Gesicht leuchtete wie die Sonne, ihre Kleider glänzten wie Purpur; um den Hals geschlungen trug sie ein goldenes Band, mit köstlichen Edelsteinen geschmückt. Sie hatte Schuhe an, die Blitzesleuchten ausstrahlten. Vor dem Antlitz der Gestalt erschien eine Tafel, die wie ein Kristall leuchtete. Und auf ihr stand geschrieben: »Ich werde mich in schöner Form zeigen, glänzend wie Silber; denn die Gottheit, die ohne Anbeginn ist, strahlt in großer Herrlichkeit«[1].

[1] Hildegard, Welt und Mensch, S. 281.

69.10

70
Liturgischer (?) Kamm

Kamm: Mittelmeergebiet (?)
Rankendekor: Rheinland, 2. Hälfte des 12. Jahrhunderts
H.: 10,6 cm; B.: 11,8 cm (max.)
Elfenbein, geschnitzt

Bonn, Rheinisches Landesmuseum

Der Doppelkamm, der sich im späten 19. Jahrhundert noch im Besitz der Grafen Wolf-Metternich auf Schloß Gracht befand, besteht aus einem Mittelstreifen, an den sich oben und unten zwischen breiten Seitenwangen je eine Zahnreihe anschließt. Dieser Mittelstreifen ist beidseitig mit Blattranken geschmückt, die oben und unten von den Resten einer feinen Ornamentbordüre gerahmt werden. Die Vorderseite zeigt vier Windungen einer liegenden Ranke mit sehr bewegten, stark plastischen und zum Teil unterschnittenen Blättern. Hinzu kommt eine traubenartige Frucht sowie die Halbfigur eines nackten Mannes mit geschlossenen Augen und aufgestütztem Kopf, der von der Ranke umschlungen wird. Seitlich ist der niedrige Bildstreifen segmentbogenförmig erweitert, um Platz zu schaffen für die abschließenden Blätter der Ranke. Die Rückseite weist drei Rankenschwingungen auf, die seitlich weniger weit ausgreifen und mit einer schmalen Leiste abschließen.

Während der Elfenbeinkamm selbst möglicherweise als unverzierter »Rohling« oder nur mit einfacherer Verzierung aus dem Mittelmeerraum importiert wurde, erscheint der Stil der bewegten und raumgreifenden Blattranke eindeutig rheinisch. Parallelen lassen sich eher im Bereich der Goldschmiedekunst, z. B. an den Firstkämmen des Siegburger Annoschreines und in der Bauplastik des späteren 12. oder frühen 13. Jahrhunderts nachweisen als an Elfenbeinschnitzereien. Der nachträglich angebrachte Dekor dieses Kammes ist zwar von hoher plastischer Qualität, aber ausgesprochen unspezifisch für ein solches Objekt. Besonders die kraftvolle, unbekümmert in die frühere Verzierung eingreifende Ranke der Vorderseite nimmt wenig Rücksicht auf die Form des Kammes. Im Gegensatz zu den sonstigen romanischen oder früheren Elfenbeinkämmen fehlt ein symmetrischer Bezug zur Mittelachse; statt dessen leitet die fortlaufende Ranke vielmehr über zu dem friesartig aufgereihten Dekor gotischer Kämme.

Analog zu einer ganzen Reihe weiterer mehr oder weniger reich verzierter Elfenbeinkämme gilt auch dieser als liturgischer Kamm, der vor der Messe (nach dem Anlegen der Gewänder) gebraucht wurde und besonders bei der Bischofsweihe unerläßlich war. Solche Kämme, die sehr oft mit bestimmten Heiligen in Verbindung gebracht werden, gehörten meist in Kirchenschätze. Da sich die Provenienz des Bonner Kammes nur bis ins späte 19. Jahrhundert zurückverfolgen läßt und der Dekor nicht eindeutig religiös ist (eine Deutung der Halbfigur im Trauergestus steht noch aus), ist aber nicht sicher, ob er sakralem Gebrauch vorbehalten war. Er könnte auch, wie etliche gotische Elfenbeinkämme, ein profanes Luxusobjekt gewesen sein. I. Kr.

Lit.: A. Goldschmidt, Die Elfenbeinskulpturen aus der romanischen Zeit, Bd. III, Berlin 1923, Nr. 150; F. Swoboda, Die liturgischen Kämme, Diss. Tübingen 1963, Nr. 42; Rheinisches Landesmuseum Bonn, Auswahlkatalog 4: Kunst und Kunsthandwerk Mittelalter und Neuzeit, Köln 1977, Nr. 14; Ausst.-Kat. »Die Zeit der Staufer« 1977, Bd. I, Nr. 631.

71
Löwenaquamanile mit Königin

Niedersachsen, frühes 13. Jahrhundert
H.: 29 cm; L.: 30 cm
Bronze

Amsterdam, Rijksmuseum

Aquamanile – Ausgußgefäße für Wasser, die im Mittelalter sowohl für liturgische, aber auch für profane Reinigungen verwandt wurden – gibt es in vielen verschiedenen Formen. Einige sind nach Art menschlicher Büsten oder als Reiterfiguren gestaltet, andere wiederum stellen Fabelwesen wie Sphingen oder Einhörner dar. Die weitaus größte Gruppe jedoch ist in Form von oft verblüffend realistisch gebildeten Tierkörpern gearbeitet. Am häufigsten wird, wie auch hier, der Löwe dargestellt. Im Fall des Amsterdamer Aquamaniles ist er eindeutig auf eine Schauseite hin konzipiert. Er wendet den Kopf zur Seite und verdeckt so die Ausgußtülle, die sich im linken Ohr befindet. Auf dem Rücken des Löwen reitet, in einer Art Astgabel sitzend, eine weibliche Gestalt, die dem Betrachter in voller Breite zugewandt ist. Ihre ursprüngliche Funktion war vielleicht die einer Kerzenträgerin, da vermutet wird, daß die Figur in ihrer Linken eine Leuchterschale hielt. Ihre Interpretation ist nicht gesichert. Sie trägt eine Krone auf dem Kopf und wird deshalb des öfteren allgemein als »Königin« gedeutet. Ihr im Vergleich zum Löwen erheblich kleinerer Maßstab läßt eine allegorische Deutung vermuten. Beide Figuren stehen in einem bestimmten Kontext zueinander, den es zu präzisieren gilt. Dabei ist zunächst einmal die Frage zu klären, ob es sich um einen »positiven« oder »negativen« Gesamtzusammenhang handelt. Hierfür ist von der Figur des Löwen auszugehen. Seine Haltung ist ruhig und hoheitsvoll. Der Stand und die kraftvolle Brust drücken Stolz, aber keine Aggressivität aus. Der Löwe ist sich seiner Macht und seiner Stärke bewußt, ohne sie feindlich gegenüber der auf ihm sitzenden Frauengestalt auszuspielen[1]. Statt dessen stellt er sich mit eben dieser Stärke freiwillig in ihren Dienst.

Vor allem im Liber Vitae Meritorum äußert sich Hildegard immer wieder zum Sinnbild des Löwen. In ihrer Vision des »*Mannes von hohem Wuchs, der von der Höhe der Himmelswolken bis hinunter in die Abgründe reichte*« (Gott), erscheint auch der Löwe in der Sonne: »*Mit der aufgehenden Sonne wuchs auch der Löwe in ihr und riß gewaltige Beute an sich. Bei ihrem Niedergang zog sich auch der Löwe zurück, wobei er vor Freude ein gewaltiges Brüllen ausstieß*«[2]. Die Deutung dieser Schau gibt Hildegard selbst: »*Daß aber mit dem Aufgehen der Sonne auch der Löwe mit ihr und in ihr hervortritt und dem Bösen viele Beute entreißt, hat zu bedeuten: Als Gott Sein verborgenes Geheimnis offenbarte, erschien der eingeborene Gottessohn geheimnisvoll im Fleische und genauso wunderbar in Seiner Gottheit, da beide eins sind. Er vernichtete die zahlreichen Werke des Teufels, indem Er ihn von den Gläubigen hinweg in die Flucht schlug. (...) Vor lauter Freude stößt der Löwe ein gewaltiges Brüllen aus, ein Bild für jene Wahrheit, die vom Sieger ausging, da Er die Taufe, die Wiedergeburt aus dem Geist und dem Wasser, lehrte*«[3].

Der Löwe (Christus) schützt die Gemeinschaft der Gläubigen, die durch das Sakrament der Taufe zueinander gefunden hat. Diese Getauften schließen sich nicht nur in der Gemeinschaft der Kirche, der Ecclesia, zusammen, sie sind die Ecclesia. Ohne die Bezüge zwischen Hildegards Schriften und diesem Aquamanile überstrapazieren zu wollen, sei die weibliche Gestalt auf dem Rücken des Tieres deshalb als Ecclesia, beschützt von »*Christus, dem äußerst starken Löwen*«[4], interpretiert. Diese Deutung wird unterstützt durch die Kleidung der Frau sowie ihre Krone, die sehr stark an die entsprechenden Darstellungen der Ecclesia im Rupertsberger Codex erinnern (Abb. 50). Eine ursprüngliche Funktion als Kerzenträgerin vorausgesetzt, würde auch die Lichtikonograpie der Gestalt hervorragend in diesen Kontext passen[5]. W. W.

Lit.: Ausst.-Kat. »Die Zeit der Staufer« 1977, Nr. 658; P. Bloch, Aquamanilen. Mittelalterliche Bronzen für sakralen und profanen Gebrauch, Mailand/Genf 1981, Nr. 6.

[1] Als Gegenbeispiel seien die sog. Simson-Aquamanilen erwähnt, die den biblischen Kampf zwischen Simson und dem Löwen wiedergeben. Hier ist der Stand des Löwen gespreizt, seine Zähne sind gebleckt, und der Kopf wendet sich im Biß der auf ihm sitzenden Figur zu; vgl. die – allerdings erst aus dem 13. und 14. Jahrhundert stammenden – Beispiele bei Bloch 1981, Abb. 13–15.

[2] Beide Zitate Hildegard, Verantwortung, S. 28 f.

[3] Hildegard, Verantwortung, S. 54.

[4] Hildegard, Verantwortung, S. 116.

[5] Die Astgabel wäre in diesem Sinne als Baum des Lebens respektive als das Holz vom Kreuze Christi zu interpretieren, da erst durch den Tod am Kreuz das Wirken der Ecclesia einzusetzen vermag. Als bildliche Parallele sei hier der Kreuzfuß mit Kreuzabnahmegruppe aus dem Germanischen Nationalmuseum in Nürnberg genannt, aus dessen Kreuz am unteren Ende ähnlich vegetabile Formen entspringen, die ebenfalls als Standfläche genutzt werden, s. Ausst.-Kat. »Das Reich der Salier« 1992, S. 369.

72
Pyxis

Deutsch (?), 11./12. Jahrhundert
Holz, Gewebe, figürliche und dekorative Messingbeschläge
H.: 8 cm (mit Deckel); Dm.: 10,5 cm

Mainz, Bischöfliches Dom- und Diözesanmuseum

Für den Aufbewahrungsort des heiligsten Sakraments sind seit dem frühen Mittelalter verschiedene Begriffe geprägt worden, die alle dieselbe Bedeutung haben. »Ziborium« oder »Pyxis« wurde generell der Behälter genannt, in dem die für die Kommunion der Gläubigen bestimmten Hostien nach deren Konsekration bis zur Verteilung aufbewahrt wurden[1]. Zur Überbringung der heiligen Kommunion an die Kranken wird ein kleineres, handlicheres Ziborium, im Mittelalter oftmals auch die runde Pyxis, verwendet[2].

Die ausgestellte runde Büchse (griech. »Pyxis«) basiert auf der Form des frühchristlichen »turris« (lat. »Turm«), wie, im Gegensatz z. B. zur »arca«, dem Begriff für ein kleines Kästchen, zylindrische Pyxiden genannt wurden. Der Begriff leitet sich wohl von dem griechischen Wort »Πυξίς« ab, welches einen Behälter aus Buchsbaumholz bezeichnete. Seit karolingischer Zeit ist diese Benennung nachweisbar.

Der hölzerne Corpus und der ebenfalls hölzerne Deckel sind mit gemusterten Stoffresten aus Leinen und Seide bedeckt. Auf das Gewebe sind in der Folge mit kleinen Nägeln Beschläge aus Messing aufgebracht worden. Der »turris« selbst wird oben und unten durch ein umlaufendes Messingband begrenzt. Sie ergeben das obere und untere Ende eines Frieses, der durch neun gegossene und durchbrochene Plättchen gebildet wird, die stets dasselbe Motiv darstellen: einen Löwen mit hochgebogenem Schwanz, wie er typisch für die Romanik der Zeit der Hildegard von Bingen ist. Die Ausrichtung des Löwen erfolgt alternierend nach oben und nach unten, wobei, durch die Zahl Neun bedingt, zwei Löwen in gleicher Richtung zum Liegen kommen.

Der Deckel ist mittels eines Scharniers an der Dose befestigt und zeigt zehn verkleinerte Darstellungen des schon oben beschriebenen Löwen. In Kreuzform liegen sich symmetrisch zwei mal zwei Löwen und zwei mal zwei Masken in Form eines stilisierten menschlichen Gesichtes gegenüber, deren Auffassung und Ausführung auf eine Herstellung in früheren Zeiten verweist. Sie könnten sekundär verwendet worden sein. Die Ansatzstellen für Scharnier und Verschluß sind durch kleine punzierte Vierpässe verdeckt, auf denen nochmals kleinere Rosetten sitzen. Eine Bohrung in der Mitte des Deckels beweist das frühere Vorhandensein eines Knopfes oder eines Ringes, wie er nötig war, um die Pyxis über dem Altar aufzuhängen. Dieser den Quellen nach übliche Aufbewahrungsort diente zum Schutz des Inhaltes.

Bei der Pyxis aus den Beständen des Dommuseums in Mainz handelt es sich um eine der wenigen erhaltenen hölzernen Pyxiden des Mittelalters, die möglicherweise als eines dieser »Krankenziborien« anzusprechen sind. Kirchlicherseits gab es, von einigen partikularrechtlichen Verordnungen abgesehen, bis zum Ende des Mittelalters keine allgemein verpflichtende Vorschrift, nach der der zur Aufbewahrung des Allerheiligsten dienende Behälter nur aus einem bestimmten Material gemacht sein sollte. Einigkeit bestand nur in der Aussage, daß der zur Hostienaufnahme bestimmte Behälter »munda et decens« (lat. rein und anständig) sein sollte. Auch Hildegard legt auf eine sorgfältige Aufbewahrung des Allerheiligsten den allergrößten Wert (Abb. 54): *»Dieses Sakrament soll auch vom Priester und vom Volk mit so ehrfürchtiger Liebe behandelt und aufbewahrt werden, daß es von niemandem nachlässig gehandhabt oder unachtsam auf den Boden geworfen wird. Denn wenn es aus träger Nachlässigkeit auf die Erde gefallen ist, räche Ich* (Gott, Anm. d. Verf.) *diese Auflehnung in meinem Eifer an der Erde oder am Menschen; es sei denn, dieser Mensch strafe sich selbst durch Buße und harte Schläge, denn Fleisch und Blut müssen für Fleisch und Blut Ersatz leisten«*[3].

In der formalen Entwicklung steht die einfache Pyxis am Anfang einer langen Reihe von immer prächtiger werdenden Behältnissen. Infolge der allmählichen Höherwertung durch die Liturgie und die dadurch bedingte annähernde Gleichstellung mit dem Kelch wird die Pyxis in der Folge mit einen Fuß versehen und gewinnt auch im Material an Wert. In späteren Zeiten werden Kelch und Ziborium nur aufgrund der Größe von Fuß und Kuppa, nicht aber durch ihre Prachtentfaltung zu unterscheiden sein.

Die Pyxis des Museums weist nun mehrere Besonderheiten auf:

Pyxiden aus der Zeit des 11. und 12. Jahrhunderts sind nur in sehr geringer Zahl überkommen, und wenn, dann meistens in Exemplaren aus Metall. Aus Holz sind, schon wegen der Vergänglichkeit des Materials, nur wenige erhalten. Daß aber hölzerne Pyxiden in diesem Zeitraum durchaus üblich waren, erfahren wir aus schriftlichen Zeugnissen, wie z. B. dem Bericht Ruperts über den Brand von Deutz 1128, in dem wie durch ein Wunder eine Pyxis aus Holz in der Urbanuspfarrkirche

Abb. 54 Priester bei der Messe, Rupertsberger Scivias, um 1165 (Kopie 20. Jh.), Eibingen, Abtei St. Hildegard

von den Flammen verschont geblieben ist (dedit ... pixidem de onichino, in qua servatur corpus domini)[4]. Die Bespannung eines hölzernen Behältnisses mit Stoff ist in diesem Zeitraum zumindest an zwei Exemplaren nachweisbar[5]: Der eine Behälter weist ein Tiermotiv auf dem Gewebe auf, der andere Perlenstickerei.

Die Einmaligkeit der Pyxis aus dem Dom- und Diözesanmuseum Mainz ergibt sich aus der Kombination einer frühen Holzpyxis in »Turrisform« mit Stoffbespannung und aufgebrachten Beschlägen aus Messing[6]. Betrachtet man sich die Dose genauer, fällt dem Betrachter die nur bedingte künstlerische Qualität der Einzelkomponenten ins Auge, in ihrem Zusammenspiel aber erstrahlt dieser vielleicht 800 Jahre alte Behälter doch in einer gewissen Pracht. W. Web.

Lit.: Unpubliziert.

1 »Bustia«, »capsa«, »chrismale« oder »repositorium« sind ebenfalls Bezeichnungen des Ziboriums, wie sie dem Leser durchaus in den lateinischen Niederschriften des 9.–14. Jahrhunderts begegnen können.

2 Allgemein zu Form und Funktion von Pyxiden: J. Braun, Der christliche Altar, München 1924; O. Doering, Der christliche Altar, Paderborn 1928; J. Braun, Das christliche Altargerät, München 1932.

3 Hildegard, Wisse die Wege, S. 260.

4 Rupert von Deutz, L. 2, n. 8 (M 154, 210).

5 s. Braun 1932, Tafel 49 und 53.

6 Der Besatz einer solchen Dose mit (zum Teil sekundär?) applizierten gegossenen oder getriebenen Beschlägen ist in der Regel bei Metallbehältern seit dem 13. Jahrhundert geläufig.

73
Theoderich-Kreuz

Mainz, St. Alban, um 1116
Bronze vergoldet
H.: 42,6 cm; B.: 22,6 cm

Mainz, Bischöfliches Dom- und Diözesanmuseum

Ein am Dorn des Kreuzes dargestellter, mit der Umschrift »THEODORICUS ABBAS« gekennzeichneter Abt stiftete in der Jugendzeit Hildegards dieses Kreuz. Bei diesem Theodoricus (Dietrich) dürfte es sich um den gleichnamigen Abt des Mainzer Klosters St. Alban handeln, der von 1096/97 bis 1116 regierte. St. Alban, eines der bedeutendsten Klöster des Heiligen Römischen Reiches, erlebte nach einem ersten Höhepunkt in karolingisch-ottonischer Zeit um 1100 eine zweite wirtschaftliche und kulturelle Blüte. Der damit verbundene Reichtum, einhergehend mit einem entsprechenden Sinn für Bildung und Kunst, dürfte die Entstehung dieses außerordentlich qualitätvollen und inhaltlich anspruchsvollen Kruzifixes bereits in der Frühzeit des 12. Jahrhunderts begünstigt haben[1].

Entsprechend der Stimme des Herrn sieht Hildegard sich selbst, so in ihrer Vorrede zum Scivias als *»Asche, (als) Fäulnis von Fäulnis«*. So wie sie in Demut die göttlichen Worte empfängt, so demütig hebt auch der Stifter Theoderich seine Hände zum Gekreuzigten empor (Abb. 55). Entsprechend dieser untergeordneten Bedeutung ist er maßstäblich erheblich kleiner als Christus dargestellt. Sein Platz kann nur am untersten Ende, in

Abb. 55 Theoderich-Kreuz (Detail): Der Stifter

den Dorn des Kreuzes hineingepreßt, sein. Für den Betrachter war er damit normalerweise, wenn das Kreuz auf den – heute verlorenen – Schaft aufgesteckt war, nicht sichtbar.

Fünf gravierte Szenen pro Seite – je vier in den Kreuzenden, je eine in der Mitte – zieren Vorder- und Rückseite. Sie enthalten ein reiches typologisches Programm, das durch einander ergänzende Szenen des Alten und Neuen Testamentes die Auferstehung Christi verherrlicht. Die Darstellungen der Vorder- und der Rückseite werden dabei soweit als Einheit gesehen, daß sogar der Text der Beschriftung der einzelnen Szenen auf beiden Seiten fortläuft. Die Szenen des Alten Testamentes und damit die Rückseite stehen dabei am Anfang. So wird das zentrale, Tod und Auferstehung Christi symbolisierende Medaillon der Rückseite, das die Opferung Isaaks zeigt, fortgeführt von der Gravur des Lammes Gottes, das sich hinter dem Körper des Gekreuzigten an gleicher Stelle befindet. Simson, der die Tore Gazas (Rückseite rechts) trägt, ist das Pendant zu Christus in der Vorhölle (Vorderseite links); Jonas, der vom Walfisch ausgespien wird (Rückseite unten), ergänzt die Frauen am Grabe (Vorderseite unten); die Himmelfahrt des Elias entspricht derjenigen Christi (oben), und Moses, der die Gesetzestafeln empfängt, präfiguriert die Ausgießung des Hl. Geistes (Rückseite links bzw. Vorderseite rechts).

Darüber hinaus verweisen die vier besonders ausgeprägten Kreuzenden auf die durch die Zahl vier symbolisierte Einheit von Gott und Welt, von Mensch und Kosmos. Dementsprechend können, wie andere mittelalterliche Kruzifixe belegen, die Kreuzenden anstelle der hier dargestellten Themen auch die vier Elemente, die vier Evangelisten, die vier Winde oder die vier Paradiesflüsse aufnehmen. Sie alle verweisen auf das Zentrum, auf Christus, der den Mittelpunkt von Welt und Heil verkörpert. W. W.

Lit.: Arens 1958, Nr. 15; Ausst.-Kat. »Das Reich der Salier« 1992, S. 395.

[1] Verschiedentlich wird das Kruzifix stilistisch ganz allgemein in die »erste Hälfte des 12. Jahrhunderts« datiert (Arens 1958, Nr. 15) und Abt Theoderich von St. Alban als Stifter ausgeschlossen. Da aber – die unbekannte, aber wahrscheinliche Mainzer Provenienz des Stückes vorausgesetzt – im 12. Jahrhundert ansonsten in Mainz kein weiterer Abt Theoderich belegt ist und das Kruzifix aufgrund seiner Qualität einem der bedeutenderen Klöster entstammen dürfte, ist seine Herkunft aus St. Alban wahrscheinlich, eine Meinung, die sich in der jüngeren Forschung allmählich durchzusetzen beginnt, s. Ausst.-Kat. »Das Reich der Salier« 1992, S. 395. Zur Person von Abt Theoderich R. Schmid, Die Abtei St. Alban vor Mainz im hohen und späten Mittelalter (Beiträge zur Geschichte der Stadt Mainz 30), Mainz 1996, S. 30.

74
Konsekrationsreliquiar

Limburg, Mitte des 11. Jahrhunderts
Blei, getrieben und geschnitten
H.: 19 cm; B.: 9 cm; L.: 19 cm

Limburg, St. Georg (Dom)

Aus Langhaus und Apsis gebildet, wiederholt das Reliquiar[1] im Kleinen die Formen sakraler Großarchitektur. Das Kirchlein ist mit einem glatten Dach gedeckt, aus dem sich ein achteckiger, kuppelförmiger Dachreiter erhebt. Er ist von rundbogigen Öffnungen durchbrochen, an deren Stützen die Kämpferhöhe durch nasenähnliche Vorsprünge angedeutet ist. Sein Dach ist mit eingeritzten bzw. plastisch gebildeten »Ziegeln« besetzt; hinzu kommen drei kleine Öffnungen in jedem seiner acht Felder. An der Vorderseite ist das Behältnis geöffnet. Vier stilisierte Löwenklauen, die durch Löwenköpfe mit dem Oberbau verbunden sind, tragen das Gebäude. Vier Ecklisenen, in die die Namen der vier Evangelisten eingeritzt sind, rahmen das Langhaus. Zusätzlich werden die Seitenteile durch schmale aufgesetzte Stäbe in jeweils drei, die Apsis in vier Felder gegliedert. Die beiden Giebel schließen ebenso wie das Dach der Apsis kugelförmig ab.

Auf den Langseiten des Reliquiars sind zwei lateinische Inschriften angebracht:
»Amplus in angusta iacet / hac thesaurus in arca / copia s(an)c(t)aru(m) qua(m) maxima / reliquiarum, qua comes / Heinricus, str(u)cture conditor huius, / largus larga sui cumula / uit munera templi« sowie
»Hac d(omi)ni testes concordant pace fideles, /
per quos virtutis pax et medicina salutis /
exuberat pura lotis baptismatis unda«.
(»In diesem Behältnis liegt, trotz der Enge, ein gewaltiger Schatz, eine übergroße Zahl heiliger Reliquien, durch die Graf Heinrich, Gründer dieses Bauwerks, mildtätig die reichen Geschenke an seinen Tempel krönte« bzw. »Eintrachtsvoll vereinigen sich hier die treugläubigen Zeugen des Herrn, durch die der Friede der Tugend und die Arznei des Heils auf die mit der reinen Woge der Taufe Gewaschenen überfließt«[2].)

Das Reliquiar wurde 1776 beim Abbruch des mittelalterlichen Hochaltares entdeckt und nach Errichtung des barocken Nachfolgealtares wieder in diesem beigesetzt. Seit Ende der siebziger Jahre des vorigen Jahrhunderts wird es im Limburger Domschatz aufbewahrt.

Das Reliquiar war bei seiner Auffindung im Barock mit dem Siegel des Trierer Erzbischofs Dietrich II. von Wied (1212–1242) verschlossen. Seine Entstehung wurde deshalb bislang für die erste Hälfte des 13. Jahrhunderts angenommen und mit der Weihe des Hochaltares im Jahre 1235 in Verbindung gebracht. Der in der Inschrift genannte »comes Heinricus« wurde mit Heinrich von Isenburg gleichgesetzt. Schenk zu Schweinsberg vermutet statt dessen einen urkundlich nachweisbaren Pfalzgraf Heinrich, der sich zwischen 1045 und 1060 in Limburg aufhielt und der wahrscheinlich der Erbauer eines für 1058 bezeugten Oratoriums war. Auch der stilistische Befund stützt eine sich hieraus ergebende Datierung des Reliquiars in die Mitte des 11. Jahrhunderts. Seine durch Dietrich von Wied erfolgte Siegelung ist zwanglos mit einer Wiederverwendung anläßlich der Konsekrierung des Domneubaus zu erklären.

Die »*treugläubigen Zeugen des Herrn*«, die Märtyrer und Bekenner, die Seligen und die Heiligen, sie alle werden, so Hildegard in Anlehnung an die Offenbarung des Johannes, am Ende der Zeiten das in diesem Reliquiar symbolisierte Himmlische Jerusalem aufbauen und bewohnen: »*Ich sah Jerusalem vom Himmel herniedersteigen, gleich einer Braut, für ihren Mann geschmückt (Offenbarung 21,2). Das bedeutet folgendes: Jene Braut bezeichnet die heilige und geschmückte Seele, die Christus in der Mitgift Seines Blutes vermählt ist und auf den sie gleich einer Braut auf den Bräutigam blickt. Ist doch der Sohn Gottes vom Himmel in den Schoß der Jungfrau herniedergestiegen, aus welchem Er die neue und heilige Stadt Jerusalem aufgerichtet hat. So geraten die Engel, die das Angesicht Gottes immerdar anschauen, in Erstaunen ob der Werke der Heiligen, die mit unermeßlichem Schmuck vor Gottes Angesicht erstrahlen und zum himmlischen Jerusalem aufsteigen, um dort für immer neue Wohnungen zu errichten (…)*[3]. H. J. K.

Lit.: W. H. Struck, Quellen zur Geschichte der Klöster und Stifte im Gebiet der mittleren Lahn bis zum Ausgang des Mittelalters, Bd. I, Wiesbaden 1956, Nr. 29; E. Schenk zu Schweinsberg, Bleireliquiar und Kurzboldgrab in Limburg an der Lahn, in: Nassauische Annalen 73, 1962, S. 17 ff.; H. J. Kotzur, Die Innenausstattung im Wandel der Zeit, in: Der Dom zu Limburg. Quellen und Abhandlungen zur mittelrheinischen Kirchengeschichte 54, 1985, S. 280 ff.; Ausst.-Kat. »Das Reich der Salier« 1977, S. 343.

1 In der älteren Literatur wird des öfteren die Hypothese vorgeschlagen, das Behältnis sei als Weihrauchschiffchen verwendet worden. Laut telefonischer Auskunft von Herrn Dr. Gabriel Hefele vom Diözesanmuseum Limburg am 9. 1. 1998 lassen sich aber keinerlei Brandspuren oder Rückstände von Asche feststellen. Die ursprüngliche Nutzung als Reliquiar ist damit gesichert.

2 Struck 1956, Nr. 29.

3 Hildegard, Welt und Mensch, S. 143.

HAC DNI
ESTES
CON COR
DANT PACE
FIDELES
PER QVOS
VIRTVTIS
PAX ET ME
DICINA
SALVTIS
BAPTISMA

75
Reliquienkreuz

Schwaben (Zwiefalten?), um 1130
Kreuz:
Holzkern mit Verkleidung in Kupfer und Silber
H.: 63,5 cm (mit Dorn); B.: 43,5 cm

Corpus:
Bronze gegossen, neu versilbert
H.: 20 cm; B.: 27,5 cm

Zwiefalten, Münsterschatz

Weit unterhalb der Kreuzesmitte hängt der schlanke, linear modellierte Corpus des Gekreuzigten. Die leicht angewinkelten Beine weisen nach rechts, während der Kopf sich in die entgegengesetzte Richtung neigt. Seine Augen sind geschlossen. Die charakteristische Struktur des Lendentuches – überhängend und beidseitig an den Hüften durch das Zingulum gezogen; symmetrische Anordnung mit Mittelknoten und großer Mittelfalte vor dreieckiger »Schürze« – ist typisch für schwäbische Kruzifixe, wie Beispiele aus den Pfarrkirchen in Tunau oder Dillingen belegen. Im allgemeinen wird deshalb von einer Entstehung in den Klosterwerkstätten von Zwiefalten selbst ausgegangen. Durch weitere Vergleiche mit einem Reichenauer Kruzifixus sowie dem Freudenstätter Lesepult konnte Himmelheber eine Datierung um 1130 stützen.
Corpus und Kreuz gehörten nicht immer zusammen. Hierdurch erklärt sich die ungewöhnlich tiefe Anbringung des Gekreuzigten, dessen Arme ursprünglich waagerecht ausgestreckt waren, bevor sie nach oben gebogen wurden. Eine zunächst geplante, etwas höhere Anbringung des Corpus, bei der der Kopf des Gekreuzigten im Zentrum des Kreuzes zu liegen gekommen wäre, scheiterte am hinderlichen unteren Steinbesatz der Vierung. Von diesem Vorhaben zeugen die noch heute sichtbaren, vernieteten Bohrlöcher oberhalb der linken Hand Christi bzw. neben dem angewinkelten rechten Arm.
Der Corpus wurde auf die ehemalige Rückseite des Kreuzes aufmontiert, die im Schatzverzeichnis der Ortlieb-Chronik (vor 1137) als »istae reliquiae retrorsum legi possunt per lapidem cristallinum« beschrieben wird. Die heutige Schauseite, die in den quadratischen Kreuzenden und in der Vierung mit Kristallen besetzt ist und teilweise die eingeschlossenen Reliquien erkennen läßt, wurde also erst nachträglich derart aufgewertet. Die ehemalige Vorderseite ist lediglich in einer barocken Nachzeichnung überliefert; lediglich die Tierreliefs der Zarge sind erhalten. Sie stehen stilistisch in enger Beziehung zum Zwiefaltener Psalter[1] und sichern damit auch die Entstehung des Kreuzes selbst in den Zwiefaltener Klosterwerkstätten.
Der Kontakt zwischen Hildegard und dem im Aachtal gelegenen benediktinischen Doppelkloster Zwiefalten war über Jahrzehnte sehr eng. Der erste Kontakt wurde wahrscheinlich von Abt Berthold geknüpft, der dreimal, zwischen 1139 und 1141, 1146 und 1152 sowie 1158 und 1169 dem Zwiefaltener Konvent vorstand. Er suchte, so wird vermutet, zwischen seiner zweiten und dritten Abtszeit auch das Kloster auf dem Rupertsberg auf. Durch diesen Aufenthalt, aber auch in Folge des intensiven Briefwechsels, dürfte Hildegard gut über die schwierige Lage von Zwiefalten informiert gewesen sein, dessen wirtschaftliche Situation zeitweise sehr angespannt war. Eine der Ursachen hierfür war der durch den Hirsauer Reformgedanken geförderte Eintritt von Laienbrüdern, die nur wenig an Besitz mitbrachten. Hieraus ergaben sich verstärkte Konflikte mit den älteren, (hoch-)adeligen Brüdern, die dem Kloster zahlreichen Besitz eingebracht hatten, aber weiterhin auf ihrer Verfügungsgewalt darüber bestanden. Als Berthold Verschiedenes veräußerte, kommt es zum Streit. Berthold resigniert. Hildegard wirft ihm in ihren Briefen des öfteren Führungsschwäche vor; in ihrer Ablehnung des Vogtei-Institutes sind beide jedoch einer Meinung (s. Kat. Nr. 34)[2]. W. W.

Lit.: H. Christ, Die Majestas Domini auf einem Evangeliar aus Kloster Zwiefalten, Augsburg 1932, S. 15 ff.; H. Himmelheber, Bildwerke des Hirsauer Kunstkreises, in: Zeitschrift für Kunstgeschichte 24, 1961, S. 197 ff. (hier S. 203 ff.); Ausst.-Kat. »Suevia sacra« 1973, Nr. 119; Ausst.-Kat. »Die Zeit der Staufer« 1977, Bd. I, Nr. 676.

[1] Stuttgart, Württembergische Landesbibliothek, Brev. 100.
[2] Pretsch 1986, vor allem S. 149 f. bzw. 154–161.

Natur- und Heilkunde

Natur- und Heilkunde im 12. Jahrhundert

Wissenschaftlich-theoretische Bildung wird in Kloster- und Domschulen vermittelt. Aber weder die Heil- noch die Naturkunde werden hier gelehrt, da sie nicht zum Unterrichtskanon der »Sieben Freien Künste« gehören. Das Wissen über die Natur gründet sich deshalb weitgehend auf Volksüberlieferung und auf die Enzyklopädien der Antike und des frühen Mittelalters (Plinius, Columella, Martialis, Rhabanus Maurus). Eigene Beobachtung oder empirische Forschung findet kaum statt. Hildegards naturkundliches Schrifttum bildet hier – in Teilbereichen – eine der wenigen Ausnahmen. In der Regel werden Menschen, Tiere, Pflanzen, Edelsteine oder Himmelserscheinungen lediglich sinnbildlich verstanden und interpretiert: sie sind Abbild des göttlichen Heilsplanes. Deshalb ist die Natur, von Gott geschaffen und an ihm teilhabend, *»das von Gottes Finger geschriebene Buch«*, so Hildegards Zeitgenosse Hugo von St. Viktor. Gott offenbart sich fortwährend in seiner Schöpfung: Deshalb bezieht das Hochmittelalter folgerichtig alle Geschöpfe in seine Betrachtung mit ein, so auch Fabeltiere oder monströse Wesen wie Einhorn, Greif, Drache, Kentaur oder Mischwesen jeder Art (Abb. 56). An ihnen läßt sich die Allmacht Gottes am augenfälligsten demonstrieren.

Wichtigstes Teilgebiet der Heilkunde ist die Botanik. Hier tritt die theologische Deutung hinter der medizinischen Nutzanwendung zurück. In zahlreichen Traktaten wird die Heilwirkung der verschiedenen Pflanzen ausführlich beschrieben. Grundlage sind auch hier die pharmakologischen Bücher der Antike (Dioskurides, Pseudo-Apuleius, Plinius). Die dort beschriebenen Pflanzen des Mittelmeerraumes werden durch gleichwertige der nördlichen Flora ersetzt. Das meistbenutzte Heilpflanzenbuch des Hochmittelalters ist der »Macer floridus« (11. Jh.). Eine wissenschaftlich fundierte Naturkunde kommt erst im 13. Jahrhundert durch die Übersetzung griechischer und arabischer Werke nach Europa. Die Heilkunst wird meist von Mönchen und Nonnen des Benediktinerordens ausgeübt. Neben den oben genannten Schriften bieten die Klostergärten mit ihren vielfältigen Heilkräutern die notwendigen Grundlagen.

W. W.

Abb. 56 Bestien, 12./13. Jh., Worms, St. Peter (Dom) ▷

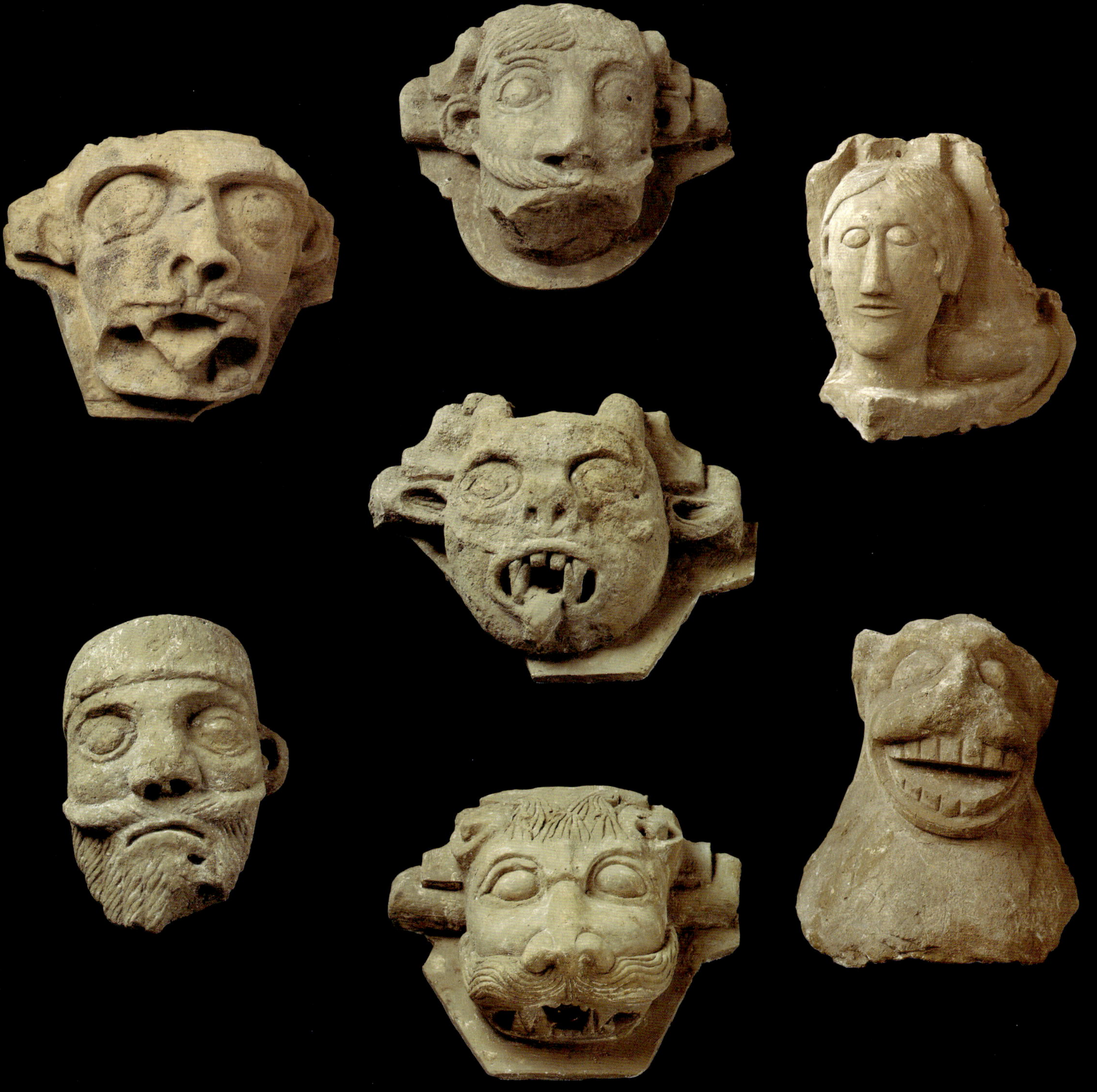

Hildegards natur- und heilkundliches Schrifttum

Winfried Wilhelmy

1. Die Überlieferung

Hildegards natur- und heilkundliches Schrifttum ist uns unter dem Titel »Liber subtilitatum diversarum naturarum creaturarum« (Buch vom inneren Wesen der verschiedenen Naturen der Geschöpfe) überliefert[1]. Es gliedert sich in zwei Teile: den »Liber simplicis medicinae« (Das Buch von der einfachen Medizin), besser bekannt als »Physica« (Naturkunde, Abb. 57), und den »Liber compositae medicinae« (Das Buch von der zusammengesetzten Medizin), heute zumeist als »Causae et curae« (Heilkunde) bezeichnet[2]. Hildegard erwähnt die Arbeit an diesen Schriften in ihrem Vorwort zum »Buch des verdienstvollen Lebens«. Demnach arbeitete sie acht Jahre daran, zwischen 1150 und 1158: *»Und es geschah im neunten Jahr, nachdem eine wahre Schau mir, einem einfältigen Menschen, jene wahrhaften Visionen* (des Scivias, Anm. d. Verf.) *gezeigt hatte, unter denen ich mich zehn Jahre lang abmühen mußte. Es war das erste Jahr, nachdem dieses Gesicht mir folgende Schriften zu erklären gegeben hatte: ›Die Feinheiten der verschiedenen Naturen der Geschöpfe‹* (sowie weitere Schriften, Anm. d. Verf.), *unter denen ich insgesamt acht Jahre lang nach den erwähnten Visionen ausgeharrt hatte, durch viel Kranksein und starke körperliche Erschwernisse belastet«*[3].

Die (von Hildegard selbst autorisierten?) Originale dieser Schriften sind verlorengegangen. Sie sind nur durch die Abschriften späterer Jahrhunderte – zumindest indirekt – zu erschließen.

Während »Causae et Curae« nur in einer einzigen Handschrift aus der Zeit um 1300 (Kopenhagen, Königliche Bibliothek, HS 90b) sowie einem Exzerpt (Berlin, Preußische Staatsbibliothek, Lat. Qu. 674) erhalten ist, sind uns von der »Physica« neun lateinische Abschriften bzw. Teile davon überliefert[4], die jedoch alle erst nach Hildegards Tod entstanden. Hinzu kommen diverse Exzerpte in mittelhochdeutscher Übersetzung, die alle dem Spätmittelalter hinzuzurechnen sind. Die älteste lateinische Fassung reicht bis ins 13. Jahrhundert zurück (Wolfenbüttel, Herzog-August-Bibliothek, Cod. Guelf. 56.2 Aug. 4°). Die bekannteste, weil gedruckte Version ist die aus der ersten Hälfte des 15. Jahrhunderts stammende Handschrift aus der Nationalbibliothek in Paris (Cod. 6952). Besondere Bedeutung kommt der erst 1983 entdeckten Florentiner Fassung zu, die nicht nur relativ alt ist (um 1300 geschrieben), sondern auch besonders aus-

Abb. 57 Physica, 13. Jh., Benediktinerstift Admont, Cod. 128

führlich den Text der »Physica« wiedergibt. Sie dürfte dem verlorengegangenen Original besonders nahe stehen[5].

2. Mikrokosmos und Makrokosmos: Hildegards ganzheitliches Denken über Mensch und Welt

Bereits der antike Arzt Galen (129–199 n. Chr.) betont unter Berufung auf vorchristliche Schriftsteller die Gleichwertigkeit der vier das Weltall bildenden Elemente (Feuer, Wasser, Luft und Erde) mit den vier Lebenssäften des Menschen (Blut, Schleim, gelbe und schwarze Galle). Hieraus ergibt sich die das ganze mittelalterliche Weltbild prägende Gleichsetzung von Mikro- und Makrokosmos: der Mensch (der Mikrokosmos, Abb. 58) und das Universum (der Makrokosmos) sind in ihren jeweiligen Teilbereichen analog geordnet. So entspricht z. B. der Lauf der Planeten dem menschlichen Blutkreislauf. Beide sind lebendige, beseelte Organismen, deren Ordnungsprinzipien auf die schöpferische, lenkende Hand Gottes verweisen.

Hildegard übernimmt diese Sicht von Mensch und Kosmos und entwickelt auf dieser Grundlage eines der bedeutendsten und in sich geschlossensten Weltbilder des Mittelalters. Mikrokosmos und Makrokosmos, alle Elemente, alle Säfte, die Temperamente, die Jahreszeiten und die Lebensalter, alles greift ineinander: »*Gott schuf auch die Elemente der Welt. Alle Weltelemente befinden sich im Menschen, und mit ihnen wirket der Mensch. Sie heißen aber: Feuer, Luft, Wasser, Erde. Diese vier Grundstoffe sind in sich selber dermaßen durchflochten und verbunden, daß keines vom anderen geschieden werden kann (…)*«[6].

Mensch und Kosmos, Säfte und Elemente gehören unlösbar zusammen (Abb. 59): »*In der eben geschilderten Weise lebt der Mensch aus den vier Säften, wie auch das Weltall aus den vier Elementen besteht. Gott hat nämlich die Welt aus diesen vier Elementen so zusammengefügt, daß keines vom anderen getrennt werden kann; die Welt würde aufhören zu bestehen, wenn eins vom anderen getrennt zu existieren vermochte. Im Gegenteil: sie sind völlig unlöslich ganz ineinander verkettet (indissolubiter sibi concatenata sunt)*«[7].

Hildegard unterscheidet zwischen zwei höheren (Luft und Feuer) und zwei niederen Elementen (Wasser und Erde). Die beiden letzteren bilden den Körper des Menschen, die erstgenannten sind für den Bestand von Seele, Vernunft und Sinnen des Menschen entscheidend: »*Mehr oder weniger als vier Elemente kann es nicht geben. Unter ihnen lassen sich zwei verschiedene Arten unterscheiden: die höheren und die tieferen. Die höheren sind himmlischer, die unteren irdischer Natur; die in der Höhe existieren, sind nicht mit Händen zu tasten; ihren Bestand haben sie aus Feuer und Luft. Was aber im unteren Bereich weilt, hat greifbare und gestaltete Körper; deren Bestandteile sind aus Wasser und aus dem Lehm (limus). Die Geister sind feuriger und luftiger Art, der Mensch aber ist seinem Wesen nach wäßriger und erdhafter Natur*«[8].

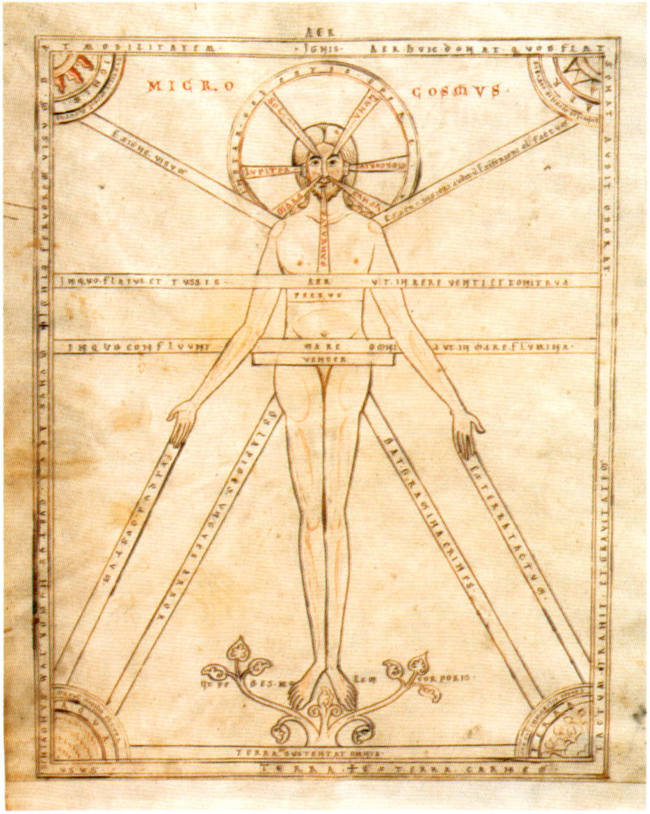

Abb. 58 Mikrokosmos, Glossarium Salomonis, 12. Jh., München, Bayerische Staatsbibliothek, Clm 13002

Alle vier Elemente (Abb. 60) haben einen anderen Sitz im menschlichen Körper; das Feuer in Gehirn und Mark, die Luft in Atem und Vernunft, das Wasser in Flüssigkeit und Blut und die Erde im Gewebe bzw. den Knochen. Alle erfüllen unterschiedliche Funktionen und ermöglichen so das Leben: »*Wie gesagt, befinden sich die Elemente im Menschen als Feuer, Luft, Erde, Wasser; mit ihren Kräften wirken sie in ihm, und in all seinen Handlungen bewegen sie sich wie ein Rad mit seinen Drehungen in raschem Kreislauf.*

Abb. 59 Die vier Elemente der Welt in geordnetem Zustand (Detail), Rupertsberger Scivias, um 1165 (Kopie 20. Jh.), Eibingen, Abtei St. Hildegard

Das Feuer mit seinen fünf genannten Kräften sitzt im Gehirn und im Mark des Menschen; denn bei der Verwandlung des ersten Menschen aus dem Lehm entbrannte durch Gottes Kraft ein rotleuchtendes Feuer in seinem Blut; daher ist das Blut rot. Diese Feuerskräfte manifestieren sich nun als Glut im Sehvermögen, als Kälte beim Riechen, als Feuchte im Geschmack, als Luft beim Hören und als Bewegung beim Tasten des Menschen.
Die Luft mit ihren vier Kräften kommt, wie erwähnt, im Atem und in der Vernunft zum Ausdruck. Sie dient ja dem lebendigen Hauch, der Seele im Menschen, weil sie ihn trägt und weil sie der Flügel für sein Schwingvermögen ist, und zwar jedesmal dann, wenn der Mensch den Atem in sich einzieht und ihn wieder ausströmen läßt, um so leben zu können. Die Seele ist das Feuer, das den Körper ganz und gar durchdringt und den Menschen belebt; die Luft entzündet auch das Feuer, und das Feuer brennt durch diese Luft im ganzen Organismus. Die Luftkräfte manifestieren sich als Tau beim Ausgießen, als Grünkraft beim Erregen, als Windhauch in der Bewegung und als Wärme in der Ausdehnung im Menschen.

Das Wasser mit seinen fünfzehn obengenannten Kräften befindet sich in der Flüssigkeit und im Blut des Menschen. Das Wasser ist ja im Menschen, da auch das Blut in ihm nicht fehlt. Und dies verleiht dem Menschen die Feuchtigkeit, so daß die Grünkraft in ihm lebenskräftig bleibt und die Gerinnung der Knochen in ihm anhält. Durch die Kälte aber wird das Gefäßsystem gestärkt; durch dieses fließt das Blut, hat seine Tropfenform und bewegt den ganzen Körper. (...) Auf diese Weise manifestieren sich die Wasserkräfte im Blut: und zwar als Wärme beim Atmen, als Luft in allen Funktionen, als Feuchtigkeit bei den Reinigungsvorgängen, als Einschwemmung beim Wachstum, als Leichtbeweglichkeit beim Erstarken, als

Abb. 60 Darstellung der vier Elemente, 12. Jh., Wien, Österreichische Nationalbibliothek, Cod. 12.600

Saft beim Fruchtbarwerden, als Lustgeschmack bei der Erektion, als Grünkraft in der Potenz, als Feuchtigkeit und Lieferant des feuchten Milieus in allen übrigen Gliederungen. (...) Die Erde ist nun mit den sieben obengenannten Kräften im Gewebe und im Knochensystem des Menschen vertreten; sein Gewebe aber ist feucht und ständig wachsend. Wie aber die Erde mit Feuer und Wasser gestärkt wird, so ist auch das Fleisch des Menschen aus den Blutadern samt dem feuchten Milieu zusammengesetzt. Durch ihre Kälte aber kommt es zum Gerinnen der Knochen«[9].

3. Gesundheit, Krankheit und Tod

3.1. Gesundheit und Krankheit: Die Ursachen einer Erkrankung

Dem mittelalterlichen Denken nach resultiert Gesundheit aus der Ausgewogenheit der vier menschlichen Körpersäfte Blut, Schleim, gelbe und schwarze Galle sowie deren wohltemperiertem Zustand, der von den vier sogenannten »Primärqualitäten« (Wärme, Kälte, Feuchtigkeit, Trockenheit) bestimmt wird. Jedem Saft sind je zwei Primärqualitäten beigegeben: So galt das Blut als heiß und feucht, der Schleim hingegen als kalt und feucht. Die gelbe Galle wurde als heiß und trocken, die schwarze als kalt und trocken beschrieben[10].
Auf dieser Basis definiert Hildegard in ihren heil- und naturkundlichen Schriften Gesundheit und Krankheit. Ist die Mischung der Säfte intakt, bleibt der Mensch gesund; ist deren Ausgewogenheit gestört, erkrankt er. Solche Störungen können sowohl ein Zuviel als auch ein Zuwenig von bestimmten Säften (abundantia bzw. dedictio), aber auch deren verdorbener Zustand sein. Dies resultiert, so Hildegard, aus angeborener Schwäche (z. B. infolge mangelhaften Samens oder fehlender Liebe der Geschlechtspartner während des Aktes), aber auch aus falscher Ernährung oder aus Umwelteinflüssen. Jeder Mangel oder jeder Überfluß im Säftebereich verletzt die ganzheitliche »Integritas« des Menschen und zerstört letztendlich sein gottgewolltes Heil. Ursache hierfür ist der Sündenfall, der die dem Menschen von Gott gegebene »Integritas« zunichte machte (Abb. 61). Die wohltemperierten Säfte wurden hierdurch in Unordnung gebracht: *»Es ist nämlich nun so, daß wegen der Übertretung Adams die Wärme und Feuchtigkeit wie auch Blut und Gewebe innerhalb des Organismus in die entgegengesetzten Phlegmata umgewandelt worden sind. Aus der Wärme des Feuers wird nunmehr ein trockenes, von der luftartigen Feuchtigkeit ein feuchtes, von dem wäßrigen Blut ein schaumiges und aus dem erdhaften Gewebe ein lauwarmes Phlegma herausgezogen und ausgeschieden. Wenn eines von diesen im Menschen übermäßig anwächst, so daß es nicht mehr von einem Gegenspieler eingeschränkt und temperiert wird, dann zerstört es den Menschen und macht ihn hinfällig. Bewahrt aber ein jedes von ihnen sein richtiges Maß, so daß es von je einem anderen temperiert ist und so angehalten wird, die richtige Ordnung einzunehmen, dann erhält es den Menschen gesund oder bringt ihm die Genesung wieder«*[11].
Je zwei Säfte, von Hildegard die »herrschenden Phlegmata« genannt, dominieren die beiden übrigen, abhängigen Säfte, die sog. »livores«. Beide Gruppen kontrollieren sich im Ideal- (= Gesundheits-)fall gegenseitig: *»Da nämlich der Säfte vier sind, heißen die beiden beherrschenden Phlegmata, die beiden abhängigen aber Livores. Ein jeder Saft ist, wenn er das Obergewicht hat, dem nächstfolgenden um den vierten Teil und die Hälfte des dritten Teiles überlegen. Dieser abhängige Saft aber temperiert die beiden Teile und den Rest des dritten Teiles, so daß sie ihre Schranken nicht überschreiten. Der oberste Saft beherrscht auf diese Weise den zweiten (diese beiden zusammen heißen Phlegmata), der zweite herrscht über den dritten, der dritte über den vierten (die beiden letzten, der dritte und vierte also, heißen Livores). Die beiden oberen wirken mit ihrem Überschuß auf die niedrigeren erregend und die beiden unteren wirken durch ihren Mangelcharakter (vacuitas) auf deren Übermaß hemmend. Befindet sich der Mensch in solcher Gleichgewichtslage, dann hat er seine Ruhe. Überschreitet aber einer der Säfte seinen Bereich, so gerät der Mensch in Gefahr«*[12].
Verliert einer der beiden (untergeordneten) Livor-Säfte sein rechtes Maß und beginnt die ordnungsgemäß »herrschenden« Phlegmata zu dominieren oder aber nicht mehr genügend zu kontrollieren, wird der Mensch krank: *»Wenn nun einer von den Livor-Säften sein oben besprochenes Maß ordnungswidrig überschreitet, so hat er nicht genügend Durchschlagskraft, um der oberen Säfte Herr zu werden, es sei denn, daß er als Erstwirkender von dem nachdringenden Livor weitere Reize erhält oder daß er als Zweitwirkender von dem Vorausgehenden mitgerissen wird. Wenn auf diese Weise bei einem Menschen sich der Livor über seine Grenzen hinaus im Übermaß ausbreitet, dann können die Säfte nicht mehr im Frieden bleiben«*[13].

3.2. Körperliche und seelische Krankheiten

Alle körperlichen und seelischen Krankheiten haben ihre Ursache im Sündenfall. Die hierdurch bewirkte, grundsätzliche Veränderung der Säfte macht den Menschen anfällig für körperliche Gebrechen, aber auch für

Abb. 61 Der Sündenfall, Rupertsberger Scivias, um 1165 (Kopie 20. Jh.), Abtei Eibingen, St. Hildegard

alle seelischen Krankheiten wie z. B. Trauer, Melancholie oder Verzweiflung: »*Als Adam das Gute erkannte und durch den Genuß des Apfels doch das Böse tat, da erhob sich im Wechsel dieser Umwandlung in seinem Organismus die Schwarzgalle, die ohne die teuflische Verführung nicht im Menschen wäre, weder im Wachen noch im Schlafen. Traurigkeit und Verzweiflung aber erwachsen erst aus dieser Melancholie, die Adam bei seiner Übertretung empfand. Im gleichen Augenblick nämlich, da Adam das göttliche Gebot übertrat, gerann in seinem Blute die Schwarzgalle (melancolia): (...) seine Augen, die vorher die himmlische Herrlichkeit geschaut hatten, erloschen, seine Galle wurde in Bitterkeit umgewandelt und die Schwarzgalle in die Finsternis der Gottlosigkeit. So wurde er ganz und gar in eine andere Existenzweise umgewandelt (totus mutatus est). Da befiel Traurigkeit seine Seele, und sie suchte bald eine Entschuldigung dafür im Zorn. Denn aus der Traurigkeit entsteht der Zorn. Und so haben sich die Menschen vom ersten Elternpaare her die Traurigkeit und den Zorn sowie sonstige schädliche Affekte zugezogen*«[14].

Die jeweilige Konstellation der Unordnung der Säfte ist für die Unterschiedlichkeit der Krankheitsbilder verantwortlich. Deshalb erkrankt der Mensch z. B. an Gicht oder er wird gelähmt:

Gicht: »*Wenn nun das Schaumige und Lauwarme, jetzt also der Livor des Feuchten und Trockenen, ihr Maß überschritten haben, so daß der Schaum hochsteigt und siedendem Wasser gleich einen Rauch macht und das Lauwarme sich in Tropfen auflöst, dann beugen diese Säfte im Wirbel ihrer Widersprüche den Nacken des Menschen, krümmen seinen Rücken und machen ihn gänzlich gichtbrüchig, bis er von diesem Leiden erlöst wird; gleichwohl kann er ein hohes Alter erreichen*«[15].

Lähmung: »*Wenn das Feuchte und das Lauwarme, hier den Livor des Trockenen und Schaumigen bildend, wie ein gefährlicher Windstoß über ihre Grenzen hinausgewirbelt werden, dann werden sie wie in eine Erschütterung der Winde gebracht und bringen gefährlich klingende Geräusche hervor wie ein Donnergetöse. Und jenes Geräusch tönt durch die Gefäße und das Mark sowie in den Schläfen eines solchen Menschen; daher wird bei solchem Leiden der Mensch gelähmt und im ganzen Körper kraftlos. Dies dauert so lange, bis die genannten Livores sich verzogen haben und wieder in die rechte Bahn zurückgekehrt sind. Aber mit Gottes Erlaubnis kann solch einer doch recht lange leben*«[16].

Neben den körperlichen Krankheiten sind auch »Geisteskrankheiten« wie Schwermut oder Jähzorn, aber auch, so Hildegard, sogar Selbstmord oder Ketzerei durch falschen »Säfte-Mix« bedingt:

Ketzerei: »*Wenn nun das Trockene oder das Feuchte, die diesmal den zusammengezogenen Livor der vorerwähnten Phlegmata des Schaumigen und Lauwarmen bilden und die sich eigentlich ruhig verhalten müßten, ihr Maß überschreiten, dann wird das seelische Bewußtsein (scientia animae) eines solchen Menschen schwinden und aufhören wie auch sein Geschmacksvermögen und sein Gefühl; dann kommen luftartige Geister (aerei spiritus) zu diesem Menschen, bedrängen ihn, lassen ketzerische Gedanken in ihm laut werden und umgeben ihn mit einem Wall; davon schläft dann das wache Bewußtsein seiner Seele ein. Und so kommt der Mensch in eine schwere Krise, wenn Gott jene Geister nicht vertreibt. Daher verdorrt der Mensch aus seinem Innern heraus und kann nicht lange in dieser Welt leben*«[17].

Selbstmord (Abb. 62): »*Wenn aber das Trockene und das Lauwarme, in diesem Fall der Livor des Schaumigen und Feuchten, aus ihrer Bahn treten, dann überschreitet das Trokkene das Feuchte und das Schaumige und bringt beide in Verwirrung; das Lauwarme aber erzeugt im Organismus einen siedenden wäßrigen Rauch, so daß ein solcher Mensch sich selbst in den Tod stürzt, wenn er nicht von Gott oder durch die Menschen daran gehindert wird. Dieser Mensch ist nicht richtig gesund und auch nicht gänzlich krank, er ist vielmehr zwischen beiden. Er kann lange leben, wenn er bewacht wird*«[18].

Abb. 62 Selbstmord des Judas, Bible moralisée, um 1200, London, British Library, Harley 1527

Abb. 63 Weinender Mann, Pseudo-Apuleius, 13. Jh., Wien, Österreichische Nationalbibliothek, Cod. Vind. 93

Als eines der größten Übel gilt Hildegard der Zorn, eine der sieben Todsünden. Er erregt den Menschen und macht krank. Hiervon wird besonders die Seele berührt, die weinend noch um die verlorengegangene Herrlichkeit des Paradieses und das Gute im Menschen weiß. So entstehen die Tränen (Abb. 63): »*Durch solchen Zorn verfällt der Mensch oftmals in schwere Krankheiten, da die entgegengesetzten Säfte aus Galle und Schwarzgalle bei einem häufiger vorkommenden Erregungszustande den Menschen einmal krank machen müssen; bliebe er indes von der Bitterkeit der Galle und der Schwärze der Schwarzgalle verschont, so würde er immerfort gesund bleiben. (…) Wer aber bleich im Gesicht wird, wenn ihn der Zorn überkommt, dessen Zorn ist von der Art, daß in ihm die Schwarzgalle erregt wird (…). Solche Menschen können oft aus ihrer zornmütigen Gesinnung heraus körperlich herunterkommen und austrocknen; die Seele aber behält dabei ihr Wissen und ihre Einsicht. Wenn sie dann bedenkt, woher sie stammt und was sie ihrem Wesen nach sein sollte, zieht sie die Seufzer tief in sich hinein, wobei der Mensch gar nicht merkt, woher ihm dieses Aufseufzen kommt. (…) So tritt infolge dieser Traurigkeit aus den Säften im Inneren des Menschen etwas wie ein bitterer Rauch heraus und sammelt sich um das Herz; dieser durchtränkt eine Flüssigkeit (tabes), das heißt das Blutwasser vom Herzen und den übrigen Gefäßen, überwältigt es unter Ausstoßen von Stöhnen und leitet es auf dem Gefäßwege zu den kleinen Gefäßen des Gehirns gleich wie eine Rauchwolke und führt sie durch dieselben an die Augen heran, weil ja die Augen eine gewisse Verwandtschaft mit dem Wasser haben. So strömt jenes Wasser aus den Augen, und das sind die Tränen*«[19].

Hildegard vermittelt aber auch bei diesen seelischen Störungen Hoffnung für die Betroffenen. Neben den Tränen der Trauer und der Verzweiflung beschreibt sie auch die Tränen der Freude, die die Seele weint, wenn sie sich ihres »*himmlischen Ursprungs*« sowie der Tatsache erinnert, daß sie, die irdische Pilgerin, am Ende wieder in Gott einkehren wird: »*Tränen indessen, die aus der Freude ihren Ursprung nehmen, sind milder als die, welche aus der Traurigkeit entstehen. Wenn nämlich die Seele bei aller Traurigkeit aus ihrer Einsicht heraus immer wieder sich erinnert, daß sie ja himmlischen Ursprungs ist und auf dieser Welt nur eine Pilgerin, oder wenn ihr der Leib im Guten beistimmt, so daß sie in den heiligen Werken sich mit ihm als eine Einheit fühlen kann, dann sendet sie ohne jene Nebel und ohne jene Verwirrung mit den Seufzern der Freude und Fröhlichkeit auf dem Weg der erwähnten Gefäße in einer milden Weise die Tränen zu den Augen und läßt sie wie einen süßen Quell ausströmen. Solche Tränen schädigen in keiner Weise das Herz des Menschen, sie dörren auch sein Blut nicht aus, verletzen seine Gewebe nicht und bringen den Augen keine Schwäche*«[20].

3.3. Der Tod

Je mehr Säfte in Unordnung geraten, um so schwerwiegender wird die Krankheit. Verlieren alle Säfte auf einmal ihr rechtes Maß, tritt augenblicklich der Tod ein: *»Wenn im menschlichen Organismus ein Saft die anderen überschwemmt und dadurch das richtige Maß und das rechtmäßige Verhältnis nicht mehr einhält, dann wird ein solcher Mensch hinfällig und krank. Wenn sich aber gleichzeitig zwei Säfte wider die Ordnung im Menschen erhoben haben, dann kann er nicht mehr bestehen: Er wird verrückt oder geht in seinem Körper vollends zugrunde, weil die richtige Mischung nicht mehr da ist. Wenn gleichzeitig drei ihre Grenzen überschreiten, dann siecht der Mensch dahin und stirbt eines raschen Todes. Wenn aber alle vier aus ihrer Ordnung herausbrausen, dann wird der Mensch in einem Nu und augenblicks von ihnen ganz plötzlich dahingerafft, weil er auch nicht einen Augenblick mehr existieren könnte, sondern gänzlich auseinanderfallen müßte, so wie auch am jüngsten Tage das All durcheinandergeworfen wird* (Abb. 64), *wenn die vier Elemente ihre große Auseinandersetzung antreten«*[21].

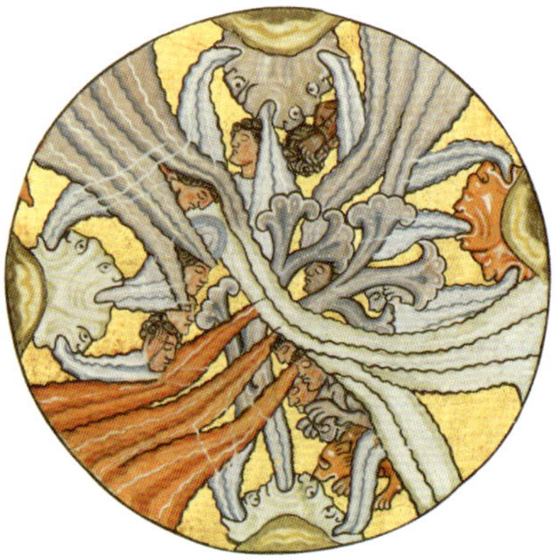

Abb. 64 Die vier Elemente im Aufruhr (Detail), Rupertsberger Scivias, um 1165 (Kopie 20. Jh.), Eibingen, Abtei St. Hildegard

4. Hildegards Lehre von pflanzlichen, tierischen und mineralischen Heilmitteln

Hildegard kennt aus dem Bereich der Flora, der Fauna und der Mineralien sehr viele Heilmittel, deren Art und Anwendung sie uns in den neun Büchern ihrer »Physica« detailliert beschreibt. Sie beginnt mit dem umfangreichsten Part,

1. »Über die Pflanzen«, gefolgt von den Büchern
2. »Über die Elemente«
3. »Über die Bäume«
4. »Über die Steine«
5. »Über die Fische«
6. »Über die Vögel«
7. »Über die Tiere«
8. »Über die Reptilien« und
9. »Vom Ursprung der Metalle«.

Die therapeutische Wirkung all dieser Heilmittel steht im Mittelpunkt von Hildegards Beschreibung, die in der Regel nach einem festen Schema abläuft. An erster Stelle steht die Benennung der sog. »Primärqualitäten« des jeweiligen Mittels: ist es kalt oder warm, ist es feucht oder trocken? Dies ist im Hinblick auf ihre Säftelehre und das ganzheitliche Bild, das Hildegard von Körper und Kosmos hat, von entscheidender therapeutischer Bedeutung. Auf die jeweilige Benennung der Erkrankung folgen dann, je nach Art und Schwere der Krankheit, mehr oder weniger ausführliche Rezepturen. Sie enthalten Angaben über die Zubereitung der Heilmittel, über deren Quantitäten, Anwendung und Darreichungsform. Letztere kann in Form von Salben, Pillen oder als Spülung geschehen; die Regel ist ein Saft oder ein in Wein oder Essig gelöstes Pulver. Beides wird meist aus dem verriebenen Rohstoff gewonnen. Die Arzneien werden normalerweise innerlich genommen (Abb. 65).

Abb. 65 Heiltranküberreichung, Pseudo-Apuleius, 13. Jh., Wien, Österreichische Nationalbibliothek, Cod. Vind. 93

Hildegard übernimmt keine Gewähr, daß die von ihr angeführten Heilmittel auch wirklich helfen. Denn der Mensch hat durch eigenes Verschulden – durch den Sündenfall – die Krankheiten auf sich gezogen. Gott in seiner allmächtigen Güte gab den Menschen Heilmittel, die gegen diese Krankheiten wirksam sind – doch nur, wenn er es will: *»Für die oben besprochenen Krankheiten sind von Gott die nachstehenden Heilmittel angewiesen worden: sie werden entweder den Menschen befreien, oder er wird sterben, oder Gott will ihn nicht von seiner Krankheit frei machen«*[22].

Abb. 66 Adam (Detail), Rupertsberger Scivias, um 1165 (Kopie 20. Jh.), Eibingen, Abtei St. Hildegard

4.1. »Über die Pflanzen«

Die größte Gruppe von Heilmitteln, die Hildegard kennt, sind die Pflanzen (Abb. 66). Sie beschreibt sie in 230 Kapiteln und einer begleitenden Vorrede im ersten Buch ihrer »Physica«. Damit folgt sie dem biblischen Schöpfungsbericht des 3. Tages, in dem die Pflanzen ebenfalls an erster Stelle genannt werden. Unter »Pflanzen« versteht Hildegard vorzugsweise das, was wir heute als Kräuter und Gemüse bezeichnen. Aber auch Getreide, Gewürze und Blumen werden hier verzeichnet, des weiteren »Heilmittel«, die man eigentlich nicht hier erwarten würde, wie z. B. der Honig, die Milch oder der Zucker. Bäumen wiederum widmet Hildegard ein eigenes Buch (s. 4.3.). Die therapeutische Wirkung der Pflanzen steht im Mittelpunkt ihrer Beschreibung. Vielen Pflanzen bescheinigt sie allgemein kräftigende Eigenschaften, sofern dem nicht besondere Gebrechen im Wege stehen. So schreibt Hildegard z. B. zum Hanf (Abb. 67): *»Der Hanf ist warm und wächst, wenn die Luft nicht sehr warm und nicht sehr kalt ist. Gesunden und kräftigen Naturen ist er bekömmlich, schwachen dagegen nicht, besonders solchen nicht, die ein schwaches Gehirn haben«*[23].

Abb. 67 Hanf, Pseudo-Apuleius, 13. Jh., Wien, Österreichische Nationalbibliothek, Cod. Vind. 93

Viele Pflanzen besitzen mehrere therapeutische Eigenschaften, so der Mohn (Abb. 68): *»Der Mohn ist kalt und etwas feucht, die Samen bewirken Schlaf und drängen die Geilheit zurück, auch beruhigen sie die Läuse und deren Brut. Roh wirken sie besser als gekocht. Das aus ihnen gepreßte Öl ist für die Gesundheit des Menschen indifferent«*[24].

Abb. 68 Mohn, Pseudo-Apuleius, 13. Jh., Wien, Österreichische Nationalbibliothek, Cod. Vind. 93

Nicht immer muß man die Pflanzen, in welcher Form auch immer, zu sich nehmen. Oft werden sie von Hildegard auch als rein mechanisches Therapeutikum eingesetzt. So schreibt sie z. B. zu den Dornen der Brombeere (Abb. 69): *»Wenn jemand Schmerzen an der Zunge*

Abb. 69 Brombeere, Pseudo-Apuleius, 13. Jh., Wien, Österreichische Nationalbibliothek, Cod. Vind. 93

hat, sei es, daß diese anschwillt oder geschwürig ist, soll er sie mit einem kleinen Aderlaßmesser oder mit einem Dorn ein wenig anschneiden, damit dort der Schleim hervorbrechen kann, und er wird sich besser befinden. Wer an Zahnschmerzen leidet, soll das Fleisch um den Zahn mit einem kleinen Aderlaßmesser oder einem Dorn an einer Stelle vorsichtig anschneiden, damit der Eiter heraustritt, und es wird ihm besser werden (…)«[25].

Einige Pflanzen sind laut Hildegard wahre Allheilmittel, die die verschiedensten Gebrechen lindern oder beseitigen, so z. B. der Wermut (Abb. 70): *»Der Wermut ist sehr warm und äußerst heilkräftig; er hat eine hervorragende Wirkung bei allen Schwächezuständen. Mache vom Saft einen genügend großen Aufguß auf Wein und feuchte das ganze Haupt des Kranken bis zu den Augen und Ohren und zum ›nack‹ ein, und tue das zur Nachtzeit, wenn du schlafen gehst. Stecke den Kopf ganz in eine wollene Mütze bis zum Morgen, und das Kopfweh und der Schmerz, welcher von der Gicht im Kopf ›erbulset‹, wird vergehen. Ein Teil Wermutsaft mit zwei Teilen Baumöl in einem Glase an der Sonne erwärmt und ein Jahr lang aufbewahrt, dient als Einreibung bei Brustschmerz und Husten. Eine Salbe gegen Gicht wird bereitet aus vier Teilen zerstoßenem Wermut, zwei Teilen Hirschtalg und einem Teil Hirschmark. Ein Trank aus viel frischem Wermutsaft und einer Abkochung von Honig und Wein beseitigt ›lauchsucht‹ und Melancholie, klärt die Augen, stärkt das Herz und die Lunge, wärmt den Magen, reinigt die Eingeweide und bringt gute Verdauung, wenn er von Mai bis Oktober an jedem dritten Tag nüchtern genommen wird«*[26].

Andere Pflanzen hingegen entfalten nach Hildegard keine besonderen therapeutischen Eigenschaften oder befördern die Gesundheit, darunter auch zur Vollwertkost zählende Nahrungsmittel, denen wir heute eine bedeutende ernährungswissenschaftliche Rolle beimessen, wie z. B. die Hirse (Abb. 71): *»Die Hirse ist kalt und keine nützliche Nahrung für den Menschen, weil sie keine Kräfte gibt, sondern nur den Bauch auftreibt und das Gehirn wässerig macht. Bei Lungenleiden soll Hirse über einem glühenden Steine getrocknet und gepulvert und dann mit doppelt soviel Skolopendriapulver und einem Bissen Brot nüchtern und nach der Mahlzeit genommen werden«*[27]. Auch vom Leinsamen heißt es, abgesehen von seinem Nutzen gegen Seitenschmerzen, lapidar: *»Der Leinsamen hat als Nahrungsmittel keinen Zweck«*[28].

Vom besonderen Wert der Rohkost ist Hildegard nur bedingt überzeugt. Vor allem bei den Kräutern und Knol-

Abb. 70 Wermut, Pseudo-Apuleius, 13. Jh., Wien, Österreichische Nationalbibliothek, Cod. Vind. 93

Abb. 71 Hirse, Pseudo-Apuleius, 13. Jh., Wien, Österreichische Nationalbibliothek, Cod. Vind. 93

lengewächsen differenziert sie in dieser Hinsicht sehr stark. Während z. B. Petersilie oder Knoblauch der Gesundheit zuliebe unbedingt roh zu verzehren seien, rät sie bei Sellerie, Porree oder Dill (Abb. 72) entschieden davon ab: *»Der Dill ist trocken und warm, sein Genuß stimmt den Menschen zur Traurigkeit. Roh genossen ist er nicht gesund, weil er die Feuchtigkeit und etwas Fettigkeit der Erde an sich hat; gekocht vertreibt er die Gicht. Gegen Nasenbluten soll frischer Dill und zweimal soviel Schafgarbe als Umschlag um Stirn, Schläfen und Brust gelegt werden. Im Winter, wenn keine frischen Pflanzen zur Verfügung stehen, wird das Pulver derselben angewandt. Zur Unterdrückung sinnlicher Triebe werde im Sommer eine Würze aus Dill, zweimal soviel ›bachminze‹ und ›brachwurz‹ und die Wurzel von ›iris illyrica‹ mit Essig gemacht und den Speisen zugemischt; im Winter nimmt man das Pulver der getrockneten Drogen«*[29].

Bei vielen Pflanzen kommt zu deren grundsätzlicher Heilkraft noch eine gute Portion altgermanisch-heidnischen Aberglaubens hinzu[30], der auf traditionell-volkskundlichem Weg tradiert sein dürfte: *»Einige Pflanzen haben die Kraft der stärksten Gewürze, die Strenge der bittersten Gewürze in sich. Deshalb beschwichtigen sie auch die meisten Übel, weil die bösen Geister diese verursachen und zu Schaden wirken lassen. Es gibt aber auch einige Pflanzen, welche gleichsam den Schaum (spumam) der Elemente in sich haben, aus denen die Menschen, von Täuschung befangen, ihre Schicksale zu erforschen suchen; diese liebt der Teufel und gesellt sich ihnen zu«*[31].

So heißt es zum Beispiel zum Farn (Abb. 73): *»Der Farn ist warm und trocken und hat auch ein mittleres Maß an Saft. Der Teufel flieht die Pflanze, und sie hat gewisse Kräfte, die an die der Sonne gemahnen, weil sie wie die Sonne das Dunkel erhellt. Sie vertreibt so Trugbilder, ›fantasias‹, und deswegen lieben sie die bösen Geister nicht. An dem Platze, an dem sie wächst, übt der Teufel sein Gaukelspiel selten aus, und den Platz und das Haus, an dem der Teufel ist, meidet und verabscheut sie. (...) Wer den Farn bei sich trägt, ist sicher vor den Nachstellungen des Teufels und vor bösen Anschlägen auf Leib und Leben. Wie den Menschen Sinn für das Gute und Böse innewohnt, so sind auch gute und schlechte Kräuter für ihn geschaffen. Der Saft des Farnkrautes ist aber auf das Gute und Heilige gerichtet, darum flieht vor ihm alles Böse und Zauberhafte (...)«*[32].

Liebeszauber waren für das Hochmittelalter eine unleugbare Realität. Prominenteste Opfer solcher Magie waren ohne Zweifel das berühmte epische Liebespaar Tristan und Isolde. Auch gegen diese – teuflische – Krankheit kennt Hildegard magische Heilmittel auf pflanzlicher Basis wie z. B. die Betonika (Abb. 74): *»Die Betonika ist warm. Sie hat mehr Beziehungen zur menschlichen Wissenschaft als andere Kräuter, so wie die reinlichen Haustiere sich besser mit dem Menschen verstehen als die wilden Tiere. So beschattet sie zuweilen auch die Falschheit des Teufels (...). Sie ist ein starkes Antiaphrodisiacum. Wenn ein Mann oder ein Weib, sei es durch irgendwelche sympathetische Mittel, magische Vorspiegelungen oder teuflische Einflüsse, von Liebe bis zum Wahnsinn betört ist, der suche eine Betonika, welche vorher weder zu solchen Zwecken noch als Heilmittel benützt worden ist, weil dann ihre Kräfte erschöpft sind; er nehme die Blätter der Pflanze, stecke eines in jedes Nasenloch, stecke eines unter die Zunge, nehme eines in jede*

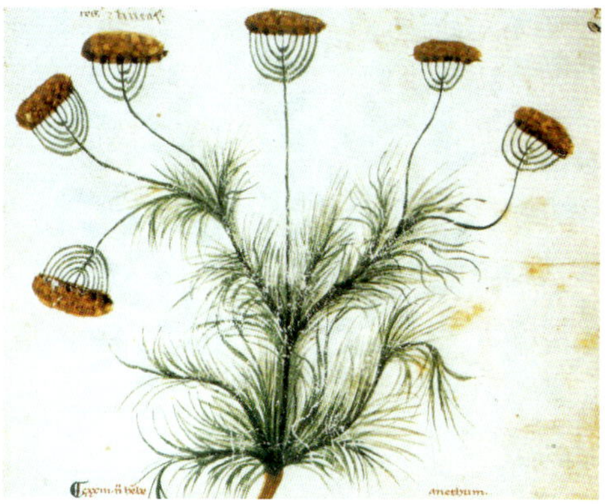

Abb. 72 Dill, Pseudo-Apuleius, 13. Jh., Wien, Österreichische Nationalbibliothek, Cod. Vind. 93

Abb. 73 Farn, Pseudo-Apuleius, Wien, Österreichische Nationalbibliothek, Cod. Vind. 93

Abb. 74 Betonika, Pseudo-Apuleius, 13. Jh., Wien, Österreichische Nationalbibliothek, Cod. Vind. 93

Hand, lege eines unter jeden Fuß und blicke die Pflanze unausgesetzt an, das tue er so lange, bis die Blätter durch die Körpertemperatur warm werden; im Winter gebrauche man zu dem gleichen Zweck die Wurzel. Der Betörte wird geheilt werden, vorausgesetzt, daß er vorher keinen Liebestrank, ›incitamentum amoris‹, genommen hat, noch ihm ein solcher beigebracht worden ist«[33].

Eine ähnliche Wirkung bescheinigt Hildegard der männlichen oder weiblichen Mandragora- oder Alraunenwurzel (Abb. 75), deren Anwendung und Wirkung sie detailliert beschreibt: *»Der Alraun ist warm, ein klein wenig wäßrig und stammt aus der Erde, von welcher Adam gemacht ist; die Wurzel ist dem Menschen etwas ähnlich, deswegen gerade ist diese Pflanze den Einflüsterungen und Nachstellungen des Teufels mehr als andere Pflanzen ausgesetzt. Wenn sie gegraben wird, soll sie sofort einen Tag und eine Nacht in Quellwasser, ›queckborn‹, gelegt werden, es wird dann alles Böse und Widerwärtige aus ihr gezogen, ›uszgebiszen‹, sie hat ihre magische Kraft verloren; geschieht dies nicht, bleibt die Erde an ihr hängen, dann ist sie zu allerhand Teufelskünsten zu gebrauchen. Wenn ein Mann infolge magischer Einflüsse oder aufgeregter Natur unenthaltsam ist, so nehme er die weibliche Gestalt dieser vorher abgewaschenen Pflanze, binde sie zwischen Brust- und Nabelgegend und trage sie drei Tage und drei Nächte, dann spalte er sie und binde die Teile auf beide Lenden, ›lanckun‹, drei Tage und Nächte. Er pulverisiere auch die linke Hand der Figur und nehme das Pulver mit etwas Kampfer, so wird er beruhigt. Ist es bei einer Frau der Fall, so nehme sie die männliche Figur und mache es ebenso, nehme aber statt der linken Hand für das Pulver die rechte. Gegen Leiden einzelner Körperteile verzehre man die entsprechenden Gliedmaßen der Figur, gegen Kopfleiden den Kopf, gegen Halsschmerzen den Hals usw. Die männliche Figur ist aber heilkräftiger als die weibliche«*[34].

Abb. 75 Männliche und weibliche Alraune, Pseudo-Apuleius, 13. Jh., Wien, Österreichische Nationalbibliothek, Cod. Vind. 93

4.2. »Über die Elemente«

Die Abhandlung »Über die Elemente« wurde wahrscheinlich erst von späterer Hand hinzugefügt. Sie geht noch einmal kurz auf die einzelnen Elemente, aber nur am Rande auf deren Heilkraft ein und entstammt sicherlich einem anderen Zusammenhang. Sie bleibt deshalb im folgenden außer Betracht. Interesse weckt sie aufgrund ihrer Beschreibung heimischer Flüsse – z. B. Nahe, Glan, Rhein oder Mosel.

4.3. »Über die Bäume«

Hildegards Beschreibung der Bäume (Abb. 76), die sie im 3. Buch ihrer Naturkunde in 63 Kapiteln abhandelt, beginnt mit den Obstbäumen. Am Anfang steht der vornehmste, auf paradiesischen Ursprung zurückzuführende Apfelbaum. Sie bezeichnet ihn althochdeutsch als »affaldra«. Auch andere heimische Laubbäume werden vorzugsweise mit alt-/mittelhochdeutschen Namen belegt, z. B. die Birke (Bircka), die Hagebutte (Hagenbucha), die Espe (Asper) oder die Erle (Arla). Nicht

Abb. 76 Bäume (Detail), Rupertsberger Scivias, um 1165 (Kopie 20. Jh.), Eibingen, Abtei St. Hildegard

unbekannt sind ihr aus den Quellen auch der Lorbeer (Lauro), der Ölbaum (Oleybaum), die Dattel (Datilbaum) oder die Feige (Fickbaum). Auch den Weinstock rechnet Hildegard zu den Bäumen (s. Kat. Nr. 82).

4.4. »Über die Steine«

Hildegards (Edel-)Steinkunde bildet das vierte Buch ihrer »Physica«. Es umfaßt neben einer Vorrede 25 Kapitel, in denen die einzelnen Edelsteine, ihre Eigenschaften und ihre Heilkräfte monographisch abgehandelt werden. Ein Kapitel über »Die übrigen Steine«, die nach Hildegard keine (heilkräftigen) Besonderheiten ausweisen, schließt das Buch ab. Hildegard behandelt gleichermaßen Edel- und Halbedelsteine; hinzu kommen Alabaster, gebrannter Kalk und der Magnet. Auch echte Perlen (»De margaritis«) und Flußperlen (»de Berlin«) rechnet sie zu den Steinen, obwohl sie bei letzteren ausdrücklich deren Entstehung *»in gewissen Schalentieren«* vermerkt.

Die Forschungsmeinungen, ob und welche antiken bzw. frühmittelalterlichen Quellen Hildegard ihrer Steinkunde zugrunde legt, gehen weit auseinander. Selbstverständlich waren ihr die einschlägigen Passagen der Bibel, vor allem im 2. Buch Exodus und der Apokalypse, bekannt. Immer wieder werden auch Plinius, Dioscurides und Constantinus Africanus, vor allem aber der »Liber lapidum seu de gemmos« des Marbod, Bischof von Rennes († 1123), genannt. Eine umfassende Untersuchung hierzu steht noch aus.

Breiten Raum widmet Hildegard der Entstehung der Edelsteine. Bei der Analyse der einzelnen Steine gibt sie deren unterschiedliches Werden so detailliert wieder wie bei keinem anderen Gegenstand ihrer »Physica«. In der »Vorrede« zu diesem Buch beschreibt sie die allgemeinen Rahmenbedingungen der Edelsteinentstehung aus dem Zusammenspiel von Feuer und Wasser: *»Die Edelsteine entstehen im Osten und in den besonders heißen Zonen. Von der Sonne haben dort die Berge Hitze wie Feuer und die Flüsse wallen immer. Manchmal gibt es eine Überschwemmung, und wo das Wasser die brennend heißen Berge berührt, werfen sie Schaum aus – sie singelent –, wie es glühendes Eisen oder glühender Stein tut, wenn Wasser darauf kommt. Der Schaum haftet an der Stelle, fest wie Kletten; in drei bis vier Tagen erstarrt er zu Stein. Nach der Überschwemmung trocknen die Auswürfe aus. Je nach der Temperatur beim Trocknen erhalten sie ihre Farben und ihre Kräfte. Durch das Trocknen werden sie zu Edelsteinen erhärtet und fallen wie Fischschuppen von ihren Plätzen in den Sand. Bei der nächsten Überschwemmung nehmen die Flüsse viele der Steine mit sich und bringen sie in andere Gegenden. Dort werden sie später von den Menschen gefunden. Die Berge, an denen auf diese Art viele große Edelsteine entstehen, sind hell wie das Tageslicht. So entstehen die Edelsteine aus Wasser und Feuer«*[35].

Die heilende Kraft der Edelsteine entfaltet sich auf zwei verschiedene Arten (Abb. 77). Der Stein kann innerlich angewendet werden; dazu wird er verrieben und, mit Flüssigkeit versetzt, getrunken. Anders als die antiken Schriftsteller, bei denen diese Methode die übliche ist, schlägt Hildegard dieses Verfahren aber nur bei einem

Abb. 77 Edelsteinheilkunde, 14. Jh., Jena, Thüringer Universitäts- und Landesbibliothek, Ms. El. f. 80

Stein, dem Beryll, vor. In der Regel werden bei ihr die (häufig erwärmten) Steine eingelegt in Flüssigkeit, die dann getrunken wird. Auch ein Lutschen der Steine schlägt sie des öfteren vor. Ebenso wichtig wie das »Ein«-legen der Steine ist ihr »Auf«-legen direkt auf den erkrankten Körperteil. Viele ihrer Empfehlungen dürften auf eigene Beobachtung sowie auf volkskundliche, mündliche Überlieferung zurückzuführen sein. Letzteres belegt der hohe Anteil magischer, beschwörender Elemente, mit denen Hildegard die Heilkräfte der Steine hervorrufen und verstärken will. Von 25 genannten Steinen werden 11 durch Zauberformeln aktiviert oder entsprechend magisch aufgeladen. Hildegard betont den das Böse abwehrenden Charakter der Edelsteine, die den Teufel zu bannen vermögen: *»Jeder Stein enthält Hitze und Feuchtigkeit. Vor den Edelsteinen schreckt der Teufel zurück, haßt und verachtet sie, weil sie ihn daran*

Abb. 78 Erloschene Sterne, Rupertsberger Scivias, um 1165 (Kopie 20. Jh.), Eibingen, Abtei St. Hildegard

erinnern, daß ihr Glanz schon erschien, ehe er aus seiner Pracht herabstürzte, die Gott ihm verliehen hatte, und weil einige Edelsteine in dem Feuer entstanden, in welchem er gestraft wird. Denn durch den Willen Gottes wurde er durch Feuer besiegt und stürzte in Feuer, wie er auch durch den ersten Anhauch des Heiligen Geistes besiegt wird, wenn ihm die Menschen durch den ersten Anhauch des Heiligen Geistes entrissen werden«[36].

Geschmückt mit Edelsteinen und schön wie der Tag wurde Luzifer hochmütig. Deshalb brachte ihn Gott zu Fall (Abb. 78). Doch die Edelsteine sollten zur Ehre Gottes, aber auch als Heilmittel für den sündigen Menschen erhalten bleiben: *»Gott hatte den ersten Engel wie mit Edelsteinen geschmückt. Dieser – Luzifer – sah sie im Spiegel der Gottheit glänzen. So empfing er das Wissen, und an ihnen erkannte er, daß Gott viel Wunderbares schaffen wollte. Und weil der Schmuck der Steine an ihm in Gott widerstrahlte, wurde er hochmütig und glaubte, er könne ebensoviel, sogar mehr als Gott. Deshalb wurde sein Glanz ausgelöscht. Aber wie Gott den Adam in ein besseres Los zurückgewann, so ließ er auch die Pracht und die Kraft der Edelsteine nicht untergehen, sondern wollte, daß sie zu seiner Ehre, zum Segen und als Heilmittel auf der Erde blieben«*[37].

4.5.–4.8.

Im 5.–8. Buch ihrer »Physica« behandelt Hildegard die Fauna (Abb. 79). Auch hier wird die Reihenfolge durch den biblischen Schöpfungsbericht bestimmt. Sie beginnt mit den

– Fischen (Buch 5, 37 Kapitel), die am Anfang des 4. Tages erschaffen wurden; es folgen die
– Vögel (Buch 6, 72 Kapitel),
– (Säuge-)Tiere (Buch 7, 43 Kapitel) sowie die
– Reptilien (Buch 8, 18 Kapitel).

Abb. 79 Die Tiere (Detail), Rupertsberger Scivias, um 1165 (Kopie 20. Jh.), Eibingen, Abtei St. Hildegard

Bei der Klassifizierung der Arten gibt es große Unterschiede. Entspricht die Einteilung der Fische im wesentlichen unserem heutigen Verständnis – allerdings rechnet Hildegard z. B. den Flußkrebs zu den Fischen –, so kommt es in den anderen Büchern teilweise zu unorthodoxen Einteilungen. Bei den Vögeln treten neben Fabeltieren wie dem Greif (s. Kat. Nr. 84) vor allem fliegende Insekten wie z. B. Biene, Fliege, Heuschrecke oder der »glémo«, das Glühwürmchen, hinzu. Ähnliches bei den (Säuge-)Tieren: neben mythischen Wesen wie dem Einhorn tauchen hier auch Insekten wie der Floh oder die

Waldameise auf. Entscheidend scheint für Hildegard das Kriterium der Beine bzw. der Flügel zu sein. Auch bei den Reptilien tauchen Fabeltiere wie der Basilisk oder der Drache ebenso auf wie Skorpion, Tarantel oder – der Regenwurm.

4.5. *»Über die Fische«* (Abb. 80)

Bei der Auflistung der Fischarten geht Hildegard wieder nach dem biblischen Schöpfungsbericht vor und beginnt mit dem Wal. Er sowie der auf ihn folgende Stör dürften ihr, da sie nicht am Mittelrhein beheimatet sind, aus eigener Anschauung unbekannt gewesen sein.

Den weitaus größten Raum aber, nahezu 30 Arten, nehmen jene Fische ein, die sie entweder aus eigener Anschauung oder durch die Erzählungen heimischer Fischer gekannt haben dürfte. Hildegards Klöster haben stets in der Nähe fischreicher Flüsse gelegen: Disibodenberg zwischen Nahe und Glan, Rupertsberg an Nahe und Rhein. Um ihre Neugründung Eibingen zu erreichen, mußte sie immer wieder den Rhein überqueren. Auch hier dürfte sich Gelegenheit zu Beobachtung und Fachgespräch ergeben haben.

Abb. 80 Fische und Vögel (Detail), Rupertsberger Scivias, um 1165 (Kopie 20. Jh.), Eibingen, Abtei St. Hildegard

Anders als bei Kräutern, Bäumen oder Edelsteinen interessiert Hildegard bei den Fischen nicht so sehr der heilpraktische Nutzen. Auffällig oft, so z. B. bei Forelle, Schleie oder Flunder, betont sie, daß diese Fische nicht als Heilmittel taugen und ihr Genuß weder schade noch nütze. Anders als bei den giftigen Reptilien (s. 4.8.) entfällt damit auch das Moment der Warnung. Statt dessen beschränkt sie sich auf sachliche Beobachtungen der Fische und ihres Lebensraumes. Dies wird bereits in ihrer Vorrede zu diesem Buch deutlich, die umfangreicher ist als alle anderen. Hier geht sie nur kurz auf die Heilkraft der Fische ein und widmet sich dann vor allem deren Lebensraum und Ernährung: *»Es gibt Fische, die sich von Natur aus auf dem Grunde des Meeres und der Flüsse aufhalten, dort ihre Nahrung suchen und den Grund durchwühlen, wie die Schweine die Erde. Sie fressen Wurzeln gewisser Kräuter (quasdam radices in quibus herbis comedunt). Davon leben sie lange. Auch sonst finden sie manches, was ihnen als Nahrung zusagt. Manchmal steigen sie in eine höhere Schicht der Gewässer auf. Aber bald suchen sie wieder den Grund auf, wo sie sich meistens aufhalten. Ihr Fleisch ist etwas weich und kraftlos und nicht gesund, weil sie immer auf dem Grund der Gewässer verweilen. Manche von ihnen lieben den Tag und das Licht der Sonne mehr als die Nacht und das Licht des Mondes, andere umgekehrt.*

Andere Fische leben vorwiegend in mittlerer Tiefe in klarem Wasser und suchen dort ihre Nahrung. Auf vorstehenden Klippen finden sie manchmal Kräuter, die so gesund sind, daß der Mensch, könnte er sie finden, mit ihnen alle Krankheiten vertreiben könnte. Weil sie diese fressen und weil sie sich in reinem Wasser aufhalten, haben sie kräftiges Fleisch und sind nahrhaft. Manchmal schwimmen sie auf den Grund hinab, kommen aber bald wieder herauf und halten sich vorwiegend in mittlerer Tiefe der Gewässer auf. Sie sind etwas kleiner als die Fische, die sich gewöhnlich auf dem Grund aufhalten. Auch von ihnen bevorzugen einige den Tag und das Sonnenlicht, andere die Nacht und das Mondlicht.(…)

Die gleiche Gruppierung (…) findet sich auch bei den Fischen, die im Meer und in den Flüssen ganz oben leben und dort im Schaum und dem vielen Schmutz, der oben schwimmt, ihre Nahrung suchen. Sie werden von der Wärme der Sonne mehr durchdrungen als die Fische, die tiefer leben. Weil sie sich in gewissen Buchten, ›cavernulae‹, mit faulem, stinkendem Wasser verstecken, ist ihr Fleisch weich, kraftlos und ungesund«[38].

Auch der Fortpflanzung der Fische widmet Hildegard größte Aufmerksamkeit: *»Alle Fische fressen je nach ihrer Art im Winter und zuweilen auch im Sommer ihnen zuträgliche Kräuter. Dann wachsen Milch und Rogen in ihnen. Diese Kräuter fressen sie gern. Würde ein Mensch, das heißt eine Frau, die unfruchtbar ist, von ihnen essen, würde sie fruchtbar werden und empfangen.*

Zur Begattung vereinigen sie sich nicht wie die anderen Tiere. Das einzige ist, daß in ihnen Rogen und Milchner wachsen. Und so wie die Begierde die anderen Tiere zur Begattung treibt, fühlen sie sich zum Laichen getrieben. Jeder Fisch sucht einen anderen gleicher Art, der zu ihm paßt. Wenn die Zeit zum Laichen bevorsteht, suchen sie einen Platz am Ufer auf, wo sie vor Wind und Sturm sicher sind, wo das Wasser ruhig und wohltemperiert ist und wo ringsum Kräuter wachsen, von denen sie sich inzwischen ernähren. Dann schwimmt das

Weibchen in gerader Linie vorwärts, bis es gelaicht hat; sodann erwartet es das Männchen. Dieses folgt dann und ergießt seine Milch über den Rogen. Sobald es das Weibchen erreicht, hört seine Milch auf auszufließen. So entleert und ermüdet, werden sie etwas geschwächt, suchen sich in der Nähe eine ruhige Stelle und ernähren sich von den ›herbulis circum positis‹, bis sie wieder bei Kräften sind«[39].

Abb. 81 Vögel, 12. Jh., Manchester, John Rylands University Library, Ms. 8

4.6. »Über die Vögel«

Den Vögeln (Abb. 81) bringt Hildegard größte Sympathie entgegen; weniger aus heilkundlichen als aus theo-anthroposophischen Gründen. Seele und Vögel bewegen sich im selben Raum und verhalten sich, wie Hildegard in ihrer Vorrede bemerkt, gleich: *»Solange die Seele des Menschen in seinem Körper ist, ist sie luftig und wird von der Luft emporgehoben, andernfalls wurde sie im Körper erstickt. Sie hält sich mit einfühlender Einsicht im menschlichen Körper auf. So sind auch die Vögel geschaffen, mit denen die Seele fühlen und wissen muß, was zu wissen ihr nötig ist. Denn die Vögel werden durch ihre Federn emporgehalten und halten sich überall in der Luft auf. So wird auch die Seele im Körper durch ihre Gedanken emporgehalten und breitet sich überall aus«*[40].

Die positiven Eigenschaften aller Vögel (Abb. 82) sind groß; sie sind kälter und reiner als die übrigen Tiere: *«Die Vögel sind kälter als die Tiere, die auf der Erde leben, weil sie nicht durch eine so große Hitze der Begierde erzeugt werden. Ihr Fleisch ist reiner als das der Landtiere, weil sie nicht nackt aus der Mutter auskriechen, sondern mit einer Schale bedeckt, ›testa cooperta‹«*[41].

Abb. 82 Der Wald und seine Tiere, um 1230, München, Bayerische Staatsbibliothek, Clm. 4460

Hildegard eröffnet ihre Auflistung mit einem Fabeltier, dem sagenhaften Vogel Greif (Kat. Nr. 84), danach folgt der Strauß. Beide kann sie selbstverständlich nur aus schriftlichen Quellen gekannt haben. Die weitaus größte Anzahl der beschriebenen Vögel, darunter auch die von ihr dieser Spezies zugeordneten fliegenden Insekten, dürfte sie aber aus eigener Anschauung gekannt haben, da sie bei zahlreichen Arten kurze Hinweise auf deren Lebensweise und Lebensräume gibt. Auch hier zeigt Hildegard deutliche Skepsis gegenüber einigen Tieren, die wir heute, z. B. an St. Martin, mit besonderem Genuß zu uns nehmen. So schreibt sie zur Gans (Abb. 83) und deren Eiern: *»Die Gans ist warm und besteht aus der Luft, von der die Tiere leben, und auch aus feuchter Luft, die die Federn an ihr hervorbringt. Sie kann nicht hoch fliegen, weil sie von der Luft der Tiere hat. Von der feuchten Luft kommt es, daß die Gans sich gern im Wasser aufhält. Sie frißt reine und unreine Nahrung. Wegen dieser Doppelnatur der Gans taugt ihr Fleisch nicht als Nahrung für Kranke, weil es im Menschen Schleim oder Geschwüre bereitet oder Krätze oder der ›lepra‹ ähnliche Geschwüre, während Gesunde es vertragen. Wer eine Gans essen will, muß sie zwei oder drei Tage lang hungern lassen, damit die schlechten Säfte sich in ihr verlieren, dann soll er sie mit Körnern mästen. Gänseeier sind nicht genießbar, weil sie Krankheiten im Menschen hervorrufen«*[42].

Hühner (Abb. 84) hingegen sind als Speise uneingeschränkt empfehlenswert: *»Der Hahn und die Henne haben eine kalte und trockene Natur. Ihr Fleisch ist für Gesunde gut, es macht nicht fett; Kranken bringt es Erquickung. Schwerkranke aber dürfen es nicht essen, weil es ihnen so viel Schleim im Magen erzeugte, daß sie geschwächt würden und die Speisen kaum noch verdauen könnten. Das Fleisch der Henne ist zarter als das des Hahnes und deshalb bekömmlicher. Hüh-*

Abb. 83 Gans, Pseudo-Apuleius, 13. Jh., Wien, Österreichische Nationalbibliothek, Cod. Vind. 93

Abb. 85 Die Tiere des Weltenendes (Detail), Rupertsberger Scivias, um 1165 (Kopie 20. Jh.), Eibingen, Abtei St. Hildegard

nerfedern sind als Kopfkissen schlecht, weil sie die Gicht im Menschen hervorbringen«[43].

4.7. »Über die Tiere«

Das Kapitel über die (Säuge-)Tiere (Abb. 85) ist einerseits von einer Vielzahl von eigenen Beobachtungen, andererseits aber von abergläubisch-magischen Beschreibungen geprägt. In ihrer Vorrede vergleicht Hildegard Eigenschaften und Stimmungen von Mensch und Tier: *»Die Vögel, die sich in der Luft aufhalten, sind ein Sinnbild der Kraft des Menschen, durch die er sich in seinen Gedanken vieles oft vorsagt und es überlegt, ehe er es zur offenkundigen Tat werden läßt. Die Tiere aber, die auf der Erde leben, versinnbildlichen die Gedanken und Überlegungen des Menschen, die er in die Tat umsetzt. Der Löwe und die ihm ähnlichen Tiere bezeichnen den Willen des Menschen, unmittelbar bevor er zur Tat wird. Der Panther und die ihm ähnlichen Tiere bezeichnen das glühende Verlangen nach etwas gerade Beginnendem. Die anderen Waldtiere bezeichnen die Fülle der Möglichkeiten, die der Mensch hat, nützliche und unnütze Werke zu vollbringen. Die zahmen Tiere auf der Erde bezeichnen die Sanftmut des Menschen, die er hat, wenn er auf dem rechten Wege ist. Der Gedanke des Menschen, der einem sagt: ›Du bist dieses oder jenes Tier‹ kommt daher, daß die Tiere etwas in sich haben, das der Natur des Menschen ähnlich ist«*[44].

Abb. 84 Hahn, Pseudo-Apuleius, 13. Jh., Wien, Österreichische Nationalbibliothek, Cod. Vind. 93

Bestimmte Tiere, vor allem jene, die sich menschenähnlich verhalten, sind heilkräftig, während andere als giftig zu meiden sind: *»Die Tiere, die andere auffressen, und die, die sich von unrechten Kräutern ernähren und viele Junge zur Welt bringen, wie Wolf, Hund oder Schwein, sind genau wie nutzlose Kräuter als Speise ungeeignet und dem Menschen zuwider, weil der Mensch nicht so ist. Die Tiere aber, die sich in diesen Punkten wie der Mensch verhalten, sind tauglich zur Nahrung. In diesen und jenen Tieren finden sich Heilkräfte«*[45].

Ein Tier (Abb. 86) steht nach Hildegard der Natur des Menschen besonders nahe: der Esel (!): *»Der Esel ist warm und töricht. Er lebt gern beim Menschen, weil seine Natur der des Menschen in gewisser Beziehung nahekommt. Sein Fleisch ist dem Menschen nicht zuträglich, denn es stinkt nach der Dummheit, die es in sich hat«*[46].

Abb. 86 Esel, Pseudo-Apuleius, 13. Jh., Wien, Österreichische Nationalbibliothek, Cod. Vind. 93

Das positive Gegenbeispiel ist der Hund (Abb. 87), der die Gemütsbewegungen des Menschen erkennt und teilt. Er ist dadurch in der Lage, vor der Gefahr durch böse Mitmenschen ebenso zu warnen wie vor dem Teufel, der ihn wegen seiner Treue zu seinem Herrn haßt: *»Der Hund ist sehr warm und hat in seiner Natur und seinen Gewohnheiten etwas vom Menschen. Deshalb fühlt und kennt er den Menschen, liebt ihn, hält sich gern bei ihm auf und ist ihm treu. Der Teufel haßt den Hund wegen seiner Treue zum Menschen und schreckt vor ihm zurück. Der Hund erkennt Haß, Zorn und Unredlichkeit am Menschen und knurrt oft darüber. Und wenn er weiß, daß in einem Hause Haß oder Zorn herrscht, knirscht er, ›zanckelt‹, mit den Zähnen und murrt. Auch wenn ein Mensch einen Verrat plant, knurrt er ihn an, ›et grinet‹, ebenso einen Dieb und jeden, der einen Diebstahl plant. Auch Freude und Trauer des Menschen fühlt er vorher. Wenn Freudiges bevorsteht, bewegt er froh den Schwanz, wenn Trauriges bevorsteht, heult er traurig (...)«*[47].

Abb. 87 Hunde, Pseudo-Apuleius, 13. Jh., Wien, Österreichische Nationalbibliothek, Cod. Vind. 93

Im Gegensatz zum Hund, der die bösen Geister abhält, besitzt das andere wichtige Haustier des Menschen, die Katze (Abb. 88), diese positive Eigenschaft nicht: *»Die Katze ist mehr warm als kalt und zieht schlechte Säfte an sich. Geister schreckt sie nicht ab, so wie diese sie auch nicht abschrecken. Sie hat eine natürliche Bindung zur Kröte und zur Schlange. In den heißen Monaten ist die Katze trocken und kalt. Wenn sie dann Durst leidet, schleckt sie an Kröten oder Schlangen, ›tunc sitit ut aut creden aut serpentes lecket‹, durch deren Saft sie ihren eigenen Saft verstärkt, so wie der Mensch gern Salz kostet und davon einen guten Geschmack bekommt. Ohne dies ging sie zugrunde. Von diesem Saft werden ihr Herz und Fleisch giftig. Sie lebt nicht gern in Gesellschaft des Menschen, außer bei dem, der sie ernährt«*[48].

Abb. 88 Katze, Pseudo-Apuleius, 13. Jh., Wien, Österreichische Nationalbibliothek, Cod. Vind. 93

Die oben erwähnten Tiere kannte Hildegard aus eigener Anschauung. Daneben beschreibt sie aber auch zahlreiche Exoten wie Elefant (Abb. 89), Löwe, Tiger oder Panther. Das Wissen um diese Tiere schöpft Hildegard aus antiken und frühmittelalterlichen Quellen wie z. B. dem sogenannten »Physiologus«, einem frühmittelalterlichen Tierbuch, das in allegorisch-symbolischer Form auch zahlreiche exotische Spezies vorstellt. Bei der Beschreibung dieser Tiere und deren Eigenschaften arbeitet sie je nach Vorlage stark mit symbolischen Hinweisen. Im Vordergrund steht aber auch hier für Hildegard die therapeutische Wirkung: *»Der Elefant hat keine Fleischeswärme, aber Sonnenwärme und viel Schweiß. Der Schweiß ist so stark, daß er die Knochen auskocht wie ein Feuer die Speisen. Deshalb sind auch seine Knochen so schön und jener Schweiß ist unter der Haut stark eingedickt und erhält da-*

Abb. 89 Elefant, Pseudo-Apuleius, 13. Jh., Wien, Österreichische Nationalbibliothek, Cod. Vind. 93

durch die äußere Haut in ihrer Stärke. Der Elefant besitzt große Blutgefäße, da er wenig Fleisch hat. Sein Nabel ist gleichsam der Kopf seiner Eingeweide, die warm sind. (...) Gegen Lungenleiden, schweren Atem und Husten, ›dumphet et hustet‹, trinke man oft einen Aufguß aus Wein und Pulver von einem an der Sonne getrockneten Elefantenknochen. Herz, Leber und die übrigen Eingeweide des Elefanten taugen nicht als Medizin«[49].

4.8. »Über die Reptilien«

Reptilien sind für Hildegard die (angeblich) niederen, oft kriechenden Tiere. Sie sind giftig und schaden dem Menschen; deshalb dient dieses ganze 7. Buch nicht medizinischen Zwecken, sondern viel mehr als Warnung vor potentiellen Gefahren. Zu den Reptilien zählt Hildegard Amphibien, Würmer, Schlangen (Abb. 90) und Spinnen. Sie alle sind eine Folge des Sündenfalls: *»Im Anfang schuf Gott jede Kreatur gut. Aber nachdem der Teufel den Menschen durch die Schlange verführt hatte, so daß der Mensch aus dem Paradies verstoßen wurde, wurden die Geschöpfe, weil sie den göttlichen Willen nicht beachtet hatten, zur Strafe zusammen mit dem Menschen zum Schlechten verwandelt. Bei dieser Bestrafung erhob sich das grausame und giftige Gewürm, um durch seine tödliche Grausamkeit die Höllenstrafen zu versinnbildlichen. Um dem Menschen Furcht vor der Hölle, ›timorem infernalem‹, einzujagen, töten sie ihn im Einverständnis mit Gott durch ihr Gift, obwohl sie vor dem Fall des Menschen nichts Tödliches, sondern einen ergötzlichen Saft in sich hatten«*[50].

Abb. 90 Schlange, Pseudo-Apuleius, 13. Jh., Wien, Österreichische Nationalbibliothek, Cod. Vind. 93

Abb. 91 Drache (Detail), Rupertsberger Scivias, um 1165 (Kopie 20. Jh.), Eibingen, Abtei St. Hildegard

Mit jedem neuen biblischen Verbrechen erhob sich das giftige Gezücht aufs neue: *»Als die Erde bei der Vergießung von Abels Blut geschändet wurde, entbrannte in der Hölle ein neues Feuer, um das Menschengeschlecht zu strafen. Bald quoll auch eine Wolke aus der Hölle empor, verbreitete sich mit Gottes Willen über die Erde und übergoß sie mit einer schlechten Feuchtigkeit, so daß das böse, giftige und todbringende Gewürm aus der Erde entstand und ausbrach, um das Fleisch des Menschen zu strafen, weil der Mensch einen Menschen getötet hatte. Als später durch Gottes Rache in der Sintflut die Menschen vernichtet wurden, kam auch dieses Gewürm im Wasser um, da es nicht schwimmen konnte. Aber durch die Fluten wurden die Leichen der Würmer über die ganze Erde zerstreut und verfaulten nach der Flut mit ihrem Gift. Aus dieser Fäulnis entstanden neue Würmer der gleichen Art. Deshalb sind sie über die ganze Erde verbreitet. Manche dieser Würmer töten durch ihr Gift Menschen und Tiere, manche aber bloß Menschen«*[51].

Nirgendwo wird der Unterschied zwischen Hildegards angeeignetem literarischem Wissen und ihrer eigenen kritischen Beobachtung so deutlich wie bei den Reptilien. Den sachlich-nüchternen Beschreibungen von Salamander, Spinne oder Eidechse stehen die phantastischen Schilderungen von Fabeltieren gegenüber. Wiederum, wie bei den Vögeln, stellt sie ein solches, aus dem Reich der Phantasie stammendes Tier an den Anfang ihrer Betrachtungen: den Drachen. Für sie ist der Drache (Abb. 91) mindestens ebenso dämonisch wie die Schlange, der Skorpion oder – der Laubfrosch (Abb. 92): *»Der Drache hat eine trockene, fremdartige Hitze und ein unbändiges Feuer in sich, doch ist sein Fleisch nicht feurig. Sein*

Atem aber ist so stark und so scharf, daß er sich, sowie er ausgestoßen wird, entzündet wie ein Feuer, das aus einem Stein geschlagen wird. Den Menschen haßt er mehr; weil er die Natur und die Tücken des Teufels hat, bewegen bisweilen Geister die Luft, wenn er ausatmet. Was in seinem Fleisch und seinen Knochen enthalten ist, widerspricht allen menschlichen Heilmitteln. Wenn ein Mensch einen Stein in sich hat, soll er Drachenblut nehmen und es an einem feuchten Orte feucht werden lassen, dann in reinem, klarem Wasser eine knappe Stunde liegen lassen, so daß das Wasser etwas von seiner Wärme annimmt. Das Blut soll er dann wieder herausnehmen und das Wasser nüchtern trinken, gleich darauf soll er etwas essen. So soll er neun Tage lang verfahren, aber immer nur mäßig von dem Wasser trinken. Durch die Kraft des Drachenblutes wird der Stein in ihm zerbrochen, und so wird der Mensch von ihm befreit. Aber unverdünntes Drachenblut soll man niemals trinken, weil man davon sofort sterben würde. Der Laubfrosch ist mehr warm als kalt und wächst von der Luft, durch die die Bäume ihre Blätter und Blüten hervorbringen. Wenn sie sie hervorbringen, stellen die Geister den Menschen mehr nach als zu anderen Zeiten, weil dann die Sinne der Menschen mehr auf die Eitelkeit des Spielens und Lachens gerichtet sind. In dieser Zeit treiben die Menschen durch teuflische Tücken auch mit diesem Wurme Götzendienst und allerlei Eitelkeiten. Wenn jemand verhindern will, daß mit ihm Teufelskünste getrieben werden, muß er den Laubfrosch in einen ›queckbronen‹ werfen. Zu Heilmitteln taugt er ganz und gar nicht«[52].

Abb. 92 Frösche, Pseudo-Apuleius, 13. Jh., Wien, Österreichische Nationalbibliothek, Cod. Vind. 93

4.9. *»Vom Ursprung der Metalle«*

Wie die Edelsteine, so entstehen auch die Metalle, die Hildegard im neunten Buch ihrer »Physica« in acht Kapiteln beschreibt, durch Feuer und Wasser. Als zusätzliches Element kommt, wie sie in ihrer Vorrede schreibt, Erde hinzu: *»Im Anfang schwebte der Geist Gottes über den Wassern. Und als die Wasser die Erde überflossen und ohne Strömung sich ruhig verhielten, ließ der Geist sie durch seinen Hauch fließen. So durchflossen und festigten sie die Erde, damit sie nicht auseinanderfiele. Und wo die Feuerkraft, ›ignea vis‹, die im Wasser fließt, die Erde durchdrang, übertrug das Feuer des Wassers diese durchflossene Erde in ein Goldbergwerk. Wo die Reinheit der Überschwemmung die Erde durchdrang, entstanden aus der reinen Überschwemmung und der durchflossenen Erde die Silberbergwerke. Wo die Wasser, von Winden gepeitscht, die Erde durchdrangen, verwandelten sich die Flut und die durchflossene Erde in Stahl- und Eisenbergwerke. Deshalb sind auch Stahl und Eisen stärker als die anderen Metalle, wie die Strömung eines vom Winde bewegten Wassers stärker ist als die von einem ruhigen Wehen erzeugte. Und wie der Geist des Herrn zuerst die Wasser fließen ließ, belebte er auch den Menschen und gab Gräsern, Bäumen und Steinen ihre Frische«*[53].

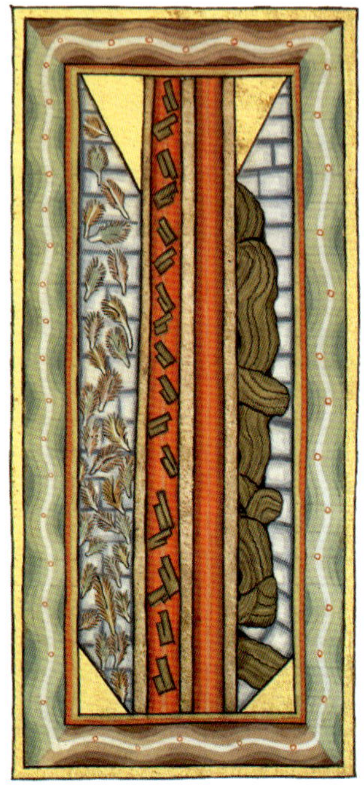

Abb. 93 Die Säule aus Stahl, Rupertsberger Scivias, um 1165 (Kopie 20. Jh.), Eibingen, Abtei St. Hildegard

Hildegard nennt acht Metalle, deren Heilwirkung sich der Mensch durch die bereits bei den Edelsteinen angeführten Methoden – Auflegen, Essen oder Trinken – zunutze machen kann. Auch hier, z. B. beim Stahl (Abb. 93), finden sich wieder magisch-apotropäische Vorstellungen: *»Der Stahl ist sehr heiß und das stärkste im Eisenerz, ›et quod fortissimum est in arramento ferri‹. Er ist gleichsam ein Abbild der Erhabenheit Gottes; deshalb flieht und meidet ihn der Teufel. Wenn du in einem Getränk Gift vermutest, lege heimlich ein Stückchen erhitzten Stahl hinein. Wenn wirklich Gift darin ist, wird seine Kraft dadurch gemindert. Bei einer festen Speise, bei Fleisch, Fisch, oder Eiern lege das erhitzte Stahlstückchen in Wein und gieße ihn dann über die Speise.*

Der am Feuer erhitzte und in das Getränk gelegte oder über die Speise gegossene Stahl hat eine solche Macht, daß er das Gift derart ausdörrt, daß es den Menschen nicht mehr töten kann, wenn er auch ein Weilchen davon geschwächt wird«[54].

[1] Die Diskussion um Hildegards Autorenschaft der natur- und heilkundlichen Schriften oder deren Teile ist immer noch nicht abgeschlossen. Während die ältere Forschung diesen Schriften bzw. weiten Teilen davon eher ablehnend gegenüberstand, wird seit den Untersuchungen von Schrader/Führkötter 1956 deren Authentizität betont. In jüngster Zeit wird wieder verstärkt mit Verkürzungen oder Interpolationen sowie Umarbeitungen des Originaltextes gerechnet, s. L. Moulinier, Le manuscript perdu à Strasbourg. Enquête sur l'oeuvre scientifique de Hildegarde, Paris 1995 bzw. B. Fehringer, Das Speyerer Kräuterbuch mit den Heilpflanzen Hildegards von Bingen. Eine Studie zur mittelhochdeutschen Physica-Rezeption mit kritischer Ausgabe des Textes (Würzburger medizinhistorische Forschungen, Beiheift 2), Würzburg 1994. Die Diskussion soll an dieser Stelle um einer flüssigeren Lesbarkeit willen nicht weiter vertieft werden; der interessierte Leser sei auf die Beiträge M. Weiss Adamson, Der deutsche Anhang zu Hildegard von Bingens ›Liber simplicis medicinae‹ im Codex 6952 der Bibliothèque Nationale in Paris (fol. 232v–238v), in: Sudhoffs Archiv 79, 1995, S. 173–192 sowie Müller 1997 verwiesen.

[2] Die Bezeichnung »Physica« ist auf die erste Ausgabe des »Liber simplicis medicinae« zurückzuführen, die 1533 von Johann Schott in Straßburg herausgegeben wurde. Sie trug den Obertitel »Physica S. Hildegardis«. Der heute übliche Name »Causae et curae« resultiert aus dem Titel der Kopenhagener Handschrift: »Beate Hildegardis cause et cure«. Im folgenden werden die Kurztitel »Physica« oder »Naturkunde« bzw. »Causae et curae« oder »Heilkunde« verwendet.

[3] Hildegard, Verantwortung, S. 27. Auch die Hildegard-Vita führt ihre medizinischen Schriften auf, ebenso das Kanonisationsprotokoll von 1233 (Kat. Nr. 50), das »das Buch über die einfache Medizin und das über die zusammengesetzte Medizin« ausdrücklich erwähnt, vgl. Hildegard, Naturkunde, S. 170 f.

[4] Vollständige Liste bei Müller 1997, S. 429, Anm. 7.

[5] Hildebrandt 1997, der auf S. 449 zu Recht die besondere Bedeutung der Florentiner Handschrift hervorhebt.

[6] Hildegard, Heilkunde, S. 56, hier zitiert nach der weit verbeiteten und immer noch, vor allem für den interessierten Laien gut greifbaren Ausgabe von H. Schipperges, erschienen im Otto Müller Verlag, Salzburg 1992 (6. Aufl., Erstaufl. 1957). Denn trotz der erheblichen Fortschritte in der Textedition (Portmann 1991, zitiert als »Hildegard, Heilkraft«, die sich allerdings im wesentlichen, ebenso wie Schipperges, auf die Straßburger Handschrift stützt) muß der Urtext als noch nicht befriedigend erschlossen gelten. Hier ist auf Abhilfe durch eine textkritische Edition der neu aufgetauchten Florentiner Handschrift , die leider von Portmann nicht genügend berücksichtigt wird, zu hoffen, s. hierzu auch Hildebrandt 1997, S. 448.

[7] Hildegard, Heilkunde, S. 97.

[8] Hildegard, Heilkunde, S. 99.

[9] Hildegard, Heilkunde, S. 100 f.

[10] Weitere Analogien wurden zu den vier Jahreszeiten, den vier Himmelsrichtungen, den vier Winden, aber auch zu vier Evangelisten oder den vier Paradiesflüssen gezogen.

[11] Hildegard, Heilkunde, S. 113.

[12] Hildegard, Heilkunde, S. 113.

[13] Hildegard, Heilkunde, S. 113.

[14] Hildegard, Heilkunde, S. 220 ff.

[15] Hildegard, Heilkunde, S. 115.

[16] Hildegard, Heilkunde, S. 115.

[17] Hildegard, Heilkunde, S. 118 f.

[18] Hildegard, Heilkunde, S. 117.

[19] Hildegard, Heilkunde, S. 222 f.

[20] Hildegard, Heilkunde, S. 224.

[21] Hildegard, Heilkunde, S. 121.

[22] Hildegard, Heilkunde, S. 250.

[23] Hildegard, Naturkunde, S. 18.

[24] Hildegard, Naturkunde, S. 36.

[25] Hildegard, Naturkunde, S. 49.

[26] Hildegard, Naturkunde, S. 39.

[27] Hildegard, Naturkunde, S. 53.

[28] Hildegard, Naturkunde, S. 53.

[29] Hildegard, Naturkunde, S. 31 f.

[30] In der Neuausgabe der »Physica« von M.-L. Portmann (im Lit.-Verzeichnis als »Hildegard, Heilkraft« abgekürzt) werden alle Passagen innerhalb der »Physica«, die in ihrer Behandlungsform »primitiv« oder »magisch« seien, als spätere Interpolation abgelehnt (S. 13), so auch die im folgenden wiedergegebenen zur Mandragora oder zum Farn. Aufgrund dieser Interpretation würde ca. ein Sechstel aller Heilmittel als »unecht« entfallen. Textkritische Argumente hierfür liefert Portland jedoch nicht und druckt die genannten Passagen in ihrer Edition weiterhin und unkommentiert ab. Zudem wissen wir weder, was Hildegard im medizinischen Wissen als »primitiv« beurteilte, noch was für sie »magisch« oder, ganz im (positiven?) Gegenteil, durch volkskundliche Überlieferung sanktioniert war. Zur Kritik an Portmann und der unbefriedigenden Editionslage s. auch Hildebrandt 1997, S. 448 f. Da die Neuausgabe den Text der »Physica« erstmals vollständig und nicht nur auszugsweise wiedergibt, wird auch diese Ausgabe zeitweise – mit entsprechenden Nachweisen – herangezogen.

[31] Hildegard, Naturkunde, S. 17.

[32] Hildegard, Naturkunde, S. 26.

[33] Hildegard, Naturkunde, S. 43 f.

[34] Hildegard, Naturkunde, S. 28.

[35] Hildegard, Naturkunde, S. 81.

[36] Hildegard, Naturkunde, S. 81.

[37] Hildegard, Naturkunde, S. 82.

[38] Hildegard, Naturkunde, S. 91 f.

[39] Hildegard, Naturkunde, S. 92.

[40] Hildegard, Naturkunde, S. 103.

[41] Hildegard, Naturkunde, S. 105.

[42] Hildegard, Naturkunde, S. 108.

[43] Hildegard, Naturkunde, S. 109.

[44] Hildegard, Naturkunde, S. 123.

[45] Hildegard, Naturkunde, S. 123.

[46] Hildegard, Naturkunde, S. 127.

[47] Hildegard, Naturkunde, S. 131.

[48] Hildegard, Naturkunde, S. 132.

[49] Hildegard, Naturkunde, S. 123 f.

[50] Hildegard, Naturkunde, S. 138.

[51] Hildegard, Naturkunde, S. 138.

[52] Hildegard, Naturkunde, S. 138 bzw. 140.

[53] Hildegard, Naturkunde, S. 143.

[54] Hildegard, Naturkunde, S. 145.

76
Chirurgisches Instrumentarium

Bingen, 2. Jahrhundert n. Chr.
66 Teile aus Bronze, Eisen und Stahl

Bingen, Städtische Kunstsammlungen

Am 6. Juni 1925 wurde in Bingen bei Ausschachtungsarbeiten für einen Hausbau in der Cronstraße 12 in einem Brandgräberfeld ein Arztgrab entdeckt. In einem aus sechs Dachziegeln gebauten Grabhäuschen stand neben einer Urne, einer Öllampe, einer großen Halsperle und einer weiblichen Figur eine große Bronzeschüssel mit zwei schön gearbeiteten Henkeln. In ihr lagen 66 Metallgegenstände, die sofort bei der Auffindung durch den Binger Arzt Dr. Kossmann als ärztliche Instrumente identifiziert wurden, denn viele Instrumente dieser Art werden auch heute noch in unveränderter Form zur chirurgischen Behandlung verwendet. Bei dem Binger Instrumentarium handelt es sich um den umfangreichsten geschlossenen Fund ärztlicher Instrumente aus römischer Zeit, den wir überhaupt kennen[1]. Nach den Grabbeigaben läßt sich der Fund zeitlich in die zweite Hälfte des 2. Jahrhunderts n. Chr. einordnen.
Wegen fehlender Grabinschriften wissen wir nichts über die Person des Arztes, der dieses Instrumentarium benützt hat. Als Beigabe fand sich eine kleine Bronzefigur: ein Nilpferd, auf dessen Rücken sich eine Uräusschlange mit ihrem Kopfteil aufrichtet. Die Figur gab Anlaß zu Spekulationen, daß der Besitzer des Instrumentariums möglicherweise aus Nordafrika stammen könnte oder an der berühmten medizinischen Hochschule im ägyptischen Alexandria seine Ausbildung erhielt. Vieles spricht dafür, daß dieses Instrumentarium einem römischen Militärarzt gehörte, der vielleicht im Binger Auxiliarkastell, das die wichtige Brücke über die Nahe zu bewachen hatte, stationiert war.
Über die Anwendung der Instrumente geben uns antike Abbildungen, vor allem aber die medizinische Literatur aus jener Zeit wichtige Auskünfte. Eine der wichtigsten Quellen ist das Werk »De medicina« des Aulus Cornelius Celsus[2], das in der ersten Hälfte des 1. Jahrhunderts n. Chr. geschrieben wurde. In ihm sind Krankheiten und Verletzungen mit ihren Symptomen, mit Behandlungsmethoden, insbesondere auch Indikationen zu Operationen und ganze Operationen genau beschrieben.
Unter den Instrumenten fallen 13 Skalpelle mit unterschiedlich geformten Stahlklingen und einem bronzenen Griff auf (76.1). Was am stärksten dem Verschleiß ausgesetzt war, die Klinge, war damals wie auch heute auswechselbar. Des weiteren wurden drei Pinzetten gefunden (76.2), teils mit glatt endenden Branchen (anatomische Pinzette), teils mit kleinen Zähnchen am Ende (chirurgische Pinzette). Nach diesem Prinzip sind auch heute noch unsere Pinzetten konstruiert. Mehrere Myrtenblattsonden gehören ebenfalls zum Ensemble. Sie waren ein wichtiges Hilfsmittel zur Untersuchung von Wunden, von Fisteln und Körperöffnungen sowie von Knochenbrüchen an Gliedmaßen und Schädel. Auch stumpfe und scharfe Wundhaken brauchte man damals wie heute zur Inspektion tiefer gelegener Teile von Wunden oder bei der Entfernung von Fremdkörpern, z. B. eingedrungenen Pfeilspitzen. Mehrere verschieden geformte Meißel wurden für die Behandlung entzündlich veränderter Knochen verwendet. Auch dies belegt die Schrift von Celsus eindeutig[3]. Eine kleine bronzene Röhre konnte zum Ablassen von Wasseransammlungen aus dem Bauch verwendet werden[4]. Die größte Besonderheit beim Binger Instrumentarium ist ein komplettes Ensemble antiker Instrumente für Schädeloperationen. Aus Schädelfunden wissen wir, daß im Altertum, ja schon in der Steinzeit, erfolgreich Schädeltrepanationen (Öffnungen) vorgenommen wurden. Aus Heilungsprozessen am Rand der meist runden Trepanationsöffnungen kann man erkennen, daß solche Operationen überlebt wurden. Man liest noch heute in Veröffentlichungen, daß solche Operationen aus magischen Gründen ausgeführt wurden, um »böse Geister« herauszulassen. Zur Römerzeit wurden solche Operationen allerdings in erster Linie als unfallchirurgische Notfallmaßnahmen durchgeführt.
Viele Instrumente der hier gefundenen Art wurden auch im Mittelalter benutzt. Hildegard war keine Chirurgin; der ganzheitliche Ansatz ihrer Medizin greift nicht auf diese spezielle Behandlungsform zurück. Salben hingegen stehen bei ihr als medizinische Darreichungsform hoch im Kurs. Die im Binger Grab gefundenen Salbenspatel dürften in ähnlicher Form auch von ihr verwandt worden sein. Gleiches gilt für ein längliches, am Ende spitz zulaufendes Instrument, bei dem es sich um ein Glüheisen handeln dürfte. Dieses aus Eisen bestehende Instrument weist, im Gegensatz zu anderen Eisenteilen, die geringsten Veränderungen durch Korrosion auf. Durch häufiges Glühen entwickelte sich an der Oberfläche eine Schicht von Eisenoxyd, die das Instrument später vor dem Verrosten schützte. Das Glüheisen wurde in Altertum und Mittelalter zur Zerstörung von Geschwulsten, zur Eröffnung von Abszessen oder zum Ausbrennen von entzündlich verändertem Knochen verwendet. Diese gängige Heilmethode (Abb. 94) schätzte

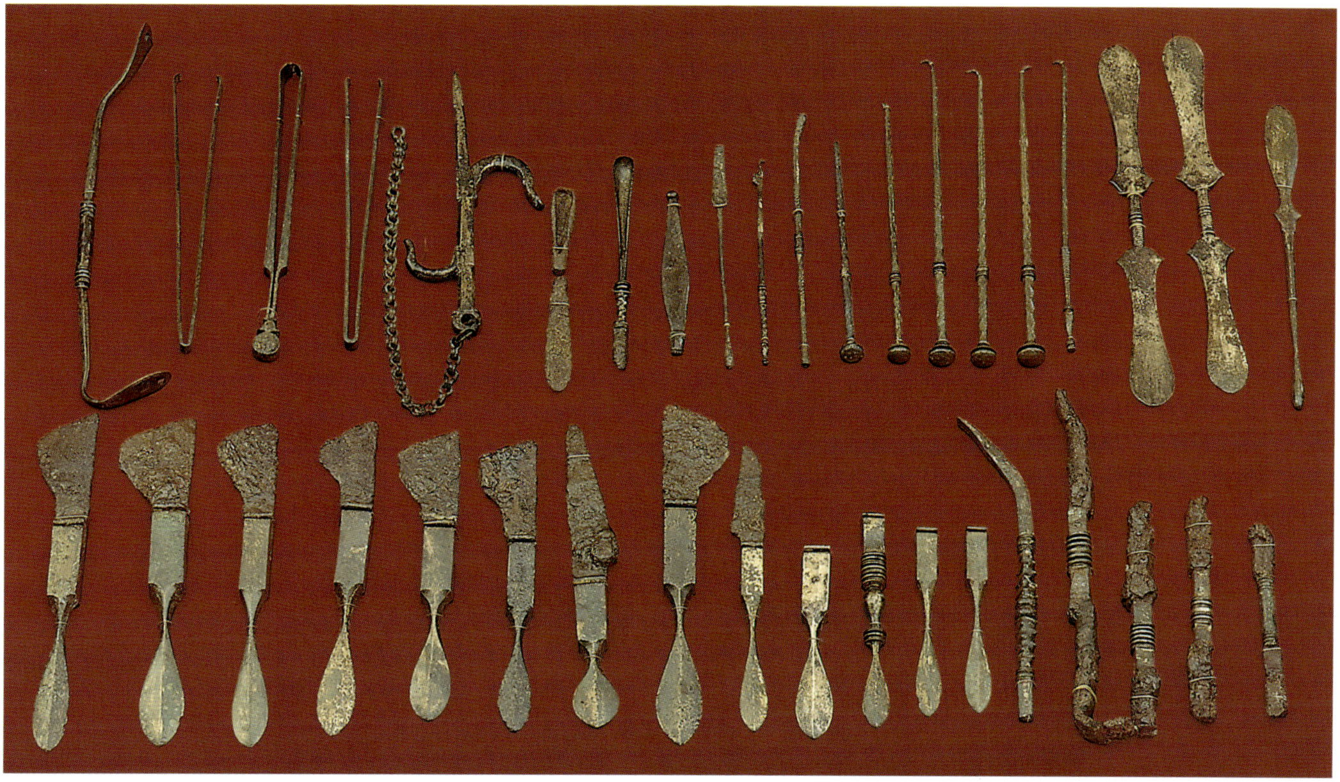

76.1

76.2

Abb. 94 Brennkegelbehandlung, Glossarium Salomonis, München, Bayerische Staatsbibliothek, Clm. 13002

auch Hildegard sehr und beschreibt sie in Causae et Curae detailliert: »*Das Brennen, das heißt die Anwendung von Brennkegeln (coctura) ist zu jeder Zeit gut und nützlich, weil es bei vorsichtiger Ausführung die Säfte und Livor-Stoffe im Unterhautgewebe vermindert und dem Organismus Gesundheit bringt. Es ist sowohl jungen als auch alten Leuten anzuraten*«[5].

Eines der wichtigsten Heilmittel bis zum Beginn der Neuzeit waren Aderlässe. Den Aderlaß machte man in der Vorstellung, man müsse Schlacken- oder Giftstoffe aus dem Körper herauslassen. Celsus warnt beim Setzen des für den Aderlaß nötigen Schnittes in die Vene vor der Verletzung von begleitenden Arterien und Nerven. Hildegard hegt hier weniger Bedenken. Bei ihr steht dabei, entsprechend ihrem ganzheitlichen Menschenbild, das ausgewogene Verhältnis der Körpersäfte im Mittelpunkt: »*Wenn die Gefäße eines Menschen voll von Blut sind, müssen sie durch einen Einschnitt von dem schädlichen Livor-Saft und ihren flüssigen Zersetzungsstoffen gereinigt werden. Wenn aber nun eine Ader des Menschen angeschnitten wird, wird sein Blut wie durch einen plötzlichen Schock erschüttert: was dann zuerst austritt, ist Blut, das faulige und zersetzte Blut fließt aber gleichzeitig mit ab. Daher zeigt das Ausfließende eine verschiedenartige Färbung, weil es aus Fäulnis und Blut besteht. Sobald nun die Fäulnis mit dem Blut abgeflossen ist, folgt reines Blut: dann hat man mit dem Aderlaß aufzuhören. (…) Ein übermäßiger Aderlaß schwächt nämlich den Körper geradeso wie ein Regenguß, der ohne Maß auf die Erde stürzt und diese schädigt. Jene Blutentziehung aber, die das richtige Maß einhält, nimmt die schlechten Säfte weg und hält den Körper gesund; genauso macht es auch ein Regen, der milde und in nicht zu reichlicher Menge über die Erde fällt, um sie zu bewässern und bereit zu machen, ihre Früchte hervorzubringen. (…) Würde man die Blutentziehung noch weiter fortsetzen, so würden die Livor-Säfte in dem zurückgelassenen Blut über ihr Verhältnis zunehmen und die Schwarzgalle und andere krankheitserregende Stoffe in einem solchen Organismus reizen, und zwar so, daß das beeinträchtigte Blut diesen keinen Widerstand leisten kann. Denn wie der Hunger die Kräfte des Körpers schwinden läßt, so macht auch ein übermäßiger Aderlaß den Körper schwach, während der gemäßigte Aderlaß dem Körper Gesundheit bringt, ebenso wie auch mäßiges Essen und Trinken den Körper auf der Höhe halten*«[6].

Im Binger Instrumentarium fallen drei bronzene Glokken besonders auf (76.3). Zu ihrer Aufhängung dient ein bronzener Ständer, der als stilisierter Weinstock mit Blättern und Weintrauben gearbeitet ist. Die Glokken wurden zum Schröpfen benutzt. Den Schröpfkopf wandte man an, »*wo nicht der ganze Körper leidet, sondern nur ein einzelner Teil*«[7], z.B. bei Anschwellung eines Beines oder Armes. Das Schröpfen führt zu einer weniger heftigen, aber auch weniger gefährlichen Entlastung des Körpers. Man ritzt dabei mit einem Skalpell die Haut mehrfach an und setzt auf die skarifizierte Stelle eine der Bronzeglocken. Vorher wird in ihr etwas Werg abgebrannt, um so einen gewissen Unterdruck zu erzeugen, der nach der Skarifizierung die Entleerung von Blut und Lymphe verlängern soll. Auch das Schröpfen – sowohl in

76.3

seiner blutigen wie in seiner unblutigen Form – war Hildegard bekannt. K. H.

Lit.: E. Künzl, Medizinische Instrumente aus Sepulkralfunden der römischen Kaiserzeit, Köln 1983, S. 80 ff.

1 Künzl 1983.
2 A. C. Celsus, Über die Arzneiwissenschaft, übersetzt von E. Scheller, Braunschweig 1906.
3 Celsus, Buch VIII, Kap. 2.
4 Celsus, Buch III, Kap. 21 sowie Buch VII, Kap. 15.
5 Hildegard, Heilkunde, S. 257.
6 Hildegard, Heilkunde, S. 253 f.
7 Celsus, Buch II, Kap. 11.

77
Grabstele einer Ärztin

Metz, 2./3. Jahrhundert n. Chr.
Sandstein
H.: 111 cm; B.: 63 cm; T.: 51 cm

Metz, Musées de Metz, La Cour d'Or

Bildliche Darstellungen von Ärztinnen, die bereits in der Antike sehr selten sind, fallen im Mittelalter praktisch aus. Ikonographisch um so wertvoller ist die Grabstele einer »medica« aus dem zweiten oder dritten nachchristlichen Jahrhundert, die 1898 während Restaurierungsarbeiten an der Kirche Sainte-Ségolène in Metz aufgefunden wurde. Sie zeigt eine stehende Frau in lang herabfallendem Kleid und schwerem Umhang, die sich frontal dem Betrachter zuwendet. In ihrer linken Hand trägt sie ein aufgrund der Verwitterung nicht mehr eindeutig zu identifizierendes Gefäß, bei dem es sich um eine Salbdose handeln könnte. Damit stünde dieses Grabrelief in direkter ikonographischer Relation zu der nahezu ein Jahrtausend später entstandenen Kölner Heiligen aus einer Grablegungsgruppe (Kat. Nr. 78). Aufgrund der Inschrift oberhalb des Korbbogens läßt sich die Figur eindeutig identifizieren: »(…) INI FI (?) I MEDICA« steht dort geschrieben, was in etwa mit »Tochter des …inius, Ärztin«, zu übersetzen ist[1].
Zahlreiche Inschriften überliefern uns Namen und Berufsbezeichnung antiker Ärztinnen[2]. Die meisten von ihnen dürften frauenmedizinisch, vor allem gynäkologisch tätig gewesen sein. Durch die Überlieferungen von Plinius (Nat. Hist. XXVIII, 82), der die fachlichen Meinungen von Ärztinnen zu allgemeinmedizinischen Fragen referiert, wissen wir aber, daß weibliche Medizinausübung nicht auf frauenspezifische Indikationen beschränkt blieb[3]. Tatsächlich lassen sich auch in Frauengräbern aus der römischen Zeit ärztliche Bestecke nachweisen, die belegen, daß auch Frauen chirurgisch-operativ tätig waren[4].
Wie das Beispiel Hildegard zeigt, blieb dieser allgemeinmedizinische Status von Ärztinnen, zumindest in Ansätzen, auch im Mittelalter erhalten. Daß Hildegard Kranke behandelt hat, ist überliefert[5]. Dennoch ist sie im strengen Sinne nicht als Ärztin zu bezeichnen; sie betätigte sich weder chirurgisch noch, soviel wir wissen, grundsätzlich diagnostisch. Ihr Metier ist die reine Heilkunde, zumeist auf der Basis extrahierter Substanzen aus natürlichen pflanzlichen oder tierischen Rohstoffen. Ob sie auch gynäkologisch tätig war, ist nicht überliefert; ihr profundes Wissen um Schwangerschaft und Geburt schließt dies jedoch zumindest nicht aus. Ihre Vita bzw. ihre Kanonisationsakten überliefern uns zudem zahlreiche Wunderheilungen, so z. B. die Heilung einer Besessenen (s. Kat. Nr. 90). Trotz der hier deutlich zutage tretenden legendären Züge zeigen auch diese »Heilungen« den Dreh- und Angelpunkt der Hildegardmedizin, den sie in ihrer Schrift »Causae et curae« so treffend zu formulieren weiß: den Willen Gottes, dem allein letztendlich Heilung zu verdanken ist. Denn auch die besten Heilmittel helfen nicht, wenn *»Gott ihn* (den Kranken, Anm. d. Verf.) *nicht von seiner Krankheit frei machen«*[6] will. W. W.

Lit.: N. Kampen, Roman Working Women in Ostia, Berlin (West) 1981, Nr. 52 sowie S. 96; B. Remy, Les inscriptions de médecins en Gaule, in: Gallia 42, 1984, S. 115–152, Nr. 24.

1 Die darüberliegende Inschriftenzeile (mit dem Namen der Dargestellten?) ist praktisch ganz zerstört, lediglich die Buchstaben »(…) S A (…)« sind hier noch ansatzweise zu erkennen, vgl. Remy 1984, Nr. 24.
2 G. Penso, La médecine romaine. L'art d'Esculape dans la Rome antique, Paris 1984, S. 107 f.
3 Bei Martial, XI, 71,7 werden medicus und medica sogar ausdrücklich gleichgestellt, vgl. H. Gummerus, Der Ärztestand im römischen Reich nach den Inschriften (Societas Scientiarum Fennica, Commentationes Humanorum Litterarum, III; 6), Helsingfors 1932.
4 E. Künzl/H. Engelmann, Römische Ärztinnen und Chirurginnen. Beiträge zu einem antiken Frauenberufsbild, in: Antike Welt 28, 1997, S. 375–379 (mit zahlreichen weiterführenden Hinweisen).
5 Hildegard, Heilkunde, S. 292.
6 Hildegard, Heilkunde, S. 250.

INI·FIL·MEDICA

78
Heilige Frau mit Salbgefäß aus einer Grablegungsgruppe

Kölnisch, um 1160–1180
Pappelholz
H.: 92 cm

Esztergom, Keresztény Múzeum

1884 verkaufte der berühmte Kölner Kunstsammler und Theologe Alexander Schnütgen die unterlebensgroße Holzfigur einer »Heiligen Frau« an den mit ihm befreundeten ungarischen Kardinal Janos Simor von Esztergom. Dieser vermachte sie dem dortigen Christlichen Museum, in dem 1905 ein Feuer ausbrach, das auch die »Heilige Frau« in Mitleidenschaft zog: es kam zu Fassungsschäden und Rißbildungen; Gesicht, Salbgefäß, Hände und Füße wurden stark geschwärzt. 1933 wurden die verbliebenen Fassungsreste ganz entfernt, so daß die Figur heute rein holzsichtig ist[1].

Schlank und hoch steht die Frau da. Ihr Kopf, von einem Schleier bedeckt, ist leicht zur Seite geneigt und drückt, zusammen mit dem ernsten Blick, Trauer, aber auch Fürsorge aus. In geraden Bahnen, mit langen schmalen Falten, fällt ihr einfaches Gewand bis zu den Füßen, die ansatzweise freigegeben sind, herab. Vor ihren Körper hält sie in Hüfthöhe mit beiden Händen eine kleine Dose fest, deren Inhalt sich aus der ursprünglichen Funktion der Figur und ihrem originalen Gesamtzusammenhang erschließen läßt. Wie die Forschungen von Legner und Niehoff zweifelsfrei bewiesen haben, handelt sich hier um die Darstellung einer der Frauen, die mit Salbgefäßen zum Grabe Christi kamen. Dies belegt die heute noch in Berlin erhaltene Figur eines sitzenden Engels, der ursprünglich einmal Teil dieser Ostergruppe war[2]. Bei dem Gefäß in der Hand der Frau muß es sich also zweifelsfrei um eine Salbdose handeln. Hildegard selbst wird immer wieder einmal selbst zubereitete Salben zu einer kranken Mitschwester oder zu anderen um Hilfe bittenden Patienten gebracht haben – in einem Gefäß dieser Art. Salben bilden eine der wichtigsten ihrer Rezepturen. Angerührt mit Wasser, Säften, wie z. B. dem der Tollkirsche, oder Ölen werden sie verabreicht: »*(...) Gegen große und schlimme Geschwüre nehme man etwas ›gensesmalcz‹, Hirsch- und Ziegenbockstalg, setze einen Tropfen Tollkirschensaft hinzu und mache eine Salbe, mit der die Geschwüre gelinde und nicht oft bestrichen werden sollen*«[3].

Auch aus Leinsamen, der nach Hildegard ansonsten zu nichts anderem taugt, läßt sich eine hervorragende Salbe gewinnen: »*Der Leinsamen hat als Nahrungsmittel keinen Zweck. Gegen Seitenschmerzen, ebenso bei Brandwunden, soll ein in Leinsamendekokt getauchtes Leinentuch umgeschlagen werden. Gegen Seitenschmerzen wird ferner folgende Salbe empfohlen: Leinsamenmehl und etwas weniger Pfirsichgummi, so daß der Leinsamen den Gummi um ein Viertel überragt, soll gekocht werden; dann quetsche man das Innere einer Birne zu Saft, nehme etwas mehr als von Gummi, gebe diesen mit mehr Hirschmark oder Stiertalg zu dem Leinsamenmehl und koche wiederum, coliere dann in ein neues irdenes Gefäß und reibe damit öfter am Feuer die schmerzhaften Stellen*«.[4]

W. W.

Lit.: F. Niehoff, Das Kölner Ostergrab. Studien zum Heiligen Grab im Hohen Mittelalter, in: Wallraf-Richartz-Jahrbuch 51, 1990, S. 7–68; F. Niehoff, Das Ostergrab in St. Michael, in: M. Brandt (Hrsg.), Der vergrabene Engel. Die Chorschranken der Hildesheimer Michaeliskirche, Mainz 1995, S. 127–133, bes. 128.

[1] Zur Provenienz und zur kunsthistorisch-liturgischen Einordnung der Figur grundlegend Niehoff 1990.
[2] Die Zusammengehörigkeit von Engel und Frauenfigur erkannte als erster A. Legner in Ausst.-Kat. »Monumenta Annonis«, Köln 1975, S. 226–228.
[3] Hildegard, Naturkunde, S. 27.
[4] Hildegard, Naturkunde, S. 53.

79
Medicina lactans

Frankreich, um 1100
Pergament
H.: 26 cm; B.: 16 cm

Lyon, Bibliothèque Municipale

Einer Psychomachie des Prudentius, die uns in einer Handschrift aus der Zeit um 1100 überliefert ist, wurde als folio 1 ein Doppelblatt vorgeheftet, das verschiedene Federzeichnungen zeigt. Auf der Rückseite sind zwei biblische Szenen – die Himmelfahrt Christi und die Frauen am Grabe – dargestellt; die Vorderseite zeigt die Personifikation der thronenden und gekrönten »Medicina lactans«. Sie steht im Zentrum zweier konzentrischer Kreise, die im oberen Teil von einem weiteren Rund überschnitten werden. Diese höchste Sphäre, die laut beigefügter Inschrift von »SANCTA SOPHIA«, der »Heiligen Weisheit«, eingenommen wird, versinnbildlicht den Ursprung allen medizinischen Wissens. Dieses Wissen wird, streng hierarchisch gegliedert, von Sophia in Form eines Buches bzw. einer Schriftrolle an die beiden außerhalb der Kreise stehenden Personifikationen »PHILOSOPHIA« und »MATHEMATICA« weitergegeben. Philosophie und Mathematik reichen es wiederum in Buchgestalt an die Medicina weiter. Deren Brüsten entspringen Strahlen von nährender »Muttermilch«, die in die geöffneten Münder der innerhalb des Kreises stehenden theoretischen Medizin (links) bzw. der praktischen Medizin (rechts) fließen. Ihre Identifizierung ergibt sich aus den beigegebenen Inschriften in griechischer Sprache (ΘΗΩ ΡΥΚΑ bzw. ΠΡΑΓΘΥΚΑ). Nach Art ihrer »Mutter« sondern auch die theoretische und die praktische Medizin Nährstrahlen aus, die in die Münder von fünf Personifikationen fließen, die außerhalb des Kreises stehen. Links finden sich, in den beigegebenen Büchern bzw. Schriftrollen inschriftlich bezeichnet, »Ethioloica-Naturae(?)-Membra«, »Συμδηυκα-Virtutes(?)-Perfectio« sowie »Phisioloica-Elementa-Humores«. Rechts stehen »CURA« mit dem Messer in der Hand und »ΔΥΗΘΑ«, die eine offene Schale hält.
Diese Art der Versinnbildlichung entspricht hochmittelalterlichen Darstellungen der »Sieben Freien Künste«, bei denen anstelle der »Sophia« die »Philosophia« im Mittelpunkt steht und ihren »Töchtern« des Triviums und Quadriviums Wissen vermittelt (s. auch Kat. Nr. 5). Analog der Philosophie ist der üblicherweise eher niedere Rang der Medizin hier entsprechend hoch bewertet, eine Einschätzung, die Hildegard sicher geteilt hätte. Vor allem den in der Miniatur aufgezeigten, quasi himmlischen Ursprung der Medizin – Sophia wird als heilig bezeichnet und thront innerhalb der Anordnung an einer Stelle, die in vergleichbaren Bildkompositionen nur Gottvater-/sohn vorbehalten bleibt – hätte sie uneingeschränkt billigen können, da nach Hildegards Aussagen auch ihr eigenes medizinisches Schrifttum visionären und damit himmlischen Ursprungs ist. W. W.

Lit.: Ausst.-Kat. »Ornamenta Ecclesiae« 1985, Bd. I, Nr. A 18.

Ms P.A. 22
1
SANCTA SOPHIA
PHILOSOPHIA
MATHEMATICA
MEDICINA
CURA
ACAD. SCIENT. LITT. ET. ART. LUGD.

80
Weihwasserkessel

Kölnisch/maasländisch (?), letztes Drittel des 12. Jahrhunderts
Bronze oder Messing; gegossen/ziseliert
H.: 12,4 cm; Dm.: 8,5 cm (Fuß)

Mainz, Bischöfliches Dom- und Diözesanmuseum

Das mit ca. 13 cm Höhe und 12 cm oberem Durchmesser außergewöhnlich kleine Weihwasserkesselchen zeigt zwischen vier Pilastern vier stehende Figuren in flachem Relief. Sie sind durch das Schriftband am oberen Rand eindeutig zu identifizieren. Unter der Zeile »I H C (X?)« ist, in liturgische Gewänder gekleidet, Christus zu sehen, der durch seinen Kreuznimbus zusätzlich gekennzeichnet ist. In seiner linken Hand hält er ein Buch, seine Rechte segnet die im Nachbarfeld stehende Maria, die nach Art frühchristlicher Vorbilder in Orantenhaltung beide Hände ausgebreitet emporhält (80.1). »SCA MARIA« lautet der Schriftzug über ihr. Neben Maria schließt sich »S HERIBERTUS EPC« an, der Hl. Heribert,

80.1

Erzbischof von Köln († 1021). Die letzte Figur wird inschriftlich als »HARDMANNUS ABBA (S)« bezeichnet (80.2). Dieser Hartmann dürfte identisch sein mit einem gleichnamigen Abt des Heribert-Klosters in Köln-Deutz, das eine Gründung des ottonischen Erzbischofes war. Die Situla, die unter den konischen Weihwasserkesselchen romanischer Zeit einzigartig dasteht, dürfte im Auftrag dieses Abtes Hermann für dessen Kloster gearbeitet worden sein. Abt Hermann ist urkundlich zwischen 1182 und 1185 belegt; ebenso unbekannt wie sein Sterbedatum ist aber auch der Beginn seiner Amtszeit, die durchaus noch zu Hildegards Lebzeiten gelegen haben kann. Obwohl er nicht als Heiliger verehrt wurde und die Inschrift auch kein S(anctus) aufweist, ist seine Person mit einem Nimbus ausgezeichnet, der nach Arens als Hinweis auf seine hochgestellte Persönlichkeit anzusehen ist[1]. Die Inschrift des Bandes am unteren Rand wird nach allgemeiner Lesart als »+ (EX) PI (A) T … (S) ACRAE QUEM (LI) B (E) … AQUAE« identifiziert, mit Sicherheit sind aber nur die Buchstaben außerhalb der Klammern zu lesen[2]. Zwei Löwenköpfe, die in ihrem hohlen Innern die Enden des Tragbügels aufnehmen, vervollständigen das Bild.

Normale menschliche Leiden werden durch Heilmittel, seien sie tierischer, pflanzlicher oder mineralischer Natur, gelindert oder geheilt. Hildegard beschreibt sie ausführlich (s. Beitrag Wilhelmy, Natur- und Heilkunde). Oft sind die Erkrankungen jedoch so schwer, daß nur ein Wunder helfen kann. In ihrer Vita wird von vielen solcher Wunder, die Hildegard gewirkt haben soll, berichtet. Einige gelangen ihr durch Handauflegen, durch die Kraft des Gebetes oder einen Segen. Das häufigste »Hilfsmittel« bei ihren Wundern ist aber das Weihwasser. Einem Mann namens Arnold aus Wackernheim, der an Halsschmerzen litt, *»sandte sie durch einen Freund geweihtes Wasser. Sobald er davon getrunken hatte, wich mit Gottes Gnade der Schmerz«*[3].

Die Tochter einer Bingerin namens Hazzecha, die nicht mehr sprechen konnte, *»empfing von ihr nichts anderes als geweihtes Wasser. Die Tochter kostete davon und gewann sofort ihre Stimme und ihre Kräfte zurück. Im selben Ort lag ein junger Mann so schwer krank danieder, daß man ihn dem Tode nahe glaubte. Die obengenannte Frau, deren Tochter genesen war, hatte noch einen Rest von dem Wasser, gab ihm davon zu trinken und wusch ihm das Gesicht damit. Sogleich erhielt er die Kräfte zurück und war geheilt«*[4].

Der größte Erfolg, der einer Wunderheilung Hildegards durch Weihwasser beschieden war, ist aber zweifellos die Heilung einer Kölnerin namens Sigewize, die nach acht Jahren Besessenheit bei Hildegard auf dem Ruperts-

80.2

berg Erlösung von ihrer Krankheit findet. Dieser Heilung widmet die Vita aus unterschiedlichen Gründen so breiten Raum, daß sie in späterer Zeit sogar bildwürdig wurde (Kat. Nr. 90). W. W.

Lit.: Arens 1958, S. 355; A.-E. Theuerkauff-Liederwald, Mittelalterliche Bronze- und Messinggefäße. Eimer, Kannen, Lavabokessel (Bronzegeräte des Mittelalters IV), Berlin 1986, S. 51 f. bzw. Nr. 11; Fritz/Glatz 1990, S. 493–497.

1 Arens 1958, S. 355.
2 Arens 1958, S. 355.
3 Hildegard, Vita, S. 103.
4 Hildegard, Vita, S. 104.

81
Kreuzreliquiar

Zwiefalten, um 1138 (mit späteren Ergänzungen)
Eichenholzkern, mit Metall beschlagen, Gold, getrieben; Silberblech; Zellenschmelz; Steinbesatz
H.: 36,5 cm; B.: 18,5 cm

Zwiefalten, Münsterschatz

Im frühen 12. Jahrhundert[1] erhielt das Kloster Zwiefalten aus der Hand des Pilgers Berthold von Sperberseck ein königliches Geschenk: Reliquien vom Hl. Kreuz, die zuvor der Schaffhausener Abt Gerhard in Jerusalem erworben hatte. Im Zwiefaltener Schatzverzeichnis des Ortlieb (vor 1137) bzw. der Chronik des Abtes Berthold (um 1138) werden auch diese Reliquien aufgeführt und, so Berthold, als »pene in modum libri fabricata« (»fast in Art eines Buches gefertigt«) bezeichnet[2]. Da die Werkstätten des Klosters Zwiefalten besonders unter Berthold in hoher Blüte standen, wird im allgemeinen eine dortige Fertigung des Kreuzreliquiars angenommen.
Die Tafel, die im oberen und unteren Teil durch einen frühbarocken Sockel bzw. einen Aufbau aus derselben Zeit ergänzt ist, beinhaltet zahlreiche Reliquien. Neben den auf der Rückseite inschriftlich genannten Heiltümern: »REL.(iquiae) IOANNIS BAPT(istae) / REL.(iquiae) ANDREE APOSTOLI / REL.(iquiae) IACOBI AP(osto)LI / REL.(iquiae) MARCI EVANG(elistae)« sind hier als vornehmste die bereits erwähnten Partikel vom Hl. Kreuz zu nennen, auf die die kreuzförmige Öffnung in der Mitte der Vorderseite der Tafel verweist. Diese goldgetriebene Vorderseite ist mit Emailmedaillons besetzt, die das Haupt, die Füße und die Hände Christi wiedergeben. Kreuz und Gekreuzigter werden hierdurch unmittelbar vergegenwärtigt. Neben einem Schmuck aus Goldfiligrandraht ist hier auch reicher Steinbesatz, darunter antike Gemmen, zu finden. Im einzelnen handelt es sich dabei um Saphir, Topas, Achat, Amethyst, Karneol, Chalcedon, Rubin sowie den Bergkristall. Auch Perlen fehlen nicht.
All diesen Steinen bescheinigt Hildegard in der Edelsteinkunde ihrer »Physica« große Heilwirkung. Der Saphir z. B. ist nach Hildegard ein wahres Allheilmittel. Er hilft gegen Augenkrankheiten und gegen die Gicht: »*Und ein Mensch, der ein Häutlein im Auge hat, der soll den Saphir in seiner Hand halten, und er soll (den Stein) in ihr oder am Feuer erwärmen, und er soll das Häutlein in seinem Auge mit dem befeuchteten Stein berühren, und so soll er es drei Tage morgens und abends tun, und das Häutlein wird sich verkleinern und verschwinden. Und wenn jemandem die Augen vor Schmerz rot sind und schmerzen oder wem sie sich verdunkeln, der lege den Saphir nüchtern in seinen Mund, und er soll vom Speichel des Mundes feucht werden, und dann nehme (der Kranke) von dem Speichel, mit dem der Stein befeuchtet wurde, an seinen Finger und umstreiche (damit) seine Augen, so daß er auch die Augen inwendig berührt, und sie werden geheilt und klar werden. Aber auch ein Mensch, der ganz von Gicht geplagt ist, so daß er im Kopf und in seinem übrigen Körper wegen allzu großer Bedrückung keine Geduld haben kann, der lege diesen Stein in seinen Mund, und die Gicht in ihm wird weichen*«[3].
Daneben verhilft der Saphir auch zu Klugheit: »*Auch ein Mensch, der guten Verstand und gute Einsicht haben möchte, der lege den Saphir täglich frühmorgens, wenn er vom Bett aufsteht, nüchtern in seinen Mund und halte ihn im Mund für eine kurze Stunde, nämlich so lange, bis er vom Speichel, mit dem er befeuchtet ist, genügend in sich gesogen hat, und dann nehme er ihn aus seinem Mund. Und er halte etwas Wein ans Feuer und erwärme ihn in einem Gefäß, und er halte (den Stein) in den Dampf dieses Weines, damit er davon schwitzend feucht werde, und so lecke er mit seiner Zunge von der Feuchtigkeit (des Steins). Und auch mittels des Weins führt er den Speichel, von dem der Stein warm wurde, in den Magen jenes Menschen, und so wird jener einen reinen Verstand und eine reine Einsicht haben, und auch sein Magen wird davon gesund sein. Aber auch wer dumm ist, so daß alle Einsicht in ihm versagt, wenn er aber doch klug sein kann und nicht nach Hinterlist umschaut und sich nicht zu ihr hinwendet, der salbe oft nüchtern die Zunge mit dem Saphir, daß die Wärme und die Kraft mit der warmen Feuchtigkeit des Speichels die schädlichen Säfte vertreiben, die den Verstand des Menschen bedrücken, und so wird der Mensch einen guten Verstand erlangen*«[4].

Auch als Hilfsmittel gegen die Geister und gegen Liebeszauber ist der Saphir zu verwenden: »*Und wenn ein Mensch vom bösen Geist besessen ist, lasse ein anderer Mensch den Saphir in Wachs legen. Und nähe jenes Wachs in Leder ein und hänge ihm das an den Hals und sage: ›O du schlimmer Geist, weiche schnell von diesem Menschen, wie bei deinem ersten Fall die Herrlichkeit deines Glanzes sehr schnell von dir abfiel.‹ Und der böse Geist wird sehr geplagt werden, und er wird von diesem Menschen weichen, wenn es nicht ein sehr harter und schlimmer Geist ist, und der Kranke wird sich besser befinden. Wenn aber der Teufel einen Mann zur Liebe zu einer Frau aufreizt, so daß er, ohne Magie und ohne Anrufung der Dämonen in Liebe zu ihr unsinnig zu sein beginnt, und wenn der Frau dies lästig ist, dann gieße sie dreimal etwas Wein über den Saphir und ebenso viele Mal sage sie: ›Ich gieße diesen Wein mit hitzigen Kräften über dich, wie Gott deinen Glanz, pflichtvergessener Engel, abnahm, damit du so die begierliche Liebe dieses brennenden Mannes von mir abziehst‹. Wenn aber jene Frau das nicht machen will, soll ein anderer Mensch, dem diese Liebe lästig ist, für sie dasselbe tun, und es jenem Mann, nüchtern oder nach dem Essen, mit oder ohne sein Wissen während drei Tagen oder mehr zu trinken geben. Wenn aber auch eine Frau in Liebe zu einem Mann brennt und es diesem Mann lästig ist, soll dieser jener Frau mit dem Wein und dem Saphir tun, wie vorhin gesagt wurde, (und) jene entbrannte Liebe wird weichen*«[5].

Der Topas wiederum ist u.a. als Indikator vergifteter Speisen zu verwenden: »*Er* (der Topas, Anm. d. Verf.) *widersteht der Wärme und dem Gift, das heißt ›virgibnisse‹ und ›seichmisse‹, und er duldet sie nicht, wie auch das Meer nicht irgendwelche Unreinigkeiten in sich erleiden kann. Denn wenn im Brot oder im Fleisch oder im Fisch oder in irgendeiner Speise oder im Wasser oder im Wein oder in irgendeinem Trank Gift ist, und wenn der Topas nahe und gegenwärtig ist, schwitzt er sogleich, wie das Meer schäumt, wenn Unrat in ihm ist. Und wenn daher der Mensch ißt und trinkt, halte er den Topas am Finger nahe an Speise und Trank, und er schaue ihn oft an, und wenn in Speise oder Trank Gift ist, schwitzt (der Topas) sogleich*«[6].

Gegen tierische Vergiftungen hilft der Achat: »*Und wenn eine Spinne oder ein anderer Wurm sein Gift über den Menschen gegossen hat, jedoch so, daß es nicht in seinen Körper eindringt, dann wärme (der Kranke) den Achat stark an der Sonne oder auf einem erhitzten Ziegelstein. Und so warm lege er ihn auf die Stelle, wo es schmerzt, und der Stein nimmt jenes Gift weg. Und dann wärme er (den Stein) wiederum auf gleiche Weise und halte ihn über den Dampf von warmem Wasser, damit der Schweiß (des Steins) sich mit dem Wasser vermischt. Und dann lege er ihn für eine kurze Stunde in jenes Wasser, und dann tauche er ein leinenes Tuch in das Wasser, und er pflege mit diesem Tuch die Stelle seines Körpers, wo der Stich der Spinne ist oder wo ein anderes Gift darüber gegossen ist, und er wird geheilt werden*«[7].

Neben anderen Wirkungen besitzt der Amethyst kosmetischen Nutzen: »*Ein Mensch aber, der Flecken in seinem Gesicht hat, der mache den Amethyst mit seinem Speichel feucht, und mit dem so befeuchteten (Stein) bestreiche er die Flecken. Und er wärme auch Wasser am Feuer, und er halte den Stein über das Wasser, damit der aus (dem Stein) austretende Schweiß sich mit dem Wasser mische, und dann lege er ihn auch in das Wasser. Und mit diesem Wasser wasche er sein Gesicht, und das tue er oft, und er wird eine zarte Haut und eine schöne Farbe im Gesicht haben*«[8].

Der – von Hildegard ausdrücklich als selten bezeichnete – Rubin, der Karneol sowie der Chalcedon entfalten nur wenige heilende Wirkungen. Vor (Fluß-)Perlen wiederum warnt Hildegard nachdrücklich: »*weil sie den Menschen mehr Krankheit als Gesundheit bringen*«[9]. Dies ist bedingt durch die Entstehung der (Fluß-)Perlen: »*Die Perlchen entstehen aus gewissen Muscheltieren, d.h. (Tiere, die) in Muscheln liegen und die im Meer und in gewissen großen Flüssen bleiben. Denn einige von diesen Muscheltieren halten sich um den Grund dieser Flüsse auf, und dort suchen sie ihre Nahrung, und sie (sind) etwas giftig. Und von dem Unrat, den sie auf jenem Grund in sich ziehen und von ihrem Gift, wenn sie es ausspeien, ballen sich gewisse Perlchen zusammen und entstehen so. Sie sind bisweilen trüb, weil die Tiere sich um den Grund dieser Gewässer aufhalten, und es ist fast kein Nutzen in ihnen. Aber einige von diesen Muscheltieren pflegen sich in der Mitte der Flüsse aufzuhalten, wo die Wasser rein sind, und dort ziehen diese Tiere weniger Unrat in sich, und daher haben sie auch (nur) wenig Gift in sich. Daher werden auch jene Perlchen dort hell, die aus jenen Wassern entstehen, die die Tiere in sich ziehen, und von dem Gift, das sie ausspeien, weil dort in der Mitte der Flüsse eine gewisse Reinheit der Wasser besteht. Aber dennoch ist fast kein Nutzen für die Heilkunde in ihnen (…) Aber einige dieser Muscheltiere halten sich an der Oberfläche dieser Flüsse auf, wo Schaum und viel Unrat dieser Gewässer fließen. Und von dem Schaum und von jenem oberflächlichen Unrat mit dem Gift dieser Tiere ballen sich gewisse Perlchen zusammen, die auch etwas trüb sind, weil sie aus dem Schaum von Ansammlungen jenes Unrats entstehen, und sie taugen nicht zum Nutzen der Heilkunde*«[10]. W. W.

Lit.: A. Frolow, Les reliquaires de la Vraie Croix, Paris 1965, S. 107 f.; Ausst.-Kat. »Suevia sacra« 1973, Nr. 120.

[1] Die Datierungen schwanken: genannt wird das Jahr 1102 oder der Zeitraum 1128–1137.

[2] Zu den genannten Zwiefaltener Chroniken s. L. Wallach/ E. König/K. Müller, Die Zwiefaltener Chroniken Ortliebs und Bertholds, Sigmaringen 1978.
[3] Hildegard, Heilkraft, S. 306–307.
[4] Hildegard, Heilkraft, S. 307.
[5] Hildegard, Heilkraft, S. 307–308.
[6] Hildegard, Heilkraft, S. 311.
[7] Hildegard, Heilkraft, S. 322.
[8] Hildegard, Heilkraft, S. 321.
[9] Hildegard, Heilkraft, S. 331.
[10] Hildegard, Heilkraft, S. 330–331.

82
Fries mit Wildem Wein

Naumburger Meister, um 1240
Sandstein
H.: 46 cm; B.: 91 cm; T.: 17 cm

Mainz, Bischöfliches Dom- und Diözesanmuseum

Entgegen unserem heutigen Verständnis zählt Hildegard die Rebe zu den Bäumen. Zu Beginn ihrer Ausführung erklärt sie ihre Entstehung aus der Erdgeschichte heraus:
»Die Weinrebe hat feurige Wärme und Feuchtigkeit, aber jenes Feuer ist so stark, daß es ihren Saft zu einem anderen Geschmack umwandelt als ihn andere Bäume oder andere Kräuter haben. Daher macht auch jenes große Feuer ihr Holz so trocken, daß es anderen Hölzern beinahe unähnlich ist. Und die Weinrebe ist ein der Erde abgerungenes Gehölz und ähnelt mehr den Bäumen. Und weil die Erde vor der Sintflut brüchig und malmig war, brachte sie keinen Wein hervor. Als (die Erde) jedoch durch die Sintflut begossen und gestärkt war, brachte sie Wein hervor, weil die jetzige Erde im Vergleich zur Erde vor der Sintflut sich so verhält, wie lockeres Gestein zum jetzigen Erdreich.
Im Gegensatz zum Hopfen (Kat. Nr. 83) sind für Hildegard Rebe und Wein wahre Allheilmittel. In den unterschiedlichsten Darreichungsformen kann sie sie gegen Krankheiten aller Art empfehlen: *»Aber wem das Fleisch um die Zähne fault und wessen Zähne schwach sind, der lege warme Rebenasche in Wein, wie wenn er eine Lauge machen wolle, und dann wasche er mit jenem Wein die Zähne und das Fleisch, das um seine Zähne ist. Und das tue er oft, und jenes Fleisch wird gesund werden, und die Zähne werden fest. Denn wenn seine Zähne gesund sind, wird diese Waschung ihnen nützen, und sie werden schön.*
Und wenn jemand Geschwüre an seinem Körper hat oder verwundet wird, mische er reinen und guten Wein mit einem Drittel Baumöl. Wenn das Geschwür oder die Wunde schon am zweiten oder dritten Tag Fäulnis oder Schwärze zeigt, wenn das Geschwür oder die Wunde groß ist, soll er den vorgenannten Ölwein etwas wärmen und ein leinenes Tuch eintauchen. Und mit dem so genetzten (Tuch) pflege er das Ge-

schwür oder die Wunde, bis die Fäulnis abnimmt. Wenn das Geschwür oder die Wunde klein ist, dann tauche er eine Feder in den vorgenannten Ölwein, der kalt und nicht gewärmt (sein soll), und mit der Feder reinige er das Geschwür oder die Wunde ein wenig, bis die Fäulnis abnimmt. (…)
Und wenn jemand trübe Augen hat, dann bestreiche er mit den Tropfen, die aus der Rebe beim Abschneiden des Schosses fließen, seine Lider und lasse auch etwas ins Auge eindringen. Und das tue er oft, und das macht die Augen ohne Zweifel klar. Wenn das Rebenschoß zuerst von der Rebe abgeschnitten wird, sind jene Tropfen, die dann von morgens bis mittags aus jenem Einschnitt fließen, gut und nützlich für die Klarheit der Augen. Daher soll der Mensch sie in ein Töpfchen auffangen und ihnen Olivenöl beigegeben. Und wenn er Ohren- oder Kopfschmerzen hat, soll er sich damit salben, und es wird ihm besser gehen. Und wer hustet und Schmerzen in der Brust und im Magen hat, der soll die Spitze des Schosses, wenn gerade die Blüten hervorbrechen, mit den Blättern abschneiden. Und er soll es stark in Wasser kochen und durch ein Tuch seihen und nüchtern und nach dem Essen oft trinken, und es wird ihm besser gehen. Damit ein betrunkener Mensch wieder zu sich kommt, soll er, wenn es Herbst ist, von der grünen Rebe das Schoß mit den frischen Blättern um Stirn, Schläfen und Kehle legen, und er wird ernüchtert.[1]« W. W.

Lit.: Peschlow-Kondermann 1972, S. 63.

[1] Hildegard, Heilkraft, S. 282 f.

83
Fries mit Hopfenranke

Naumburger Meister, um 1240
Sandstein
H.: 25 cm; B.: 71 cm; T.: 25 cm

Mainz, Bischöfliches Dom- und Diözesanmuseum

Eine der schwierigsten Krankheiten, die Hildegard kennt, ist die Melancholie. Sie kann durch ein Gemisch auf Wermutbasis, dem Honig und Wein zugesetzt werden, beseitigt werden. Im Gegensatz hierzu steht der Hopfen, der ebendiese Krankheit hervorruft. Lediglich als Konservierungsstoff besitzt er einen gewissen Wert:

»Der Hopfen ist warm und trocken, und er hat etwas Feuchtigkeit, und zum Nutzen des Menschen ist er nicht sehr brauchbar, weil er bewirkt, daß die Melancholie im Menschen zunimmt, und den Sinn des Menschen macht er traurig, und er beschwert seine Eingeweide. Jedoch mit seiner Bitterkeit hält er gewisse Fäulnisse von den Getränken fern, denen er beigegeben wird, so daß sie um so haltbarer sind«[1]. W. W.

Lit.: Peschlow-Kondermann 1972, S. 64.

[1] Hildegard, Heilkraft, S. 89.

Abb. 95 Greifenmedaillon, 12. Jh., Paris, Museé du Louvre

84
Greifenleuchter

Limoges, drittes Viertel des 12. Jahrhunderts
Kupfer, vergoldet; Grubenschmelzemail
H.: 19,8 cm; Dm.: 7,5 cm (untere Schale)

Mainz, Bischöfliches Dom- und Diözesanmuseum

Ob als liturgische Ausstattung der Altäre oder einfach als Lichtspender: der Bedarf der mittelalterlichen Kirchen an Kerzenleuchtern war groß. Es entwickelten sich daher rasch Zentren, in denen dieser Bedarf gedeckt werden konnte, u. a. in Limoges in Frankreich, das im Hochmittelalter berühmt war für seine emailverzierten Goldschmiedearbeiten. Aus einer dieser Werkstätten stammt auch der hier vorgestellte Leuchter, der sich durch einen prachtvollen, buntfarbigen Grubenschmelz auszeichnet. Die auf stilisierten Tierfüßen stehende, konvex nach oben gewölbte Basis zeigt in sechs Radialfeldern drei gegenläufig angeordnete Greifenpaare. Deren Farbskala reicht von Hell- und Dunkelblau über Dunkelgrün bis hin zu Rotbraun. Der darüberliegende Schaft, der von einem kugelförmigen Nodus zweigeteilt wird, ist von dachziegelartig angeordneten Schuppen bedeckt. Auch der Nodus weist Zierformen in Email auf: stilisierte grünblaue Blüten in blauer Bogenrahmung. Der flache Rand der Traufschale zeigt stilisierte Ranken in derselben Farbgebung. In der Mitte der Schale erhebt sich ein spitzer, hoher Dorn.
Dieser Leuchter gehört zu den eher seltenen Beispielen mit rundem Fuß: üblich ist ein dreiseitiger Unterbau mit entsprechend dreiseitig gestalteter Basis[1]. Während die ältere Forschung den Leuchter »um 1200« datiert, wurde jüngst eine zeitliche Einordnung »um 1150/60« vorgeschlagen[2]. Ein Vergleich mit drei Limoger Medaillons, die vor kurzem vom Louvre erworben wurden, unterstützt diese Frühdatierung (Abb. 95). Diese im dritten Viertel des 12. Jahrhunderts entstandenen Scheiben zeigen Vögel, deren Flügel in den Farben Rot, Grün und Blau mit dem Mainzer Beispiel identisch sind. Auch in Habitus und Detailgestaltung (z. B. der Füße) entsprechen sie den Greifen des ausgestellten Leuchters. Den Pariser Greifen fehlt lediglich die heraushängende rote Zunge, und die wirbelnden Schweife sind dort, der Form des Tondo angepaßt, raumgreifender. Beide Arbeiten dürften aus derselben Werkstatt stammen.
Hildegard hat die Existenz des aus dem Bereich der Fabel stammenden Greifen nicht geleugnet; im Gegenteil: in ihrer Beschreibung der Vogelwelt nimmt er als der Vornehmste seiner Gattung den ersten Platz ein, obwohl er, so Hildegard, *»in seinen beiden Naturen nicht vollkommen«* sei: *»Der Greif ist sehr warm und hat etwas von der Natur der Vögel und der wilden Tiere. Nach Art der Vögel ist er so behende, daß die Last seines Körpers ihn nicht beschwert. Als wildes Tier frißt er Menschen. Er steigt im Fluge nicht bis zur glühenden Hitze empor, nähert sich ihr aber. Weil sein Fleisch die Natur der wilden Tiere enthält, ist es dem Men-*

schen nicht bekömmlich, sondern sein Genuß brächte ihm viel Schaden. Allerdings ist der Greif in keiner seiner beiden Naturen vollkommen. Wenn die Zeit zum Eierlegen kommt, sucht er sich eine Höhle mit großem Innenraum, aber so engem Zugang, daß er kaum hineinkommen kann. Dort bewacht er sorgfältig seine Eier, weil er den Löwen fürchtet, der sie von weitem riecht und sie, wenn er sie erreichen kann, zerteilt und zerbricht, weil er den Greif, der ihm immer nachstellt, nicht in seiner Nähe dulden will. Den Bären jedoch leidet er neben sich, weil dieser schwächer als der Löwe ist. Die Eier legt er so, daß kein Sonnenstrahl sie treffen und kein Windhauch sie berühren kann.
Weder sein Fleisch noch seine Eier noch sonst etwas von ihm taugen als Heilmittel, weil der Greif in beiden Naturen nicht vollkommen ist«[3]. W. W.

Lit.: Fritz/Glatz 1990, S. 498 f.

[1] Ausst.-Kat. »L'œuvre de Limoges. Emaux limousins du Moyen Age«, Paris 1995, Nr. 33 bzw. Fig. 33a; Nr. 14 zeigt ebenfalls einen runden Leuchterfuß (Paris, Louvre), dessen Aufbau verloren ist.
[2] Ausst.-Kat. »Le Crociate. L'Oriente e Occidente de Urbano II. A San Luigi 1096–1270«, Mailand 1997, Nr. 95.
[3] Hildegard, Naturkunde, S. 105 f.

85
Rind (Abguß)

Worms, 11. Jahrhundert
Gips
H.: 25 cm; B.: 48 cm; T.: 22 cm

Worms, St. Peter (Dom)

Die Außenwände des Wormser Domes sind mit einem der reichsten Bestiarien aus romanischer Zeit ausgestattet. Zahllose phantastische Mischwesen, aber auch durchaus realistisch dargestellte Tiere sind hier zu finden. Von der ersten Blendarkade am Nordostturm stammt der hier abgebildete Rinderkopf, der analog zu Lage und Baudaten des Domes ins 11. Jahrhundert zu datieren ist.
Hildegard äußert sich ausführlich zum Rind, dem sie vielfältige natürliche und übernatürliche Heilkräfte zuschreibt: »*Das Rind ist kalt in seiner Beschaffenheit, und es ist trocken, aber mit den Luftgeistern ist es dem Menschen nicht feindlich, und diese (Luftgeister) können nicht viele Täuschungen machen an jenem Ort, wo das Rind ist, weil das Rind rein ist, und daher wurde es auch beim Opfer oft Gott in der Antike dargebracht. Aber sein Fleisch taugt wegen der Kälte, die es in sich hat, für den kalten Menschen nicht zum Essen. Für den warmen aber, der von Natur aus warm ist, ist es wegen der Kälte, die im Fleisch ist, gut zu essen. (...)*
Und wenn jemand die stechende Krankheit in seine Gliedern hat, dann koche er die harten Sohlen der Füße des Rindes, und er esse oft und genügend davon, und er wird geheilt werden. Und in der Kuh wird der Mensch dieselbe Natur merken. Und wenn ein Mensch Skrofeln an seinem Körper hat, dann trockne er über einem heißen Stein den Geschlechtsteil einer jungen Kuh, die noch nicht gekalbt hat und die der Stier noch nicht im Coitus besprungen hat, und er pulverirsiere das, und er gebe dazu Pulver von der Leber des Maulwurfs, und das Pulver gebe er in eine Suppe, die mit Weizenmehl zubereitet wurde, und er schlürfe das während neun Tagen oder länger, und die

Skrofeln in ihm werden sich vermindern. Die Milch der Kühe und anderer Tiere, nämlich der Schafe und der Ziege, und jede Milch ist im Winter heilsamer als im Sommer. Aber diejenigen, die im Sommer Milch trinken und die nicht gesund sind, denen schadet sie etwas. Aber wenn sie krank und schwach sind, dann sollen sie etwas davon trinken. Die Butter aber, die aus der Milch ausgepreßt wird, hat angenehme Wärme. Aber die Butter der Kühe ist besser und heilsamer als diejenige der Schafe und Ziegen. Und ein Mensch, der schwindsüchtig ist und an seinem Körper mager, der esse irgendwelche Butter, und sie heilt ihn inwendig und erquickt ihn. Aber für einen gesunden Menschen, der mäßiges Fleisch hat, ist die Butter gut und gesund zu essen. Wenn er aber fettes Fleisch hat, dann esse er mäßig, damit er nicht noch dicker wird. Daher können Milch und Butter und Käse, der aus Kuhmilch besteht, von Gesunden und Kranken, Kalten und Warmen mäßig gegessen werden. Der Käse aber, der aus irgendwelcher Milch gemacht wird, hat eine verschiedene Natur je nach der Natur derjenigen Tiere, aus deren Milch er bereitet wird, und so hängt er dem Essenden an. Aber einem Menschen, der gesundes und hartes und mageres Fleisch an seinem Körper hat, dem schadet harter und trockener Käse, wenn er gegessen wird, nicht viel. Jenem aber, der weiches, fettes und feuchtes Fleisch hat, dem schadet weicher und frischer Käse nicht« (…)[1]. W. W. / M. R.

Lit.: Unpubliziert.

[1] Hildegard, Heilkraft, S. 466 f.

86
Widder

Worms, zwischen 1170 und 1200
Sandstein
H.: 19 cm; B.: 28 cm; T.: 21 cm

Worms, St. Peter (Dom)

An anderer Stelle des Womser Domes, an der Südseite des Ostchores, befindet sich der hier abgebildete Widderkopf. Dort dient er als Lisenenbase der Blendarkade. Seine zeitliche Einordnung leitet sich von den Baudaten ab. Sie liegt zwischen 1170 und 1200. Ähnlich wie beim Rind ist Hildegard von den vielfältigen heilkundlichen Nutzanwendungen von Widder, Schaf oder auch Lamm überzeugt: »*Das Schaf, ob Widder oder Lamm, ist kalt, aber dennoch wärmer als das Rind. Und es ist auch feucht und einfach und hat keine Bitterkeit und Herbheit. Und sein Fleisch ist für gesunde und kranke Menschen gut zu essen.*
Aber jener, der am ganzen Körper schwach ist und dessen Adern welk sind, der schlürfe oft vom Saft des Schaffleisches und von der Suppe, in der es gekocht wird, wenn er will, und er esse mäßig Schaffleisch. Und wenn er sich erholt hat, esse er genügend davon, wenn er will. Und dieses Fleisch ist im Sommer gut zu essen, weil die Hitze es wärmt, im Winter aber taugt es nicht zum Essen, weil es kalt ist und weil auch der Winter kalt ist. Und der Mensch esse oft und genügend Schafsleber, und es mindert den Schleim in ihm und reinigt den Unrat seines Magens. Aber auch wer auf der Brust hustet und wer den Atem ohne Lungenschmerz nur schwer einzieht und ausstößt, der esse oft Schafslunge, und es wird ihm auf der Brust besser gehen. Eine Frau aber, deren Gebärmutter innerlich kalt und zu zart ist, um zu empfangen, die koche die Gebärmutter eines Lammes oder einer Kuh, wenn sie noch rein ist, so daß sie mit keiner Frucht schwanger war noch ist, zusammen mit Speck und anderem fetten Fleisch, wenn sie in Verbindung mit dem Gatten ist. Und solches Fleisch werde häufig gebraucht. Und wenn Gott will, wird (die Frau) um so leichter empfangen, weil es durch den Ratschluß Gottes oft

geschieht, daß die Zeugungskraft den Menschen genommen wird.
Aber auch die Schaffelle sind zur Kleidung des Menschen gut, weil sie dem Menschen weder Hochmut noch Begierde, noch Krankheit bringen, wie es bei andern Tierfellen geschieht, darum gab Gott dem Adam eine Kleidung aus Schaffellen. Und wenn jemand von täglichen, dreitägigen oder viertägigen Fiebern geplagt wird, welcher Art sie sein mögen, dann nimm Widderwolle ohne das Fell und von einem geschorenen Widder. Und an jenem Teil, wo (die Wolle) an der Haut des Widders war, besprenge die Wolle mäßig mit Schafstalg, der am Feuer erwärmt wurde, und so wärme dies gleichzeitig wiederum am Feuer, und wenn der Schüttelfrost jenen Menschen bereits mit Kälte plagt, dann lege die Wolle sogleich auf seinen Magen, seine Brust und um seine Schultern, damit er so warm wird und so schläft. Und tue das, so oft die Krankheit ihn plagt, und er wird schnell geheilt werden«[1]. W. W. / M. R.

Lit.: Unpubliziert.

[1] Hildegard, Heilkraft, S. 469.

87
Wolf

Worms, 12. Jahrhundert
Sandstein
H.: 29 cm; B.: 42 cm; T.: 38 cm

Worms, St. Peter (Dom)

Rind und Widder empfiehlt Hildegard zur heilkundlichen Anwendung. Vor dem Wolf hingegen kann sie nur eindringlich warnen, da sich in dessen Gefolge zahlreiche Geister aufhalten, die den Menschen gefährden: *»Der Wolf ist sehr warm und hat etwas von der Art der Luftgeister und von der Art des Löwen. Und die Luftgeister erfreuen sich oft mit ihm in seiner Natur und begleiten ihn. Und der Wolf stellt dem Menschen immer nach und würde ihn gerne zerreißen, wenn er könnte, obwohl er keinen Hunger leidet. Aber gemäß der Natur des Löwen kennt und versteht er den Menschen und wittert ihn von ferne, und wenn der Wolf den Menschen zuerst sieht, dann schwächen die Luftgeister, die ihn begleiten, den Menschen in seinen Kräften, weil der Mensch dann nicht weiß, daß der Wolf ihn gesehen hat. Aber wenn der Mensch den Wolf zuerst sieht, dann halte er Gott in seinem Herzen, und in dieser Absicht vertreibt er die Luftgeister und den Wolf mit ihnen.«*

Hildegard kennt aber im Zusammenhang mit dem Wolf auch einige nützliche Rezepturen, so z. B. gegen Gicht: *»Ein Mensch aber, der sehr von der Gicht geplagt wird, der nehme Blätter des Gichtbaums und der Eberraute in gleichem Gewicht, und zerstampfe das in einem Mörser, und dann gebe er dem mehr Wolfsfett bei und mische es gleichzeitig, und so mache er eine Salbe, und damit salbe er sich, wo es ihn schmerzt. Und nachher, am zweiten oder dritten Tage, gehe er in ein Schwitzbad, und er wird die Gicht mit dieser Salbe ausschwitzen. Und er soll sich in diesem Bad stark abwaschen. Und diese Salbe lasse er nicht auf seiner Haut, ohne daß er sie abwasche, weil sie so stark ist, daß die Gicht auf keine Weise an keiner Stelle bleiben kann, wo gesalbt wird«.*
Auch gegen Irrsinn, so Hildegard, hilft ein Wasser, in dem ein Wolf gekocht wurde. Grundsätzlich bleibt ihr negatives Urteil, den Wolf betreffend, aber bestehen. So heißt es am Ende ihrer Schilderung vom Wolf:
»Und in welchem Haus auch immer das Fell oder die Haare oder die Knochen des Wolfes sind, in jenem Haus zanken und streiten die Menschen gern, und die Luftgeister gehen dort wegen der schlechten Natur (des Wolfes) gerne umher«[1] .
W. W. / M. R.

Lit: Unpubliziert.

[1] Hildegard, Heilkraft, S. 474.

88
Meerkatze

Worms, 12. Jahrhundert
Sandstein
H.: 27 cm; B.: 41 cm; T.: 43 cm

Worms, St. Peter (Dom)

Wie Rind und Wolf, so stammt auch das hier abgebildete Tier vom romanischen Wormser Dom. Seine Benennung ist nicht einfach. Es hat vier Beine, ein dichtes Fell-(Feder-?)Kleid und ein breites Maul mit großen Zähnen, die etwas, das das Tier zwischen seinen Pfoten hält, zu zermalmen scheinen. Vielleicht handelt es sich um ein Mischwesen; vielleicht aber auch, und dies paßt zur vielfältigen Natur dieses Tieres, um eine Meerkatze: *»Die Meerkatze ist mehr kalt als warm, und sie stammt von Luft und Wasser, so daß sie sich auch bisweilen im Wasser aufhalten kann, und sie hat auch etwas von der Natur des Wolfes und von der Natur der Katze. Aber die Erde und die Schlange leckt sie nicht. Die Meerkatze hat auch ein Gift in sich, von dem sie dann schwach wird, und das sie dann ausspeit, und um es zu verschmähen, verbirgt sie es unter der Erde, weil sie weiß, daß es schlecht ist, wie sie auch den Kot, der von ihr abgeht, verbirgt, weil, wenn ein Mensch das berühren würde, was die Meerkatze auf diese Weise ausgespien hat, wäre es wie Gift, so daß auch davon gewisse Schlangen und gewisse schlimme Würmer oft entstehen«*[1]. W. W.

Lit.: Unpubliziert.

[1] Hildegard, Heilkraft, S. 480.

89
Adler

Mainz, 12. Jahrhundert
Sandstein
H.: 36 cm; B.: 38 cm; T.: 26 cm

Mainz, Bischöfliches Dom- und Diözesanmuseum

Das Fragment eines Adlers gehört seit unbekannter Zeit zum Bestand des Dom- und Diözesanmuseums. Wahrscheinlich gelangte es als Bestandteil des im 19. Jahrhundert im Domkreuzgang eingerichteten Lapidariums,

aus dem das Dommuseum hervorging, in dessen Besitz. Seine Herkunft ist unbekannt; es dürfte sich dabei aber um einen Teil der ehemaligen Dachbekrönung des Domes handeln. Obwohl das Stück stark fragmentiert ist, ist seine Datierung in romanische Zeit wahrscheinlich.

Hildegard äußert sich mehrfach zum Adler. Innerhalb des Liber Vitae Meritorum und des Liber Divinorum Operum tritt er immer wieder auf als derjenige, der fähig ist, »*in die Sonne zu blicken*«, oder der »*seine Augen auf die Sonne heftet*«. Gemeint ist damit die Fähigkeit zur Schau Gottes und die Stärke, diese Schau zu ertragen: »*wie Adler schauen sie auf Gott*«, denn »*das Antlitz des Adlers schließlich bedeutet das Wissen um Gott, der dem Menschen das Erkennen gibt und damit die Einsicht ermöglicht, Ihm zu gefallen, was über alle sonstigen sittlichen Kräfte geht*«[1].

Auch in ihrer Physica äußert sich Hildegard ausführlich zum Adler. Wieder spielt der Aspekt des »in die Sonne Blickens« sowie die feurige Natur des Adlers eine große Rolle. Als Nahrungs- oder gar Heilmittel hingegen taugt er nicht. Wie bei den Fischen schildert Hildegard detailliert, wenn auch mit stark legendären Zügen, Nahrungssuche und Brutpflege des Adlers: »*Der Adler ist sehr warm, wie wenn er feurig wäre, und seine Augen sind mehr feurig als wäßrig, und daher blickt er auch die Sonne stark an. Und weil er beinahe feurig ist, kann er auch Wärme und Kälte ertragen. Und er fliegt hoch, weil er die Wärme gut erträgt. Aber auch sein Fleisch wäre für den Menschen todbringend zu essen, wenn er es äße, weil es für ihn zu stark wäre wegen der zu großen Wärme, die in ihm ist. Und weil (der Adler) von der Sonnenwärme durchdrungen ist und weil er sie auch stark anblickt, daher ist er grimmig, und daher hat er auch viel Empfindlichkeit im Herzen. Und er raubt viel und trägt fort, was er abwirft und nicht frißt, aber er frißt nur das, was gesund und warm ist. Und wenn er Eier legt, dann sucht er einen sehr warmen Ort an der Sonne oder an der Luft, damit (die Eier) von jener Wärme stark durchdrungen und gekräftigt werden. Und wenn der Fall eintritt, daß etwas davon fehlt, so daß (das Gelege) von der Wärme nicht durchdrungen werden kann, dann wird das Junge, das ausschlüpft, schwach und krank und nicht so stark, daß es leben sollte. Und so wunderbar ist die Natur in seinem Herzen, und so (viel) hat er bei sich, und so viel Wissenschaft leuchtet über alles in ihm auf, daß das Herz des Menschen (den Adler) nicht ertragen könnte. Denn in jener Stunde, in welcher der Adler getötet wird oder von sich aus stirbt, entfernt sich die ganze Kraft, die in seinem Herzen ist, so daß sein Herz wird, wie wenn es kraftlos wäre, so daß es auch schwächer ist, als andere Herzen von Vögeln oder Tieren. Und daher kann kein Mensch jenes Herz so stark haben, wie es in ihm ist, wenn er lebt. So haben auch der ›scotbaro‹ und der Gänseadler und der Hasenadler die gleiche Natur wie dieser, von dem (gesprochen wurde), es sei denn, daß der eine schärfer, der andere weicher ist, und daß der eine schneller, der andere langsamer fliegt, wie auch die Menschen in ihrem Gebaren verschieden sind, aber dennoch die eine Natur der Menschheit haben. Und zu jenen Werken taugen sie, wie auch gesagt wurde*«[2].

W. W.

Lit.: Unpubliziert.

[1] Hildegard, Verantwortung, S. 38.
[2] Hildegard, Heilkraft, S. 393 f.

90
Hildegard als Exorzistin

1. Anonymus nach Jonas Umbach, um 1770
Öl/Leinwand
H.: 220 cm; B.: 134 cm

Bingen, Rochuskapelle, Küsterhaus

2. Bartholomäus II. Kilian, um 1670
Kupferstich
H.: 19,3 cm; B.: 14,3 cm

Mainz, Bischöfliches Dom- und Diözesanmuseum

Um 1770 bestellte die Äbtissin von Kloster Eibingen, Maria Benedikta von Dumont (1768–1780), für ihre Kirche zwei neue Seitenaltäre. Deren Altarblätter zeigen die beiden Kirchenpatrone Rupertus und Hildegard. 1814 wird der Konvent aufgehoben und die Kirchenausstattung verkauft. Im gleichen Jahr jedoch erfolgt auf der anderen Seite des Rheines die Weihe der neu errichteten Rochuskapelle oberhalb von Bingen. Sie war 1795 bei einem Angriff deutscher Soldaten auf dort verschanzte französische Truppen zerstört und von Februar bis August 1814 wieder aufgebaut worden. Am 30./31. März jenes Jahres konnten neben Kanzel, Orgel und Gestühl auch der Hochaltar sowie die beiden Seitenaltäre von Eibingen erworben und auf den Rochusberg verbracht werden. Eigens für deren Aufstellung wurden die noch erhaltenen und nun zu niedrigen Außenmauern der Rochuskapelle im April aufgestockt. Prominentester Berichterstatter der Neuaufstellung der Eibinger Ausstattung ist Johann Wolfgang von Goethe, der am 16. August 1814 der Einweihung der Kapelle beiwohnte. Trotz seines klassizistisch geschulten Geschmackes gewinnt er der Einrichtung der Kapelle Positives ab und stellt sich dabei gleichzeitig die Frage nach deren Herkunft: »*Oben um die Kapelle finden wir Drang und Bewegung. Wir dringen mit hinein. Der innere Raum, ein beinahe gleiches Viereck. Jede Seite von etwa dreißig Fuß, das Chor im Grunde vielleicht 20. Hier steht der Hauptaltar, nicht modern, aber in wohlbehäbigem katholischen Kirchengeschmack. Er steigt hoch in die Höhe, und die Kapelle überhaupt hat ein recht freies Aussehen. Auch in den nächsten Ecken des Hauptvierecks zwei ähnliche Altäre, nicht beschädigt, alles wie vor Zeiten. Und wie erklärt man sich dies in einer jüngst zerstörten Kirche?*«[1]
Einheimische können ihn aufklären und versetzen Goethe damit in die Lage, den Transport auch der Altarblätter in den buntesten Farben zu referieren: »*Ältere Männer von Bingen treten zu uns, den herzoglich-nassauischen Beamten, unseren werten Geleitsmann, freundlich zu begrüßen; sie rühmen ihn als einen guten und hilfreichen Nachbar, ja als den Mann, der ihnen möglich gemacht, das heutige Fest mit Anstand zu feiern. Nun erfahren wir, daß, nach aufgehobenem Kloster Eibingen, die innern Kirchenerfordernisse, Altäre, Kanzel, Orgel, Bet- und Beichtstühle, an die Gemeinde Bingen zu völliger Einrichtung der Rochuskapelle um ein Billiges überlassen worden. (…) Man zog nach Eibingen; alles war sorgfältig abgenommen, der einzelne bemächtigte sich kleinerer, mehrere der größeren Teile, und so trugen sie, Ameisen gleich, Säulen und Gesimse, Bilder und Verzierungen herab an das Wasser; dort wurden sie, gleichfalls dem Gelübde gemäß, von Schiffern eingenommen, übergesetzt, am linken Ufer ausgeschifft und abermals auf frommen Schultern die mannigfaltigen Pfade hinaufgetragen. Da nun das alles zugleich geschah, so konnte man, von der Kapelle herabschauend über Land und Fluß, den wunderbaren Zug sehen, in dem Geschnitztes und Gemaltes, Vergoldetes und Lackiertes in bunter Reihenfolge sich bewegte (…)*«[2].
Die Gefährdung der beiden Altarbilder war trotz dieser neuen Nutzung aber noch nicht beendet. Am 12. Juli 1889 brennt die Kapelle infolge Blitzschlages fast vollständig nieder. Wie Augenzeugenberichte belegen, war es wegen des bereits weit fortgeschrittenen Brandes kaum möglich, größere Einrichtungsgegenstände aus den Flammen zu retten. Lediglich leichte und mobile Objekte, so die auch unschwer aus den Altären zu entfernenden Gemälde, konnten gerettet werden; die hölzernen Altargehäuse hingegen verbrannten[3].
Die beiden Altarblätter sind entsprechend ihrer Funktion und ihrer ehemaligen Aufstellung als Pendants gearbeitet. Das Gemälde mit dem Hl. Rupert (Abb. 96), das ursprünglich einmal auf dem rechten Seitenaltar stand, placiert den Heiligen auf der linken Bildseite, sich nach links zur Mitte hinwendend, während Hildegard (90.1) sich nach rechts, ebenfalls zur Mitte hin, orientiert. Die durch eine zweistufige Estrade erhöhte Äbtissin steht hinter einem mit einer Decke belegten Schreibpult, auf dem ein geschlossener Briefumschlag sowie ein aufgeschlagenes Buch liegen. Mit ihrer Rechten stützt sie sich auf ein weiteres, geschlossenes Buch. Ein ärmlich gekleideter Mann, der durch Stab und Medaillon am Revers als Pilger gekennzeichnet ist, tritt ehrfürchtig an sie heran. Reicht er ihr einen Brief oder empfängt er gerade einen? Die Geste zwischen den beiden Personen ist nicht eindeutig. Der Brief ist noch (?) offen; ein geschriebener Text wird deutlich, der aber ebensowenig lesbar ist wie derjenige in Hildegards aufgeschlagenem Buch. Mit dieser indifferenten Geste versucht der unbekannte

Maler mehrere sukzessive Ereignisse aus Hildegards Leben – von denen im folgenden berichtet wird – in eins zu fassen, ein Kunstgriff, den er ähnlich auch in der Simultandarstellung im Hintergrund anzuwenden weiß. Hier ist wiederum, diesmal als Rückenfigur, Hildegard zu sehen. Mit erhobener Hand verweist sie auf einen Engel, der mit einem Flammenschwert zwei geflügelte Teufel vertreibt. Offensichtlich hat Hildegard im Verlauf eines Exorzismus diese Teufelsaustreibung vorgenommen. Der oder die Besessene ist jedoch nicht mit abgebildet.

Die Darstellung nimmt Bezug auf ein konkretes Ereignis aus dem Leben Hildegards, das uns, ausgeschmückt mit legendären Zügen, in ihrer Vita überliefert ist. Spätestens seit Hildegards Tod wurde im Kloster Rupertsberg an einer Heiligsprechung der ehemaligen Äbtissin gearbeitet. Hierzu gehörten neben einer Vita selbstverständlich auch Wunder, die sich zu Lebzeiten der potentiellen Heiligen, aber auch danach an ihrem Grabe zu ereignen hatten. Die päpstlichen Anfragen und das Kanonisationsprotokoll (Kat. Nr. 50) nehmen ausdrücklich auf solche Wunder Bezug. In der Vita wird über drei Kapitel hinweg sehr ausführlich über die Wunderheilung einer Besessenen berichtet. In direkter Rede wird das Ereignis mit Hildegards eigenen Worten geschildert: *»Inzwischen hatte man mir berichtet, daß weit entfernt von uns in der Gegend des unteren Rheins eine adlige Frau vom Teufel besessen sei. Auch besuchten mich öfters Boten in dieser Angelegenheit. In einer wahren Vision schaute ich, wie diese Frau mit Gottes Zulassung von einer teuflischen Zusammenballung von Schwärze und Dampf besessen und verdunkelt war, die das ganze Sinnesvermögen ihrer vernunftbegabten Seele unterdrückte (…)«*[4].

Die Frau wird zu vielen Orten mit den Reliquien der unterschiedlichsten Heiligen geführt, aber keiner der Angerufenen kann helfen. Offensichtlich, und dies bestätigt auch Hildegard in einem ausführlichen Briefwechsel mit Abt Gedolph von Brauweiler, der die Besessene betreut, handelt es sich um einen besonders hartnäckigen Dämonen: *»Es gibt verschiedene Arten von bösen Geistern. Der Dämon aber, nach dem Ihr fragt, hat die Eigenart, sich den lasterhaften Sitten der Menschen anzupassen. Deshalb hält er sich gern unter Menschen auf, kümmert sich auch wenig um das Kreuz des Herrn, die Reliquien der Heiligen und ähnliches, was zum Dienst des Herrn gehört. Ja, er verspottet bisweilen diese Dinge und fürchtet sie nicht sehr. Er liebt sie zwar nicht, verhehlt aber, daß er sie flieht, so wie ein törichter und nachlässiger Mensch die Worte und Drohungen, die Weise ihm zusprechen, geringschätzt. Darum ist seine Austreibung schwieriger als die eines anderen Dämonen«*[5].

Abb. 96 Hl. Rupertus, um 1770, Bingen, Rochuskapelle, Küsterhaus

In maßloser Selbstüberschätzung gibt der Dämon Abt Gedolph den Namen derer preis, die ihn besiegen und die Besessene heilen kann. Es sei eine ältere Frau in der *»Gegend des oberen Rheines«*, die er verballhornt als *»Schrumpelgardis«* bezeichnet[6]. Abt Gedolph, der von Hildegard schon gehört hat, erkennt dennoch, um wen es sich handelt, und beginnt den bereits erwähnten Briefwechsel. Er schildert den nun schon sieben Jahre

90.2

währenden Fall und bittet um Hilfe. Hildegard gewährt sie zunächst schriftlich und schlägt einen Exorzismus durch gleich sieben Priester vor, denen sie genaue Anweisungen zur Durchführung des schwierigen Vorhabens gibt. Tatsächlich fährt der böse Geist zunächst aus: *»Da stöhnte der böse Geist und stieß ein solches Geheul und furchtbares Geschrei aus, daß er den Umstehenden einen gewaltigen Schrecken einjagte. Noch fast eine halbe Stunde lang setzte er dieses Toben fort, dann endlich verließ er nach Gottes Willen das Gefäß, das er so lange besessen hatte. Als die Frau fühlte, daß sie befreit war, reichte sie den Umstehenden die Hände, damit sie sie aufrichteten, da ihr die Kräfte fehlten«*[7].

◁ 90.1

Mangels eines anderen Körpers kehrt der Dämon jedoch zurück und ergreift wiederum von der gerade Geheilten Besitz. Dabei teilt er mit, daß er nur in der persönlichen Gegenwart *»der alten Frau«* (Hildegard) endgültig ausfahren könne. Daraufhin wird die Besessene auf den Rupertsberg gebracht. Über Wochen wird der eigentliche Exorzismus mit Gebeten, Almosen und Buße vorbereitet. In dieser Zeit, so die Vita, läßt sich der Dämon mit Hildegard auch in eine Disputatio über Glaubensfragen ein, die sie glorreich besteht: *»Wenn ich aber in einer wahren Schau ihn Falsches vorbringen sah, widerlegte ich ihn auf der Stelle. Sogleich verstummte er und wütete gegen mich mit den Zähnen«*[8].

An Ostern endlich wird der Dämon endgültig vertrieben und die Besessene dauerhaft geheilt: *»Endlich war der heilige Samstag (vor Ostern) gekommen. Das Taufwasser wurde geweiht, und auch die Frau war zugegen. Der Priester blies über den Taufbrunnen mit den Worten, die der Heilige Geist dem geistbegabten Menschen und den Lehrern der Kirche eingegeben hat. (...)*

Da wurde die Frau von einer gewaltigen Furcht ergriffen und zitterte so stark, daß sie mit den Füßen auf den Boden stampfte und aus dem schrecklichen Geist, der sie überwältigt hatte, häufig ein Blasen ausstieß. Bald darauf sah und hörte ich in einer wahren Schau, daß die Kraft des Allerhöchsten, die die heilige Taufe überschattet hatte und sie immer überschattet, zu der teuflischen Zusammenballung, durch die die Frau gequält wurde, sprach: ›Weiche, Satan, aus dem Leibeszelt dieser Frau und gib dem Heiligen Geiste darin Raum!‹ Da fuhr der unreine Geist auf abscheuliche Weise mit Ausscheidung durch die Schamteile der Frau aus. Sie war nun befreit und blieb fortan gesund in ihren Sinnen an Seele und Leib, solange sie auf dieser Welt lebte«[9].

Trotz der legendären Züge des Berichtes und seiner tendenziellen Formulierungen, die auf eine potentielle Kanonisation hinarbeiten[10], muß den Zeitgenossen – vielleicht sogar durch eigene Teilnahme? – ein Vorfall dieser Art bekannt gewesen sein, da sowohl Hildegards Neffe Arnold, Erzbischof von Trier, als auch der Dekan der Kölner Apostelkirche, der spätere Erzbischof Philipp von Heinsberg, in Briefen darauf Bezug nehmen. Sie drücken ihre Freude über die Heilung der Besessenen sowie deren anschließende Aufnahme – die ihr als Adelige ja möglich war! – in den Rupertsberger Konvent aus. Aus dem Schreiben von Philipp von Heinsberg erfahren wir auch den Namen der Kranken: Sigewize[11].

Die Besessene selbst wird im vorliegenden Altarbild nicht dargestellt. Über die Gründe kann nur spekuliert werden: scheute man eine solche, sicher ins Extreme gehende Abbildung? Oder wollte man aus Pietät, vielleicht auch aus Bescheidenheit, die ehemalige Mitschwester des Mutterklosters nicht darstellen? Die mehrdeutige Geste zwischen Hildegard und dem Boten findet jedenfalls anhand des Berichtes in der Vita eine zwanglose Erklärung: sie versinnbildlicht, sozusagen in simultaner Darstellung, den regen und für den Fortgang des Wunders so eminent wichtigen Briefwechsel zwischen dem Rupertsberg und der Abtei in Brauweiler. Auf bessere Weise hätte das dauernde Hin und Her der Schreiben nicht ausgedrückt werden können.

Das Gemälde geht zurück auf eine Vorlage des Augsburger Malers und Stechers Jonas Umbach (um 1624–1693), die großen Anklang gefunden haben muß, da sie für wert befunden wurde, auch im Kupferstich reproduziert zu werden. So nahm um 1670 Bartholomäus II. Kilian, der des öfteren nach Vorlagen von Umbach arbeitete, sich des Motives an (90.2) und setzte es, wie die Signatur »J. U. d.« sowie »B. K. S.« links bzw. rechts unten belegt, in Kupfer um[12]. Die Personen sind zwar zur Halbfigur verkürzt, aber alle wichtigen Bilddetails wie die Briefübergabe und der Exorzismus sind erhalten geblieben. Kilian hat sogar einige Ergänzungen vorgenommen. Die Anzahl der Briefumschläge hat sich auf (mindestens) zwei erhöht, ein weiterer Hinweis auf den Umfang und die Wichtigkeit des während des Wunders vollzogenen Briefwechsels. Darüber hinaus hat er eine Interpretation der vor Hildegard placierten Bücher vorgenommen. In dem auf dem Pult liegenden geöffneten Buch hat er den Vermerk »De Sacramento Altaris« eingetragen, ein Hinweis auf Hildegards Verteidigung des Sakramentes der Eucharistie gegen die Lehren der Katharer. Diese Schrift dürfte auch im 17. und 18. Jahrhundert eine der bekanntesten Hildegards gewesen sein, da sie bereits 1474 gedruckt und damit einem weiteren Leserkreis zugänglich gemacht wurde[13]. Das Buch, auf das sich Hildegard mit ihrer Rechten stützt, ist im Stich mit »In Reg S. Ben« bezeichnet, ein Hinweis auf die von Hildegard befolgte klösterliche Regel. Die unterhalb der Darstellung beigegebene Inschrift erläutert die Werke, die die »Hl. Hildegard, Äbtissin im Orden des Hl. Benedikt« tätigte. Sie betont Hildegards Rolle als »Sibylla«, als Weissagerin für Päpste, Kaiser und Bischöfe, und verzeichnet ausdrücklich, daß ihre Schriften gegen die Katharer zu deren Vertreibung beitrugen. Ferner wird sie als »Medica« und als Siegerin über den Schrecken der Dämonen gefeiert. Mit dem Vermerk, daß Hildegard 1181 (!) im Alter von 82 Jahren starb schließt die Inschrift.

W. W.

Lit.: A. S. (Adelheid Simon), Bilder aus dem alten Eibinger Kloster in der Rochuskapelle, in: Katholischer Kirchenkalender für Bingen und Bingen-Büdesheim 22, 1938, S. 16–18; Hinkel 1979, S. 399; Krasenbrink 1997, S. 505.

1 Johann Wolfgang von Goethe, zitiert und kommentiert bei Auener 1979, S. 24.
2 Johann Wolfgang von Goethe, zitiert nach Auener 1979, S. 25.
3 H. Hilsdorf, Der Brand der Rochuskapelle im Jahre 1889. Von Hans Hilsdorf 1945 nach der Erinnerung aufgeschrieben, in: Binger Geschichtsblätter 4, 1979, S. 45–47; s. auch Krasenbrink 1995, S. 31 f.
4 Hildegard, Vita, S. 112.
5 Hildegard, Vita, S. 117.
6 Hildegard, Vita, S. 115.
7 Hildegard, Vita, S. 121.
8 Hildegard, Vita, S. 124 f.
9 Hildegard, Vita, S. 125.
10 Die tendenzielle Ausrichtung der Vita wird am Beispiel der Heilung dieser Besessenen besonders deutlich: Wunder dieser Art, vollbracht gegen den Widerstand der stärksten Dämonen, an denen alle anderen Heiligen versagten – dies kann nur einer Frau möglich sein, die möglichst rasch zur Ehre der Altäre zu erheben ist.
11 Hildegard, Vita, S. 156, Anm. 50; der Brief Philipps von Heinsberg ist in deutscher Übersetzung als Schreiben eines (anonymen) Dekans von St. Aposteln in Köln abgedruckt in Storch 1997, Nr. 158 auf S. 297. Dort heißt es: *»Von dem Tag an, da uns bekannt wurde, daß Ihr unsere Schwester – ja sogar vertraute Tochter – Frau Sigewize in Eure beglückende Gemeinschaft aufgenommen habt, wurden nicht nur wir, sondern die ganze Stadt Köln durch den Gunsterweis Gottes mit Liebe zur Frömmigkeit entfacht. (...) Wir hörten nämlich jüngstens auf ein Gerücht hin, daß jener alte Feind durch Eure Gebete ausgetrieben wurde. Wenn das so ist, bitten wir inständig, uns die Weise und Reihenfolge der Austreibung anzuzeigen, damit wir uns mit Euch freuen und den Herrn zusammen mit Euch in ständiger Hingabe loben. Auch Frau Sigewize selbst grüßen wir besonders, da wir sie näher kennen, verrichten immer wieder fromme Gebete in Christus und erhoffen sie auch von ihr. Lebe wohl.«*
12 Lexikon der christlichen Ikonographie, Bd. VI, Freiburg 1968, Sp. 537 (A. Thomas, s.v. »Hildegard«).
13 Hinkel 1979, S. 393 mit Nachweis.

Abb. 97 Mann und Frau im Bad, J. Schaeffler, 15. Jh., Privatbesitz

Das Weib steht so lange unter der Dienstbarkeit des Mannes, bis sie zu einer Einheit werden; dabei deutet die Frau auf die Vereinigung des männlichen Samens mit dem weiblichen Blut hin, wodurch sie ein einziges Fleisch werden. Sobald der Samen des Mannes an seine Stelle fällt, nimmt das weibliche Blut diesen mit allem Verlangen seines Liebesvermögens auf und saugt ihn in sich hinein, gleichsam wie ein Atemzug etwas in sich hineinschlürft. Auf diese Weise vermischen sich weibliches Blut und männlicher Samen: es entsteht daraus zunächst ein blutartiges Gemisch, durch das dann auch die Gewebe des betreffenden Weibes genährt werden, wachsen können und zur Entwicklung kommen. Daher ist die Frau ein Fleisch mit dem Mann und eben durch diesen Mann geworden. Anderseits wird auch die fleischliche Materie des Mannes durch die Erhitzung und durch den Schweiß der Frau innen und außen durchgekocht; so nimmt auch er vom weiblichen Schaum und Schweiß wirklich in sich auf. Sobald nämlich die Kraft des männlichen Begehrens in die äußerste Erregung gerät, wird sein Blut dünnflüssiger, verströmt leichter und wird wie in einer Mühle herumgewühlt, wobei es etwas vom Schaum und Schweiß des Weibes in sich aufnimmt; hierbei wird also auch seine leibliche Substanz mit der des Weibes gemischt, so daß er ebenfalls mit ihm und durch es ein Fleisch wird. Wenn nun aber Mann und Frau solchermaßen ein Leib geworden sind, empfängt die Frau von diesem Manne leicht eine Frucht, vorausgesetzt, daß sie fruchtbar ist[1].

[1] Hildegard, Heilkunde, S. 135.

Sexualität, Schwangerschaft und Geburt in den Schriften Hildegards von Bingen

Winfried Wilhelmy

1. Sexualität

Für das Mittelalter sind Sexualität – ein in dieser Zeit unbekanntes Wort – und »fleischliche Lust« (libido carnalis) eine der negativen Folgen des Sündenfalles: Der Idealzustand einer paradiesischen Unschuld war durch eigene Schuld des Menschen verlorengegangen. Sexualität ist also negativ besetzt: unter Berufung auf die Schriften von Paulus und Augustinus wird die völlige Vermeidung sexueller Handlungen zum Ideal erhoben. Lediglich zum Zweck der menschlichen Fortpflanzung (generatio prolis) wird Sexualität – in der Regel auf Eheleute beschränkt – akzeptiert. Auch innerhalb der Ehe werden alle »widernatürlichen« Varianten von Sexualität, die lediglich auf Lustgewinn, nicht aber auf Fortpflanzung gerichtet sind, entschieden abgelehnt.

Im Rahmen ihrer »Heilkunde«[1], aber auch innerhalb ihrer Visionsschriften, vor allem im Scivias, äußert sich Hildegard ausführlich zur menschlichen Sexualität. Fortpflanzung und Sexualität sind für sie natürlicher Teil von Werden und Vergehen, von Natur und Kosmos. Nach Hildegards Interpretation des göttlichen Schöpfungsplanes ist die geschlechtliche Vereinigung, so der Idealfall, immer auch ein Ausdruck von Liebe und damit positiv besetzt: *»Daß aber die erste Frau aus dem Manne gebildet wurde, bezeichnet die eheliche Verbindung zwischen Mann und Frau. Sie ist so zu verstehen: Diese Verbindung darf nicht fruchtlos und gottvergessen vollzogen werden; denn Er, der die Frau vom Manne nahm, hat diese gute und ehrenhafte Vereinigung dazu bestimmt, Fleisch aus Fleisch zu bilden. Wie deshalb Adam und Eva ein Fleisch waren, so werden auch jetzt Mann und Frau ein Fleisch in der Liebesvereinigung zur Vermehrung des Menschengeschlechts. Daher muß zwischen beiden vollkommene Liebe herrschen wie zwischen den ersten Menschen«*[2].

Liebe und die auf ihr basierende Zeugungskraft gab es, so Hildegard, bereits vor dem Sündenfall. Diese als rein empfundene Sexualität verkehrte sich erst durch den Sündenfall, dessen Ursache Hildegard klar als geistig, nicht als fleischlich benennt, in ihr Gegenteil: *»Jene gewaltige Liebesglut aber, die in Adam aufkam, als Eva aus ihm hervorging, und die Süßigkeit jenes Schlafes, in welchen er damals gefallen war, ist durch sein Vergehen in eine Süßigkeit entgegengesetzter Natur verkehrt worden. Gleichwohl spürt auch jetzt noch der Mann jenen starken süßen Drang in sich, und wie sich der Hirsch nach der frischen Quelle sehnt, so eilt auch heute noch hurtig der Mann zum Weibe hin«*[3].

Mit dieser im Sündenfall begründeten Umwandlung einer »geistigen« in eine »fleischliche« Sexualität ging auch eine Verlagerung der Geschlechtsorgane des Mannes einher: *»Als Adam durch sein Vergehen gleichsam geblendet wurde und wie betäubt ward, da ging auch diese Zeugungskraft mit ihm in die Verbannung (exilium) und verlegte sich in ein anderes Organ. Gewissermaßen heimlich ist sie an die obenerwähnten Geschlechtsteile hingeflüchtet, und an diesem Ort blieb sie«*[4].

Ausgangspunkt der sexuellen Lust ist das Knochenmark, das, vom Feuer durchpulst, einen glühenden »Geschlechtswind« aussendet. Infolgedessen kommt es bei Mann und Frau zur Ejakulation. Beide sondern im Orgasmus einen schaumigen Erguß ab, der beim Mann den Samen beinhaltet. Dieser männliche Samen entstand erst nach dem Sündenfall aus dem reinen Blut Adams; er stellt das Pendant der weiblichen Menstruation dar: *»Wenn die Geschlechtslust sich in einem Menschen erhebt, wird sie zuvor von der feurigen Kraft des Markes in Erregung versetzt. Die Feuersglut im Mark ist nämlich wie das Feuer im Stein und hat drei Vermögen in sich. Mit dem einen zündet sie das Blut an, so daß es zu strömen vermag; auf eine andere Weise läßt sie hin und wieder das Blut sowohl beim Manne als auch bei der Frau ausfließen, und drittens erzeugt sie den brennenden und süßen Lustgeschmack und den ausschwitzenden und glutvollen Geschlechtswind bei der überaus süßen Liebe im Zeugungsvorgang (ventum suavissimi amoris geniturae). (…)*[5] *Das Feuer des Markes zündet nun die Geschlechtslust an, die noch den Geschmack der ersten Sünde an sich trägt; danach erregt die Geschlechtsgier zusammen mit diesem Lustgeschmack gleichsam wie ein Sturm die Glut im Blute, so daß das Blut einen Schaum hervorbringt und diesen Schaum, der Milch gleich, zu den Höhlungen der Geschlechtsorgane zusammen mit einer süßen Empfindung hingeleitet (…)«*[6].

Die *»oben erwähnten Geschlechtsteile«* Adams und all seiner männlichen Nachkommen (Abb. 98) schildert Hildegard in ihrer Beschreibung des cholerischen Liebhabers detailliert in Aussehen und Funktion: *»Der Geschlechtswind aber, der sich in den Lenden dieser Männer aufhält, ist mehr feuriger als windiger Natur. Ihm beigegeben sind zwei zeltartige Gebilde, in die er bläst wie in eine Esse. Diese beiden Organe umgeben den Stamm aller männlichen Kräfte und sind ihm eine Hilfe (adjutorium); so baut man ja auch kleinere Gebäude als Bollwerk um einen Turm. Und deshalb sind ihrer zwei, damit sie um so kräftiger den besagten männlichen Stamm umgeben, festigen und aufrichten können, ferner aber auch, damit sie um so besser und angepaßter den angeführten Wind aufnehmen, an sich ziehen und um so angemessener ihn wieder herauslassen können, ganz wie zwei Blasebälge, die passend das Feuer schüren. Daher halten sie auch, wenn sie einmal den Stamm in seiner Mächtigkeit aufgerichtet haben, diesen um so sicherer fest; so vermag denn dieser Stamm in der Erzeugung von Nachkommenschaft zu blühen«*[7].

Auch die physiologischen Ursachen dieses unterschiedlichen Lustempfindens sind Hildegard nicht unbekannt. Verantwortlich ist die Enge und Verschlossenheit der männlichen Lenden, die die Begierde bis zur Selbstvergessenheit stauen (Abb. 99): *»Wenn nun der Geschlechtswind vom Mark des Mannes aufbricht, fällt er in die Gegend seiner Lenden ein und erregt im Blut einen Geschmack der Lust. Weil diese Stelle an den Lenden recht eng und schmal und verschlossen ist, kann jener Wind sich hier nicht genug verteilen. Um so heftiger brennt er in der Begierde, so sehr, daß der Mann in dieser seiner leidenschaftlichen Glut sich selbst vergißt und sich nicht mehr enthalten kann, den Schaum seines Samens herauszuschleudern. Wegen dieser engen Verhältnisse in der Lendengegend brennt das Feuer der Begierde um so heftiger, wenngleich seltener, als es bei der Frau der Fall ist. Um ein Beispiel anzuführen: Es ist so, wie wenn ein Schiff von mächtigen Wogen, aufgepeitscht durch heftigen Wind und stürzende Flut, bedroht wird, so daß es sich nicht halten und nicht mehr bestehen kann. Genau so schwierig wird es für die*

Abb. 98 Hockender nackter Mann (Detail), Teppich von Bayeux, 11. Jh., Bayeux

Abb. 99 Adam und Eva (Detail), Teppich von Bayeux, 11. Jh., Bayeux

Den Geschlechtsorganen entsteigt die Lust, die Mann und Frau unterschiedlich empfinden. So ist der Mann stürmisch, leidenschaftlich und nur bedingt zur Enthaltsamkeit fähig: *»Denn der Mann besitzt für seine Aufgabe drei Kräfte, d.h. die Begierde, die Zeugungskraft und das Streben. Die Begierde aber entflammt die Zeugungskraft; deshalb steckt in beiden das Streben nach dem vollbrachten Werk (cocti laboris) und brennendes Verlangen danach. Es zeigt sich so, wie bei der Erschaffung Adams drei Kräfte angedeutet sind. Der Wille Gottes bildete den Menschen in Vollmacht, und Er tat es in großer Liebe, als Er selbst den Menschen zu seinem Bilde und Gleichnis schuf. Im Willen Gottes aber erkenne die Begierde des Mannes, in der Vollmacht Gottes die männliche Zeugungskraft und im Liebeswillen und in der Liebeskraft Gottes das Streben der Begierde und der Zeugungskraft des Mannes«*[8].

Natur des Mannes sein, sich im Sturm der Leidenschaft zu enthalten und zu beruhigen«[9].

Frauen können laut Hildegard enthaltsamer leben. Ihre Lust, die eng mit dem Wunsch nach Fortpflanzung verbunden ist, ist weniger heftig als die Begierde des Mannes, aber beständiger: *»Die Frau kennt eine Zeit, in der ihr innerer Saft zutage tritt und sich mit dem Strom ihrer Lebenskraft glühend in ihr ausbreitet, auch wenn sie keinen Mann freiwillig erkennt (suscipit), sondern ihn verschmäht und seinem Willen nicht zustimmt noch Kinder gebiert. Hätte sie nämlich keinen warmen Lebenssaft (umorem viriditas), würde sie unfruchtbar bleiben wie dürre Erde, die sich zu keiner nützlichen Fruchtbarkeit hergibt (flectit): Doch hat auch diese feuchte Lebenskraft der Frau nicht immer den Brand der glühenden Begierde in sich, wenn sie nicht vorher von einem Mann berührt, die brennende Glut der Lust zuläßt;*

denn in ihr befindet sich nicht eine so starke und glühende Begierde wie im Mann«[10].

Ursache für dieses unterschiedliche Lustempfinden ist der weite Raum von Gebärmutter und Unterleib der Frau, in dem sich der Geschlechtswind ungehindert entfalten kann: *»Die geschlechtliche Lust bei der Frau kann mit der Sonne verglichen werden, die milde und leicht und ständig die Erde mit ihrer warmen Glut durchdringt, auf daß sie Früchte hervorbringe. Denn wenn sie die Erde heftig und mit ihren Überschüssen anzünden wollte, würde die Frucht mehr geschädigt als gefördert. So ist auch der Geschlechtsgenuß bei der Frau milde und still. (...) Wenn hingegen der Wind der Lust aus dem weiblichen Mark aufsteigt, gerät er in die Gebärmutter, die am Nabel hängt, und läßt das Blut der Frau in Erregung geraten. Da aber diese Gebärmutter rings um die Nabelgegend einen weiten und gewissermaßen offenen Raum besitzt, vermag sich jener Wind im Unterleib der Frau auszudehnen und läßt sie infolgedessen weniger heftig, wenngleich wegen der Feuchtigkeit häufiger in der Leidenschaft erglühen. Deshalb kann sie sich auch, sei es aus Motiven der Scham oder Scheu, leichter als der Mann vom Geschlechtsgenuß enthalten«*[11].

Sexualität dient ausschließlich der Fortpflanzung. Deshalb darf auch der Zeitpunkt des Geschlechtsverkehrs nicht beliebig ausgewählt werden; zunächst gilt es, die Geschlechtsreife beider Partner abzuwarten (Abb. 100): *»Denn nicht einem kleinen Knaben, sondern einem erwachsenen Mann wurde eine geschlechtsreife Frau zugeführt. Da der Mann in den Jahren der Reife fruchtbar wird, muß er sich mit einer erwachsenen Frau vereinigen; auch ein Baum muß die nötige Pflege erhalten, wenn er beginnt, Blüten anzusetzen. Denn aus der Rippe Adams, voll Liebesglut und Lebenssaft, wurde Eva geformt; und deshalb empfängt nun die Frau aus der Kraft und Glut des Mannes den Samen, um ein Kind auf die Welt zu bringen. Der Mann ist nämlich der Sämann, die Frau aber empfängt den Samen. Darum bleibt die Frau unter der Herrschaft des Mannes; denn wie sich die Härte des Steines zur weichen Erde verhält, so auch die Stärke des Mannes zur Empfänglichkeit der Frau«*[12].

Auch die fruchtbaren Tage (der Frau) sind zu beachten: *»Der Mensch sät seinen Samen in einer Jahreszeit aus, die zwischen Kälte und Wärme ausgeglichen ist: so kann dieser sich zur Frucht erheben. Wer wäre auch so töricht, seinen Samen in der größten Sommerglut oder bei strenger Winterkälte auszusäen? Dieser würde dann ja zugrunde gehen und könnte sich nicht erheben. Dasselbe aber passiert Menschen, die weder die Reifezeit ihres Lebensalters noch auch die Zeit des Mondstandes beachten, vielmehr wollen sie zu jeder Zeit und nur nach dem Gutdünken zeugen«*[13].

Abb. 100 Knabe mit Jungfrau, Pseudo-Apuleius, 13. Jh., Wien, Österreichische Nationalbibliothek, Cod. Vind. 93

Ebenso wichtig wie der geeignete Zeitpunkt der Fortpflanzung ist aber auch die Wahl des richtigen Partners. Nicht alle Menschen sind gleich fortpflanzungsfähig, da auch der menschliche Samen von unterschiedlicher Qualität ist. Im Scivias erschließt sich Hildegard dieses Wissen in der vierten Vision des ersten Teiles, in der ihr von der göttlichen Stimme das Bild von der Milch und dem Käse erklärt wird (Abb. 101): *»Du siehst auf der Erde auch Menschen, die in ihren Gefäßen Milch tragen und daraus*

Abb. 101 Vision von Milch und Käse (Detail), Rupertsberger Scivias, um 1165 (Kopie 20. Jh.), Eibingen, Abtei St. Hildegard

Käse bereiten. Das sind Männer und Frauen auf Erden, die menschlichen Samen in ihrem Körper tragen, aus dem das Menschengeschlecht, aus vielen Völkern bestehend, hervorgeht. Ein Teil davon ist dick und ergibt fetten Käse, weil der Same in seiner Kraft brauchbar, gut ausgereift und richtig gemischt, tüchtige Menschen erzeugt. (...) Und ein anderer Teil ist dünn; aus ihm gerinnt magerer Käse. Dieser Same, in seiner Kraftlosigkeit unbrauchbar, halbreif und schlecht gemischt, erzeugt schwächliche Menschen. (...) Doch aus einem Teil verdorbener Milch entsteht bitterer Käse, weil dieser Same, in kraftloser Mischung, leichtfertig hervorgebracht und unnütz vermengt, mißgestaltete Menschen erzeugt«[14].

In ihrer Heilkunde spezifiziert Hildegard, entsprechend ihrer Temperamentenlehre, das Thema. Sie unterscheidet auch in der Sexualität vier verschiedene Typen von Männern und Frauen. Am potentesten sind für sie die Choleriker und Cholerikerinnen. Die Angehörigen dieser Spezies sind (Abb. 102) *»Männer mit einer besonders männlichen Geschlechtskraft. (...) Der Geschlechtswind aber, der sich in den Lenden dieser Männer aufhält, ist mehr feuriger als windiger Natur (...) Sie lieben den Beischlaf mit Frauen und sind bemüht, Männern aus dem Wege zu gehen und ihnen auszuweichen, weil sie eine größere Neigung zu Frauen als zu Männern haben. Denn sie haben so sehr ihr ganzes Liebesverlangen auf weibliche Formen und die Verbindung mit ihnen gerichtet, daß sie sich ihrer nicht zu enthalten vermögen. Ihr Blut entzündet sich zu mächtiger Glut, sobald sie nur eines Weibes ansichtig werden (...) Wenn sie Verkehr mit Frauen haben, sind sie gesund und munter; wenn sie ihn aber entbehren müssen, dann dörren sie in sich selber aus und schleichen dahin wie Sterbende, es sei denn, daß sie unter wollüstigen Träumen oder Gedanken oder bei perversen Handlungen auf eine andere Weise den Schaum ihres Samens ergießen können«*[15].

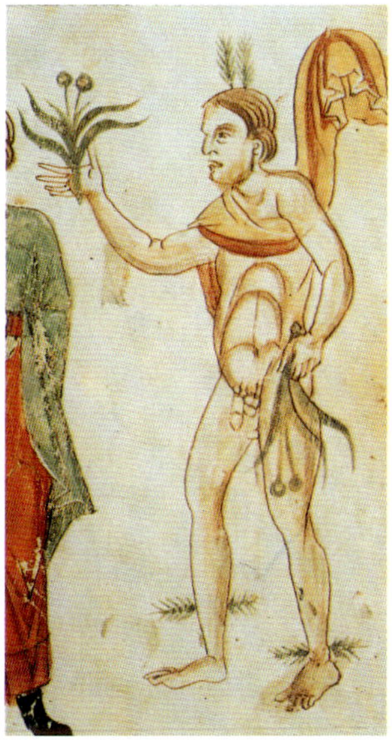

Abb. 102 Nackter Merkur, Pseudo-Apuleius, 13. Jh., Wien, Österreichische Nationalbibliothek, Cod. Vind. 93

Die Cholerikerinnen wiederum sind *»in den Liebesumarmungen (...) reizend und liebenswürdig; sie verstehen sich auch auf feinere Künste, und so sind sie in ihrem Gemütszustand zufrieden. Ihre Gebärmutter ist kräftig entwickelt und gebärfähig. So sind sie fruchtbar und können den männlichen Samen in sich aufnehmen. Viele Kinder werden jedoch nicht zur Welt gebracht. Wenn sie ohne Männer bleiben müssen und keine Kinder gebären können, leiden sie an mancherlei körperlichen Zuständen. Wenn sie Männer haben, sind sie gesund«*[16].

Das genaue Gegenteil der Choleriker sind die Melancholiker: *»Ihre Muskulatur ist üppig über den ganzen Körper verteilt, aber schwammig wie Weiberfleisch (...). Der Wind, der in ihren Geschlechtsorganen wohnt, hat wenig feurige Kraft, weil er lauwarm wie Wasser ist, das kaum erwärmt wurde. Seine beiden Gebilde, die ihm wie zwei Blasebälge zum Schüren des Feuers dienen sollten, sind verkümmert, unterentwickelt und zu kraftlos, den Stamm aufzurichten, weil sie die Fülle der Feuerskraft nicht in sich halten. Solche Männer können bei der geschlechtlichen Umarmung geliebt werden, wobei sie sowohl Männern wie Frauen beizuwohnen begehren (...). Weil diese Männer keinen rechten männlichen Samen zustande bringen, gelten sie weder ihrem Bartwuchs nach noch in den anderen Geschlechtsmerkmalen als rechte Männer. (...) Jedenfalls besitzen diese nicht die vollendete Fähigkeit eines Pflügers, mit der sie das Erdreich des Weibes aufreißen müßten, deshalb gelingt ihnen auch kein solch intimer Verkehr mit den Frauen, daß sie daraus fruchtbar werden könnten«*[17].

Die Melancholikerinnen wiederum besitzen eine *»schwächliche und gebrechliche Gebärmutter Aus diesem Grunde können sie auch den Samen des Mannes nicht richtig empfangen und festhalten noch ihn erwärmen. So sind sie eigentlich gesünder, kräftiger und auch fröhlicher ohne Männer als mit ihnen, zumal sie sich oft nach dem Verkehr mit Männern schwach fühlen. Und wenn sie schon einmal zu irgendeiner Stunde zu einem Geschlechtsgenuß kommen, dann ist es doch bald wieder bei ihnen zu Ende damit«*[18].

In ihrer Physica empfiehlt Hildegard deshalb Heilpflanzen, die den unfruchtbaren Partnern doch noch die Fortpflanzung ermöglichen sollen. Besonders der Hauswurz schreibt sie in dieser Hinsicht große Heilkraft zu, allerdings nur für den Mann (Abb. 103): *»Die Hauswurz ist warm und dem Menschen nicht nützlich, weil sie fett ist, ihr Genuß würde Wollust erzeugen und bis zum Wahnsinn steigern. Gegen Impotenz soll Hauswurz in Ziegenmilch so lange gelegt werden, bis sie ganz davon durchzogen ist, dann* *soll man sie mit der Milch kochen und einige Eier zugeben. Dieses Gericht drei oder fünf Tage lang genossen, soll Zeugungskraft verleihen. Gegen Sterilität der Frau nützt dieses Gericht nicht«*[19].

Abb. 103 Hauswurz/Impotenter Mann mit Frau, Pseudo-Apuleius, 13. Jh., Wien, Österreichische Nationalbibliothek, Cod. Vind. 93

Die immer wieder gestellte Frage nach dem Ursprung von Hildegards Wissen um diese Dinge ist aus heutiger Sicht verständlich. Unter Berücksichtigung der mittelalterlichen Lebenswelt greift sie jedoch zu kurz. Hildegard hat ihre Kenntnisse über Sexualität nicht nur in der in ihrer Autorenschaft umstrittenen »Heilkunde« formuliert, sondern, wie zitiert, auch in Teilen ihres Scivias niedergeschrieben. Will man diese Schrift nicht ganz oder in ihren einzelnen Teilen anzweifeln – wozu aufgrund der Quellenlage kein Grund besteht –, so wäre eine der Antworten der visionäre Ursprung dieses Wissens. Eine andere Antwort läßt sich mit Hildegards profunder Bildung begründen, die de facto vorhanden war, auch wenn sie selbst dies immer wieder in typisch mittelalterlichen Demutsformeln von sich weist und sich selbst als »ungelehrt« bezeichnet. Hildegard kannte sowohl die Bibel und natürlich auch das »Hohe Lied« mit seiner Liebesdichtung als auch sicherlich mittelalterliche Traktate zum Thema Sexualität wie z. B. »De coitu« des Constantinus Africanus« aus der zweiten Hälfte des 11. Jahrhunderts. Hier ließ sich entsprechendes Wissen leicht aneignen. Hildegards Klausur kann zur Zeit ihrer Klostergründungen Rupertsberg und Eibingen nicht eine völlig abgeschlossene gewesen sein. Sicherlich kam sie häufig in Kontakt mit der einheimischen Bevölkerung und suchte vielleicht bewußt die Nähe von Hebammen oder »Weisen Frauen«. Immer wieder schlägt sich in ihren Schriften volkskundliches Wissen nieder – warum nicht auch im Bereich der Sexualität? Umgekehrt sind wir aus ihren Briefen darüber informiert, daß sich viele Männer und Frauen aller Stände an sie wandten mit der Bitte um Rat. Dabei kamen ihr sicherlich auch das ein oder andere »Eheproblem« sowie detaillierte Erzählungen über Sexualität zu Ohren, da dieses Thema die immer wieder schwanger werdenden Frauen – vor allem durch die Gefahren des Kindbettes! – existentiell berührte.

Aufgrund unser immer noch auf dem 19. Jahrhundert basierenden Wertvorstellungen zur Sexualität befremdet uns der Gedanke, daß sich eine Nonne um eine fundierte Darstellung sexueller Vorgänge bemüht. Hildegard, für die Sexualität Teil des göttlichen Heilsplanes und ein Ausfluß der göttlichen Liebe ist, wäre über diese unsere Denkweise sicherlich ebenso befremdet[20].

2. Schwangerschaft

Unter dem Titel »*Wie ein Mensch wird*« widmet sich Hildegard in ihrer Heilkunde ausführlich dem Thema »Schwangerschaft und Geburt«. Vom Sündenfall ausgehend, diskutiert sie die Eigenschaften des männlichen Samens ebenso wie die im Mittelalter aktuelle Frage nach der Existenz eines weiblichen Samens. Diese im 12. Jahrhundert weitverbreitete Idee, die vor allem auf den pseudogalenschen Traktat »De spermate« zurückgeht, wird von ihr verworfen: »*Das erste Werden eines Menschen entspringt jener Lustempfindung, die die Schlange dem ersten Menschen beim Genuß des Apfels gab, weil damals schon das Blut des Mannes durch Begierlichkeit aufgewühlt war. Daher ergießt dieses Blut auch einen kalten Schaum in das Weib, der dann in der Wärme des mütterlichen Gewebes zur Gerinnung kommt (...) Mit dem Übertritt Adams wurde das besondere Vermögen des Mannes in seinem Zeugungsglied in diesen giftartigen Schaum umgewandelt; das Blut der Frau ward ebenfalls zu jenem widernatürlichen Ausfluß verändert. Aus der kraftvollen und rechtmäßigen Natur des Mannes aber hat das Blut diesen Samen, weil sein Fleisch aus der Erde gebildet wurde. Und aus eben dieser rechtmäßigen Natur heraus hat das Blut der Frau, die schwächlich und feingliedrig ist, solchen Samen nicht; sie wirft vielmehr nur einen dünnflüssigen und spärlichen Schaum aus, weil sie nicht, wie der Mann, aus den zwei verschiedenen Arten Erde und Fleisch besteht, sondern nur vom Fleische des Mannes genommen ist. Deshalb ist sie schwach und gebrechlich und ein Gefäß für den Mann (vas viri). Zwar wird durch die männliche Liebesglut auch ihr Blut in Aufruhr gebracht und wirft davon eine Art von Schaum aus, doch ist dieser mehr bluthaltig als weißlich;*

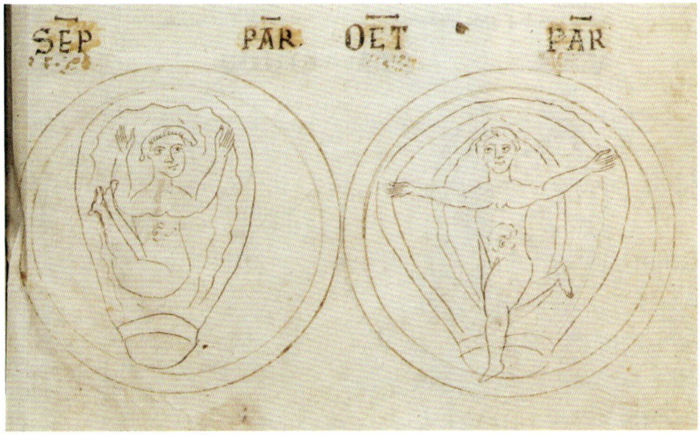

Abb. 104 Föten, 12. Jh., Kopenhagen, Det kgl. Bibliotek, GKS 1653

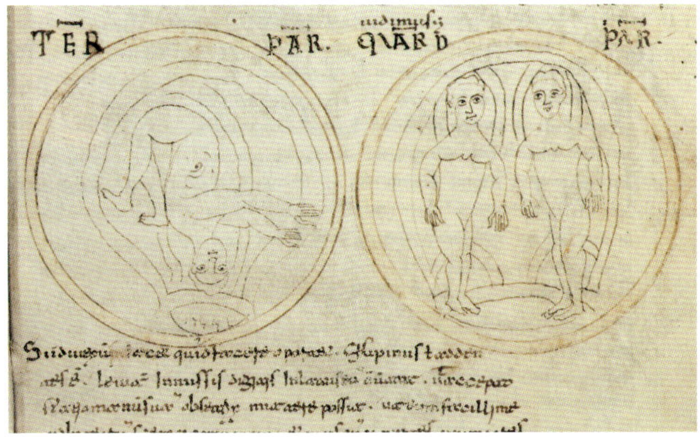

Abb. 105 Föten, 12. Jh., Kopenhagen, Det kgl. Bibliotek, GKS 1653

er verbindet sich alsbald mit dem männlichen Schaum und erwärmt ihn, macht ihn bluthaft und stärkt ihn. Nachdem er an seine ihm bestimmte Stelle gefallen ist und dort liegt, wird er von sich aus kalt und ist gleichsam giftig, bis das Feuer, das heißt die Wärme, ihn erhitzt und die Luft, das heißt ein Hauch, ihn ausdörrt und bis das Wasser, das heißt das Flüssige, ihm seine Feuchtigkeit schickt und die Erde ihn schließlich mit einem Häutchen zusammenzieht. Dadurch wird er zu jenem blutartigen Gebilde, das also nicht gänzlich Blut ist, sondern mehr eine bluthaltige Mischung«[21].

Erst unter dem Einfluß der vier Säfte, angefacht durch die Wärme des weiblichen Körpers, kann sich die Leibesfrucht entwickeln (Abb. 104). Doch noch ist sie, und hierin folgt Hildegard der im Mittelalter gängigen Lehrmeinung, die ersten vier Wochen lang unbelebt: *»Die vier Säfte nun, die der Mensch aus den vier Elementen nimmt, bleiben mit Maß und Ausgeglichenheit um diesen Samen, bis er zu Fleisch gerinnt und gestärkt wird, dergestalt, daß sich nach und nach in ihm eine menschliche Form herauszubilden vermag. Danach entwickelt diese sich weiter und weiter wie das Gemälde einer menschlichen Gestalt. Mark und Gefäße fügen sich wie Fäden in jene ganzheitliche Formung, teilen sich völlig in ihr auf und bilden in ihr überall die Knoten eines Verbandes; gleichwie das Häutchen um ein Ei, umgeben sie sein Mark, daraus sich später die knöcherne Führung entwickelt. Auf diese Weise formt sich dies alles großzügig und so offenbar wie eine Figur, die der Künstler offen in eine Form bindet. (…) Durch die mütterliche Wärme entwickelt sich dies nunmehr zu einer fetthaltigen Mischung, die aber noch nicht als lebendig angesehen werden kann, sondern nur in dieser Wärme überdauern soll. Diese ganze Arbeit erstreckt sich über einen Monat, die Zeit also, in der der Mond voll wird und wieder abnimmt. So wächst die erwähnte Mischung heran und wird fettreicher (…)«*[22].

Erst im zweiten Monat, so Hildegard, wird diese noch unbelebte, zu Fleisch geronnene, fetthaltige *»Mischung«* beseelt und sodann wie eine *»Speise im Topf durchgekocht«*. Jetzt lebt der Embryo und bewegt sich: *»Darauf naht sich nach Gottes Willen und Plan der Geist des Lebens und berührt jene Gestaltung, ohne daß die Mutter etwas davon merkt, rührt sie an wie ein kräftiger warmer Wind, der mit einem Brausen über die Ebene fährt; so gießt er sich hinein und verschlingt sich in alle Verbindungen der Glieder jener Gestalt. All die verschiedenen Gliederungen dieser Gestalt kommen nun von sich aus zur Entfaltung, in einer milden Weise und so, wie Blumen sich zur Glut der Sonne hin entfalten. (…) Dann bewegt sich das Kind, was die Mutter spürt, so, als ob es plötzlich einen Stoß erhielte, und es bleibt auch fortan in Bewegung. (…) Die Seele läßt nun wie ein lebendiger Luftzug das Blut durch all die angeführten Teile strömen; sie hält die Gewebe mit einem blutartigen Schleim unter einer ausgesprochenen Feuchtigkeitsschicht, so wie eine Speise durch das Feuer im Topf durchgekocht wird; weiter festigt sie das Knochensystem und fügt es in das Gewebe ein, auf daß die Gewebe durch jenes gehalten werden und nicht nachgeben können, so wie auch ein Mensch sein Haus mit Balken aufbaut, damit es nicht stürzt und einfällt (…). Dieses macht der zweite Monat, die Zeit, in der die besprochene Gestaltung während eines abnehmenden und zunehmenden Mondes durch die Seele gefestigt wird. Und an keiner Stelle ist der Körper ohne die Seele, weil sie es ist, die mit ihrer Wärme den Körper ganz und gar durchdringt«*[23].

Hildegard beschreibt nun eine Art von Fruchtblase, eine Haut, die sich unter dem Einfluß des befruchteten männlichen Samens aus dem Blut der Frau bildet und das Kind so lange beherbergt, bis es ausgewachsen ist (Abb. 105): *»Wenn dann der Samen des Mannes an die rechte Stelle gekommen ist, so daß er nun zur Ausgestaltung eines Menschen geformt werden muß, wächst aus dem Monatsblut der Frau eine Haut (pellicula) wie ein kleines Gefäß um diese Gestalt und hält sie fest und umgibt sie, daß sie nicht mehr hin und her bewegt werden und fallen kann; denn jetzt hat sich das geronnene Blut dort angesammelt, so daß die kleine Gestalt in seiner Mitte liegt wie ein Mensch im Gemach seines Hauses. In ihm hat sie auch ihre Wärme und ihre Hilfe und wird in ihm durch das schwarze Blut der weiblichen Leber bis zum Zeitpunkt der Geburt ernährt. Das Kind liegt in diesem Gefäß so lange verborgen, bis die Vernunft in ihm zur vollen Ausbildung gekommen ist und herausbrechen will. Daher will und darf es nicht länger eingeschlossen bleiben und schweigen; ein Kind im Mutterleib kann ja nicht schreien«*[24].

Abb. 106 Geburt, Pseudo-Apuleius, 13. Jh., Wien, Österreichische Nationalbibliothek, Cod. Vind. 93

3. Geburt

Mit der Geburt (Abb. 106) wird das Neugeborene in die *»Finsternis der Welt«* nach dem Sündenfall geschickt, die es nach der Geborgenheit im Mutterleib mit einem lauten Schrei beklagt: *»Wenn aber die Geburt unmittelbar bevorsteht, wird das Gefäß, in das das Kind eingeschlossen ist, zerrissen, und die gleiche Kraft der Ewigkeit (vis aeternitatis), die Eva aus Adams Seite nahm, kommt schnell herbei und ist zur Stelle, um alle Winkel seiner Behausung im weiblichen Körper aus ihrer alten Lage zu werfen. Alle Verbindungen im weiblichen Organismus kommen dieser Kraft entgegen, nehmen sie auf und öffnen sich ihr. Während das Kind nun austritt, verhalten sie sich so, und danach schließen sie sich wieder und nehmen die alte Lage ein. Die Seele des Kindes aber spürt während dieses Austritts die Kraft der Ewigkeit, die sie gesandt hat, und sie freut sich unterdessen. Nachdem aber das Kind ausgetreten ist, schickt es sofort einen klagenden Schrei aus, weil es die Finsternis der Welt spürt«*[25].

Falls es bei der Geburt zu Schwierigkeiten kommt und das Kind nicht den Mutterleib verlassen will, helfen, so Hildegard, die Steine einer schwangeren Maus (Abb. 107): *»(…) Wenn die Maus gebären muß, hat sie viele Schwierigkeiten. In ihrem Schmerz läuft sie an ein Wasser, sucht dort ganz kleine Steinchen und verschlingt, soviel sie im Maul halten kann. Dann läuft sie in ihre Höhle zurück, speit sie wieder aus, bläst sie an und setzt sich darauf und wärmt sie. Danach kann sie sofort gebären. Wenn jemand diese Steinchen innerhalb eines Monats, nachdem die Maus sie ausgespieen hat, findet und einer Frau in Kindesnöten auf den Nabel legt, wird sie gebären. Aber dann muß man die Steinchen sofort wegnehmen«*[26].

Der neugeborene Körper reguliert zunächst seinen Säftehaushalt. Dies geschieht nicht zuletzt dank der Muttermilch, die nach Hildegard aus der Nahrung der Mutter produziert wird. Hildegard stellt sich damit gegen die verbreitete Lehrmeinung, die Milch sei mangelhaft verarbeitetes Menstruationsblut, das dem Blutfluß der Mut-

Abb. 107 Mäuse, Pseudo-Apuleius, 13. Jh., Wien, Österreichische Nationalbibliothek, Cod. Vind. 93

Abb. 108 Muttermilchmangel, Pseudo-Apuleius, 13. Jh., Wien, Österreichische Nationalbibliothek, Cod. Vind. 93

ter entnommen werde und das erst beim Austritt aus der Brust unter dem Einfluß der Luft seine weiße Farbe annehme (Abb. 108): »*Wenn dann das Kind aus dem Mutterleib ausgetreten ist, ist es alsbald bewegungsfähig, rührt sich und bewegt sich, schwitzt auch und hat die verschiedenartigen Phlegmata und Säfte in sich, die sich nunmehr verhalten je nach der Natur der mit der Geburt gegebenen Säfteanlage und der fortan möglichen Zu- und Abnahme durch die aufzunehmenden Speisen und Getränke. Sobald aber das Weib den männlichen Samen empfängt und dieser in ihm zu wachsen beginnt, wird auch durch die nämliche Naturkraft das Blut der Frau nach oben zu den Brüsten hingeleitet; der Stoff, der aus Speise und Trank entstehen sollte, wird in Milch umgewandelt, damit das im Mutterleib reifende Kind damit genährt werden kann (...)*[27]. *Die Milch hat etwas Weißes an sich; sie teilt sich nämlich bei der Aufnahme von Speise und Trank bei der schwangeren Frau in zwei Teile: der eine kommt der Gebärmutter zu Hilfe, der andere der Milch in den Brüsten zugute. So besteht ja auch das Blut aus zwei Naturen: es ist rot im Ruhezustand und erscheint weißlich, wenn es bei der geschlechtlichen Vermischung von Mann und Frau in Bewegung gerät. Ihre weiße Farbe aber nimmt die Milch von der Getreidenahrung und anderen gekochten Speisen her, weil das Getreide weißes Mehl hat und die gekochte Speise einen weißen Schaum von sich gibt*«[28].

1 Zur grundsätzlichen Kritik an der Authentizität von Hildegards »Heilkunde« s. den Beitrag zur Natur- und Heilkunde, Anm. 1.
2 Hildegard, Wisse die Wege, S. 21.
3 Hildegard, Heilkunde, S. 204.
4 Hildegard, Heilkunde, S. 138.
5 Hildegard, Heilkunde, S. 209.
6 Hildegard, Heilkunde, S. 204.
7 Hildegard, Heilkunde, S. 137 f.
8 Hildegard, Wisse die Wege, S. 139.
9 Hildegard, Heilkunde, S. 137.
10 Hildegard, Wisse die Wege, S. 139.
11 Hildegard, Heilkunde, S. 143.
12 Hildegard, Wisse die Wege, S. 21.
13 Hildegard, Heilkunde, S. 207 f.
14 Hildegard, Wisse die Wege, S. 69.
15 Hildegard, Heilkunde, S. 137 f.
16 Hildegard, Heilkunde, S. 144.
17 Hildegard, Heilkunde, S. 142.
18 Hildegard, Heilkunde, S. 145.
19 Hildegard, Naturkunde, S. 25.
20 Zur Einstellung des Mittelalters zur Sexualität siehe D. Jacquart, Sexualité et savoir medical au Moyen age, Paris 1985; J. A. Brundage, Law, Sex an Christian Society in Medieval Europe, Chicago 1987.
21 Hildegard, Heilkunde, S. 125.
22 Hildegard, Heilkunde, S. 126.
23 Hildegard, Heilkunde, S. 126.
24 Hildegard, Heilkunde, S. 130.
25 Hildegard, Heilkunde, S. 130.
26 Hildegard, Naturkunde, S. 135.
27 Hildegard, Heilkunde, S. 131.
28 Hildegard, Heilkunde, S. 131; weiterführend V. Lehmann, Die Geburt in der Kunst, Braunschweig 1978.

91
Klappspiegel mit Liebespaar

Zwiefalten (?), um 1150/60
Bronze
L.: 8,7 cm; Dm.: 3,5 cm

Frankfurt, Museum für Kunsthandwerk

Im Jahre 1900 wurde nahe der Bussener Kirche in der Nähe des gleichnamigen oberschwäbischen Berges ein bronzener Spiegel ausgegraben. Aufgrund des ebenfalls aufgefundenen menschlichen Gebeines ist ein Zusammenhang mit einem gestörten oder vielleicht nicht erkannten Grab anzunehmen. Aus stilistischen Gründen ist er um 1150/60 zu datieren. Damit gehört er zu den ältesten nachantiken Spiegeln auf deutschem Boden.
Der Spiegel besteht aus einer glattpolierten flachen Bronzescheibe, die mittels eines Scharnieres in eine rückseitig reliefierte Kapsel eingelassen ist. Den Griff bilden zwei vollplastische Figuren: ein Liebespaar, in inniger Umarmung miteinander verschmolzen. Die schlanke, große Frau, deren Haar am Rücken lang herabfällt, hat ihre Arme um die Hüften des Mannes gelegt. Die langen, bis zum Bodensockel herabfallenden Prunkärmel ihres Kleides sind optisch kaum vom Gewand des Mannes zu unterscheiden. Mit einer leichten Drehung wendet sie ihrem Partner den Kopf zu, den dieser wiederum mit seiner erhobenen Rechten zärtlich zu sich heranzieht. Die Liebe, die beide füreinander empfinden und die bereits aus dieser zärtlichen Geste abzulesen ist, findet einen ersten Höhepunkt in dem Kuß, in dem beide still verharren. Klappt man den Spiegel auf, so zeigt das Kapselrelief die Erfüllung dieser Liebe. Unter einer Decke, vielleicht aus den Gewändern der beiden bestehend, teilen die Liebenden das Lager. Wieder dreht der Mann das Kinn der Frau liebevoll in seine Richtung. Ein Harfenspieler am Fußende des Bettes begleitet die beiden mit Musik. Wo die Szene spielt, ist ungewiß, da das schirmartige Gebilde am oberen Rand mal als Baldachin, mal als Baumkrone interpretiert wird. Auch die inhaltlichen Deutungen des Paares schwanken: in der Literatur werden die beiden als das auch der mittelalterlichen Dichtung bekannte antike Paar Dido und Aeneas gedeutet, aber auch als Tristan und Isolde[1]. Eine dritte Interpretation, Braut und Bräutigam (Salomo?) aus dem Hohen Lied der Bibel, ist gleichfalls nicht auszuschließen[2].
Auch wenn sich Hildegard sehr ausführlich und teilweise mit positiven Untertönen zur menschlichen Sexualität äußert, so hat die Lust um ihrer selbst willen bei ihr den *»Geschmack der ersten Sünde an sich«*[3]. Hierin bleibt sie ganz Kind ihrer Zeit, die Sexualität in der Regel verdammt. Lust und Geschlechtsverkehr sind nur erlaubt unter miteinander verheirateten Eheleuten und dienen ausschließlich der Fortpflanzung. Für eine erfolgreiche Befruchtung, vor allem für die Bestimmung des Geschlechtes des Neugeborenen, ist laut Hildegard wiederum die gegenseitige Liebe zwischen (Ehe-)Mann und (Ehe-)Frau entscheidend. Die im Bussener Paar zum Ausdruck kommende Zärtlichkeit dürfte deshalb ihre Zustimmung gefunden haben, da sie allein (die bevorzugten) Knaben hervorbringt: *»Wenn ein Mann sowohl mit dem Erguß eines kräftigen Samens als auch in der rechten Liebe und Zuneigung zu seiner Frau den Beischlaf ausübt und wenn dann die Frau gleichzeitig und gleichermaßen die rechte Zuneigung zum Manne aufbringt, dann wird ein männliches Wesen empfangen, weil es Gottes Ordnung so will. (...) Wenn aber des Weibes Liebe zum Manne mangelhaft ist, dann wird, falls der männliche Samen zeugungskräftig genug ist, gleichwohl ein Knabe empfangen. Doch wird ein solcher Knabe schwächlich sein. (...) Wenn weiterhin die Liebesglut zum Weibe beim Manne vorhanden ist, jedoch nicht umgekehrt, oder wenn ebenfalls unerwidert das Weib in der Liebesglut zum Manne hin entbrannt und zudem noch der männliche Samen in diesem Zeitpunkt dünnflüssig ist, dann wird gleichfalls zufolge der Schwäche des männlichen Samens ein Mädchen geboren werden«*[4].
Aufgrund des Fundortes Bussener Berg wurde in der Literatur des öfteren eine Entstehung des Spiegels im nahe gelegenen Kloster Zwiefalten vorgeschlagen[5]. Hier entstanden zum selben Zeitpunkt motivisch vergleichbare Arbeiten wie die Miniaturen des Zwiefaltener Chorbuches oder stilistisch Ähnliches wie das ebenfalls in dieser Ausstellung gezeigte Vortragekreuz (Kat. Nr. 75). Hildegard hatte enge Beziehungen zum Zwiefaltener Konvent. Ob ihre Überlegungen zur menschlichen Sexualität, die dort bekannt gewesen sein dürften, auch in die Darstellung dieses Bronzespiegels eingeflossen sind, muß offenbleiben, ist aber auch nicht von vorneherein auszuschließen. W. W.

Lit.: H. Kohlhausen, Das Paar vom Bussen, in: Festschrift Friedrich Winkler, Berlin 1959, S. 29–48; Ausst.-Kat. »Suevia sacra« 1973, Nr. 110.

[1] Die Dichtung von Tristan und Isolde wurde erst im frühen 13. Jahrhundert durch Gottfried von Straßburg in Deutschland verbreitet, daher schlug H. Swarzenski, Monuments of Romanesque Art, London 1953, Abb. 409, ausgehend von dieser inhaltlichen Deutung, eine Datierung des Spiegels ins 13. Jahrhundert

vor, die jedoch aus stilistischen Gründen nicht aufrechtzuerhalten ist.
[2] So Kohlhausen 1959, S. 29.
[3] Hildegard, Heilkunde, S. 205.
[4] Hildegard, Heilkunde, S. 208 f.
[5] Kohlhausen, S. 31 f.

92
Sternzeichen Waage

Klosterneuburg, um 1200
Pergament, 88 Bl.
Rindsledereinband über Holz mit Blindstempeln (15. Jh.)
H.: 31 cm; B.: 21,2 cm

Klosterneuburg, Museum des Chorherrenstiftes, Cod. 685

Die Handschrift kann dem Skriptorium des Stiftes Klosterneuburg zugerechnet werden, da die in roter Tinte eingesetzten Überschriften aus paläographischen Gründen einem der produktivsten Schreiber des Stiftes im ausgehenden 12. Jahrhundert, dem Schreiber einer um den Codex 20 zu gruppierenden Handschriftengruppe, zugewiesen werden können.
Codex 685 enthält naturwissenschaftliche Werke des Beda Venerabilis, fortlaufend geschriebene Glossen sowie eine Textgruppe, deren Kernstück der im Mittelalter fälschlicherweise Beda Venerabilis zugeschriebene, reich illustrierte Sternbilderkatalog »De signis coeli« ist. Diesem liegen letztendlich die zwischen 276 und 274 v. Chr. entstandenen »Phainomena« des Aratos von Soloi zugrunde. Auf dem ersten Teil dieses Werkes, der den astronomischen Himmelserscheinungen gewidmet ist, fußen eine Reihe späterer astronomischer Texte, die unter dem Sammelnamen »Aratea« zusammengefaßt werden. Große Verbreitung fand vor allem die von Claudius Germanicus (15 v. Chr. – 19 n. Chr.) verfertigte lateinische Übertragung des Gedichtes, die als Quelle für den Sternkatalog »De signis coeli« diente[1].
Die in violetter und roter Tinte ausgeführten Federzeichnungen der Handschrift zeigen Beda Venerabilis in einer Rankeninitiale (1v), Sternbilder (71r–83v), Büsten der Planeten (84r), Tierkreis mit Sol und Luna im Zentrum (86r), Luna auf dem Ochsenwagen (86v) und Sol auf vier Pferden (88r). Sowohl der Text als auch die Ikonographie der Darstellungen belegen die Abhängigkeit der Klosterneuburger Handschrift von einem wohl nur wenige Jahre jüngeren Manuskript des niederösterreichischen Zisterzienserklosters Zwettl (Codex 296), das seinerseits einen im 12. Jahrhundert mit hoher Wahrscheinlichkeit im Benediktinerkloster Melk niedergeschriebenen Codex zur Vorlage hat[2].
Im Rahmen ihrer Heilkunde erörtert Hildegard auch die Bedeutung der Sternzeichen, die innerhalb des »Bauwerkes des Kosmos«, so der Titel jenes Kapitels, den Planeten hilfreich zur Seite stehen: »*Wie nun das Firmament auf seinem Lauf von den sieben Planeten begleitet wird, so stehen auch diese ihm mitsamt ihrer Gesellschaft von anderen zwölf Sternbildern zur Seite und leisten ihm Hilfe. (...) Diese zwölf Sternzeichen haben nämlich mit ihren Benennungen weiter nichts zu sagen, als daß sie (...) die Sonne im Sommer zum Steigen veranlassen und im Winter ihren Niedergang aufnehmen*«[3].
Innerhalb ihrer Beschreibung der Einflüsse der Sternbilder auf Natur und Mensch hebt Hildegard die Bedeutung der Waage für die (menschliche) Fruchtbarkeit hervor, denn dort: *»im Sternbild der Waage, liegen die Grünkraft (viriditas) wie auch die Dörrkraft (ariditas) gleichsam wie auf einer Waage: nimmt die Grünkraft ab, steigt die Welkkraft an«*[4].
Überwiegt die feuchte Grünkraft, ist der Mann zum Geschlechtsverkehr fähig; anderenfalls wird er impotent: *»Das Vermögen, das in den Lenden der Männer vorhanden ist, das heißt dem Geschlechtswind, welcher aus dem Mark hervorgeht, sind zwei in sich wieder verbundene Kräfte wie zwei Zelte beigegeben, welche die Glut, die im Manne vorherrscht, unterstützen und die auch die feurige Kraft des Zeugungsgliedes kraftvoll zwischen sich festhalten. (...) Wenn aber ein Mann, sei es durch natürlichen Ausfall, sei es durch späteren Verlust, diese beiden Kräfte nicht hat, dann besitzt er auch nicht die männliche Grünheit (virilis viriditas) und nicht jenen mannhaften Geschlechtswind, der den Stamm zu seiner Zeugungsmächtigkeit (fortitudo) aufrichtet. Infolgedessen kann der Stamm nicht aufgerichtet werden, damit er nun seiner Bestimmung nach das Durchpflügen des Weibes wie eines Ackerlandes durchführe; hat er doch den Wind seiner Manneskraft verloren, das jenes Glied erst für seine Aufgabe, Nachkommenschaft zu erzeugen, kräftigen sollte, genau so wie auch ein Pflug das Ackerland nicht aufzureißen vermag, wenn die Schärfe des Pflugeisens verlorenging«*[5]. A. H. / W. W.

Lit. (Auswahl): H. Pfeiffer – B. Cernik, Catalogus codicum manu scriptorum, qui in bibliotheca canonicorum regularium s. Augustini Claustroneoburgi asservantur (handschriftlich) IV, S. 892–894; Ausst.-Kat. »Ornamenta Ecclesiae« 1985, Bd. I,

Virgo que et iusticia ꝑellat̄ habet stellam incapite obscurā ualde .i.
In una quaq; ala .ii. in singulis humeris singulas. In uno quoq; cubito .i.
In singulis manib; singulas. In penula uestim̄ti .vi. In uno quoq; pe-
de .i. Sunt om̄s .xviii.
Proxime isti̇ uirgi-
nis iacet figura. Primū
enī in hac stella solutæ
incorrupta t̄re cuncta
obseruant̄ genera. Que
cūq; fine acceptura cor-
ruptionis denominat̄
omnib; uirginis uita.
Libra aūt qd̄ triticū in domib; brutiq; t̄rigenis manib; coaceruat̄ laborib;
t̄renis tot colligit̄. Ic inopacis ꝯditas escas t̄buit. innum̄abiles nutrim̄ta.
Qn̄ uergilie ī celo ꝯtinent semite hic accomodat semi t̄re inulnis
ac fine certam̄ ad summū introducitur.

S. 331 f.; C. Glaßner/A. Haidinger, Die Anfänge der Melker Bibliothek. Neue Erkenntnisse zu Handschriften und Fragmenten aus der Zeit vor 1200, Melk 1996, S. 74–78; M. Haffner, Ein antiker Sternbilderzyklus und seine Tradierung in Handschriften vom frühen Mittelalter bis zum Humanismus (Studien zur Kunstgeschichte 114), Hildesheim 1997.

[1] Hrsg. v. A. Dell'Era, Una rielaborazione dell'Arato latino, in: Studi Medievali 20, 1979, S. 268–301.
[2] Heute Rom, Biblioteca Apostolica Vaticana, Cod. 643.
[3] Hildegard, Heilkunde, S. 63.
[4] Hildegard, Heilkunde, S. 65.
[5] Hildegard, Heilkunde, S. 171.

Bibliographie

Acht 1968
P. Acht (Bearb.), Mainzer Urkundenbuch, Bd. II: Die Urkunden seit dem Tode Erzbischof Adalberts I. (1137) bis zum Tode Erzbischof Konrads (1200), Darmstadt 1968

Arens 1958
F. V. Arens, Die Inschriften der Stadt Mainz von frühmittelalterlicher Zeit bis 1650 (Die deutschen Inschriften, Heidelberger Reihe 2), Stuttgart 1958

Auener 1979
R. Auener, Das Binger Rochusfest 1814 in dichterischer und amtlicher Sicht, in: Binger Geschichtsblätter 4, 1979, S. 15–44

Ausst.-Kat. »Bernward von Hildesheim« 1993
Ausst.-Kat. »Bernward von Hildesheim«, Bd. I/II, Mainz 1993

Ausst.-Kat. »Ornamenta ecclesiae« 1985
Ausst.-Kat. »Ornamenta Ecclesiae. Kunst und Künstler der Romanik, Bd. I–III, Köln 1985

Ausst.-Kat. »Das Reich der Salier« 1992
Ausst.-Kat. »Das Reich der Salier 1024–1125«, Sigmaringen 1992

Ausst.-Kat. »Suevia sacra« 1973
Ausst.-Kat. »Suevia sacra. Frühe Kunst in Schwaben«, Augsburg 1973

Ausst.-Kat. »Die Zeit der Staufer« 1977
Ausst.-Kat. »Die Zeit der Staufer. Geschichte – Kunst – Kultur«, Bd. I–IV, Stuttgart 1977

Berger 1993
F. Berger, Die mittelalterlichen Brakteaten im Kestner-Museum Hannover, Hannover 1993

Buchenau/Pick 1928
H. Buchenau/B. Pick, Der Brakteatenfund von Gotha (1900), München 1928

Büttner 1960
H. Büttner, Die Beziehungen der heiligen Hildegard von Bingen zu Kurie, Erzbischof und Kaiser, in: Universitas. Dienst an Wahrheit und Leben. Festschrift für Bischof Dr. Albert Stohr, hrsg. von L. Lenhart, Bd. II, Mainz 1960, S. 60–68

Carlevaris 1995
A. Carlevaris (Hrsg.), Hildegardis Liber Vite Meritorum (Corpus Christianorum, Continuatio Mediaevalis XC), Turnhout 1995

Claes 1997
M. Claes, Von einer Briefsammlung zum literarischen Briefbuch, in: Hildegard-Festschrift 1997, S. 153–170

Derolez 1988
A. Derolez (Hrsg.), Gviberti Gemblacensis Epistolae (Corpus Christianorum, Continuatio Mediaevalis LXVI), Turnhout 1988

Derolez 1995
A. Derolez, Die Bedeutung der neuen Edition von Hildegards »Liber Divinorum Operum«, in: Schmidt 1995, S. 19–28

Derolez/Dronke 1996
A. Derolez/P. Dronke (Hrsg.), Hildegardis Bingensis Liber Divinorum Operum (Corpus Christianorum, Continuatio Mediaevalis XCII), Turnhout 1996

Engelhardt 1895
J. Engelhardt, Zur Einweihung der St. Rochus-Kapelle Bingen a. Rhein. 17. August 1895, Mainz 1895

Fritz/Glatz 1990
J. M. Fritz/J. Glatz, Liturgica aus dem Schatz von St. Stephan, in: Hinkel 1990, S. 492–511

Führkötter/Carlevaris 1978
A. Führkötter/A. Carlevaris, Hildegardis Scivias, 2 Bde. (Corpus Christianorum, Continuatio Mediaevalis XLIII bzw. XLIII A), Turnhout 1978

Gierlich 1990
E. Gierlich, Die Grabstätten der rheinischen Erzbischöfe vor 1200 (Quellen und Abhandlungen zur mittelrheinischen Kirchengeschichte 65), Mainz 1990

Haverkamp 1984
A. Haverkamp, Tenxwind von Andernach und Hildegard von Bingen. Zwei »Weltanschauungen« in der Mitte des 12. Jahrhunderts, in: Institutionen, Kultur und Gesellschaft im Mittelalter (Festschrift J. Fleckenstein), Sigmaringen 1984, S. 515–548

Hildebrandt 1997
R. Hildebrandt, Die Bedeutung der Florentiner ›Physica‹-Handschrift für die authentische Textgewinnung, in: Hildegard-Festschrift 1997, S. 448–457

Hildegard, Briefwechsel
Hildegard von Bingen, Briefwechsel. Nach den ältesten Handschriften übersetzt und nach den Quellen erläutert von Adelgundis Führkötter OSB, Salzburg 1990 (2. Aufl.)
Hildegard-Festschrift 1979
Hildegard von Bingen 1179–1979. Festschrift zum 800. Todestag der Heiligen, hrsg. von A. Brück (Quellen und Abhandlungen zur mittelrheinischen Kirchengeschichte 33), Mainz 1979
Hildegard-Festschrift 1997
Hildegard von Bingen. Prophetin durch die Zeiten. Zum 900sten Geburtstag. Herausgegeben von Äbtissin Edeltraud Forster und dem Konvent der Benediktinerinnenabtei St. Hildegard, Eibingen. Freiburg/Basel/Wien 1997
Hildegard, Heilkraft
Hildegard, von Bingen, Heilkraft der Natur – »Physica«. Rezepte und Ratschläge für ein gesundes Leben, übers. v. M.-L. Portmann, hrsg. v. der Basler Hildegard-Gesellschaft, Freiburg/Basel/Wien 1997 (3. Aufl.)
Hildegard, Heilkunde
Hildegard von Bingen, Heilkunde. Das Buch von dem Grund und Wesen und der Heilung der Krankheiten, nach den Quellen übersetzt und erläutert von H. Schipperges, Salzburg 1992 (6. Aufl.)
Hildegard, Naturkunde
Hildegard von Bingen, Naturkunde. Das Buch von dem inneren Wesen der verschiedenen Naturen in der Schöpfung, nach den Quellen übersetzt und erläutert von P. Riethe, Salzburg 1989 (4. Aufl.)
Hildegard, Verantwortung
Hildegard von Bingen, Der Mensch in der Verantwortung. Das Buch der Lebensverdienste, Salzburg 1972
Hildegard, Vita
Das Leben der Hl. Hildegard, berichtet von den Mönchen Gottfried und Theoderich. Aus dem Lateinischen übersetzt und kommentiert von A. Führkötter, Salzburg 1980 (3. Aufl.)
Hildegard, Welt und Mensch
Hildegard von Bingen, Welt und Mensch. Das Buch »De operatione Dei«. Aus dem Genter Kodex übersetzt und erläutert von H. Schipperges, Salzburg 1965
Hildegard, Wisse die Wege
Hildegard von Bingen, Scivias – Wisse die Wege. Eine Schau von Gott und Mensch in Schöpfung und Zeit, übersetzt und herausgegeben von Walburga Storch OSB, Freiburg/Basel/Wien 1996 (2. Aufl.)
Hinkel 1979
H. Hinkel, St. Hildegards Verehrung im Bistum Mainz, in: Hildegard-Festschrift 1979, S. 385–411
Hinkel 1990
H. Hinkel (Hrsg.), 1000 Jahre St. Stephan in Mainz. Festschrift (Quellen und Abhandlungen zur mittelrheinischen Kirchengeschichte 63), Mainz 1990

Jürgensmeier 1988
F. Jürgensmeier, Das Bistum Mainz. Von der Römerzeit bis zum II. Vatikanischen Konzil (Beiträge zur Mainzer Kirchengeschichte 2), Frankfurt 1988

Klaes 1993
M. Klaes (Hrsg.), Vita Sanctae Hildegardis (Corpus Christianorum, Continuatio Mediaevalis CXXVI), Turnhout 1993
Krasenbrink 1995
J. Krasenbrink, Die Binger St. Rochuskapelle von 1895. Eine hundertjährige Kapelle für eine über 300jährige Wallfahrt, Bingen 1995
Krasenbrink 1997
J. Krasenbrink, Die »inoffizielle« Heilige. Zur Verehrung Hildegards diesseits und jenseits des Rheins, in: Hildegard-Festschrift 1997, S. 496–513

Lehrbach 1979
H. Lehrbach, Katalog zur internationalen Ausstellung »Hl. Hildegard von Bingen 1179–1979« aus Anlaß des 800. Todestages der Heiligen, Mainz 1979

Meier 1997
C. Meier, Calcare caput draconis. Prophetische Bildkonfigurationen in Visionstext und Illustrationen: zur Vision »Scivias« II,7, in: Hildegard-Festschrift 1997, S. 359–406
Müller 1997
I. Müller, Wie ›authentisch‹ ist die Hildegardmedizin? Zur Rezeption des ›Liber simplicis medicinae‹ Hildegards von Bingen im Codex Bernensis 525, in: Hildegard-Festschrift 1997, S. 420–430

Nau 1977
E. Nau, Die Münzen der Stauferzeit, in: Ausst.-Kat. »Die Zeit der Staufer« 1977, Bd. I, S. 108–188
Newman 1997
B. Newman, Seherin – Prophetin – Mytikerin. Hildegard-Bilder in der hagiographischen Tradition, in: Hildegard-Festschrift 1997, S. 126–152

Otto 1972/73
R. Otto, Zu einigen Miniaturen einer Sciviashandschrift des 12. Jahrhunderts, in: Mainzer Zeitschrift 67/68, 1972/73, S. 128–137
Otto 1976/77
R. Otto, Zu den gotischen Miniaturen einer Hildegardhandschrift in Lucca, in: Mainzer Zeitschrift 71/72, 1976/77, S. 110–126

Peschlow-Kondermann 1972
A. Peschlow-Kondermann, Rekonstruktion des Westlettners und der Ostchoranlage des 13. Jahrhunderts im Mainzer Dom (Forschungen zur Kunstgeschichte und Christlichen Archäologie 8), Wiesbaden 1972

Pretsch 1986
H. J. Pretsch, Die Kontakte des Benediktiner-Doppelklosters in Zwiefalten mit Hildegard von Bingen und Abt Bertholds Konflikt mit seinem Konvent, in: Archiv für mittelrheinische Kirchengeschichte 38, 1986, S. 147–173

Reiniger/Faust 1994
W. Reiniger/J. Faust, Bingen am Rhein: Bilder einer alten Stadt, Bad Kreuznach 1994

Riedel 1997
I. Riedel, Hildegards Sophia-Vision. Zu einer Miniatur aus dem Lucca-Codex, in: Hildegard-Festschrift 1997, S. 406–418

Saurma-Jeltsch 1997
L. E. Saurma-Jeltsch, Die Rupertsberger ›Scivias-Handschrift‹. Überlegungen zu ihrer Entstehung, in: Hildegard-Festschrift 1997, S. 340–358

Schmidt 1995
M. Schmidt (Hrsg.), Tiefe des Gotteswissens – Schönheit der Sprachgestalt bei Hildegard von Bingen (Mystik in Geschichte und Gegenwart. Texte und Untersuchungen. Abteilung I: Christliche Mystik, Bd. 10), Stuttgart – Bad Cannstatt 1995

Schrader/Führkötter 1956
M. Schrader/A. Führkötter, Die Echtheit des Schrifttums der Heiligen Hildegard von Bingen. Quellenkritische Untersuchungen, Köln/Graz 1956

Staab 1990
Eine Metzer Miniatur des heiligen Willigis aus dem 12. Jahrhundert, in: Hinkel 1990, S. 33–45

Staab 1997
F. Staab, Aus Kindheit und Lehrzeit Hildegards, in: Hildegard-Festschrift 1997, S. 58–86

Stanzl 1992
Günther Stanzl, Die Klosterruine Disibodenberg (Denkmalpflege in Rheinland-Pfalz, Forschungsberichte 2) Worms 1992

Storch 1997
W. Storch (Hrsg.), Hildegard von Bingen. Im Feuer der Taube: die Briefe, Augsburg 1997

van Acker 1988
L. van Acker, Der Briefwechsel der Heiligen Hildegard von Bingen. Vorbemerkungen zu einer kritischen Edition, in: Revue Bénédictine 98, 1988, S. 141–168

van Acker 1989
L. van Acker, Der Briefwechsel der Heiligen Hildegard von Bingen. Vorbemerkungen zu einer kritischen Edition (Fortsetzung), in: Revue Bénédictine 99, 1989, S. 118–154

van Acker 1991/93
L. van Acker, Hildegardis Bingensis Epistolarium, 2 Bde., (Corpus Christianorum, Continuatio Mediaevalis XCI bzw. XCI A), Turnhout 1991/93

Seit einigen Jahren habe ich die Leidenschaft, aus großen, gebogen gewachsenen Eichenstämmen Figuren zu schnitzen. So habe ich drei große Christusskulpturen geschaffen, von denen eine in der Universitätskirche in Freiburg und eine andere in Groß St. Martin in Köln zu sehen ist.
Durch einen Auftrag für die Abteikirche in Mönchengladbach wurde das Motiv der gebogenen Figur auf die Frauengestalt umgelenkt. Da kam die Anregung von Herrn Museumsdirektor Dr. Kotzur, eine Hildegardis zu gestalten, gerade zu passender Zeit. Krumme Eichenstämme lagen auf meinem Werkplatz bereit, und Hildegard war mir nicht fremd. Vor vielen Jahren hatte ich eine CD mit Gesängen von Hildegard sowie Literatur über die berühmte Äbtissin vom Rupertsberg gekauft. Wenn ich mich in Pausen asketischer Arbeit aufladen möchte, höre ich Gesänge der Nonnen von Kloster Eibingen.
Also eine gebogene Frauenskulptur. Ich schnitzte zunächst eine kleine Figur, die sich nach vorne biegt, sich konzentriert und sich zu jemand hinwendet. Auf Initiative meiner Frau, die gegen das Bücken ist, schnitzte ich eine zweite kleine Figur, die aufrecht steht und sich mit Kraft nach oben wendet. Diese zweite Figur wäre im selben Baumstamm umgekehrt herauszuschneiden wie die des ersten Entwurfes. Aber dann entscheiden sich alle Beteiligten gemeinsam für die Ausführung der sich nach vorne neigenden Frau, der predigenden Hildegard. Die Skulptur ist sehr einfach. Ein stehender Baumstamm, der an seinen beiden Enden, oben und unten, noch ganz, das heißt rund ist. Dazwischen ist die Hälfte des Stammes der Länge nach weggesägt. Oben und unten ist also je ein Zylinder und zwischen ihnen ein halbierter Zylinder. In die ebene Fläche des halbierten Zylinders sind die Hände eingesteckt. In die Vorderseite des oberen Zylinders ist reliefartig das Gesicht eingeschnitzt.
Hildegard trug das schwarze Gewand der Benediktinerin. Ich habe dennoch von der mittelalterlichen Buchmalerei für das Gewand die blaue Farbe übernommen. Gesicht und Hände bleiben holzfarbig hell. Dieser farbliche Zusammenklang ist freundlicher: Hildegard wendet sich allen, die zu ihr kommen und Rat bitten, zu. Niemand wird abgewiesen. Mit Gottes Hilfe hilft Hildegard allen Menschen in Not. F. G.

Abb. 109 Franz Gutmann, Hildegard von Bingen, 1998, Mainz, Bischöfliches Dom- und Diözesanmuseum

Abbildungsnachweis

Admont, Benediktinerstift: Abb. 57
Amsterdam, Rijksmuseum: Kat. Nr. 71
Bad Sobernheim, Foto Studio Theis: Kat. Nr. 9
Bayeux, Musée de la Tapisserie, Centre Guillaume-le-Conquerant: Abb. 98, 99
Berlin, Staatsbibliothek Preußischer Kulturbesitz: Abb. 5
Bingen, Dr. Ingrid Faust: Kat. Nr. 24
Bingen, Günter Kleinz: Kat. Nr. 76
Bingen, Stadtarchiv: Abb. 16
Bonn, Rheinisches Landesmuseum: Kat. Nr. 5, 70; Abb. 6
Braunschweig, Jutta Brüdern: Kat. Nr. 74
Brüssel, Musées royaux d'Art et d'Histoire: Kat. Nr. 36
Cambridge, The Parker Library, Corpus Christi College: Abb. 2
Chantilly, Musée Condé (Giraudon, Paris): Abb. 35
Darmstadt, Udo Grabo foto-av-grafik: Kat. Nr. 12
Darmstadt, Renate Gruber: Kat. Nr. 55, 57, 62; Abb. 4; 14
Dendermonde, Abtei: Kat. Nr. 67
Duisburg, Bernd Kirtz: Kat. Nr. 46.2
Eibingen, Abtei St. Hildegard: Kat. Nr. 65; Abb. 7, 8, 9, 22, 42, 46, 47, 48, 49, 50, 51, 52, 53, 54, 59, 61, 64, 66, 76, 78, 79, 80, 85, 91, 93, 101
Eibingen, Pfarr- und Wallfahrtskirche: Abb. 18
Eltville/Kloster Eberbach, Winfried Mühlum-Pyrápheros: Kat. Nr. 63
Erbes-Büdesheim, Vitus Wurmdobler: Kat. Nr. 54.1
Esztergom, Keresztény Múzeum: Kat. Nr. 78
Florenz, Biblioteca Medicea Laurenziana (Alberto Scardigli, Florenz): Abb. 40
Frankfurt am Main, Museum für Kunsthandwerk: Kat. Nr. 91
Gent, Universitätsbibliothek: Kat. Nr. 68
Glasgow, University Library, Department of Special Collections: Abb. 43
Hannover, Klosterkammer: Kat. Nr. 44; Abb. 30
Heidelberg, Universitätsbibliothek: Kat. Nr. 66
Jena, Thüringer Universitäts- und Landesbibliothek: Abb. 77
Klosterneuburg, Stiftsbibliothek (Inge Kitlitschka): Kat. Nr. 92; Abb. 29
Koblenz, Landeshauptarchiv: Kat. Nr. 3, 31, 32, 33, 50, 51
Kopenhagen, Det kongelige Bibliotek: Abb. 104, 105
Langen, Prof. Johannes Schreiter: Kat. Nr. 64
Limburg, Diözesanmuseum: Kat. Nr. 52, 58
Lucca, Biblioteca Statale: Frontispiz; Kat. Nr. 69; Abb. 10, 11, 44, 45
Lyon, Bibliothèque Municipale: Kat. Nr. 79
Mainz, Archäologische Denkmalpflege: Kat. Nr. 38
Mainz, Bischöfliches Dom- und Diözesanarchiv (Siegrid Loeffellad): Abb. 37
Mainz, Bischöfliches Dom- und Diözesanmuseum (Margit Hankel, Bodenheim): Kat. Nr. 1, 7, 10, 11, 13, 14, 15, 16, 17, 19, 20, 21, 25, 27, 28, 29, 30, 39, 41, 49, 54.2, 56, 60, 61, 73, 82, 85, 86, 87, 88, 89, 90.1; Abb. 17, 19, 21, 24, 25, 26, 28, 33, 36, 38, 56, 62, 96, 97
Mainz, Bischöfliches Dom- und Diözesanmuseum (Alberto Luisa, Brescia): Kat. Nr. 2, 4, 46.1, 53, 80, 83, 90.2; Abb. 1, 10, 11, 23, 27, 32, 44, 45
Mainz, Bischöfliches Dom- und Diözesanmuseum (Pierre Rich, Straßburg): Kat. Nr. 6
Mainz, Bischöfliches Dom- und Diözesanmuseum (Wolfgang Weber): Kat. Nr. 26, 40, 72, 84
Mainz, Landesamt für Denkmalpflege (H. Sträter): Abb. 34
Mainz, Karl-Heinz Oswald: Abb. 1
Mainz, Stadtarchiv (Dieter Schreiber): Kat. Nr. 42, 45; Abb. 15
Mainz, Günter Stanzl: Kat. Nr. 8, 22, 23
Manchester, John Rylands University Library ('Reproduced by courtesy of the Director and University Librarian, the John Rylands University Library of Manchester'): Abb. 81
Metz, La Cour d'Or, Musées de Metz: Kat. Nr. 77
Morschenich, M. Jeiter: Abb. 20
München, Bayerische Staatsbibliothek: Abb. 41, 58, 82, 94
Paris, Musée du Louvre (© Photo RMN Arnaudet): Abb. 95
Passau, Foto Schneider: Kat. Nr. 35
Otzberg, Hans-Michael Hangleiter: Kat. Nr. 39
Riggisberg, Abegg-Stiftung (Chr. von Viràg): Kat. Nr. 43.2
Speyer, Historisches Museum der Pfalz: Kat. Nr. 18
Stohren, Franz Gutmann: Abb. 109
Stuttgart, Württembergische Landesbibliothek (Joachim W. Siener): Kat. Nr. 47, 59; Abb. 31
Wechmar, Lutz Eberhard: Kat. Nr. 34
Weimar, Stiftung Weimarer Klassik/Museen (Sigrid Geske): Kat. Nr. 37
Weingarten, Hans Spirek: Kat. Nr. 75, 81
Wien, Kunsthistorisches Museum: Kat. Nr. 43.1
Wien, Österreichische Nationalbibliothek: Abb. 60, 63, 65, 67, 68, 69, 70, 71, 72, 73, 74, 75, 83, 84, 86, 87, 88, 89, 90, 92, 100, 102, 103, 106, 107, 108
Wiesbaden, Hessische Landesbibliothek: Abb. 3, 12, 13, 39